ALLAN KARDEC

LE CIEL ET L'ENFER
OU
LA JUSTICE DIVINE
SELON LE SPIRITISME

> Je jure par moi-même, dit le Seigneur-Dieu, que je ne veux point la mort de l'impie, mais que je veux que l'impie se convertisse, qu'il quitte sa mauvaise voie et qu'il vive.
>
> (ÉZÉCHIEL, ch. XXXIII, v. 11.)

VINGTIÈME MILLE

PARIS
Librairie des Sciences Psychiques
P. LEYMARIE, Éditeur
42, RUE SAINT-JACQUES, 42

1913

Tous droits réservés

LE
CIEL ET L'ENFER

LA REVUE SPIRITE
Fondée en 1858
Par ALLAN KARDEC
JOURNAL D'ÉTUDES PSYCOLOGIQUES

Paraît le 15. — PRIX DE L'ABONNEMENT. — Le N° 1 fr.

France et colonies françaises	10 fr.	par an.
Europe	12 »	»
Outre-mer	14 »	»

L'abonnement part de tout mois et se paie à l'avance.

Chaque numéro, mensuel, in-8 jésus 27×17, comprend au moins 64 pages de texte. Plusieurs numéros sont illustrés.

OUVRAGES DU MÊME AUTEUR

LE LIVRE DES ESPRITS (Partie philosophique), contenant les principes de la doctrine spirite. — In-16, 54° mille.

LE LIVRE DES MÉDIUMS (Partie expérimentale). Guide des médiums et des évocateurs, contenant la théorie de tous les genres de manifestations. In-16, 46° mille.

L'ÉVANGILE SELON LE SPIRITISME (Partie morale), contenant l'explication des maximes morales du Christ, leur application et leur concordance avec le Spiritisme. In-16, 45° mille.

LA GENÈSE, LES MIRACLES ET LES PRÉDICTIONS, selon le Spiritisme, contient le rôle de la science dans la Genèse; les systèmes du monde, etc. In-16, 18° mille.

ŒUVRES POSTHUMES. Contient sa biographie, sa profession de foi spirite raisonnée, etc. In-16, 5° mille.

Chaque volume broché 3 fr. 50 franco recom. (Etr. 3 fr. 75) Relié pleine toile marron, titres dorés 1 fr. en plus.

QU'EST-CE QUE LE SPIRITISME? Introduction à la connaissance du monde invisible, ou des Esprits, contenant le résumé des principes de la doctrine spirite. In-16, 25° mille. 180 pages, broché : 1 fr.; relié : 2 fr.

LE SPIRITISME A SA PLUS SIMPLE EXPRESSION. Exposé sommaire de l'enseignement des Esprits et de leurs manifestations. In-18. 61° mille, 36 pages. 15 c. franco, 20 c.

RÉSUMÉ DE LA LOI DES PHÉNOMÈNES SPIRITES. In-18, 40° mille, 24 pages 10 c.; franco, 15 c.

CARACTÈRES DE LA RÉVÉLATION SPIRITE In-18, 30° mille, 40 pages. 15 c.; franco 20 c.

ENVOI DU CATALOGUE CONTRE 0 fr. 15

ALLAN KARDEC

LE CIEL ET L'ENFER

ou

LA JUSTICE DIVINE

SELON LE SPIRITISME

CONTENANT
L'EXAMEN COMPARÉ DES DOCTRINES
SUR LE PASSAGE DE LA VIE CORPORELLE ET LA VIE SPIRITUELLE
LES PEINES ET LES RÉCOMPENSES FUTURES, LES ANGES ET LES DÉMONS,
LES PEINES ÉTERNELLES, ETC. ;
SUIVI DE NOMBREUX EXEMPLES
SUR LA SITUATION RÉELLE DE L'AME PENDANT ET APRÈS LA MORT

> Je jure par moi-même, dit le Seigneur-Dieu, que je ne veux point la mort de l'impie, mais que je veux que l'impie se convertisse, qu'il quitte sa mauvaise voie et qu'il vive.
> (Ezéchiel, ch. XXXIII, v. 11.)

VINGTIÈME MILLE

PARIS
Librairie des Sciences Psychiques
P. LEYMARIE, Éditeur
42, RUE SAINT-JACQUES, 42

1913

Tous droits réservés

LE CIEL ET L'ENFER
SELON LE SPIRITISME

PREMIERE PARTIE

DOCTRINE

CHAPITRE PREMIER

L'AVENIR ET LE NÉANT

1. — Nous vivons, nous pensons, nous agissons, voilà qui est positif ; nous mourrons, ce n'est pas moins certain. Mais en quittant la terre, où allons-nous ? que devenons-nous ? Serons-nous mieux ou plus mal ? Serons-nous ou ne serons-nous pas ? *Être ou ne pas être*, telle est l'alternative ; c'est pour toujours ou pour jamais ; c'est tout ou rien : ou nous vivrons éternellement, ou tout sera fini sans retour. Cela vaut bien la peine d'y penser.

Tout homme éprouve le besoin de vivre, de jouir,

d'aimer, d'être heureux. Dites à celui qui suit qu'il va mourir qu'il vivra encore, que son heure est retardée ; dites-lui surtout qu'il sera plus heureux qu'il n'a été, et son cœur va palpiter de joie. Mais à quoi serviraient ces aspirations de bonheur si un souffle peut les faire évanouir ?

Est-il quelque chose de plus désespérant que cette pensée de la destruction absolue ? Affections saintes, intelligence, progrès, savoir laborieusement acquis, tout serait brisé, tout serait perdu ! Quelle nécessité de s'efforcer de devenir meilleur, de se contraindre pour réprimer ses passions, de se fatiguer pour meubler son esprit, si l'on n'en doit recueillir aucun fruit, avec cette pensée surtout que demain peut-être cela ne nous servira plus à rien ? S'il en était ainsi, le sort de l'homme serait cent fois pire que celui de la brute, car la brute vit tout entière dans le présent, dans la satisfaction de ses appétits matériels, sans aspiration vers l'avenir. Une secrète intuition dit que cela n'est pas possible.

2. — Par la croyance au néant, l'homme concentre forcément toutes ses pensées sur la vie présente ; on ne saurait, en effet, logiquement se préoccuper d'un avenir que l'on n'attend pas. Cette préoccupation exclusive du présent conduit naturellement à songer à soi avant tout ; c'est donc le plus puissant stimulant de l'égoïsme, et l'incrédule est conséquent avec lui-même quand il arrive à cette conclusion : Jouissons pendant que nous y sommes, jouissons le plus possible, puisque après nous tout est fini ; jouissons vite, parce que nous ne savons combien cela durera ; et à cette autre, bien autrement grave pour la société : Jouissons quand

même; chacun pour soi; le bonheur, ici-bas, est au plus adroit.

Si le respect humain en retient quelques-uns, quel frein peuvent avoir ceux qui ne craignent rien? Ils se disent que la loi humaine n'atteint que les maladroits; c'est pourquoi ils appliquent leur génie aux moyens de l'esquiver. S'il est une doctrine *malsaine* et *antisociale*, c'est assurément celle du *néantisme*, parce qu'elle rompt les véritables liens de la solidarité et de la fraternité, fondements des rapports sociaux.

3. — Supposons que, par une circonstance quelconque, tout un peuple acquière la certitude que, dans huit jours, dans un mois, dans un an si l'on veut, il sera anéanti, que pas un individu ne survivra, qu'il ne restera plus trace de lui-même après la mort; que fera-t-il pendant ce temps? Travaillera-t-il à son amélioration, à son instruction? Se donnera-t-il de la peine pour vivre? Respectera-t-il les droits, les biens, la vie de son semblable? Se soumettra-t-il aux lois, à une autorité, quelle qu'elle soit, même la plus légitime: l'autorité paternelle? Y aura-t-il pour lui un devoir quelconque? Assurément non. Eh bien! ce qui n'arrive pas en masse, la doctrine du néantisme le réalise chaque jour isolément. Si les conséquences n'en sont pas aussi désastreuses qu'elles pourraient l'être, c'est d'abord parce que, chez la plupart des incrédules, il y a plus de forfanterie que de véritable incrédulité, plus de doute que de conviction, et qu'ils ont plus peur du néant qu'ils ne veulent le faire paraître: le titre d'esprit fort flatte leur amour-propre; en second lieu, que les incrédules absolus sont en infime minorité; ils subissent malgré eux l'ascendant de l'opinion contraire et sont main-

tenus par une force matérielle ; mais que l'incrédulité absolue devienne un jour l'opinion de la majorité, la société est en dissolution. C'est à quoi tend la propagation de la doctrine du néantisme [1].

Quelles qu'en soient les conséquences, si le néantisme était une vérité, il faudrait l'accepter, et ce ne seraient ni des systèmes contraires, ni la pensée du mal qui en résulterait, qui pourraient faire qu'elle ne fût pas. Or, il ne faut pas se dissimuler que le scepticisme, le doute, l'indifférence, gagnent chaque jour du terrain, malgré les efforts de la religion ; ceci est positif. Si la religion est impuissante contre l'incrédulité, c'est qu'il lui manque quelque chose pour la combattre, de telle sorte que si elle restait dans l'immobilité, en un temps donné elle serait infailliblement débordée. Ce qui lui manque dans ce siècle de positivisme, où l'on veut comprendre avant de croire, c'est la sanction de ces doctrines par

---

[1] Un jeune homme de dix-huit ans était atteint d'une maladie de cœur déclarée incurable. La science avait dit : Il peut mourir dans huit jours, comme dans deux ans, mais il n'ira pas au delà. Le jeune homme le savait ; aussitôt il quitta toute étude et se livra aux excès de tous genres. Lorsqu'on lui représentait combien une vie de désordre était dangereuse dans sa position, il répondait : Que m'importe, puisque je n'ai que deux ans à vivre ! A quoi me servirait de me fatiguer l'esprit ? Je jouis de mon reste et veux m'amuser jusqu'au bout. Voilà la conséquence logique du néantisme.

Si ce jeune homme eût été spirite, il se serait dit : La mort ne détruira que mon corps, que je quitterai comme un habit usé, mais mon Esprit vivra toujours. Je serai, dans ma vie future, ce que je me serai fait moi-même dans celle-ci ; rien de ce que j'y puis acquérir en qualités morales et intellectuelles ne sera perdu, car ce sera autant de gagné pour mon avancement ; toute imperfection dont je me dépouille est un pas de plus vers la félicité ; mon bonheur ou mon malheur à venir dépendent de l'utilité ou de l'inutilité de mon existence présente. Il est donc de mon intérêt de mettre à profit le peu de temps qui me reste, et d'éviter tout ce qui pourrait diminuer mes forces.

Laquelle, de ces deux doctrines, est préférable ?

des faits positifs ; c'est aussi la concordance de certaines doctrines avec les données positives de la science. Si elle dit blanc et si les faits disent noir, il faut opter entre l'évidence et la foi aveugle.

4. — C'est dans cet état de choses que le Spiritisme vient opposer une digue à l'envahissement de l'incrédulité, non-seulement par le raisonnement, non-seulement par la perspective des dangers qu'elle entraîne, mais par les faits matériels, en faisant toucher du doigt et de l'œil l'âme et la vie future.

Chacun est libre sans doute dans sa croyance, de croire à quelque chose ou de ne croire à rien; mais ceux qui cherchent à faire prévaloir dans l'esprit des masses, de la jeunesse surtout, la négation de l'avenir, en s'appuyant de l'autorité de leur savoir et de l'ascendant de leur position, sèment dans la société des germes de trouble et de dissolution, et encourent une grande responsabilité.

5. — Il est une autre doctrine qui se défend d'être matérialiste, parce qu'elle admet l'existence d'un principe intelligent en dehors de la matière, c'est celle de *l'absorption dans le Tout Universel*. Selon cette doctrine, chaque individu s'assimile à sa naissance une parcelle de ce principe qui constitue son âme et lui donne la vie, l'intelligence et le sentiment. A la mort, cette âme retourne au foyer commun et se perd dans l'infini comme une goutte d'eau dans l'Océan.

Cette doctrine est sans doute un pas en avant sur le matérialisme pur, puisqu'elle admet quelque chose, tandis que l'autre n'admet rien, mais les conséquences en sont exactement les mêmes. Que l'homme soit plongé dans le néant ou dans le réservoir commun, c'est tout un pour lui ; si, dans le premier cas, il est anéanti, dans le second, il perd son individualité ; c'est donc comme s'il n'existait pas ; les rapports sociaux n'en sont pas moins à tout jamais rompus. L'essentiel pour lui, c'est la conservation de son *moi;* sans cela, que lui importe d'être ou de ne pas être ! L'avenir pour lui est toujours nul, et la vie présente, la seule chose qui l'intéresse et le préoccupe. Au point de vue de ses conséquences morales, cette doctrine est tout aussi malsaine, tout aussi désespérante, tout aussi excitante de l'égoïsme que le matérialisme proprement dit.

6. — On peut, en outre, y faire l'objection suivante : toutes les gouttes d'eau puisées dans l'Océan se ressemblent et ont des propriétés identiques, comme les parties d'un même tout ; pourquoi les âmes, si elles sont puisées dans le grand océan de l'intelligence universelle, se ressemblent-elles si peu? Pourquoi le génie à côté de la stupidité ? les plus sublimes vertus à côté des vices les plus ignobles ? la bonté, la douceur, la mansuétude, à côté de la méchanceté, de la cruauté, de la barbarie ? Comment les parties d'un tout homogène peuvent-elles être aussi différentes les unes des autres ? Dira-t-on que c'est l'éducation qui les modifie ? mais alors d'où viennent les qualités natives, les intelligences précoces, les instincts bons et mauvais, indépendants de toute éducation, et souvent si peu en harmonie avec les milieux où ils se développent ?

L'éducation, sans aucun doute, modifie les qualités intellectuelles et morales de l'âme ; mais ici se présente une autre difficulté. Qui donne à l'âme l'éducation pour la faire progresser? D'autres âmes qui, par leur commune origine, ne doivent pas être plus avancées. D'un autre côté, l'âme, rentrant dans le Tout Universel d'où elle était sortie, après avoir progressé pendant la vie, y apporte un élément plus parfait; d'où il suit que ce tout doit, à la longue, se trouver profondément modifié et amélioré. Comment se fait-il qu'il en sorte incessamment des âmes ignorantes et perverses?

7. — Dans cette doctrine, la source universelle d'intelligence qui fournit les âmes humaines est indépendante de la Divinité; ce n'est pas précisément le *panthéisme*. Le *panthéisme* proprement dit en diffère en ce qu'il considère le principe universel de vie et d'intelligence comme constituant la Divinité. Dieu est à la fois esprit et matière; tous les êtres, tous les corps de la nature composent la Divinité, dont ils sont les molécules et les éléments constitutifs; Dieu est l'ensemble de toutes les intelligences réunies; chaque individu, étant une partie du tout, est lui-même Dieu; aucun être supérieur et indépendant ne commande l'ensemble; l'univers est une immense république sans chef, ou plutôt où chacun est chef avec pouvoir absolu.

8. — A ce système on peut opposer de nombreuses objections, dont les principales sont celles-ci: la Divinité ne pouvant être conçue sans l'infini des perfections, on se demande comment un tout parfait peut être formé de parties si imparfaites et ayant besoin de progresser? Chaque partie étant soumise à la loi du progrès, il en résulte que Dieu lui-même doit progresser; s'il progresse sans cesse, il a dû être, à l'origine des temps, très imparfait. Comment un être imparfait, formé de volontés et d'idées si divergentes, a-t-il pu concevoir les lois si harmonieuses, si admirables d'unité, de sagesse et de prévoyance qui régissent l'univers? Si toutes

les âmes sont des portions de la Divinité, toutes ont concouru aux lois de la nature; comment se fait-il qu'elles murmurent sans cesse contre ces lois, qui sont leur œuvre? *Une théorie ne peut être acceptée comme vraie qu'à la condition de satisfaire la raison et de rendre compte de tous les faits qu'elle embrasse; si un seul fait vient lui donner un démenti, c'est qu'elle n'est pas dans le vrai absolu.*

9. — Au point de vue moral, les conséquences sont tout aussi illogiques. C'est d'abord pour les âmes, comme dans le système précédent, l'absorption dans un tout et la perte de l'individualité. Si l'on admet, selon l'opinion de quelques panthéistes, qu'elles conservent leur individualité, Dieu n'a plus de volonté unique; c'est un composé de myriades de volontés divergentes. Puis, chaque âme étant partie intégrante de la Divinité, aucune n'est dominée par une puissance supérieure; elle n'encourt, par conséquent, aucune responsabilité pour ses actes bons ou mauvais; elle n'a nul intérêt à faire le bien et peut faire le mal impunément, puisqu'elle est maîtresse souveraine.

10. — Outre que ces systèmes ne satisfont ni la raison ni les aspirations de l'homme, on s'y heurte, comme on le voit, à des difficultés insurmontables, parce qu'ils sont impuissants à résoudre toutes les questions de fait qu'ils soulèvent. *L'homme a donc trois alternatives : le néant, l'absorption, ou l'individualité de l'âme avant et après la mort.* C'est à cette dernière croyance que nous ramène invinciblement la logique; c'est celle aussi qui a fait le fond de toutes les religions depuis que le monde existe.

Si la logique nous conduit à l'individualité de l'âme,

elle nous amène aussi à cette autre conséquence, que le sort de chaque âme doit dépendre de ses qualités personnelles, car il serait irrationnel d'admettre que l'âme arriérée du sauvage et celle de l'homme pervers fussent au même niveau que celle du savant et de l'homme de bien. Selon la justice, les âmes doivent avoir la responsabilité de leurs actes; mais pour qu'elles soient responsables, il faut qu'elles soient libres de choisir entre le bien et le mal; sans libre arbitre, il y a fatalité, et avec la fatalité, il ne saurait y avoir responsabilité.

11. — Toutes les religions ont également admis le principe du sort heureux ou malheureux des âmes après la mort, autrement dit des peines et des jouissances futures qui se résument dans la doctrine du ciel et de l'enfer, que l'on retrouve partout. Mais ce en quoi elles diffèrent essentiellement, c'est sur la nature de ces peines et de ces jouissances, et *surtout* sur les conditions qui peuvent mériter les unes et les autres. De là des points de foi contradictoires qui ont donné naissance aux différents cultes, et les devoirs particuliers imposés par chacun d'eux pour honorer Dieu, et par ce moyen gagner le ciel et éviter l'enfer.

12. — Toutes les religions ont dû, à leur origine, être en rapport avec le degré de l'avancement moral et intellectuel des hommes; ceux-ci, trop matériels encore pour comprendre le mérite des choses purement spirituelles, ont fait consister la plupart des devoirs religieux dans l'accomplissement de formes extérieures. Pendant un temps, ces formes ont suffi à leur raison; plus tard, la lumière se faisant dans leur esprit, ils sentent le vide que les formes laissent derrière elles, et

si la religion ne le comble pas, ils abandonnent la religion et deviennent philosophes.

13. — *Si la religion, appropriée dans le principe aux connaissances bornées des hommes, avait toujours suivi le mouvement progressif de l'esprit humain, il n'y aurait point d'incrédules, parce qu'il est dans la nature de l'homme d'avoir besoin de croire, et il croira si on lui donne une nourriture spirituelle en harmonie avec ses besoins intellectuels.* Il veut savoir d'où il vient et où il va; si on lui montre un but qui ne réponde ni à ses aspirations ni à l'idée qu'il se fait de Dieu, ni aux données positives que lui fournit la science; si de plus on lui impose pour l'atteindre des conditions dont sa raison ne lui démontre pas l'utilité, il repousse le tout; le matérialisme et le panthéisme lui semblent encore plus rationnels, parce que là on discute et l'on raisonne; on raisonne faux, il est vrai, mais il aime encore mieux raisonner faux que de ne pas raisonner du tout.

Mais qu'on lui présente un avenir dans des conditions logiques, digne en tout point de la grandeur, de la justice et de l'infinie bonté de Dieu, et il abandonnera le matérialisme et le panthéisme, dont il sent le vide dans son for intérieur, et qu'il n'avait acceptés que faute de mieux. Le Spiritisme donne mieux, c'est pourquoi il est accueilli avec empressement par tous ceux que tourmente l'incertitude poignante du doute et qui ne trouvent ni dans les croyances ni dans les philosophies vulgaires ce qu'ils cherchent; il a pour lui la logique du raisonnement et la sanction des faits, c'est pour cela qu'on l'a inutilement combattu.

14. — L'homme a instinctivement la croyance en l'avenir; mais n'ayant jusqu'à ce jour aucune base cer-

taine pour le définir, son imagination a enfanté les systèmes qui ont amené la diversité dans les croyances. La doctrine spirite sur l'avenir n'étant point une œuvre d'imagination plus ou moins ingénieusement conçue, mais le résultat de l'observation des faits matériels qui se déroulent aujourd'hui sous nos yeux, elle ralliera, comme elle le fait déjà maintenant, les opinions divergentes ou flottantes, et amènera peu à peu, et par la force des choses, l'unité dans la croyance sur ce point, croyance qui ne sera plus basée sur une hypothèse, mais sur une certitude. *L'unification, faite en ce qui concerne le sort futur des âmes, sera le premier point de rapprochement entre les différents cultes, un pas immense vers la tolérance religieuse d'abord, et plus tard vers la fusion*,

CHAPITRE II

APPRÉHENSION DE LA MORT

Causes de l'appréhension de la mort. — Pourquoi les spirites n'appréhendent pas la mort.

Causes de l'appréhension de la mort.

1. — L'homme, à quelque degré de l'échelle qu'il appartienne, depuis l'état de sauvagerie, a le sentiment inné de l'avenir; son intuition lui dit que la mort n'est pas le dernier mot de l'existence, et que ceux que nous regrettons ne sont pas perdus sans retour. La croyance en l'avenir est intuitive, et infiniment plus générale que celle au néant. Comment se fait-il donc que, parmi ceux qui croient à l'immortalité de l'âme, on trouve encore tant d'attachement aux choses de la terre, et une si grande appréhension de la mort?

2. — L'appréhension de la mort est un effet de la sagesse de la Providence et une conséquence de l'instinct de conservation commun à tous les êtres vivants. Elle est nécessaire tant que l'homme n'est pas assez éclairé sur les conditions de la vie future, comme contre-poids à l'entraînement qui, sans ce frein, le porterait à quitter prématurément la vie terrestre, et à négliger le travail d'ici-bas qui doit servir à son propre avancement.

C'est pour cela que, chez les peuples primitifs, l'avenir n'est qu'une vague intuition, plus tard une simple espérance, plus tard enfin une certitude, mais encore contre-balancée par un secret attachement à la vie corporelle.

3. — A mesure que l'homme comprend mieux la vie future, l'appréhension de la mort diminue ; mais en même temps, comprenant mieux sa mission sur la terre, il attend sa fin avec plus de calme, de résignation et sans crainte. La certitude de la vie future donne un autre cours à ses idées, un autre but à ses travaux ; avant d'avoir cette certitude, il ne travaille que pour la vie actuelle ; avec cette certitude, il travaille en vue de l'avenir sans négliger le présent, parce qu'il sait que son avenir dépend de la direction plus ou moins bonne qu'il donne au présent. La certitude de retrouver ses amis après la mort, de continuer les rapports qu'il a eus sur la terre, *de ne perdre le fruit d'aucun travail*, de grandir sans cesse en intelligence et en perfection, lui donne la patience d'attendre et le courage de supporter les fatigues momentanées de la vie terrestre. La solidarité qu'il voit s'établir entre les morts et les vivants lui fait comprendre celle qui doit exister entre les vivants ; la fraternité a dès lors sa raison d'être et la charité un but dans le présent et dans l'avenir.

4. — Pour s'affranchir des appréhensions de la mort, il faut pouvoir envisager celle-ci sous son véritable point de vue, c'est-à-dire avoir pénétré, par la pensée, dans le monde spirituel et s'en être fait une idée aussi exacte que possible, ce qui dénote chez l'Esprit incarné un certain développement et une certaine aptitude à se dégager de la matière. Chez ceux qui ne sont pas suffisamment avancés, la vie matérielle l'emporte encore sur la vie spirituelle.

L'homme, s'attachant à l'extérieur, ne voit la vie que dans le corps, tandis que la vie réelle est dans l'âme ; le corps étant privé de vie, à ses yeux tout est perdu, et il se désespère. Si, au lieu de concentrer sa pensée sur le vêtement extérieur, il la portait sur la source même de la vie : sur l'âme qui est l'être réel survivant à tout, il regretterait moins le corps, source de tant de misères et de douleurs ; mais pour cela il faut une force que l'Esprit n'acquiert qu'avec la maturité.

L'appréhension de la mort tient donc à l'insuffisance des notions sur la vie future ; mais elle dénote le besoin de vivre, et la crainte que la destruction du corps ne soit la fin de tout ; elle est ainsi provoquée par le secret désir de la survivance de l'âme, encore voilée par l'incertitude.

L'appréhension s'affaiblit à mesure que la certitude se forme ; elle disparaît quand la certitude est complète.

Voilà le côté providentiel de la question. Il était sage de ne pas éblouir l'homme, dont la raison n'était pas encore assez forte pour supporter la perspective trop positive et trop séduisante d'un avenir qui lui eût fait négliger le présent nécessaire à son avancement matériel et intellectuel.

5. — Cet état de choses est entretenu et prolongé par des causes purement humaines, qui disparaîtront avec le progrès. La première est l'aspect sous lequel est présentée la vie future, aspect qui pouvait suffire à des intelligences peu avancées, mais qui ne saurait satisfaire les exigences de la raison des hommes qui réfléchissent. Dès lors, se disent-ils, qu'on nous présente

comme des vérités absolues des principes contredits par la logique et les données positives de la science, c'est que ce ne sont pas des vérités. De là, chez quelques-uns l'incrédulité, chez un grand nombre une croyance mêlée de doute. La vie future est pour eux une idée vague, une probabilité plutôt qu'une certitude absolue ; ils y croient, ils voudraient que cela fût, et malgré eux ils se disent: Si pourtant cela n'était pas ! Le présent est positif, occupons-nous-en d'abord ; l'avenir viendra par surcroît.

Et puis, se disent-ils encore, qu'est-ce, en définitive, que l'âme ? Est-ce un point, un atome, une étincelle, une flamme ? Comment se sent-elle ? comment voit-elle ? comment perçoit-elle ? L'âme n'est point pour eux une réalité effective : c'est une abstraction. Les êtres qui leur sont chers, réduits à l'état d'atomes dans leur pensée, sont pour ainsi dire perdus pour eux, et n'ont plus à leurs yeux les qualités qui les leur faisaient aimer ; ils ne comprennent ni l'amour d'une étincelle, ni celui qu'on peut avoir pour elle, et eux-mêmes sont médiocrement satisfaits d'être transformés en monades. De là le retour au positivisme de la vie terrestre, qui a quelque chose de plus substantiel. Le nombre de ceux qui sont dominés par ces pensées est considérable.

6. — Une autre raison qui rattache aux choses de la terre ceux mêmes qui croient le plus fermement à la vie future, tient à l'impression qu'ils conservent de l'enseignement qui leur en est donné dès l'enfance.

Le tableau qu'en fait la religion n'est, il faut en convenir, ni très séduisant, ni très consolant. D'un côté, l'on y voit les contorsions des damnés qui expient dans les tortures et les flammes sans fin leurs erreurs d'un moment; pour qui les siècles succèdent aux siècles sans espoir d'adoucissement ni de pitié; et, ce qui est plus impitoyable encore, pour qui le repentir est sans efficacité. De l'autre, les âmes languissantes et souffreteuses du purgatoire, attendant leur délivrance du bon vouloir des vivants qui prieront ou feront prier pour elles, et non de leurs efforts pour progresser. Ces deux catégories composent l'immense majorité de la population de l'autre monde. Au-dessus plane celle très restreinte des élus, jouissant, pendant l'éternité, d'une béatitude contemplative. Cette éternelle inutilité, préférable sans doute au néant, n'en est pas moins d'une fastidieuse monotonie. Aussi voit-on, dans les peintures qui retracent les bienheureux, des figures angéliques, mais qui respirent plutôt l'ennui que le véritable bonheur.

Cet état ne satisfait ni les aspirations, ni l'idée instinctive du progrès qui semble seule compatible avec la félicité absolue. On a peine à concevoir que le sauvage ignorant, au sens moral obtus, par cela seul qu'il a reçu le baptême, soit au même niveau que celui qui est parvenu au plus haut degré de la science et de la moralité pratique, après de longues années de travail. Il est encore moins concevable que l'enfant mort en bas âge, avant d'avoir la conscience de lui-même et de ses actes, jouisse des mêmes priviléges, par le seul fait d'une cérémonie à laquelle sa volonté n'a aucune part. Ces pensées ne laissent pas d'agiter les plus fervents pour peu qu'ils réfléchissent.

7. — Le travail progressif que l'on accomplit sur la terre n'étant pour rien dans le bonheur futur, la faci-

lité avec laquelle ils croient acquérir ce bonheur au moyen de quelques pratiques extérieures, la possibilité même de l'acheter à prix d'argent, sans réforme sérieuse du caractère et des habitudes, laissent aux jouissances du monde toute leur valeur. Plus d'un croyant se dit dans son for intérieur que, puisque son avenir est assuré par l'accomplissement de certaines formules, ou par des dons posthumes qui ne le privent de rien, il serait superflu de s'imposer des sacrifices ou une gêne quelconque au profit d'autrui, dès lors qu'on peut faire son salut en travaillant chacun pour soi.

Assurément, telle n'est pas la pensée de tous, car il y a de grandes et belles exceptions; mais on ne peut se dissimuler que ce ne soit celle du plus grand nombre, surtout des masses peu éclairées, et que l'idée que l'on se fait des conditions pour être heureux dans l'autre monde n'entretienne l'attachement aux biens de celui-ci, et par suite l'égoïsme.

8. — Ajoutons à cela que tout, dans les usages, concourt à faire regretter la vie terrestre, et redouter le passage de la terre au ciel. La mort n'est entourée que de cérémonies lugubres qui terrifient plus qu'elles ne provoquent l'espérance. Si l'on représente la mort, c'est toujours sous un aspect repoussant, et jamais comme un sommeil de transition; tous ses emblèmes rappellent la destruction du corps, le montrent hideux et décharné; aucun ne symbolise l'âme se dégageant radieuse de ses liens terrestres. Le départ pour ce monde plus heureux n'est accompagné que des lamentations des survivants, comme s'il arrivait le plus grand malheur à ceux qui s'en vont; on leur dit un éternel

adieu, comme si l'on ne devait jamais les revoir ; ce que l'on regrette pour eux, ce sont les jouissances d'ici-bas, comme s'ils n'en devaient point trouver de plus grandes. Quel malheur, dit-on, de mourir quand on est jeune, riche, heureux et qu'on a devant soi un brillant avenir ! L'idée d'une situation plus heureuse effleure à peine la pensée, parce qu'il n'y a pas de racines. Tout concourt donc à inspirer l'effroi de la mort au lieu de faire naître l'espérance. L'homme sera longtemps, sans doute, à se défaire de ces préjugés, mais il y arrivera à mesure que sa foi s'affermira, qu'il se fera une idée plus saine de la vie spirituelle.

9. — La croyance vulgaire place, en outre, les âmes dans des régions à peine accessibles à la pensée, où elles deviennent en quelque sorte étrangères aux survivants ; l'Église elle-même met entre elles et ces derniers une barrière infranchissable : elle déclare que toute relation est rompue, toute communication impossible. Si elles sont dans l'enfer, tout espoir de les revoir est à jamais perdu, à moins d'y aller soi-même ; si elles sont parmi les élus, elles sont tout absorbées par leur béatitude contemplative. Tout cela met entre les morts et les vivants une telle distance, que l'on regarde la séparation comme éternelle ; c'est pourquoi on préfère encore avoir près de soi, souffrants sur la terre, les êtres que l'on aime, que de les voir partir, même pour le ciel. Puis, l'âme qui est au ciel est-elle réellement heureuse de voir, par exemple, *son fils, son père, sa mère ou ses amis*, brûler éternellement ?

Pourquoi les spirites n'appréhendent pas la mort.

10. — La doctrine spirite change entièrement la manière d'envisager l'avenir. La vie future n'est plus une hypothèse, mais une réalité; l'état des âmes après la mort n'est plus un système, mais un résultat d'observation. Le voile est levé; le monde spirituel nous apparaît dans toute sa réalité pratique; ce ne sont pas les hommes qui l'ont découvert par l'effort d'une conception ingénieuse, ce sont les habitants mêmes de ce monde qui viennent nous décrire leur situation; nous les y voyons à tous les degrés de l'échelle spirituelle, dans toutes les phases du bonheur et du malheur; nous assistons à toutes les péripéties de la vie d'outre-tombe. Là est pour les spirites la cause du calme avec lequel ils envisagent la mort, de la sérénité de leurs derniers instants sur la terre. Ce qui les soutient, ce n'est pas seulement l'espérance, c'est la certitude; ils savent que la vie future n'est que la continuation de la vie présente dans de meilleures conditions, et ils l'attendent avec la même confiance qu'ils attendent le lever du soleil après une nuit d'orage. Les motifs de cette confiance sont dans les faits dont ils sont témoins, et dans l'accord de ces faits avec la logique, la justice et la bonté de Dieu, et les aspirations intimes de l'homme.

Pour les spirites, l'âme n'est plus une abstraction; elle a un corps éthéré qui en fait un être défini, que la pensée embrasse et conçoit; c'est déjà beaucoup pour fixer les idées sur son individualité, ses aptitudes et ses perceptions. Le souvenir de ceux qui nous sont chers se repose sur quelque chose de réel. On ne se les représente plus comme des flammes fugitives qui ne rappellent rien à la pensée, mais sous une forme concrète qui nous les montre mieux comme des êtres vivants. Puis, au lieu d'être perdus dans les profondeurs de l'espace, ils sont autour de nous ; le monde corporel et le monde spirituel sont en perpétuels rapports, et s'assistent mutuellement. Le doute sur l'avenir n'étant plus permis, l'appréhension de la mort n'a plus de raison d'être ; on la voit venir de sang-froid, comme une délivrance, comme la porte de la vie, et non comme celle du néant.

CHAPITRE III

LE CIEL

1. — Le mot *ciel* se dit, en général, de l'espace indéfini qui environne la terre, et plus particulièrement de la partie qui est au-dessus de notre horizon; il vient du latin *cœlum*, formé du grec *coïlos*, creux, concave, parce que le ciel paraît aux yeux comme une immense concavité. Les Anciens croyaient à l'existence de plusieurs cieux superposés, composés de matière solide et transparente, formant des sphères concentriques dont la terre était le centre. Ces sphères, tournant autour de la terre, entraînaient avec elles les astres qui se trouvaient dans leur circuit.

Cette idée, qui tenait à l'insuffisance des connaissances astronomiques, fut celle de toutes les théogonies qui firent des cieux, ainsi échelonnés, les divers degrés de la béatitude; le dernier était le séjour de la suprême félicité. Selon l'opinion la plus commune, il y en avait sept; de là l'expression : *Être au septième ciel*, pour exprimer un parfait bonheur. Les Musulmans en admettent neuf, dans chacun desquels s'augmente la félicité des croyants. L'astronome Ptolémée [1] en comptait onze, dont le dernier était appelé Empyrée [2], à cause de l'éclatante lumière qui y règne. C'est encore aujourd'hui

---

[1] Ptolémée vivait à Alexandrie, en Égypte, au deuxième siècle de l'ère chrétienne.
[2] Du grec, *pur* ou *pyr*, feu.

le nom poétique donné au lieu de la gloire éternelle. La théologie chrétienne reconnaît trois cieux : le premier est celui de la région de l'air et des nuages; le second est l'espace où se meuvent les astres; le troisième, au delà de la région des astres, est la demeure du Très-Haut, le séjour des élus qui contemplent Dieu face à face. C'est d'après cette croyance qu'on dit que saint Paul fut enlevé au troisième ciel.

2. — Les différentes doctrines concernant le séjour des bienheureux reposent toutes sur la double erreur que la terre est le centre de l'univers, et que la région des astres est limitée. C'est par delà cette limite imaginaire que toutes ont placé ce séjour fortuné et la demeure du Tout-Puissant. Singulière anomalie qui place l'auteur de toutes choses, celui qui les gouverne toutes, aux confins de la création, au lieu du centre d'où le rayonnement de sa pensée pouvait s'étendre à tout !

3. — La science, avec l'inexorable logique des faits et de l'observation, a porté son flambeau jusque dans les profondeurs de l'espace, et montré le néant de toutes ces théories. La terre n'est plus le pivot de l'univers, mais un des plus petits astres roulant dans l'immensité; le soleil lui-même n'est que le centre d'un tourbillon planétaire; les étoiles sont d'innombrables soleils autour desquels circulent des mondes innombrables, séparés par des distances à peine accessibles à la pensée, quoiqu'ils nous semblent se toucher. Dans cet ensemble, régi par des lois éternelles où se révèlent la sagesse et la toute-puissance du Créateur, la terre n'apparaît que comme un point imperceptible, et l'un des moins favorisés pour l'habitabilité. Dès lors, on se demande pourquoi Dieu en aurait fait l'unique siége de

la vie et y aurait relégué ses créatures de prédilection ? Tout, au contraire, annonce que la vie est partout, que l'humanité est infinie comme l'univers. La science nous révélant des mondes semblables à la terre, Dieu ne pouvait les avoir créés sans but ; il a dû les peupler d'êtres capables de les gouverner.

4. — Les idées de l'homme sont en raison de ce qu'il sait ; comme toutes les découvertes importantes, celle de la constitution des mondes a dû leur donner un autre cours. Sous l'empire de ces nouvelles connaissances, les croyances ont dû se modifier : le ciel a été déplacé ; la région des étoiles, étant sans limites, ne peut plus lui en servir. Où est-il ? Devant cette question, toutes les religions restent muettes.

Le Spiritisme vient la résoudre en démontrant la véritable destinée de l'homme. La nature de ce dernier, et les attributs de Dieu étant pris pour point de départ, on arrive à la conclusion ; c'est-à-dire qu'en partant du connu on arrive à l'inconnu par une déduction logique, sans parler des observations directes que permet de faire le Spiritisme.

5. — L'homme est composé du corps et de l'Esprit ; l'Esprit est l'être principal, l'être de raison, l'être intelligent ; le corps est l'enveloppe matérielle que revêt temporairement l'Esprit pour l'accomplissement de sa mission sur la terre et l'exécution du travail nécessaire à son avancement. Le corps, usé, se détruit, et l'Esprit survit à sa destruction. Sans l'Esprit, le corps n'est qu'une matière inerte, comme un instrument privé du bras qui le fait agir ; sans le corps, l'Esprit est tout : la vie et l'intelligence. En quittant le corps, il rentre dans le monde spirituel d'où il était sorti pour s'incarner.

Il y a donc le *monde corporel*, composé des Esprits incarnés, et le *monde spirituel*, formé des Esprits désincarnés. Les êtres du monde corporel, par le fait même de leur enveloppe matérielle, sont attachés à la terre ou à un globe quelconque; le monde spirituel est partout, autour de nous et dans l'espace; aucune limite ne lui est assignée. En raison de la nature fluidique de leur enveloppe, les êtres qui le composent, au lieu de se traîner péniblement sur le sol, franchissent les distances avec la rapidité de la pensée. La mort du corps est la rupture des liens qui les retenaient captifs.

6. — Les Esprits sont créés simples et ignorants, mais avec l'aptitude à tout acquérir et à progresser, en vertu de leur libre arbitre. Par le progrès, ils acquièrent de nouvelles connaissances, de nouvelles facultés, de nouvelles perceptions, et, par suite, de nouvelles jouissances inconnues aux Esprits inférieurs; ils voient, entendent, sentent et comprennent ce que les Esprits arriérés ne peuvent ni voir, ni entendre, ni sentir, ni comprendre. *Le bonheur est en raison du progrès accompli; de sorte que, de deux Esprits, l'un peut n'être pas aussi heureux que l'autre, uniquement parce qu'il n'est pas aussi avancé intellectuellement et moralement, sans qu'ils aient besoin d'être chacun dans un lieu distinct.* Quoique étant à côté l'un de l'autre, l'un peut être dans les ténèbres, tandis que tout est resplendissant autour de l'autre, absolument comme pour un aveugle et un voyant qui se donnent la main : l'un perçoit la lumière, qui ne fait aucune impression sur son voisin. *Le bonheur des Esprits étant inhérent aux qualités qu'ils possèdent, ils le puisent partout où ils le trouvent, à la surface de la terre, au milieu des incarnés ou dans l'espace.*

Une comparaison vulgaire fera mieux encore comprendre cette situation. Si, dans un concert, se trouvent deux hommes, l'un bon musicien à l'oreille exercée, l'autre sans connaissance de la musique et au sens de l'ouïe peu délicat, le premier éprouve une sensation de bonheur, tandis que le second reste insensible, parce que l'un comprend et perçoit ce qui ne fait aucune impression sur l'autre. Ainsi en est-il de toutes les jouissances des Esprits, qui sont en raison de l'aptitude à les ressentir. *Le monde spirituel a partout des splendeurs, des harmonies et des sensations que les Esprits inférieurs, encore soumis à l'influence de la matière, n'entrevoient même pas, et qui ne sont accessibles qu'aux Esprits épurés.*

7. — Le progrès, chez les Esprits, est le fruit de leur propre travail ; mais, comme ils sont libres, ils travaillent à leur avancement avec plus ou moins d'activité ou de négligence, selon leur volonté ; ils hâtent ainsi ou retardent leur progrès, et par suite leur bonheur. Tandis que les uns avancent rapidement, d'autres croupissent de longs siècles dans les rangs inférieurs. Ils sont donc les propres artisans de leur situation, heureuse ou malheureuse, selon cette parole du Christ : « A chacun selon ses œuvres ! » Tout Esprit qui reste en arrière ne peut s'en prendre qu'à lui-même, de même que celui qui avance en a tout le mérite ; le bonheur qu'il a conquis n'en a que plus de prix à ses yeux.

Le bonheur suprême n'est le partage que des Esprits parfaits, autrement dit des purs Esprits. Ils ne l'atteignent qu'après avoir progressé en intelligence et en moralité. Le progrès intellectuel et le progrès moral marchent rarement de front ; mais ce que l'Esprit ne fait pas dans un temps, il le fait dans un autre, de sorte que les deux progrès finissent par atteindre le même niveau. C'est la raison pour laquelle on voit souvent des hommes intelligents et instruits très peu avancés moralement, et réciproquement.

8. — L'incarnation est nécessaire au double progrès moral et intellectuel de l'Esprit : au progrès intellectuel, par l'activité qu'il est obligé de déployer dans le travail ; au progrès moral, par le besoin que les hommes ont les uns des autres. *La vie sociale est la pierre de touche des bonnes et des mauvaises qualités.* La bonté, la méchanceté, la douceur, la violence, la bienveillance, la charité, l'égoïsme, l'avarice, l'orgueil, l'humilité, la sincérité, la franchise, la loyauté, la mauvaise foi, l'hypocrisie, en un mot tout ce qui constitue l'homme de bien ou l'homme pervers a pour mobile, pour but et pour stimulant les rapports de l'homme avec ses semblables ; *pour l'homme qui vivrait seul, il n'y aurait ni vices ni vertus ; si, par l'isolement, il se préserve du mal, il annule le bien.*

9. — Une seule existence corporelle est manifestement insuffisante pour que l'Esprit puisse acquérir tout ce qui lui manque en bien et se défaire de tout ce qui est mauvais en lui. Le sauvage, par exemple, pourrait-il jamais, dans une seule incarnation, atteindre le niveau moral et intellectuel de l'Européen le plus avancé ? Cela est matériellement impossible. Doit-il donc rester éternellement dans l'ignorance et la barbarie, privé des jouissances que peut seul procurer le développement des facultés ? Le simple bon sens repousse une telle supposition, qui serait à la fois la négation de la justice et de la bonté de Dieu et celle de la loi progressive de la nature. C'est pourquoi Dieu, qui est souverainement

juste et bon, accorde à l'Esprit de l'homme autant d'existences que cela est nécessaire pour arriver au but, qui est la perfection.

Dans chaque existence nouvelle, l'Esprit apporte ce qu'il a acquis dans les précédentes en aptitudes, en connaissances intuitives, en intelligence et en moralité. Chaque existence est ainsi un pas en avant dans la voie du progrès [1].

L'incarnation est inhérente à l'infériorité des Esprits; elle n'est plus nécessaire à ceux qui en ont franchi la limite et qui progressent à l'état spirituel, ou dans les existences corporelles des mondes supérieurs qui n'ont plus rien de la matérialité terrestre. De la part de ceux-ci, elle est volontaire, en vue d'exercer sur les incarnés une action plus directe pour l'accomplissement de la mission dont ils sont chargés auprès d'eux. Ils en acceptent les vicissitudes et les souffrances par dévoûment.

10. — Dans l'intervalle des existences corporelles, l'Esprit rentre pour un temps plus ou moins long dans le monde spirituel, où il est heureux ou malheureux, selon le bien ou le mal qu'il a fait. L'état spirituel est l'état normal de l'Esprit, puisque ce doit être son état définitif, et que le corps spirituel ne meurt pas ; l'état corporel n'est que transitoire et passager. C'est à l'état spirituel surtout qu'il recueille les fruits du progrès accompli par son travail dans l'incarnation ; c'est alors aussi qu'il se prépare à de nouvelles luttes et prend les résolutions qu'il s'efforcera de mettre en pratique à son retour dans l'humanité.

[1] Voir la note, chap. I, n° 3, note 1.

L'Esprit progresse également dans l'erraticité; il y puise des connaissances spéciales qu'il ne pouvait acquérir sur la terre; ses idées s'y modifient. L'état corporel et l'état spirituel sont pour lui la source de deux genres de progrès solidaires l'un de l'autre; c'est pourquoi il passe alternativement dans ces deux modes d'existence.

11. — La réincarnation peut avoir lieu sur la terre ou dans d'autres mondes. Parmi les mondes, il en est de plus avancés les uns que les autres, où l'existence s'accomplit dans des conditions moins pénibles que sur la terre, physiquement et moralement, mais où ne sont admis que des Esprits arrivés à un degré de perfection en rapport avec l'état de ces mondes.

La vie dans les mondes supérieurs est déjà une récompense, car on y est exempt des maux et des vicissitudes auxquels on est en butte ici-bas. Les corps, moins matériels, presque fluidiques, n'y sont sujets ni aux maladies, ni aux infirmités, ni aux mêmes besoins. Les mauvais Esprits en étant exclus, les hommes y vivent en paix, sans autre soin que celui de leur avancement par le travail de l'intelligence. Là, règnent la véritable fraternité, parce qu'il n'y a pas d'égoïsme; la véritable égalité, parce qu'il n'y a pas d'orgueil; la véritable liberté, parce qu'il n'y a pas de désordres à réprimer, ni d'ambitieux cherchant à opprimer le faible. Comparés à la terre, ces mondes sont de véritables paradis; ce sont les étapes de la route du progrès qui conduit à l'état définitif. La terre étant un monde inférieur destiné à l'épuration des Esprits imparfaits, c'est la raison pour laquelle le mal y domine jusqu'à ce qu'il plaise à Dieu d'en faire le séjour des Esprits plus avancés.

C'est ainsi que l'Esprit, progressant graduellement à mesure qu'il se développe, arrive à l'apogée de la félicité; mais, avant d'avoir atteint le point culminant de la perfection, il jouit d'un bonheur relatif à son avancement. Tel l'enfant goûte les plaisirs du premier âge, plus tard ceux de la jeunesse, et finalement ceux plus solides de l'âge mûr.

12. — La félicité des Esprits bienheureux n'est pas dans l'oisiveté contemplative, qui serait, comme il a souvent été dit, une éternelle et fastidieuse inutilité. La vie spirituelle, à tous les degrés, est au contraire une constante activité, mais une activité exempte de fatigues. Le suprême bonheur consiste dans la jouissance de toutes les splendeurs de la création, qu'aucun langage humain ne saurait rendre, que l'imagination la plus féconde ne saurait concevoir ; dans la connaissance et la pénétration de toutes choses; dans l'absence de toute peine physique et morale ; dans une satisfaction intime, une sérénité d'âme que rien n'altère; dans l'amour pur qui unit tous les êtres, par suite de l'absence de tout froissement par le contact des méchants, et, par-dessus tout, dans la vue de Dieu et dans la compréhension de ses mystères révélés aux plus dignes. Elle est aussi dans les fonctions dont on est heureux d'être chargé. Les purs Esprits sont les Messies ou messagers de Dieu pour la transmission et l'exécution de ses volontés ; ils accomplissent les grandes missions, président à la formation des mondes et à l'harmonie générale de l'univers, charge glorieuse à laquelle on n'arrive que par la perfection. Ceux de l'ordre le plus élevé sont seuls dans les secrets de Dieu, s'inspirant de sa pensée, dont ils sont les représentants directs.

13. — Les attributions des Esprits sont proportionnées à leur avancement, aux lumières qu'ils possèdent, à leurs capacités, à leur expérience et au degré de confiance qu'ils inspirent au souverain Maître. Là, point de privilége, point de faveurs qui ne soient le prix du mérite : tout est mesuré au poids de la stricte justice. Les missions les plus importantes ne sont confiées qu'à ceux que Dieu sait propres à les remplir et incapables d'y faillir ou de les compromettre. Tandis que, sous l'œil même de Dieu, les plus dignes composent le conseil suprême, à des chefs supérieurs est dévolue la direction des tourbillons planétaires ; à d'autres est conférée celle des mondes spéciaux. Viennent ensuite, dans l'ordre de l'avancement et de la subordination hiérarchique, les attributions plus restreintes de ceux qui sont préposés à la marche des peuples, à la protection des familles et des individus, à l'impulsion de chaque branche du progrès, aux diverses opérations de la nature jusqu'aux plus infimes détails de la création. Dans ce vaste et harmonieux ensemble, il y a des occupations pour toutes les capacités, toutes les aptitudes, toutes les bonnes volontés ; occupations acceptées avec joie, sollicitées avec ardeur, parce que c'est un moyen d'avancement pour les Esprits qui aspirent à s'élever.

14. — A côté des grandes missions confiées aux Esprits supérieurs, il y en a de tous les degrés d'importance, dévolues aux Esprits de tous ordres ; d'où l'on peut dire que chaque incarné a la sienne, c'est-à-dire des devoirs à remplir, pour le bien de ses semblables, depuis le père de famille à qui incombe le soin de faire progresser ses enfants, jusqu'à l'homme de génie qui jette dans la société de nouveaux éléments de progrès.

C'est dans ces missions secondaires que l'on rencontre souvent des défaillances, des prévarications, des renoncements, mais qui ne nuisent qu'à l'individu et non à l'ensemble.

15. — Toutes les intelligences concourent donc à l'œuvre générale, à quelque degré qu'elles soient arrivées, et chacune dans la mesure de ses forces; les unes à l'état d'incarnation, les autres à l'état d'Esprit. Partout l'activité, depuis le bas jusqu'au haut de l'échelle, toutes s'instruisant, s'entr'aidant, se prêtant un mutuel appui, se tendant la main pour atteindre le sommet.

Ainsi s'établit la solidarité entre le monde spirituel et le monde corporel, autrement dit entre les hommes et les Esprits, entre les Esprits libres et les Esprits captifs. Ainsi se perpétuent et se consolident, par l'épuration et la continuité des rapports, les sympathies véritables, les affections saintes.

Partout donc, la vie et le mouvement; pas un coin de l'infini qui ne soit peuplé; pas une région qui ne soit incessamment parcourue par d'innombrables légions d'êtres radieux, invisibles pour les sens grossiers des incarnés, mais dont la vue ravit d'admiration et de joie les âmes dégagées de la matière. Partout, enfin, il y a un bonheur relatif pour tous les progrès, pour tous les devoirs accomplis; chacun porte en soi les éléments de son bonheur, en raison de la catégorie où le place son degré d'avancement.

Le bonheur tient aux qualités propres des individus, et non à l'état matériel du milieu où ils se trouvent; il est donc partout où il y a des Esprits capables d'être heureux; nulle place circonscrite ne lui est assignée dans l'univers. En quelque lieu qu'ils se trouvent, les purs Esprits peuvent contempler la majesté divine, parce que Dieu est partout.

16. — Cependant, le bonheur n'est point personnel ; si on ne le puisait qu'en soi-même, si on ne pouvait le faire partager à d'autres, il serait égoïste et triste ; il est aussi dans la communion de pensées qui unit les êtres sympathiques. Les Esprits heureux, attirés les uns vers les autres par la similitude des idées, des goûts, des sentiments, forment de vastes groupes ou familles homogènes, au sein desquelles chaque individualité rayonne de ses propres qualités, et se pénètre des effluves sereines et bienfaisantes qui émanent de l'ensemble, dont les membres, tantôt se dispersent pour vaquer à leur mission, tantôt s'assemblent sur un point quelconque de l'espace pour se faire part du résultat de leurs travaux, tantôt se réunissent autour d'un Esprit d'un ordre plus élevé pour recevoir ses avis et ses instructions.

17. — Bien que les Esprits soient partout, les mondes sont les foyers où ils s'assemblent de préférence, en raison de l'analogie qui existe entre eux et ceux qui les habitent. Autour des mondes avancés abondent des Esprits supérieurs; autour des mondes arriérés pullulent les Esprits inférieurs. La terre est encore un de ces derniers. Chaque globe a donc, en quelque sorte, sa population propre en Esprits incarnés et désincarnés, qui s'alimente en majeure partie par l'incarnation et la désincarnation des mêmes Esprits. Cette population est plus stable dans les mondes inférieurs, où les Esprits sont plus attachés à la matière, et plus flottante dans les mondes supérieurs. Mais, des mondes, foyers de lumière et de bonheur, des Esprits se détachent vers

les mondes inférieurs pour y semer les germes du progrès, y porter la consolation et l'espérance, relever les courages abattus par les épreuves de la vie, et parfois s'y incarnent pour accomplir leur mission avec plus d'efficacité.

18. — Dans cette immensité sans bornes, où donc est le ciel? Il est partout; nulle enceinte ne lui sert de limites; les mondes heureux sont les dernières stations qui y conduisent; les vertus en frayent le chemin, les vices en interdisent l'accès.

A côté de ce tableau grandiose qui peuple tous les coins de l'univers, qui donne à tous les objets de la création un but et une raison d'être, qu'elle est petite et mesquine la doctrine qui circonscrit l'humanité sur un imperceptible point de l'espace, qui nous la montre commençant à un instant donné pour finir également un jour avec le monde qui la porte, n'embrassant ainsi qu'une minute dans l'éternité! Qu'elle est triste, froide et glaciale, quand elle nous montre le reste de l'univers avant, pendant et après l'humanité terrestre, sans vie, sans mouvement, comme un immense désert plongé dans le silence! Qu'elle est désespérante, par la peinture qu'elle fait du petit nombre des élus voués à la contemplation perpétuelle, tandis que la majorité des créatures est condamnée à des souffrances sans fin! Qu'elle est navrante, pour les cœurs aimants, par la barrière qu'elle pose entre les morts et les vivants! Les âmes heureuses, dit-on, ne pensent qu'à leur bonheur; celles qui sont malheureuses, à leurs douleurs. Est-il étonnant que l'égoïsme règne sur la terre, quand on le montre dans le ciel? Combien alors est étroite l'idée qu'elle donne de la grandeur, de la puissance et de la bonté de Dieu !

Combien est sublime, au contraire, celle qu'en donne le Spiritisme ! Combien sa doctrine grandit les idées, élargit la pensée ! — Mais qui dit qu'elle est vraie ? La raison d'abord, la révélation ensuite, puis sa concordance avec le progrès de la science. Entre deux doctrines dont l'une amoindrit et l'autre étend les attributs de Dieu ; dont l'une est en désaccord et l'autre en harmonie avec le progrès ; dont l'une reste en arrière et l'autre marche en avant, le bon sens dit de quel côté est la vérité. Qu'en présence des deux, chacun, dans son for intérieur, interroge ses aspirations, et une voix intime lui répondra. Les aspirations sont la voix de Dieu, qui ne peut tromper les hommes.

17. — Mais alors pourquoi Dieu ne leur a-t-il pas, dès le principe, révélé toute la vérité ? Par la même raison qu'on n'enseigne pas à l'enfance ce qu'on enseigne à l'âge mûr. La révélation restreinte était suffisante pendant une certaine période de l'humanité : Dieu la proportionne aux forces de l'Esprit. Ceux qui reçoivent aujourd'hui une révélation plus complète sont *les mêmes Esprits* qui en ont déjà reçu une partielle en d'autres temps, mais qui depuis lors ont grandi en intelligence.

Avant que la science eût révélé aux hommes les forces vives de la nature, la constitution des astres, le véritable rôle et la formation de la terre, auraient-ils compris l'immensité de l'espace, la pluralité des mondes ? Avant que la géologie eût prouvé la formation de la terre, auraient-ils pu déloger l'enfer de son sein, et comprendre le sens allégorique des six jours de la création? Avant que l'astronomie eût découvert les lois qui régissent l'univers, auraient-ils pu comprendre qu'il n'y a ni haut ni bas dans l'espace, que le ciel n'est pas au-dessus des nuages, ni borné par les étoiles? Avant les progrès de la science psychologique, auraient-ils pu s'identifier avec la vie spirituelle? concevoir, après la mort, une vie heureuse ou malheureuse, autrement que dans un lieu circonscrit et sous une forme matérielle? Non; comprenant plus par les sens que par la pensée, l'univers était trop vaste pour leur cerveau; il fallait le réduire à des proportions moins étendues pour le mettre à leur point de vue, sauf à l'étendre plus tard. Une révélation partielle avait son utilité; elle était sage alors, elle est insuffisante aujourd'hui. Le tort est à ceux qui, ne tenant point compte du progrès des idées, croient pouvoir gouverner des hommes mûrs avec les lisières de l'enfance. (Voir *Évangile selon le Spiritisme*, chap. III.)

CHAPITRE IV

L'ENFER

Intuition des peines futures. — L'enfer chrétien imité de l'enfer païen. — Les limbes. — Tableau de l'enfer païen. — Tableau de l'enfer chrétien.

Intuition des peines futures.

1. — Dans tous les temps l'homme a cru, par intuition, que la vie future devait être heureuse ou malheureuse, en raison du bien et du mal que l'on fait ici-bas ; seulement, l'idée qu'il s'en fait est en rapport avec le développement de son sens moral, et les notions plus ou moins justes qu'il a du bien et du mal ; les peines et les récompenses sont le reflet de ses instincts prédominants. C'est ainsi que les peuples guerriers placent leur suprême félicité dans les honneurs rendus à la bravoure ; les peuples chasseurs, dans l'abondance du gibier ; les peuples sensuels, dans les délices de la volupté. Tant que l'homme est dominé par la matière, il ne peut qu'imparfaitement comprendre la spiritualité, c'est pourquoi il se fait des peines et des jouissances futures un tableau plus matériel que spirituel ; il se figure que l'on doit boire et manger dans l'autre monde, mais mieux que sur la terre, et de meilleures choses [1]. Plus tard, on trouve dans les croyances touchant

---

[1] Un petit Savoyard, à qui son curé faisait un tableau séduisant de la vie future, lui demanda si tout le monde y mangeait du pain blanc comme à Paris.

l'avenir, un mélange de spiritualité et de matérialité ; c'est ainsi qu'à côté de la béatitude contemplative, il place un enfer avec des tortures physiques.

2. — Ne pouvant concevoir que ce qu'il voit, l'homme primitif a naturellement calqué son avenir sur le présent ; pour comprendre d'autres types que ceux qu'il avait sous les yeux, il lui fallait un développement intellectuel qui ne devait s'accomplir qu'avec le temps. Aussi le tableau qu'il se fait des châtiments de la vie future n'est-il que le reflet des maux de l'humanité, mais dans une plus large proportion ; il y a réuni toutes les tortures, tous les supplices, toutes les afflictions qu'il rencontre sur la terre ; c'est ainsi que, dans les climats brûlants, il a imaginé un enfer de feu, et dans les contrées boréales, un enfer de glace. Le sens qui devait plus tard lui faire comprendre le monde spirituel n'étant pas encore développé, il ne pouvait concevoir que des peines matérielles ; c'est pourquoi, à quelques différences de forme près, l'enfer de toutes les religions se ressemble.

L'enfer chrétien imité de l'enfer païen.

3. — L'enfer des Païens, décrit et dramatisé par les poètes, a été le modèle le plus grandiose du genre ; il s'est perpétué dans celui des Chrétiens, qui, lui aussi, a eu ses chantres poétiques. En les comparant, on y retrouve, sauf les noms et quelques variantes dans les détails, de nombreuses analogies : dans l'un et l'autre, le feu matériel est la base des tourments, parce que c'est le symbole des plus cruelles souffrances. Mais, chose étrange ! les Chrétiens ont, sur beaucoup de points, ren-

chéri sur l'enfer des Païens. Si ces derniers avaient dans le leur le tonneau des Danaïdes, la roue d'Ixion, le rocher de Sysiphe, c'étaient des supplices individuels ; l'enfer chrétien a pour tous ses chaudières bouillantes dont les anges soulèvent les couvercles pour voir les contorsions des damnés [1]; Dieu entend sans pitié les gémissements de ceux-ci pendant l'éternité. Jamais les Païens n'ont dépeint les habitants des Champs-Élysées repaissant leur vue des supplices du Tartare [2].

4. — Comme les Païens, les Chrétiens ont leur roi des enfers, qui est Satan, avec cette différence que Pluton se bornait à gouverner le sombre empire qui lui était échu en partage, mais il n'était pas méchant; il retenait chez lui ceux qui avaient fait le mal, parce que c'était sa mission, mais il ne cherchait point à induire les hommes au mal pour se donner le plaisir de les faire souffrir; tandis que Satan recrute partout des victimes qu'il se plaît à faire tourmenter par ses légions de démons armés de fourches pour les secouer dans le feu. On a même sérieusement discuté sur la nature de ce feu qui brûle sans cesse les damnés sans jamais les consumer; on s'est demandé si c'était un feu de bitume [3]. L'enfer chrétien ne le cède donc en rien à l'enfer païen.

5. — Les mêmes considérations qui, chez les Anciens, avaient fait localiser le séjour de la félicité, avaient

[1] Sermon prêché à Montpellier en 1860.
[2] « Les bienheureux, sans sortir de la place qu'ils occupent, en sortiront cependant d'une certaine manière, en raison de leur don d'intelligence et de vue distincte, afin de considérer les tortures des damnés; et en les voyant, non-seulement ils ne ressentiront *aucune douleur*, mais ils seront *accablés de joie*, et ils rendront grâces à Dieu de leur propre bonheur en assistant à l'ineffable calamité des impies. » (Saint Thomas-d'Aquin.)
[3] Sermon prêché à Paris en 1861.

aussi fait circonscrire le lieu des supplices. Les hommes ayant placé le premier dans les régions supérieures, il était naturel de placer le second dans les lieux inférieurs, c'est-à-dire dans le centre de la terre, auquel on croyait que certaines cavités sombres et d'aspect terrible servaient d'entrée. C'est là aussi que les Chrétiens ont longtemps placé le séjour des réprouvés. Remarquons encore à ce sujet une autre analogie.

L'enfer des Païens renfermait d'un côté les Champs Elysées et de l'autre le Tartare ; l'Olympe, séjour des dieux et des hommes divinisés, était dans les régions supérieures. Selon *la lettre* de l'Evangile, Jésus descendit aux enfers, c'est-à-dire dans *les lieux bas*, pour en tirer les âmes des justes qui attendaient sa venue. Les enfers n'étaient donc pas uniquement un lieu de supplice ; comme chez les Païens, ils étaient aussi dans *les lieux bas*. De même que l'Olympe, le séjour des anges et des saints, était dans les lieux élevés ; on l'avait placé par delà le ciel des étoiles, qu'on croyait limité.

6. — Ce mélange des idées païennes et des idées chrétiennes n'a rien qui doive surprendre. Jésus ne pouvait tout d'un coup détruire des croyances enracinées ; il manquait aux hommes les connaissances nécessaires pour concevoir l'infini de l'espace et le nombre infini des mondes ; la terre était pour eux le centre de l'univers ; ils n'en connaissaient ni la forme ni la structure intérieure ; tout était pour eux limité à leur point de vue : leurs notions de l'avenir ne pouvaient s'étendre au delà de leurs connaissances. Jésus se trouvait donc dans l'impossibilité de les initier au véritable état des choses ; mais, d'un autre côté, ne voulant pas sanctionner par son autorité les préjugés reçus, il s'est

abstenu, laissant au temps le soin de rectifier les idées. Il s'est borné à parler vaguement de la vie bienheureuse et des châtiments qui attendent les coupables; mais nulle part, dans ses enseignements, on ne trouve le tableau des supplices corporels dont les Chrétiens ont fait un article de foi.

Voilà comment les idées de l'enfer païen se sont perpétuées jusqu'à nos jours. Il a fallu la diffusion des lumières dans les temps modernes, et le développement général de l'intelligence humaine pour en faire justice. Mais alors, comme rien de positif n'était substitué aux idées reçues, à la longue période d'une croyance aveugle a succédé, comme transition, la période d'incrédulité, à laquelle la nouvelle révélation vient mettre un terme. Il fallait démolir avant de reconstruire, car il est plus facile de faire accepter des idées justes à ceux qui ne croient à rien, parce qu'ils sentent qu'il leur manque quelque chose, qu'à ceux qui ont une foi robuste dans ce qui est absurde.

7. — Par la localisation du ciel et de l'enfer, les sectes chrétiennes ont été conduites à n'admettre pour les âmes que deux situations extrêmes : le parfait bonheur et la souffrance absolue. Le purgatoire n'est qu'une position intermédiaire momentanée au sortir de laquelle elles passent, sans transition, dans le séjour des bienheureux. Il n'en saurait être autrement selon la croyance au sort définitif de l'âme après la mort. S'il n'y a que deux séjours, celui des élus et celui des réprouvés, on ne peut admettre plusieurs degrés dans chacun sans admettre la possibilité de les franchir, et par conséquent le progrès; or, s'il y a progrès, il n'y a pas sort définitif; s'il y a sort définitif, il

n'y a pas progrès. Jésus résout la question quand il dit :
« *Il y a plusieurs demeures dans la maison de mon Père* [1]. »

Les limbes.

8. — L'Église admet, il est vrai, une position spéciale dans certains cas particuliers. Les enfants morts en bas âge, n'ayant point fait de mal, ne peuvent être condamnés au feu éternel ; d'un autre côté, n'ayant point fait de bien, ils n'ont aucun droit à la félicité suprême. Ils sont alors, dit-elle, dans les *limbes*, situation mixte qui n'a jamais été définie, dans laquelle, tout en ne souffrant pas, ils ne jouissent pas non plus du parfait bonheur. Mais, puisque leur sort est irrévocablement fixé, ils sont privés de ce bonheur pour l'éternité. Cette privation, alors qu'il n'a pas dépendu d'eux qu'il en fût autrement, équivaut à *un supplice éternel immérité*. Il en est de même des sauvages, qui, n'ayant pas reçu la grâce du baptême et les lumières de la religion, pèchent par ignorance, s'abandonnant à leurs instincts naturels, ne peuvent avoir ni la culpabilité ni les mérites de ceux qui ont pu agir en connaissance de cause. La simple logique repousse une pareille doctrine au nom de la justice de Dieu. La justice de Dieu est tout entière dans cette parole du Christ : « *A chacun selon ses œuvres ;* » mais il faut l'entendre des œuvres bonnes ou mauvaises que l'on accomplit librement, volontairement, les seules dont on encourt la responsabilité, ce qui n'est le cas ni de l'enfant, ni du sauvage, ni de celui de qui il n'a pas dépendu d'être éclairé.

[1] *Évangile selon le Spiritisme*, chap. III.

CHAPITRE IV

Tableau de l'enfer païen.

9. — Nous ne connaissons guère l'enfer païen que par le récit des poètes; Homère et Virgile en ont donné la description la plus complète, mais il faut faire la part des nécessités que la poésie impose à la forme. Celle de Fénelon, dans son *Télémaque*, quoique puisée à la même source quant aux croyances fondamentales, a la simplicité plus précise de la prose. Tout en décrivant l'aspect lugubre des lieux, il s'attache surtout à faire ressortir le genre de souffrances qu'endurent les coupables, et s'il s'étend beaucoup sur le sort des mauvais rois, c'était en vue de l'instruction de son royal élève. Quelque populaire que soit son ouvrage, beaucoup de personnes n'ont sans doute pas cette description assez présente à la mémoire, ou n'y ont peut-être pas assez réfléchi pour établir une comparaison; c'est pourquoi nous croyons utile d'en reproduire les parties qui ont un rapport plus direct avec le sujet qui nous occupe, c'est-à-dire celles qui concernent plus spécialement la pénalité individuelle.

10. — « En entrant, Télémaque entend les gémissements d'une ombre qui ne pouvait se consoler. Quel est donc, lui dit-il, votre malheur? qui étiez-vous sur la terre? — J'étais, lui répondit cette ombre, Nabopharzan, roi de la superbe Babylone; tous les peuples de l'Orient tremblaient au seul bruit de mon nom; je me faisais adorer par les Babyloniens dans un temple de marbre où j'étais représenté par une statue d'or devant laquelle on brûlait nuit et jour les précieux parfums de l'Éthiopie; jamais personne n'osa me contredire sans être aussitôt puni; on inventait chaque jour de nouveaux plaisirs pour me rendre la vie plus délicieuse. J'étais encore jeune et robuste ; hélas ! que de prospérités ne me restait-il pas encore à goûter sur le trône ! Mais une femme que j'aimais, et qui ne m'aimait pas, m'a bien fait sentir que je n'étais pas dieu : elle m'a empoisonné ; je ne suis plus rien. On mit hier avec pompe mes cendres dans une urne d'or ; on pleura, on s'arracha les cheveux ; on fit semblant de vouloir se jeter dans les flamme de mon bûcher pour mourir avec moi ; on va encore gémir au pied du superbe tombeau où l'on a mis mes cendres, mais personne ne me regrette ; ma mémoire est en horreur même dans ma famille, et ici-bas je souffre déjà d'horribles traitements.

« Télémaque, touché de ce spectacle, lui dit : Étiez-vous véritablement heureux pendant votre règne ? sentiez-vous cette douce paix sans laquelle le cœur demeure toujours serré et flétri au milieu des délices ? — Non, répondit le Babylonien ; je ne sais même ce que vous voulez dire. Les sages vantent cette paix comme l'unique bien : pour moi, je ne l'ai jamais sentie ; mon cœur était sans cesse agité de désirs nouveaux, de crainte et d'espérance. Je tâchais de m'étourdir moi-même par l'ébranlement de mes passions ; j'avais soin d'entretenir cette ivresse pour la rendre continuelle : le moindre intervalle de raison tranquille m'eût été trop amer. Voilà la paix dont j'ai joui ; toute autre me paraît une fable et un songe ; voilà les biens que je regrette.

« En parlant ainsi, le Babylonien pleurait comme un homme lâche qui a été amolli par les prospérités, et qui n'est point accoutumé à supporter constamment un malheur. Il avait auprès de lui quelques esclaves qu'on avait fait mourir pour honorer ses funérailles ;

Mercure les avait livrés à Caron avec leur roi, et leur avait donné une puissance absolue sur ce roi qu'ils avaient servi sur la terre. *Ces ombres d'esclaves ne craignaient plus l'ombre de Nabopharzan; elles la tenaient enchaînée et lui faisaient les plus cruelles indignités.* L'une lui disait : N'étions-nous pas hommes aussi bien que toi? comment étais-tu assez insensé pour te croire un dieu, et ne fallait-il pas te souvenir que tu étais de la race des autres hommes? Une autre, pour lui insulter, disait: Tu avais raison de ne vouloir pas qu'on te prît pour un homme, car tu étais un monstre sans humanité. Une autre lui disait : Eh bien! où sont maintenant tes flatteurs? tu n'as plus rien à donner, malheureux! tu ne peux plus faire aucun mal ; te voilà devenu esclave de tes esclaves mêmes ; les dieux sont lents à faire justice, mais enfin ils la font.

« A ces dures paroles, Nabopharzan se jetait le visage contre terre, arrachant ses cheveux dans un excès de rage et de désespoir. Mais Caron disait aux esclaves : Tirez-le par sa chaîne ; relevez-le malgré lui, *il n'aura pas même la consolation de cacher sa honte ; il faut que toutes les ombres du Styx en soient témoins* pour justifier les dieux, qui ont souffert si longtemps que cet impie régnât sur la terre.

« Il aperçoit bientôt, assez près de lui, le noir Tartare ; il en sortait une fumée noire et épaisse, dont l'odeur empestée donnerait la mort si elle se répandait dans la demeure des vivants. Cette fumée couvrait un fleuve de feu et des tourbillons de flammes, dont le bruit, semblable à celui des torrents les plus impétueux quand ils s'élancent des plus hauts rochers dans le fond des abîmes, faisait qu'on ne pouvait rien entendre distinctement dans ces tristes lieux.

« Télémaque, secrètement animé par Minerve, entre sans crainte dans ce gouffre. D'abord, il aperçut un grand nombre d'hommes qui avaient vécu dans les plus basses conditions, et qui étaient punis pour avoir cherché les richesses par des fraudes, des trahisons et des cruautés. Il y remarqua beaucoup d'impies hypocrites qui, faisant semblant d'aimer la religion, s'en étaient servis comme d'un beau prétexte pour contenter leur ambition et pour se jouer des hommes crédules; ces hommes, qui avaient abusé de la vertu même, quoiqu'elle soit le plus grand don des dieux, étaient punis comme les plus scélérats de tous les hommes. Les enfants qui avaient égorgé leurs pères et leurs mères, les épouses qui avaient trempé leurs mains dans le sang de leurs époux, les traîtres qui avaient livré leur patrie après avoir violé tous les serments, souffraient des peines moins cruelles que ces hypocrites. Les trois juges des enfers l'avaient ainsi voulu, et voici leur raison : c'est que ces hypocrites ne se contentent pas d'être méchants comme le reste des impies; ils veulent encore passer pour bons et font, par leur fausse vertu, que les hommes n'osent plus se fier à la véritable. Les dieux, dont ils se sont joués, et qu'ils ont rendus méprisables aux hommes, prennent plaisir à employer toute leur puissance pour se venger de leurs insultes.

« Auprès de ceux-ci paraissaient d'autres hommes que le vulgaire ne croit guère coupables, et que la vengeance divine poursuit impitoyablement : ce sont les ingrats, les menteurs, les flatteurs qui ont loué le vice, les critiques malins qui ont tâché de flétrir la plus pure vertu; enfin ceux qui ont jugé témérairement des choses sans les connaître à fond, et qui, par là, ont nui à la réputation des innocents.

« Télémaque, voyant les trois juges qui étaient assis et qui condamnaient un homme, osa leur demander quels étaient ses crimes. Aussitôt le condamné, prenant la parole, s'écria : Je n'ai jamais fait aucun mal ; j'ai mis tout mon plaisir à faire du bien ; j'ai été magnifique, libéral, juste, compatissant ; que peut-on donc me reprocher ? Alors Minos lui dit : On ne te reproche rien à l'égard des hommes ; mais ne devais-tu pas moins aux hommes qu'aux dieux ? Quelle est donc cette justice dont tu te vantes ? Tu n'as manqué à aucun devoir envers les hommes, qui ne sont rien ; tu as été vertueux, mais tu as rapporté toute ta vertu à toi-même, et non aux dieux, qui te l'avaient donnée, car tu voulais jouir du fruit de ta propre vertu et te renfermer en toi-même : *tu as été ta divinité*. Mais les dieux, qui ont tout fait, et qui n'ont rien fait que pour eux-mêmes, ne peuvent renoncer à leurs droits ; tu les as oubliés, ils t'oublieront ; ils te livreront à toi-même, puisque tu as voulu être à toi et non pas à eux. *Cherche donc, maintenant, si tu le peux, ta consolation dans ton propre cœur*. Te voilà à jamais séparé des hommes auxquels tu as voulu plaire ; te voilà seul avec toi-même, qui étais ton idole ; apprends qu'il n'y a point de véritable vertu sans le respect et l'amour des dieux, à qui tout est dû. Ta fausse vertu, qui a longtemps ébloui les hommes faciles à tromper, va être confondue. Les hommes, ne jugeant des vices et des vertus que par ce qui les choque ou les accommode, sont aveugles et sur le bien et sur le mal. Ici, une lumière divine renverse tous leurs jugements superficiels ; elle condamne souvent ce qu'ils admirent et justifie ce qu'ils condamnent.

« A ces mots, ce philosophe, comme frappé d'un coup de foudre, ne pouvait se supporter soi-même. La complaisance qu'il avait eue autrefois à contempler sa modération, son courage et ses inclinations généreuses, se change en désespoir. La vue de son propre cœur, ennemi des dieux, devient son supplice; il se voit et ne peut cesser de se voir; il voit la vanité des jugements des hommes, auxquels il a voulu plaire dans toutes ses actions. Il se fait une révolution universelle de tout ce qui est au dedans de lui, comme si on bouleversait toutes ses entrailles; il ne se trouve plus le même ; tout appui lui manque dans son cœur; sa conscience, dont le témoignage lui avait été si doux, s'élève contre lui et lui reproche amèrement l'égarement et l'illusion de toutes ses vertus, qui n'ont point eu le culte de la Divinité pour principe et pour fin; il est troublé, consterné, plein de honte, de remords et de désespoir. *Les Furies ne le tourmentent point, parce qu'il leur suffit de l'avoir livré à lui-même*, et que son propre cœur venge assez les dieux méprisés. Il cherche les lieux les plus sombres pour se cacher aux autres morts, ne pouvant se cacher à lui-même. *Il cherche les ténèbres et ne peut les trouver; une lumière importune le suit partout;* partout les rayons perçants de la vérité vont venger la vérité qu'il a négligé de suivre. Tout ce qu'il a aimé lui devient odieux, comme étant la source de ses maux, qui ne peuvent jamais finir. Il dit en lui-même : O insensé ! je n'ai donc connu ni les dieux, ni les hommes, ni moi-même ! non, je n'ai rien connu, puisque je n'ai jamais aimé l'unique et véritable bien ; tous mes pas ont été des égarements ; ma sagesse n'était que folie ; ma vertu n'était qu'un orgueil impie et aveugle : j'étais moi-même mon idole.

« Enfin Télémaque aperçut les rois qui étaient condamnés pour avoir abusé de leur puissance. D'un côté une Furie vengeresse *leur présentait un miroir qui leur montrait toute la difformité de leurs vices :* là, ils voyaient et ne pouvaient s'empêcher de voir leur vanité grossière et avide des plus ridicules louanges ; leur dureté pour les hommes, dont ils auraient dû faire la félicité ; leur insensibilité pour la vertu ; leur crainte d'entendre la vérité ; leur inclination pour les hommes lâches et flatteurs ; leur inapplication ; leur mollesse ; leur indolence ; leur défiance déplacée ; leur faste et leur excessive magnificence fondés sur la ruine des peuples ; leur ambition pour acheter un peu de vaine gloire par le sang de leurs citoyens ; enfin leur cruauté, qui cherche chaque jour de nouvelles délices parmi les larmes et le désespoir de tant de malheureux. Ils se voyaient sans cesse dans ce miroir ; ils se trouvaient plus horribles et plus monstrueux que n'est la Chimère, vaincue par Bellérophon, ni l'Hydre de Lerne abattue par Hercule, ni Cerbère même, quoiqu'il vomisse de ses trois gueules béantes un sang noir et venimeux qui est capable d'empester toute la race des mortels vivant sur la terre.

« En même temps, d'un autre côté, une autre Furie leur répétait avec insulte toutes les louanges que leurs flatteurs leur avaient données pendant leur vie, et leur présentait un autre miroir, où ils se voyaient tels que la flatterie les avait dépeints. *L'opposition de ces deux peintures si contraires était le supplice de leur vanité.* On remarquait que les plus méchants d'entre ces rois étaient ceux à qui on avait donné les plus magnifiques louanges pendant leur vie, parce que les méchants sont plus craints que les bons, et qu'ils exigent sans pudeur les lâches flatteries des poètes et des orateurs de leur temps.

« On les entend gémir dans ces profondes ténèbres, où ils ne peuvent voir que les insultes et les dérisions qu'ils ont à souffrir. Ils n'ont rien autour d'eux qui ne les repousse, qui ne les contredise, qui ne les confonde, au lieu que sur la terre ils se jouaient de la vie des hommes, et prétendaient que tout était fait pour les servir. Dans le Tartare, ils sont livrés à tous les caprices de certains esclaves qui leur font sentir à leur tour une cruelle servitude ; ils servent avec douleur, et il ne leur reste aucune espérance de pouvoir jamais adoucir leur captivité ; ils sont sous les coups de ces esclaves, devenus leurs tyrans impitoyables, comme une enclume est sous les coups des marteaux des Cyclopes, quand Vulcain les presse de travailler dans les fournaises ardentes du mont Etna.

« Là, Télémaque aperçut des visages pâles, hideux et consternés. C'est une tristesse noire qui ronge ces criminels ; ils ont horreur d'eux-mêmes, et ils ne peuvent non plus se délivrer de cette horreur que de leur propre nature ; *ils n'ont pas besoin d'autre châtiment de leurs fautes, que leurs fautes mêmes : ils les voient sans cesse dans toute leur énormité ; elles se présentent à eux comme des spectres horribles et les poursuivent.* Pour s'en garantir, ils cherchent une mort plus puissante que celle qui les a séparés de leur corps. Dans le désespoir où ils sont, ils appellent à leur secours une mort qui puisse éteindre tout sentiment et toute connaissance en eux ; ils demandent aux abîmes de les engloutir pour se dérober aux rayons vengeurs de la vérité qui les persécute, mais ils sont réservés à la vengeance qui distille sur eux goutte à goutte, et qui ne tarira jamais. *La vérité, qu'ils ont craint de voir, fait leur supplice;* ils la voient, et n'ont des yeux que pour la voir s'élever contre eux : sa vue les perce, les déchire, les arrache à eux-mêmes; elle est comme la foudre ; sans rien détruire au dehors, elle pénètre jusqu'au fond des entrailles.

« Parmi ces objets qui faisaient dresser les cheveux de Télémaque sur sa tête, il vit plusieurs des anciens rois de Lydie qui étaient punis pour avoir préféré les délices d'une vie molle au travail, pour le soulagement des peuples, qui doit être inséparable de la royauté.

« Ces rois se reprochaient les uns aux autres leur aveuglement. L'un disait à l'autre, qui avait été son fils : Ne vous avais-je pas recommandé souvent, pendant ma vieillesse et avant ma mort, de réparer les maux que j'avais faits par ma négligence ? — Ah ! malheureux père ! disait le fils, c'est vous qui m'avez perdu ! c'est votre exemple qui m'a inspiré le faste, l'orgueil, la volupté et la dureté pour les hommes ! En vous voyant régner avec tant de mollesse et entouré de lâches flatteurs, je me suis accoutumé à aimer la flatterie et les plaisirs. J'ai cru que le reste des hommes étaient, à l'égard des rois, ce que les chevaux et les autres bêtes de charge sont à l'égard des hommes, c'est-à-dire des animaux dont on ne fait cas qu'autant qu'ils rendent de services et qu'ils donnent de commodités. Je l'ai cru, c'est vous qui me l'avez fait croire; et maintenant je souffre tant de maux pour vous avoir imité. A ces reproches, ils ajoutaient les plus affreuses malédictions, et paraissaient animés de rage pour s'entre-déchirer.

« Autour de ces rois voltigeaient encore, comme des hiboux dans la nuit, les cruels soupçons, les vaines alarmes, les défiances qui vengent les peuples de la dureté de leurs rois, la faim insatiable des richesses, la fausse gloire toujours tyrannique et la mollesse lâche qui redouble tous les maux qu'on souffre, sans pouvoir jamais donner de solides plaisirs.

« On voyait plusieurs de ces rois sévèrement punis, non pour les maux qu'ils avaient faits, mais *pour avoir négligé le bien qu'ils auraient dû faire*. Tous les crimes des peuples, qui viennent de la négligence avec laquelle on fait observer les lois, étaient imputés aux rois, qui ne doivent régner qu'afin que les lois règnent par leur ministère. On leur imputait aussi tous les désordres qui viennent du faste, du luxe et de tous les autres excès qui jettent les hommes dans un état violent et dans la tentation de mépriser les lois pour acquérir du bien. Surtout on traitait rigoureusement les rois qui, au lieu d'être de bons et vigilants pasteurs des peuples, n'avaient songé qu'à ravager le troupeau, comme des loups dévorants.

« Mais ce qui consterna davantage Télémaque, ce fut de voir, dans cet abîme de ténèbres et de maux, un grand nombre de rois qui, ayant passé sur la terre pour des rois assez bons, avaient été condamnés aux peines du Tartare pour s'être laissé gouverner par des hommes méchants et artificieux. *Ils étaient punis par les maux qu'ils avaient laissé faire par leur autorité.* De plus, la plupart de ces rois n'avaient été ni bons ni méchants, tant leur faiblesse avait été grande ; ils n'avaient jamais craint de ne pas connaître la vérité ; ils n'avaient point ou le goût de la vertu, et n'avaient point mis leur plaisir à faire du bien. »

Tableau de l'enfer chrétien.

11. — L'opinion des théologiens sur l'enfer est résumée dans les citations suivantes [1]. Cette description, étant puisée dans les auteurs sacrés et dans la vie des saints, peut d'autant mieux être considérée comme l'expression de la foi orthodoxe en cette matière, qu'elle est à chaque instant reproduite, à quelques variantes près, dans les sermons de la chaire évangélique et dans les instructions pastorales.

12. — « Les démons sont de purs Esprits, et les damnés, présentement en enfer, peuvent aussi être considérés comme de purs Esprits, puisque leur âme seule y est descendue, et que leurs ossements rendus à la poussière se transforment incessamment en herbes, en plantes, en fruits, en minéraux, en liquides, subissant, sans le savoir, les continuelles métamorphoses de la matière. Mais les damnés, comme les saints, doivent ressusciter au dernier jour, et reprendre, pour ne plus le quitter, un corps charnel, le même corps sous lequel ils ont été connus parmi les vivants. Ce qui les distinguera les uns des autres, c'est que les élus ressusciteront dans un corps purifié et tout radieux, les damnés dans un corps souillé et déformé par le péché. Il n'y aura donc plus en enfer de purs Esprits seulement; il y aura des hommes tels que nous. L'enfer est, par conséquent, un lieu physique, géographique, matériel,

---

[1] Ces citations sont tirées de l'ouvrage intitulé *l'Enfer*, par Auguste Callet.

puisqu'il sera peuplé de créatures terrestres, ayant des pieds, des mains, une bouche, une langue, des dents, des oreilles, des yeux semblables aux nôtres, et du sang dans les veines, et des nerfs sensibles à la douleur.

« Où est situé l'enfer? Quelques docteurs l'ont placé dans les entrailles mêmes de notre terre ; d'autres, dans je ne sais quelle planète ; mais la question n'a été décidée par aucun concile. On en est donc, sur ce point, réduit aux conjectures ; la seule chose qu'on affirme, c'est que l'enfer, en quelque endroit qu'il soit situé, est un monde composé d'éléments matériels, mais un monde sans soleil, sans lune, sans étoiles, plus triste, plus inhospitalier, plus dépourvu de tout germe et de toute apparence de bien que ne le sont les parties les plus inhabitables de ce monde où nous péchons.

« Les théologiens circonspects ne se hasardent pas à peindre, à la façon des Egyptiens, des Hindous et des Grecs, toutes les horreurs de ce séjour ; ils se bornent à nous en montrer, comme un échantillon, le peu que l'Écriture en dévoile, l'étang de feu et de soufre de l'Apocalypse, et les vers d'Isaïe, ces vers éternellement fourmillant sur les charognes du Thophel, et les démons tourmentant les hommes qu'ils ont perdus, et les hommes pleurant et grinçant des dents, suivant l'expression des Evangélistes.

« Saint Augustin n'accorde pas que ces peines physiques soient de simples images des peines morales ; il voit, dans un véritable étang de soufre, des vers et des serpents véritables s'acharnant sur toutes les parties du corps des damnés et joignant leurs morsures à celles du feu. Il prétend, d'après un verset de saint Marc, que ce feu étrange, quoique matériel comme le nôtre, et agissant sur des corps matériels, les conservera comme le sel conserve la chair des victimes. Mais les damnés, victimes toujours sacrifiées et toujours vivantes, sentiront la douleur de ce feu qui brûle sans détruire ; *il pénétrera sous leur peau ;* ils en seront imbibés et saturés dans tous leurs membres, et dans la moelle de leurs os, et dans la prunelle de leurs yeux, et dans les fibres les plus cachées et les plus sensibles de leur être. Le cratère d'un volcan, s'ils pouvaient s'y plonger, serait pour eux un lieu de rafraîchissement et de repos.

« Ainsi parlent, en toute assurance, les théologiens les plus timides, les plus discrets, les plus réservés ; ils ne nient pas, d'ailleurs, qu'il y ait en enfer d'autres supplices corporels ; ils disent seulement que, pour en parler, ils n'en ont pas une connaissance suffisante, aussi positive, du moins, que celle qui leur a été donnée de l'horrible supplice du feu et du dégoûtant supplice des vers. Mais il y a des théologiens plus hardis ou plus éclairés qui font de l'enfer des descriptions plus détaillées, plus variées et plus complètes ; et, bien qu'on ne sache pas en quel endroit de l'espace cet enfer est situé, il y a des saints qui l'ont vu. Ils n'y sont pas allés la lyre en main, comme Orphée, ou l'épée en main, comme Ulysse ; ils y ont été transportés en Esprit. Sainte Thérèse est de ce nombre.

« Il semblerait, d'après le récit de la sainte, qu'il y a des villes en enfer ; elle y vit, du moins, une espèce de ruelle longue et étroite, comme il y en a tant dans les vieilles cités ; elle y entra, marchant avec horreur sur un terrain fangeux, puant, où grouillaient de monstrueux reptiles ; mais elle fut arrêtée, dans sa marche, par une muraille qui barrait la ruelle ; dans cette muraille était pratiquée une niche où Thérèse se blottit, sans trop savoir comment cela arriva. C'était, dit-elle, la place qui lui était destinée, si elle abusait, de son vivant, des grâces que Dieu répandait sur sa cellule d'Avila. Quoiqu'elle se fût introduite avec une facilité merveilleuse dans cette niche de pierre, elle ne pouvait cependant ni s'y asseoir, ni s'y coucher, ni s'y tenir debout : encore moins pouvait-elle en sortir ; ces horribles murailles, s'étant abaissées sur elle, l'enveloppaient, la serraient, comme si elles eussent été animées. Il lui sembla qu'on l'étouffait, qu'on l'étranglait, et, en même temps, qu'on l'écorchait vive et qu'on la hachait en lambeaux ; et elle se sentait brûler, et elle éprouvait à la fois tous les genres d'angoisses. De secours, nul espoir ; tout n'était autour d'elle que ténèbres, et néanmoins, à travers ces ténèbres elle apercevait encore, non sans stupeur, la hideuse rue où elle était logée et tout son immonde voisinage, spectacle pour elle aussi intolérable que les embrassements de sa prison[1].

« Ce n'était là sans doute qu'un petit coin de l'enfer. D'autres voyageurs spirituels ont été plus favorisés. Ils ont vu en enfer de grandes villes tout en feu : Babylone et Ninive, Rome même, leurs palais et leurs temples embrasés, et tous leurs habitants enchaînés ; le trafiquant à son comptoir, des prêtres réunis avec des courtisans dans des salles de festins, et hurlant sur leurs siéges dont ils ne pouvaient plus s'arracher, et portant à leurs lèvres, pour se désaltérer, des coupes d'où sortaient des flammes ; des valets à genoux dans des cloa-

---

[1] On reconnaît, dans cette vision, tous les caractères des cauchemars ; il est donc probable que c'est un effet de ce genre qui s'est produit chez sainte Thérèse.

ques bouillants, les bras tendus, et des princes de la main desquels ruisselait sur eux en lave dévorante de l'or fondu. D'autres ont vu en enfer des plaines sans bornes que creusaient et ensemençaient des paysans faméliques, et de ces plaines fumantes de leurs sueurs, de ces semences stériles, comme il ne poussait rien, ces paysans se mangeaient entre eux; après quoi, tout aussi nombreux que devant, tout aussi maigres, tout aussi affamés, ils se dispersaient par bandes à l'horizon, allant chercher au loin, mais vainement, des terres plus heureuses, et remplacés aussitôt, dans les champs qu'ils abandonnaient, par d'autres colonies errantes de damnés. Il en est qui ont vu en enfer des montagnes remplies de précipices, des forêts gémissantes, des puits sans eau, des fontaines alimentées par les larmes, des rivières de sang, des tourbillons de neige dans des déserts de glace, des barques de désespérés voguant sur des mers sans rivages. On y a revu, en un mot, tout ce que les Païens y voyaient : un reflet lugubre de la terre, une ombre démesurément agrandie de ses misères, ses souffrances naturelles éternisées, et jusqu'aux cachots et aux potences, et aux instruments de torture que nos propres mains ont forgés.

« Il y a là-bas, en effet, des démons qui, pour mieux bourreler les hommes dans leurs corps, prennent des corps. Ceux-ci ont des ailes de chauves-souris, des cornes, des cuirasses d'écailles, des pattes griffues, des dents aiguës; on nous les montre armés de glaives, de fourches, de pinces, de tenailles ardentes, de scies, de grils, de soufflets, de massues, et faisant, pendant l'éternité, avec de la chair humaine, l'office de cuisiniers et de bouchers; ceux-là, transformés en lions ou en vipères énormes, traînant leurs proies dans des cavernes solitaires ; quelques-uns se changent en corbeaux, pour arracher les yeux à de certains coupables, et d'autres en dragons volants, pour les charger sur leur dos et les emporter tout effarés, tout saignants, tout criants à travers les espaces ténébreux, et puis les laisser retomber dans l'étang de soufre. Voici des nuées de sauterelles, des scorpions gigantesques, dont la vue donne le frisson, dont l'odeur donne des nausées, dont le moindre attouchement donne des convulsions ; voilà des monstres polycéphales, ouvrant de toutes parts des gueules voraces, secouant sur leurs têtes difformes des crinières d'aspics, broyant les réprouvés entre leurs mâchoires sanglantes, et les vomissant tout hachés, mais vivants, parce qu'ils sont immortels.

« Ces démons à forme sensible, qui rappellent si visiblement les dieux de l'Amenthi et du Tartare, et les idoles qu'adoraient les Phéniciens, les Moabites, et les autres Gentils voisins de la Judée, ces démons n'agissent point au hasard ; chacun a sa fonction et son œuvre ; le mal qu'ils font en enfer est en rapport avec le mal qu'ils ont inspiré et fait commettre sur la terre[1]. Les damnés sont punis dans tous leurs sens et dans tous leurs organes, parce qu'ils ont offensé Dieu par tous leurs sens et par tous leurs organes ; punis d'une façon comme gourmands par les démons de la gourmandise, et d'une autre façon comme paresseux, par les démons de la paresse, et d'une autre comme fornicateurs, par les dé-

---

[1] Singulière punition, en vérité, que celle qui consisterait à pouvoir continuer, sur une plus grande échelle, le mal qu'ils ont fait en petit sur la terre ! Il serait plus rationnel qu'ils souffrissent eux-mêmes des suites de ce mal au lieu de se donner le plaisir de le faire souffrir aux autres.

mons de la fornication, et d'autant de manières diverses qu'il y a de diverses manières de pécher. Ils auront froid tout en brûlant, et chaud tout en gelant ; ils seront avides de repos et avides de mouvement ; et toujours affamés, et toujours altérés, et mille fois plus fatigués que l'esclave à la fin du jour, plus malades que les mourants, plus rompus, plus brisés, plus couverts de plaies que les martyrs, et cela ne finira point.

« Aucun démon ne se rebute et ne se rebutera jamais de son affreuse tâche ; ils sont tous, sous ce rapport, bien disciplinés, et fidèles à exécuter *les ordres vengeurs qu'ils ont reçus ;* sans cela, que deviendrait l'enfer ? Les patients se reposeraient si les bourreaux venaient à se quereller ou à se lasser. Mais point de repos pour les uns, point de querelles entre les autres ; quelque méchants qu'ils soient, et quelque innombrables qu'ils soient, les démons s'entendent d'un bout à l'autre de l'abîme, et jamais on ne vit sur la terre de nations plus dociles à leurs princes, d'armées plus obéissantes à leurs chefs, de communautés monastiques plus humblement soumises à leurs supérieurs [1].

« On ne connaît guère d'ailleurs la populace des démons, ces vils Esprits dont sont composées les légions

---

[1] Ces mêmes démons, rebelles à Dieu pour le bien, sont d'une docilité exemplaire pour faire le mal ; aucun d'eux ne recule ni ne se ralentit pendant l'éternité. Quelle étrange métamorphose s'est opérée en eux, qui avaient été créés purs et parfaits comme les anges !
N'est-il pas bien singulier de leur voir donner l'exemple de la parfaite entente, de l'harmonie, de la concorde inaltérable, alors que les hommes ne savent pas vivre en paix et s'entre-déchirent sur la terre ? En voyant le luxe des châtiments réservés aux damnés, et en comparant leur situation avec celle des démons, on se demande quels sont les plus à plaindre : des bourreaux ou des victimes ?

de vampires, de goules, de crapauds, de scorpions, de corbeaux, d'hydres, de salamandres et autres bêtes sans nom, qui constituent la faune des régions infernales; mais on connaît et on nomme plusieurs des princes qui commandent à ces légions, entre autres Belphégor, le démon de la luxure; Abaddon ou Apollyon, le démon du meurtre; Béelzébuth, le démon des désirs impurs, ou le maître des mouches qui engendrent la corruption; et Mammon, le démon de l'avarice, et Moloch, et Bélial, et Baalgad, et Astaroth, et combien d'autres, et au-dessus d'eux leur chef universel, le sombre archange qui portait dans le ciel le nom de Lucifer, et qui porte en enfer celui de Satan.

« Voilà, en raccourci, l'idée qu'on nous donne de l'enfer, considéré au point de vue de sa nature physique et des peines physiques qu'on y endure. Ouvrez les écrits des Pères et des anciens Docteurs; interrogez nos pieuses légendes; regardez les sculptures et les tableaux de nos églises; prêtez l'oreille à ce qui se dit dans nos chaires, et vous en apprendrez bien davantage. »

13. — L'auteur fait suivre ce tableau des réflexions suivantes, dont chacun comprendra la portée:

« La résurrection des corps est un miracle; mais Dieu fait un second miracle pour donner à ces corps mortels, déjà usés une fois par les passagères épreuves de la vie, déjà une fois anéantis, la vertu de subsister, sans se dissoudre, dans une fournaise où s'évaporeraient les métaux. Qu'on dise que l'âme est son propre bourreau, que Dieu ne la persécute pas, mais qu'il l'abandonne dans l'état malheureux qu'elle a choisi, cela peut à la rigueur se comprendre, quoique l'abandon éternel d'un être égaré et souffrant paraisse peu conforme à la bonté du Créateur ; mais ce qu'on dit de l'âme et des peines spirituelles, on ne peut, en aucune manière, le dire des corps et des peines corporelles ; pour perpétuer ces peines corporelles, il ne suffit pas que Dieu retire sa main ; il faut, au contraire, qu'il la montre, qu'il intervienne, qu'il agisse, sans quoi le corps succomberait.

« Les théologiens supposent donc que Dieu opère, en effet, après la résurrection, ce second miracle dont nous avons parlé. Il tire, d'abord, du sépulcre qui les avait dévorés, nos corps d'argile ; il les en retire tels qu'ils y sont entrés, avec leurs infirmités originelles et les dégradations successives de l'âge, de la maladie et du vice ; il nous les rend dans cet état, décrépits, frileux, goutteux, pleins de besoins, sensibles à une piqûre d'abeille, tout couverts des flétrissures que la vie et la mort y ont imprimées, et c'est là le premier miracle ; puis, à ces corps chétifs, tout prêts à retourner à la poussière d'où ils sortent, il inflige une propriété qu'ils n'avaient jamais eue, et voilà le second miracle ; il leur inflige l'immortalité, ce même don que, dans sa colère, dites plutôt dans sa miséricorde, il avait retiré à Adam au sortir de l'Éden. Quand Adam était immortel, il était invulnérable, et quand il cessa d'être invulnérable, il devint mortel ; le trépas suivit de près la douleur.

« La résurrection ne nous rétablit donc ni dans les conditions physiques de l'homme innocent, ni dans les conditions physiques de l'homme coupable ; c'est une résurrection de nos misères seulement, mais avec une surcharge de misères nouvelles, infiniment plus horribles ; c'est, en partie, une vraie création, et la plus malicieuse que l'imagination ait osé concevoir. Dieu se ravise, et pour ajouter aux tourments spirituels des pécheurs des tourments charnels qui puissent durer toujours, il change tout à coup, par un effet de sa puissance, les lois et les propriétés par lui-même assignées, dès le commencement, aux composés de la matière; il ressuscite des chairs malades et corrompues, et, joignant d'un nœud indestructible ces éléments qui tendent d'eux-mêmes à se séparer, il maintient et perpétue, contre l'ordre naturel, cette pourriture vivante; il la jette dans le feu, non pour la purifier, mais pour la conserver telle qu'elle est, sensible, souffrante, brûlante, horrible, telle avec cela qu'il la veut immortelle.

« On fait de Dieu, par ce miracle, un des bourreaux de l'enfer, car si les damnés ne peuvent imputer qu'à eux-mêmes leurs maux spirituels, ils ne peuvent, en revanche, attribuer les autres qu'à lui. C'était trop peu apparemment de les abandonner, après leur mort, à la tristesse, au repentir et à toutes les angoisses d'une âme qui sent qu'elle a perdu le bien suprême; Dieu ira, suivant les théologiens, les chercher dans cette nuit, au fond de cet abîme; il les rappellera un moment au jour, non pour les consoler, mais pour les revêtir d'un corps hideux, flambant, impérissable, plus empesté que la robe de Déjanire, et c'est alors seulement qu'il les abandonne pour jamais.

« Il ne les abandonnera même pas, puisque l'enfer ne subsiste, ainsi que la terre et le ciel, que par un acte permanent de sa volonté, toujours active, et que tout s'évanouirait s'il cessait de tout soutenir. Il aura donc sans cesse la main sur eux pour empêcher leur feu de s'éteindre et leurs corps de se consumer, voulant que ces malheureux immortels contribuent, par la pérennité de leur supplice, à l'édification des élus. »

14. — Nous avons dit, avec raison, que l'enfer des Chrétiens avait renchéri sur celui des Païens. Dans le Tartare, en effet, on voit les coupables torturés par le remords, toujours en face de leurs crimes et de leurs victimes, accablés par ceux qu'ils avaient accablés de leur vivant ; on les voit fuir la lumière qui les pénètre, et chercher en vain à échapper aux regards qui les poursuivent ; l'orgueil y est abaissé et humilié ; tous portent les stigmates de leur passé ; tous sont punis par leurs propres fautes, à tel point que, pour quelques-uns, il suffit de les livrer à eux-mêmes, et que l'on juge inutile d'y ajouter d'autres châtiments. Mais ce sont des *ombres*, c'est-à-dire *des âmes avec leurs corps fluidiques, image de leur existence terrestre ;* on n'y voit pas les hommes reprendre leur corps charnel pour souffrir matériellement, ni le feu pénétrer sous leur peau et les saturer jusqu'à la moelle des os, ni le luxe et le raffinement des supplices qui font la base de l'enfer chrétien. On y trouve des juges inflexibles, mais justes, qui proportionnent la peine à la faute ; tandis que dans l'empire de Satan, tous sont confondus dans les mêmes tortures ; tout y est fondé sur la matérialité ; l'équité même en est bannie.

Il y a sans doute aujourd'hui, dans l'Eglise même beaucoup d'hommes de sens qui n'admettent point ces choses à la lettre et n'y voient que des allégories dont il faut saisir l'esprit ; mais leur opinion n'est qu'individuelle et ne fait pas loi. La croyance à l'enfer matériel avec toutes ses conséquences n'en est pas moins encore un article de foi.

15. — On se demande comment des hommes ont pu voir ces choses dans l'extase, si elles n'existent pas. Ce n'est pas ici le lieu d'expliquer la source des images fantastiques qui se produisent parfois avec les apparences de la réalité. Nous dirons seulement qu'il faut y voir une preuve de ce principe, que l'extase est la moins sûre de toutes les révélations[1], parce que cet état de surexcitation n'est pas toujours le fait d'un dégagement de l'âme aussi complet qu'on pourrait le croire, et qu'on y trouve bien souvent le reflet des préoccupations de la veille. Les idées dont l'esprit est nourri et dont le cerveau, ou mieux l'enveloppe périspritale correspondant au cerveau, a conservé l'empreinte, se reproduisent amplifiées comme dans un mirage, sous des formes vaporeuses qui se croisent et se confondent, et composent des ensembles bizarres. Les extatiques de tous les cultes ont toujours vu des choses en rapport avec la foi dont ils étaient pénétrés; il n'est donc pas surprenant que ceux qui, comme sainte Thérèse, sont fortement imbus des idées de l'enfer, telles que les donnent les descriptions verbales ou écrites et les tableaux, aient des visions qui n'en sont, à proprement parler, que la reproduction, et produisent l'effet d'un cauchemar. Un Païen plein de foi aurait vu le Tartare et les Furies, comme il aurait vu, dans l'Olympe, Jupiter tenant la foudre en main.

[1] *Livre des Esprits*, nos 443 et 444.

CHAPITRE V

LE PURGATOIRE

1. — L'Évangile ne fait aucune mention du purgatoire, qui ne fut admis par l'Église qu'en l'an 593. C'est assurément un dogme plus rationnel et plus conforme à la justice de Dieu que l'enfer, puisqu'il établit des peines moins rigoureuses, et rachetables pour des fautes d'une moyenne gravité.

Le principe du purgatoire est donc fondé en équité, car, comparé à la justice humaine, c'est la détention temporaire à côté de la condamnation à perpétuité. Que penserait-on d'un pays qui n'aurait que la peine de mort pour les crimes et les simples délits ? Sans le purgatoire, il n'y a pour les âmes que les deux alternatives extrêmes : la félicité absolue ou le supplice éternel. Dans cette hypothèse, que deviennent les âmes coupables seulement de fautes légères ? ou elles partagent la félicité des élus sans être parfaites, ou elles subissent le châtiment des plus grands criminels sans avoir fait beaucoup de mal, ce qui ne serait ni juste ni rationnel.

2. — Mais la notion du purgatoire devait nécessairement être incomplète ; c'est pourquoi, ne connaissant que la peine du feu, on en a fait un diminutif de l'enfer ; les âmes y brûlent aussi, mais d'un feu moins intense. Le progrès étant inconciliable avec le dogme des peines éternelles, les âmes n'en sortent point par suite de leur avancement, mais par la vertu des prières que l'on dit ou que l'on fait dire à leur intention.

Si la pensée première a été bonne, il n'en est pas de même de ses conséquences, par les abus dont elle a été la source. Au moyen des prières payées, le purgatoire est devenu une mine plus productive que l'enfer[1].

3. — Le lieu du purgatoire n'a jamais été déterminé, ni la nature des peines qu'on y endure clairement définie. Il était réservé à la révélation nouvelle de combler cette lacune, en nous expliquant les causes des misères de la vie terrestre, dont la pluralité des existences pouvait seule nous montrer la justice.

Ces misères sont nécessairement la suite des imperfections de l'âme, car si l'âme était parfaite, elle ne commettrait point de fautes et n'aurait pas à en subir les conséquences. L'homme qui serait sobre et modéré en tout, par exemple, ne serait pas en proie aux maladies qu'engendrent les excès. Le plus souvent, il est malheureux ici-bas par sa propre faute; mais s'il est imparfait, c'est qu'il l'était avant de venir sur la terre ; il y expie non-seulement ses fautes actuelles, mais les fautes antérieures qu'il n'a point réparées ; il endure dans une vie d'épreuves ce qu'il a fait endurer aux autres dans une autre existence. Les vicissitudes qu'il éprouve sont à la fois un châtiment temporaire et un avertissement des imperfections dont il doit se défaire pour éviter les malheurs futurs et progresser vers le bien. Ce sont pour l'âme les leçons de l'expérience, leçons rudes parfois, mais d'autant plus profitables pour l'avenir qu'elles laissent une plus profonde impression,

---

[1] Le purgatoire a donné naissance an commerce scandaleux des indulgences, à l'aide desquelles on vendait l'entrée du ciel. Cet abus a été la première cause de la Réforme, et c'est ce qui fit rejeter le purgatoire par Luther.

Ces vicissitudes sont l'occasion de luttes incessantes qui développent ses forces et ses facultés morales et intellectuelles, la fortifient dans le bien, et d'où elle sort toujours victorieuse, si elle a le courage de la soutenir jusqu'au bout. Le prix de la victoire est dans la vie spirituelle, où elle entre radieuse et triomphante, comme le soldat qui sort de la mêlée et vient recevoir la palme glorieuse.

4. — Chaque existence est pour l'âme l'occasion d'un pas en avant; de sa volonté dépend que ce pas soit le plus grand possible, de franchir plusieurs échelons ou de rester au même point; dans ce dernier cas, elle a souffert sans profit; et comme il faut toujours, tôt ou tard payer sa dette, il lui faudra recommencer une nouvelle existence dans des conditions encore plus pénibles, parce qu'à une souillure non effacée elle ajoute une autre souillure.

C'est donc dans les incarnations successives que l'âme se dépouille peu à peu de ses imperfections, qu'elle se *purge*, en un mot, jusqu'à ce qu'elle soit assez pure pour mériter de quitter les mondes d'expiation pour des mondes plus heureux, et plus tard ceux-ci pour jouir de la félicité suprême.

Le *purgatoire* n'est donc plus une idée vague et incertaine; c'est une réalité matérielle que nous voyons, que nous touchons et que nous subissons; il est dans les mondes d'expiation, et la terre est un de ces mondes; les hommes y expient leur passé et leur présent au profit de leur avenir. Mais, contrairement à l'idée que l'on s'en fait, il dépend de chacun d'abréger ou d'y prolonger son séjour, selon le degré d'avancement et d'épuration auquel il est parvenu par son travail sur lui-même; on en sort, non parce que l'on a fini son temps ou par les mérites d'autrui, mais par le fait de son propre mérite, selon cette parole du Christ : « *A chacun selon ses œuvres,* » parole qui résume toute la justice de Dieu.

5. — Celui donc qui souffre en cette vie doit se dire que c'est parce qu'il ne s'est point suffisamment épuré dans sa précédente existence, et que, s'il ne le fait dans celle-ci, il souffrira encore dans la suivante. Ceci est à la fois équitable et logique. La souffrance étant inhérente à l'imperfection, on souffre aussi longtemps qu'on est imparfait, comme on souffre d'une maladie aussi longtemps qu'on n'en est pas guéri. C'est ainsi que tant qu'un homme est orgueilleux, il souffrira des suites de l'orgueil; tant qu'il sera égoïste, il souffrira des suites de l'égoïsme.

6. — L'Esprit coupable souffre d'abord dans la vie spirituelle en raison du degré de ses imperfections ; puis la vie corporelle lui est donnée comme moyen de réparation ; c'est pour cela qu'il s'y retrouve, soit avec les personnes qu'il a offensées, soit dans des milieux analogues à ceux où il a fait le mal, soit dans des situations qui en sont la contre-partie, comme, par exemple, d'être dans la misère s'il a été mauvais riche, dans une condition humiliante s'il a été orgueilleux.

L'expiation, dans le monde des Esprits et sur la terre, n'est point un double châtiment pour l'Esprit; c'est le même qui se continue sur la terre, comme complément, en vue de lui faciliter son amélioration par un travail effectif; il dépend de lui de le mettre à profit. Ne vaut-il pas mieux pour lui revenir sur la terre avec la possibilité de gagner le ciel, que d'être condamné sans rémission en la quittant ? Cette liberté qui lui est accordée est une preuve de la sagesse, de la bonté et de la justice de Dieu, qui veut que *l'homme doive tout à ses efforts et soit l'artisan de son avenir;* s'il est malheureux, et s'il l'est plus ou moins longtemps, il ne peut s'en prendre qu'à lui-même : la voie du progrès lui est toujours ouverte.

7. — Si l'on considère combien est grande la souffrance de certains Esprits coupables dans le monde invisible, combien est terrible la situation de quelques-uns, à quelles anxiétés ils sont en proie, et combien cette position est rendue plus pénible par l'impuissance où ils sont d'en voir le terme, on pourrait dire que c'est pour eux l'*enfer*, si ce mot n'impliquait pas l'idée d'un châtiment éternel et matériel. Grâce à la révélation des Esprits, et aux exemples qu'ils nous offrent, nous savons que *la durée de l'expiation est subordonnée à l'amélioration du coupable.*

8. — Le Spiritisme ne vient donc pas nier la pénalité future ; il vient au contraire la constater. Ce qu'il détruit, c'est l'enfer localisé, avec ses fournaises et ses peines irrémissibles. Il ne nie pas le purgatoire, puisqu'il prouve que nous y sommes ; il le définit et le précise, en expliquant la cause des misères terrestres, et par là il y fait croire ceux qui le niaient.

Rejette-t-il les prières pour les trépassés ? Bien au contraire, puisque les Esprits souffrants les sollicitent ; qu'il en fait un devoir de charité et en démontre l'efficacité pour les *ramener au bien*, et, par ce moyen, abréger leurs tourments [1]. Parlant à l'intelligence, il a ramené

---

[1] Voir *Évangile selon le Spiritisme*, chap. XXVII : *Action de la prière.*

la foi chez les incrédules, et à la prière ceux qui s'en raillaient. Mais il dit que l'efficacité des prières est dans la pensée et non dans les mots, que les meilleures sont celles du cœur et non celles des lèvres, celles que l'on dit soi-même, et non celles que l'on fait dire pour de l'argent. Qui donc oserait l'en blâmer?

9. — Que le châtiment ait lieu dans la vie spirituelle ou sur la terre, et quelle qu'en soit la durée, il a toujours un terme, plus ou moins éloigné ou rapproché. Il n'y a donc en réalité pour l'Esprit que deux alternatives : *punition temporaire graduée selon la culpabilité*, et *récompense graduée selon le mérite*. Le Spiritisme repousse la troisième alternative, celle de la damnation éternelle. L'enfer reste comme figure symbolique des plus grandes souffrances dont le terme est inconnu. Le purgatoire est la réalité.

Le mot *purgatoire* réveille l'idée d'un lieu circonscrit: c'est pourquoi il s'applique plus naturellement à la terre, considérée comme lieu d'expiation, qu'à l'espace infini où errent les Esprits souffrants, et qu'en outre la nature de l'expiation terrestre est une véritable expiation.

Quand les hommes se seront améliorés, ils ne fourniront au monde invisible que de bons Esprits, et ceux-ci, en s'incarnant, ne fourniront à l'humanité corporelle que des éléments perfectionnés ; alors, la terre cessant d'être un monde d'expiation, les hommes n'y endureront plus les misères qui sont les conséquences de leurs imperfections. C'est cette transformation qui s'opère en ce moment et élèvera la terre dans la hiérarchie des mondes. (Voir *Evangile selon le Spiritisme*, ch. III.)

10. — Pourquoi donc le Christ n'a-t-il pas parlé du purgatoire ? C'est que, l'idée n'existant pas, il n'y avait

pas de mot pour la représenter. Il s'est servi du mot *enfer*, le seul qui fût en usage, comme terme générique, pour désigner les peines futures sans distinction. Si, à côté du mot *enfer* il eût placé un mot équivalent à *purgatoire*, il n'aurait pu en préciser le sens véritable sans trancher une question réservée à l'avenir ; c'eût été, en outre, consacrer l'existence de deux lieux spéciaux de châtiments. L'enfer, dans son acception générale, réveillant l'idée de punition, renfermait implicitement celle du *purgatoire*, qui n'est qu'un mode de pénalité. L'avenir, devant éclairer les hommes sur la nature des peines, devait, par cela même, réduire l'enfer à sa juste valeur.

Puisque l'Église a cru devoir, après six siècles, suppléer au silence de Jésus en décrétant l'existence du purgatoire, c'est qu'elle a pensé qu'il n'avait pas tout dit. Pourquoi n'en serait-il pas pour d'autres points comme pour celui-ci ?

CHAPITRE VI

DOCTRINE DES PEINES ÉTERNELLES

Origine de la doctrine des peines éternelles. — Arguments à l'appui des peines éternelles. — Impossibilité matérielle des peines éternelles. — La doctrine des peines éternelles a fait son temps. — Ezéchiel contre l'éternité des peines et le péché originel.

Origine de la doctrine des peines éternelles.

1. — La croyance à l'éternité des peines perd chaque jour tellement de terrain que, sans être prophète, chacun peut en prévoir la fin prochaine. Elle a été combattue par des arguments si puissants et si péremptoires, qu'il semble presque superflu de s'en occuper désormais, et qu'il suffit de la laisser s'éteindre. Cependant on ne peut se dissimuler que, toute caduque qu'elle est, elle est encore le point de ralliement des adversaires des idées nouvelles, celui qu'ils défendent avec le plus d'acharnement, parce que c'est un des côtés les plus vulnérables et qu'ils prévoient les conséquences de sa chute. A ce point de vue, cette question mérite un examen sérieux.

2. — La doctrine des peines éternelles, comme celle de l'enfer matériel, a eu sa raison d'être, alors que cette crainte pouvait être un frein pour les hommes peu avancés intellectuellement et moralement. De même qu'ils n'eussent été que peu ou point impressionnés par l'idée de peines morales, ils ne l'auraient pas été davantage par celle de peines temporaires ; ils n'eussent même pas

compris la justice des peines graduées et proportionnées, parce qu'ils n'étaient pas aptes à saisir les nuances souvent délicates du bien et du mal, ni la valeur relative des circonstances atténuantes ou aggravantes.

3. — Plus les hommes sont rapprochés de l'état primitif, plus ils sont matériels ; le sens moral est celui qui se développe en eux le plus tardivement. Par cette raison même, ils ne peuvent se faire qu'une idée très imparfaite de Dieu et de ses attributs, et une non moins vague de la vie future. Ils assimilent Dieu à leur propre nature ; c'est pour eux un souverain absolu, d'autant plus redoutable qu'il est invisible, comme un monarque despote qui, caché dans son palais, ne se montre jamais à ses sujets. Il n'est puissant que par la force matérielle, car ils ne comprennent pas la puissance morale ; ils ne le voient qu'armé de la foudre, ou au milieu des éclairs et des tempêtes, semant sur son passage la ruine et la désolation, à l'exemple des guerriers invincibles. Un Dieu de mansuétude et de miséricorde ne serait pas un Dieu, mais un être faible qui ne saurait se faire obéir. La vengeance implacable, les châtiments terribles, éternels, n'avaient rien de contraire à l'idée qu'ils se faisaient de Dieu, rien qui répugnât à leur raison. Implacables eux-mêmes dans leurs ressentiments, cruels envers leurs ennemis, sans pitié pour les vaincus, Dieu, qui leur était supérieur, devait être encore plus terrible.

Pour de tels hommes, il fallait des croyances religieuses assimilées à leur nature encore fruste. Une religion toute spirituelle, toute d'amour et de charité, ne pouvait s'allier avec la brutalité des mœurs et des passions. Ne blâmons donc pas Moïse de sa législation draconienne, qui suffisait à peine pour contenir son peuple indocile, ni d'avoir fait de Dieu un Dieu vengeur. Il le fallait à cette époque ; la douce doctrine de Jésus n'eût point trouvé d'écho et aurait été impuissante.

4. — A mesure que l'Esprit s'est développé, le voile matériel s'est peu à peu dissipé, et les hommes ont été plus aptes à comprendre les choses spirituelles; mais cela n'est arrivé que graduellement. Quand Jésus est venu, il a pu annoncer un Dieu clément, parler de son royaume qui n'est pas de ce monde, et dire aux hommes : « Aimez-vous les uns les autres, faites du bien à ceux qui vous haïssent ; » tandis que les Anciens disaient : « Œil pour œil, dent pour dent. »

Or, quels étaient les hommes qui vivaient du temps de Jésus? Étaient-ce des âmes nouvellement créées et incarnées? Si cela était, Dieu aurait donc créé au temps de Jésus des âmes plus avancées qu'au temps de Moïse. Mais, alors, que seraient devenues ces dernières? Auraient-elles langui pendant l'éternité dans l'abrutissement? Le simple bon sens repousse cette supposition. Non; c'étaient les mêmes âmes qui, après avoir vécu sous l'empire de la loi mosaïque, avaient, durant plusieurs existences, acquis un développement suffisant pour comprendre une doctrine plus élevée, et qui aujourd'hui sont assez avancées pour recevoir un enseignement encore plus complet.

5. — Cependant, le Christ n'a pu révéler à ses contemporains tous les mystères de l'avenir ; lui-même dit : « J'aurais encore beaucoup de choses à vous dire, mais vous ne les comprendriez pas; c'est pourquoi je vous parle en paraboles. » Sur tout ce qui regarde la morale,

c'est-à-dire les devoirs d'homme à homme, il a été très explicite, parce que, touchant à la corde sensible de la vie matérielle, il savait être compris ; sur les autres points, il se borne à semer, sous forme allégorique, les germes de ce qui devra être développé plus tard.

La doctrine des peines et des récompenses futures appartient à ce dernier ordre d'idées. A l'égard des peines surtout, il ne pouvait rompre tout à coup avec les idées reçues. Il venait tracer aux hommes de nouveaux devoirs : la charité et l'amour du prochain remplaçant l'esprit de haine et de vengeance, l'abnégation substituée à l'égoïsme : c'était déjà beaucoup ; il ne pouvait rationnellement affaiblir la crainte du châtiment réservé aux prévaricateurs, sans affaiblir en même temps l'idée du devoir. Il promettait le royaume des cieux aux bons ; ce royaume était donc interdit aux mauvais ; où iraient-ils ? Il fallait une contre-partie de nature à impressionner des intelligences encore trop matérielles pour s'identifier avec la vie spirituelle ; car on ne doit pas perdre de vue que Jésus s'adressait au peuple, à la partie la moins éclairée de la société, pour laquelle il fallait des images en quelque sorte palpables, et non des idées subtiles. C'est pourquoi il n'entre point à cet égard dans des détails superflus : il lui suffisait d'opposer une punition à la récompense ; il n'en fallait pas davantage à cette époque.

6. — Si Jésus a menacé les coupables du feu éternel, il les a aussi menacés d'être jetés dans la *Géhenne ;* or, qu'était-ce que la *Géhenne ?* Un lieu aux environs de Jérusalem, une voirie où l'on jetait les immondices de la ville. Faudrait-il donc aussi prendre ceci à la lettre ? C'était une de ces figures énergiques à l'aide desquelles

impressionnait les masses. Il en est de même du feu éternel. Si telle n'eût pas été sa pensée, il serait en contradiction avec lui-même en exaltant la clémence et la miséricorde de Dieu, car la clémence et l'inexorabilité sont des contraires qui s'annulent. Ce serait donc se méprendre étrangement sur le sens des paroles de Jésus, que d'y voir la sanction du dogme des peines éternelles, alors que tout son enseignement proclame la mansuétude du Créateur.

Dans l'*Oraison dominicale*, il nous apprend à dire : « Seigneur, pardonnez-nous nos offenses, comme nous pardonnons à ceux qui nous ont offensés. » Si le coupable n'avait aucun pardon à espérer, il serait inutile de le demander. Mais ce pardon est-il sans condition ? Est-ce une grâce, une remise pure et simple de la peine encourue ? Non ; la mesure de ce pardon est subordonnée à la manière dont nous aurons pardonné ; c'est-à-dire que si nous ne pardonnons pas, nous ne serons pas pardonnés. Dieu, faisant de l'oubli des offenses une condition absolue, ne pouvait pas exiger que l'homme faible fît ce que lui, tout-puissant, ne ferait pas. L'*Oraison dominicale* est une protestation journalière contre l'éternelle vengeance de Dieu.

7. — Pour des hommes qui n'avaient qu'une notion confuse de la spiritualité de l'âme, l'idée du feu matériel n'avait rien de choquant, d'autant moins, qu'elle était dans la croyance vulgaire puisée dans celle de l'enfer des Païens, presque universellement répandue. L'éternité de la peine n'avait non plus rien qui répugnât à des gens soumis depuis des siècles à la législation du terrible Jéhovah. Dans la pensée de Jésus, le feu éternel ne pouvait donc être qu'une figure ; peu lui importait

que cette figure fût prise à la lettre, si elle devait servir de frein ; il savait bien que le temps et le progrès devaient se charger d'en faire comprendre le sens allégorique, alors surtout que, selon sa prédiction, l'*Esprit de Vérité* viendrait éclairer les hommes sur toutes choses.

Le caractère essentiel des peines irrévocables, c'est *l'inefficacité du repentir;* or jamais Jésus n'a dit que le repentir ne trouverait point grâce devant Dieu. En toute occasion, au contraire, il montre Dieu clément, miséricordieux, prêt à recevoir l'enfant prodigue rentré sous le toit paternel. Il ne le montre inflexible que pour le pécheur endurci ; mais, s'il tient le châtiment d'une main, dans l'autre il tient toujours le pardon prêt à s'étendre sur le coupable dès que celui-ci revient sincèrement à lui. Ce n'est certes pas là le tableau d'un Dieu sans pitié. Aussi est-il à remarquer que Jésus n'a prononcé contre personne, même contre les plus grands coupables, de condamnation irrémissible.

8. — Toutes les religions primitives, d'accord avec le caractère des peuples, ont eu des dieux guerriers qui combattaient à la tête des armées. Le Jéhovah des Hébreux leur fournissait mille moyens d'exterminer leurs ennemis ; il les récompensait par la victoire ou les punissait par la défaite. D'après l'idée qu'on se faisait de Dieu, on croyait l'honorer ou l'apaiser avec le sang des animaux ou des hommes : de là les sacrifices sanglants qui ont joué un si grand rôle dans toutes les religions anciennes. Les Juifs avaient aboli les sacrifices humains ; les Chrétiens, malgré les enseignements du Christ, ont longtemps cru honorer le Créateur en livrant par milliers aux flammes et aux tortures ceux

qu'ils appelaient hérétiques; c'étaient, sous une autre forme, de véritables sacrifices humains, puisqu'ils le faisaient pour *la plus grande gloire de Dieu*, et avec accompagnement de cérémonies religieuses. Aujourd'hui même, ils invoquent encore le *Dieu des armées* avant le combat et le glorifient après la victoire, et cela souvent pour les causes les plus injustes et les plus antichrétiennes.

9. — Combien l'homme est lent à se défaire de ses préjugés, de ses habitudes, de ses idées premières ! Quarante siècles nous séparent de Moïse, et notre génération chrétienne voit encore des traces des anciens usages barbares consacrés, ou du moins approuvés par la religion actuelle ! Il a fallu la puissance de l'opinion des *non-orthodoxes*, de ceux qui sont regardés comme des hérétiques, pour mettre un terme aux bûchers, et faire comprendre la véritable grandeur de Dieu. Mais, à défaut des bûchers, les persécutions matérielles et morales sont encore en pleine vigueur, tant l'idée d'un Dieu cruel est enracinée en l'homme. Nourri dans des sentiments qui lui sont inculqués dès l'enfance, l'homme peut-il s'étonner que le Dieu qu'on lui présente comme honoré par des actes barbares condamne à des tortures éternelles, et voie sans pitié les souffrances des damnés ?

Oui, ce sont des philosophes, des impies, selon quelques-uns, qui ont été scandalisés de voir le nom de Dieu profané par des actes indignes de lui ; ce sont eux qui l'ont montré aux hommes dans toute sa grandeur, en le dépouillant des passions et des petitesses humaines que lui prêtait une croyance non éclairée. La religion y a gagné en dignité ce qu'elle a perdu en prestige extérieur ; car s'il y a moins d'hommes attachés à la forme, il y en a davantage qui sont plus sincèrement religieux par le cœur et les sentiments.

Mais, à côté de ceux-là, combien en est-il qui, s'arrêtant à la surface, ont été conduits à la négation de toute providence ! Faute d'avoir su mettre à propos les croyances religieuses en harmonie avec le progrès de la raison humaine, on a fait naître chez les uns le déisme, chez d'autres l'incrédulité absolue, chez d'autres le panthéisme, c'est-à-dire que l'homme s'est fait lui-même dieu, faute d'en voir un assez parfait.

Arguments à l'appui des peines éternelles.

10. — Revenons au dogme de l'éternité des peines. Le principal argument que l'on invoque en sa faveur est celui-ci :

« Il est admis, parmi les hommes, que la gravité de l'offense est proportionnée à la qualité de l'offensé. Celle qui est commise envers un souverain, étant considérée comme plus grave que celle qui ne concerne qu'un simple particulier, est punie plus sévèrement. Or Dieu est plus qu'un souverain ; puisqu'il est infini, l'offense envers lui est infinie, et doit avoir un châtiment infini, c'est-à-dire éternel. »

Réfutation. — Toute réfutation est un raisonnement qui doit avoir son point de départ, une base sur laquelle il s'appuie, des prémisses, en un mot. Nous prenons ces prémisses dans les attributs mêmes de Dieu :

Dieu est unique, éternel, immuable, immatériel, tout-puissant, souverainement juste et bon, infini dans toutes ses perfections.

Il est impossible de concevoir Dieu autrement qu'avec

l'infini des perfections; sans quoi il ne serait pas Dieu, car on pourrait concevoir un être possédant ce qui lui manquerait. Pour qu'il soit seul au-dessus de tous les êtres, il faut qu'aucun ne puisse le surpasser ni l'égaler en quoi que ce soit. Donc, il faut qu'il soit infini en tout.

Les attributs de Dieu, étant infinis, ne sont susceptibles ni d'augmentation ni de diminution; sans cela, ils ne seraient pas infinis et Dieu ne serait pas parfait. Si l'on ôtait la plus petite parcelle d'un seul de ses attributs, on n'aurait plus Dieu, puisqu'il pourrait exister un être plus parfait.

L'infini d'une qualité exclut la possibilité de l'existence d'une qualité contraire qui l'amoindrirait ou l'annulerait. Un être *infiniment bon* ne peut avoir la plus petite parcelle de méchanceté, ni l'être *infiniment mauvais* avoir la plus petite parcelle de bonté; de même qu'un objet ne saurait être d'un noir absolu avec la plus légère nuance de blanc, ni d'un blanc absolu avec la plus petite tache de noir.

Ce point de départ posé, à l'argument ci-dessus on oppose les arguments ci-après :

11. — Un être infini peut seul faire quelque chose d'infini. L'homme, étant limité dans ses vertus, dans ses connaissances, dans sa puissance, dans ses aptitudes, dans son existence terrestre, ne peut produire que des choses limitées.

Si l'homme pouvait être infini dans ce qu'il fait de mal, il le serait également dans ce qu'il fait de bien, et alors il serait égal à Dieu. Mais, si l'homme était infini dans ce qu'il fait de bien, il ne ferait point de mal, car le bien absolu est l'exclusion de tout mal.

En admettant qu'une offense temporaire envers la Divinité puisse être infinie, Dieu, s'en vengeant par un châtiment *infini*, serait *infiniment vindicatif;* s'il est infiniment vindicatif, il ne peut être infiniment bon et miséricordieux, car l'un de ces attributs est la négation de l'autre. S'il n'est pas infiniment bon, il n'est pas parfait, et s'il n'est pas parfait, il n'est pas Dieu.

Si Dieu est inexorable pour le coupable repentant, il n'est pas miséricordieux; s'il n'est pas miséricordieux, il n'est pas infiniment bon.

Pourquoi Dieu ferait-il à l'homme une loi du pardon, s'il ne devait pas pardonner lui-même? Il en résulterait que l'homme qui pardonne à ses ennemis, et leur rend le bien pour le mal, serait meilleur que Dieu qui reste sourd au repentir de celui qui l'a offensé, et lui refuse, pour *l'éternité*, le plus léger adoucissement!

Dieu, qui est partout et voit tout, doit voir les tortures des damnés. S'il est insensible à leurs gémissements pendant l'éternité, il est éternellement sans pitié; s'il est sans pitié, il n'est pas infiniment bon.

12.—A cela, on répond que le pécheur qui se repent avant de mourir éprouve la miséricorde de Dieu, et qu'alors le plus grand coupable peut trouver grâce devant lui.

Ceci n'est pas mis en doute, et l'on conçoit que Dieu ne pardonne qu'au repentir, et soit inflexible envers les endurcis; mais, s'il est plein de miséricorde pour l'âme qui se repent avant d'avoir quitté son corps, pourquoi cesse-t-il de l'être pour celle qui se repent après la mort? Pourquoi le repentir n'aurait-il d'efficacité que pendant la vie, qui n'est qu'un instant, et n'en aurait-il plus pendant l'éternité, qui n'a point de fin? Si la bonté et la miséricorde de Dieu sont circonscrites *dans un temps donné*, elles ne sont pas infinies, et Dieu n'est pas infiniment bon.

13. — Dieu est souverainement juste. La souveraine justice n'est pas la justice la plus inexorable, ni celle qui laisse toute faute impunie ; c'est celle qui tient le compte le plus rigoureux du bien et du mal, qui récompense l'un et punit l'autre dans la plus équitable proportion, et ne se trompe jamais.

Si, pour une faute temporaire, qui toujours est le résultat de la nature imparfaite de l'homme, et souvent du milieu où il se trouve, l'âme peut être punie éternellement, sans espoir d'adoucissement ni de pardon, il n'y a aucune proportion entre la faute et la punition : donc il n'y a pas justice.

Si le coupable revient à Dieu, se repent et demande à réparer le mal qu'il a fait, c'est un retour au bien, aux bons sentiments. Si le châtiment est irrévocable, ce retour au bien est sans fruit ; puisqu'il n'est pas tenu compte du bien, ce n'est pas de la justice. Parmi les hommes, le condamné qui s'amende voit sa peine commuée, parfois même levée ; il y aurait donc, dans la justice humaine, plus d'équité que dans la justice divine!

Si la condamnation est irrévocable, le repentir est inutile; le coupable, n'ayant rien à espérer de son retour au bien, persiste dans le mal ; de sorte que non-seulement Dieu le condamne à souffrir perpétuellement, mais encore à rester dans le mal pour l'éternité. Ce ne serait là ni de la justice ni de la bonté.

14. — Étant infini en toutes choses, Dieu doit tout con-

naître, le passé et l'avenir ; il doit savoir, au moment de la création d'une âme, si elle faillira assez gravement pour être damnée éternellement. S'il ne le sait pas, son savoir n'est pas infini, et alors il n'est pas Dieu. S'il le sait, il crée volontairement un être voué, dès sa formation, à des tortures sans fin, et alors il n'est pas bon.

Si Dieu, touché du repentir d'un damné, peut étendre sur lui sa miséricorde et le *retirer de l'enfer*, il n'y a plus de peines éternelles, et le jugement prononcé par les hommes est révoqué.

15. — La doctrine des peines éternelles absolues conduit donc forcément à la négation ou à l'amoindrissement de quelques-uns des attributs de Dieu ; elle est par conséquent inconciliable avec la perfection infinie ; d'où l'on arrive à cette conclusion :

Si Dieu est parfait, la condamnation éternelle n'existe pas ; si elle existe, Dieu n'est pas parfait.

16. — On invoque encore en faveur du dogme de l'éternité des peines l'argument suivant :

« La récompense accordée aux bons, étant éternelle, doit avoir pour contre-partie une punition éternelle. Il est juste de proportionner la punition à la récompense. »

Réfutation. — Dieu crée-t-il l'âme en vue de la rendre heureuse ou malheureuse ? Évidemment, le bonheur de la créature doit être le but de sa création, autrement Dieu ne serait pas bon. Elle atteint le bonheur par son propre mérite ; le mérite acquis, elle n'en peut perdre le fruit, autrement elle dégénérerait ; l'éternité du bonheur est donc la conséquence de son immortalité.

Mais, avant d'arriver à la perfection, elle a des luttes

à soutenir, des combats à livrer aux mauvaises passions. Dieu ne l'ayant pas créée parfaite, mais *susceptible de le devenir*, afin qu'elle ait le mérite de ses œuvres, elle peut faillir. Ses chutes sont les conséquences de sa faiblesse naturelle. Si, pour une chute, elle devait être punie éternellement, on pourrait demander pourquoi Dieu ne l'a pas créée plus forte. La punition qu'elle subit est un avertissement qu'elle a mal fait, et qui doit avoir pour résultat de la ramener dans la bonne voie. Si la peine était irrémissible, son désir de mieux faire serait superflu; dès lors le but providentiel de la création ne pourrait être atteint, car il y aurait des êtres prédestinés au bonheur et d'autres au malheur. Si une âme coupable se repent, elle peut devenir bonne; pouvant devenir bonne, elle peut aspirer au bonheur; Dieu serait-il juste de lui en refuser les moyens?

Le bien étant le but final de la création, le bonheur, qui en est le prix, doit être éternel; le châtiment, qui est un moyen d'y arriver, doit être temporaire. La plus vulgaire notion de justice, même parmi les hommes, dit qu'on ne peut châtier perpétuellement celui qui a le désir et la volonté de bien faire.

17. — Un dernier argument en faveur de l'éternité des peines est celui-ci :

« La crainte d'un châtiment éternel est un frein; si on l'ôte, l'homme, ne redoutant plus rien, se livrera à tous les débordements. »

Réfutation. — Ce raisonnement serait juste, si la non-éternité des peines entraînait la suppression de toute sanction pénale. L'état heureux ou malheureux dans la vie future est une conséquence rigoureuse de la justice de Dieu, car une identité de situation entre l'homme bon et le pervers serait la négation de cette justice. Mais, pour n'être pas éternel, le châtiment n'en est pas moins pénible ; on le redoute d'autant plus qu'on y croit davantage, et l'on y croit d'autant plus qu'il est plus rationnel. Une pénalité à laquelle on ne croit pas n'est plus un frein, et l'éternité des peines est de ce nombre.

La croyance aux peines éternelles, comme nous l'avons dit, a eu son utilité et sa raison d'être à une certaine époque ; aujourd'hui, non-seulement elle ne touche plus, mais elle fait des incrédules. Avant de la poser comme une nécessité, il faudrait en démontrer la réalité. Il faudrait, surtout, qu'on en vît l'efficacité sur ceux qui la préconisent et s'efforcent de la démontrer. Malheureusement, parmi ceux-ci, beaucoup trop prouvent par leurs actes qu'ils n'en sont nullement effrayés. Si elle est impuissante à réprimer le mal chez ceux qui disent y croire, quel empire peut-elle avoir sur ceux qui n'y croient pas ?

Impossibilité matérielle des peines éternelles.

18. — Jusqu'ici, le dogme de l'éternité des peines n'a été combattu que par le raisonnement ; nous allons le montrer en contradiction avec les faits positifs que nous avons sous les yeux, et en prouver l'impossibilité.

Selon ce dogme, le sort de l'âme est irrévocablement fixé après la mort. C'est donc un point d'arrêt définitif opposé au progrès. Or l'âme progresse-t-elle, oui ou non ? Là est toute la question. Si elle progresse, l'éternité des peines est impossible.

Peut-on douter de ce progrès, quand on voit l'immense variété d'aptitudes morales et intellectuelles qui existent sur la terre, depuis le sauvage jusqu'à l'homme civilisé? Quand on voit la différence que présente un même peuple d'un siècle à l'autre? Si l'on admet que ce ne sont plus les mêmes âmes, il faut admettre alors que Dieu crée des âmes à tous les degrés d'avancement, selon les temps et les lieux; qu'il favorise les unes, tandis qu'il voue les autres à une infériorité perpétuelle: ce qui est incompatible avec la justice, qui doit être la même pour toutes les créatures.

19. — Il est incontestable que l'âme, arriérée intellectuellement et moralement, comme celle des peuples barbares, ne peut avoir les mêmes éléments de bonheur, les mêmes aptitudes à jouir des splendeurs de l'infini, que celle dont toutes les facultés sont largement développées. Si donc ces âmes ne progressent pas, elles ne peuvent, dans les conditions les plus favorables, jouir à perpétuité que d'un bonheur pour ainsi dire négatif. On arrive donc forcément, pour être d'accord avec la rigoureuse justice, à cette conséquence que les âmes les plus avancées sont les mêmes que celles qui étaient arriérées et qui ont progressé. Mais ici nous touchons à la grande question de la *pluralité des existences*, comme seul moyen rationnel de résoudre la difficulté. Cependant nous en ferons abstraction, et nous considèrerons l'âme dans une seule existence.

20. — Voici, comme on en voit tant, un jeune homme de vingt ans, ignorant, aux instincts vicieux, niant Dieu et son âme, se livrant au désordre et commettant toutes sortes de méfaits. Néanmoins, il se trouve dans un milieu favorable; il travaille, il s'instruit, peu à peu se corrige et finalement devient pieux. N'est-ce pas un exemple palpable du progrès de l'âme pendant la vie,

et n'en voit-on pas tous les jours de pareils ? Cet homme meurt saintement dans un âge avancé, et naturellement son salut est assuré. Mais quel eût été son sort, si un accident l'eût fait mourir quarante ou cinquante ans plus tôt ? Il était dans toutes les conditions voulues pour être damné ; or, une fois damné, tout progrès était arrêté. Voilà donc un homme sauvé parce qu'il a vécu longtemps, et qui, selon la doctrine des peines éternelles, eût été à jamais perdu s'il eût moins vécu, ce qui pouvait résulter d'un accident fortuit. Dès lors que son âme a pu progresser dans un temps donné, pourquoi n'aurait-elle pas progressé dans le même temps après la mort, si une cause indépendante de sa volonté l'eût empêché de le faire pendant sa vie ? Pourquoi Dieu lui en aurait-il refusé les moyens ? Le repentir, quoique tardif, n'en fût pas moins venu en son temps ; mais si, dès l'instant de sa mort, une condamnation irrémissible l'eût frappé, son repentir eût été sans fruit pour l'éternité, et son aptitude à progresser à jamais détruite.

21. — Le dogme de l'éternité absolue des peines est donc inconciliable avec le progrès de l'âme, puisqu'il y opposerait un obstacle invincible. Ces deux principes s'annulent forcément l'un par l'autre ; si l'un existe, l'autre ne peut exister. Lequel des deux existe ? La loi du progrès est patente : ce n'est pas une théorie, c'est un fait constaté par l'expérience ; c'est une loi de nature, loi divine, imprescriptible ; donc, puisqu'elle existe, et qu'elle ne peut se concilier avec l'autre, c'est que l'autre n'existe pas. Si le dogme de l'éternité des peines était une vérité, saint Augustin, saint Paul et beaucoup d'autres n'eussent jamais vu le ciel s'ils fussent morts avant le progrès qui a amené leur conversion.

A cette dernière assertion, on répond que la conversion de ces saints personnages n'est point un résultat du progrès de l'âme, mais de la grâce qui leur fut accordée et dont ils furent touchés.

Mais ici c'est jouer sur les mots. S'ils ont fait le mal, et plus tard le bien, c'est qu'ils sont devenus meilleurs ; donc ils ont progressé. Dieu leur aurait donc, par une faveur spéciale, accordé la grâce de se corriger? Pourquoi à eux plutôt qu'à d'autres? C'est toujours la doctrine des priviléges, incompatible avec la justice de Dieu et son égal amour pour toutes ses créatures.

Selon la doctrine spirite, d'accord avec les paroles mêmes de l'Evangile, avec la logique et la plus rigoureuse justice, l'homme est le fils de ses œuvres, pendant cette vie et après la mort ; il ne doit rien à la faveur : Dieu le récompense de ses efforts, et le punit de sa négligence aussi longtemps qu'il est négligent.

La doctrine des peines éternelles a fait son temps.

22. — La croyance à l'éternité des peines matérielles est restée comme une crainte salutaire jusqu'à ce que les hommes fussent en état de comprendre la puissance morale. Tels sont les enfants que l'on contient pendant un temps par la menace de certains êtres chimériques à l'aide desquels on les effraye ; mais il arrive un moment où la raison de l'enfant fait d'elle-même justice des contes dont on l'a bercé, et où il serait absurde de prétendre les gouverner par les mêmes moyens. Si ceux qui le dirigent persistaient à lui affirmer que ces

fables sont des vérités qu'il faut prendre à la lettre, ils perdraient sa confiance.

Ainsi en est-il aujourd'hui de l'humanité; elle est sortie de l'enfance et a secoué ses lisières. L'homme n'est plus cet instrument passif qui pliait sous la force matérielle, ni cet être crédule qui acceptait tout, les yeux fermés.

23. — La croyance est un acte de l'entendement, c'est pour cela qu'elle ne peut être imposée. Si, pendant une certaine période de l'humanité, le dogme de l'éternité des peines a pu être inoffensif, salutaire même, il arrive un moment où il devient dangereux. En effet, dès l'instant que vous l'imposez comme vérité absolue, lorsque la raison le repousse, il en résulte nécessairement de deux choses l'une : ou l'homme qui veut croire se fait une croyance plus rationnelle, et alors il se sépare de vous; ou bien il ne croit plus à rien du tout. Il est évident, pour quiconque a étudié la question de sang-froid, que, de nos jours, le dogme de l'éternité des peines a fait plus de matérialistes et d'athées que tous les philosophes.

Les idées suivent un cours incessamment progressif; on ne peut gouverner les hommes qu'en suivant ce cours; vouloir l'arrêter ou le faire rétrograder, ou simplement rester en arrière, alors qu'il avance, c'est se perdre. Suivre ou ne pas suivre ce mouvement est une question de vie ou de mort, pour les religions aussi bien que pour les gouvernements. Est-ce un bien ? est-ce un mal ? Assurément, c'est un mal aux yeux de ceux qui, vivant sur le passé, voient ce passé leur échapper; pour ceux qui voient l'avenir, c'est la loi du progrès qui est une loi de Dieu, et, contre les lois de Dieu, toute résistance est inutile ; lutter contre sa volonté, c'est vouloir se briser.

Pourquoi donc vouloir à toute force soutenir une croyance qui tombe en désuétude, et qui, en définitive, fait plus de tort que de bien à la religion ? Hélas ! c'est triste à dire, mais une question matérielle domine ici la question religieuse. Cette croyance a été largement exploitée, à l'aide de la pensée entretenue qu'avec de l'argent on pouvait se faire ouvrir les portes du ciel, et se préserver de l'enfer. Les sommes qu'elle a rapportées, et qu'elle rapporte encore, sont incalculables ; c'est l'impôt prélevé sur la peur de l'éternité. Cet impôt étant facultatif, le produit est proportionné à la croyance; si la croyance n'existe plus, le produit devient nul. L'enfant donne volontiers son gâteau à celui qui lui promet de chasser le loup-garou ; mais lorsque l'enfant ne croit plus au loup-garou, il garde son gâteau.

24. — La nouvelle révélation donnant des idées plus saines de la vie future, et prouvant qu'on peut faire son salut par ses propres œuvres, doit rencontrer une opposition d'autant plus vive, qu'elle tarit une source plus importante de produits. Il en est ainsi chaque fois qu'une découverte ou une invention viennent changer les habitudes. Ceux qui vivent des anciens procédés coûteux les prônent et décrient les nouveaux, plus économiques. Croit-on, par exemple, que l'imprimerie, malgré les services qu'elle devait rendre à l'humanité, dut être acclamée par la nombreuse classe des copistes ? Non certes ; ils durent la maudire. Ainsi en a-t-il été des machines, des chemins de fer et de cent autres choses.

Aux yeux des incrédules, le dogme de l'éternité des

peines est une question futile dont ils se rient ; aux yeux du philosophe, il a une gravité sociale par les abus auxquels il donne lieu ; l'homme vraiment religieux voit la dignité de la religion intéressée à la destruction de ces abus et de leur cause.

Ezéchiel contre l'éternité des peines et le péché originel.

25. — A ceux qui prétendent trouver dans la Bible la justification de l'éternité des peines, on peut opposer des textes contraires qui ne laissent aucune ambiguïté. Les paroles suivantes d'Ezéchiel sont la négation la plus explicite non-seulement des peines irrémissibles, mais de la responsabilité que la faute du père du genre humain aurait fait peser sur sa race :

1. Le Seigneur me parla de nouveau et me dit : — 2. D'où vient que vous vous servez parmi vous de cette parabole, et que vous l'avez tournée en proverbe dans Israël : Les pères, dites-vous, ont mangé des raisins verts, et les dents des enfants en sont agacées ? — 3. Je jure par moi-même, dit le Seigneur Dieu, que cette parabole ne passera plus parmi vous en proverbe dans Israël ; — 4. Car toutes les âmes sont à moi ; l'âme du fils est à moi comme l'âme du père ; l'âme qui a péché mourra elle-même.

5. Si un homme est juste, s'il agit selon l'équité et la justice ; — 7. S'il n'attriste et n'opprime personne ; s'il rend à son débiteur le gage qu'il lui avait donné ; s'il ne prend rien du bien d'autrui par violence ; s'il donne de son pain à celui qui a faim ; s'il couvre de vêtements ceux qui étaient nus ; — 8. S'il ne prête point à usure et ne reçoit point plus qu'il n'a donné ; s'il détourne sa main de l'iniquité, et s'il rend un jugement équitable entre deux hommes qui plaident ensemble ; — 9. S'il marche dans la voie de mes préceptes, et garde mes ordonnances pour agir selon la vérité : celui-là est juste, et il vivra très certainement, dit le Seigneur Dieu.

10. Si cet homme a un fils qui soit un voleur et qui répande le sang, ou qui commette quelqu'une de ces fautes; — 13. Ce fils mourra très certainement, puisqu'il a fait toutes ces actions détestables, et son sang sera sur sa tête.

14. Si cet homme a un fils qui, voyant tous les crimes que son père avait commis, en soit saisi de crainte, et se garde bien de l'imiter; — 17. Celui-là ne mourra point à cause de l'iniquité de son père, mais il vivra très certainement. — 18. Son père, qui avait opprimé les autres par des calomnies, et qui avait commis des actions criminelles au milieu de son peuple, est mort à cause de sa propre iniquité.

19. Si vous dites: Pourquoi le fils n'a-t-il pas porté l'iniquité de son père? C'est parce que le fils a agi selon l'équité et la justice; qu'il a gardé tous mes préceptes, et qu'il les a pratiqués; c'est pourquoi il vivra très certainement.

20. L'âme qui a péché mourra elle-même: *Le fils ne portera point l'iniquité du père, et le père ne portera point l'iniquité du fils*; la justice du juste sera sur lui, et l'impiété de l'impie sera sur lui.

21. Si l'impie fait pénitence de tous les péchés qu'il avait commis; s'il garde tous mes préceptes, et s'il agit selon l'équité et la justice, il vivra certainement et ne mourra point. — 22. *Je ne me souviendrai plus de toutes les iniquités qu'il avait commises; il vivra dans les œuvres de justice qu'il aura faites.*

23. Est-ce que je veux la mort de l'impie? dit le Seigneur Dieu; et ne veux-je pas plutôt qu'il se convertisse, et qu'il se retire de sa mauvaise voie, et qu'il vive? (Ézéchiel, ch. xxviii.)

Dites-leur ces paroles: Je jure par moi-même, dit le Seigneur Dieu, que je ne veux point la mort de l'impie, mais que je veux que l'impie se convertisse, qu'il quitte sa mauvaise voie et qu'il vive. (Ézéchiel, ch. xxxiii, v. 11.)

CHAPITRE VII

LES PEINES FUTURES SELON LE SPIRITISME

La chair est faible. — Sources de la doctrine spirite sur les peines futures. — Code pénal de la vie future.

La chair est faible.

Il y a des penchants vicieux qui sont évidemment inhérents à l'Esprit, parce qu'ils tiennent plus au moral qu'au physique ; d'autres semblent plutôt la conséquence de l'organisme, et, par ce motif, on s'en croit moins responsable : telles sont les prédispositions à la colère, à la mollesse, à la sensualité, etc.

Il est parfaitement reconnu aujourd'hui, par les philosophes spiritualistes, que les organes cérébraux, correspondant aux diverses aptitudes, doivent leur développement à l'activité de l'Esprit ; que ce développement est ainsi un effet et non une cause. Un homme n'est pas musicien parce qu'il a la *bosse* de la musique, mais il n'a la *bosse* de la musique que parce que son Esprit est musicien.

Si l'activité de l'Esprit réagit sur le cerveau, elle doit réagir également sur les autres parties de l'organisme. L'Esprit est ainsi l'artisan de son propre corps, qu'il façonne, pour ainsi dire, afin de l'approprier à ses besoins et à la manifestation de ses tendances. Cela étant donné, la perfection du corps des races avancées ne serait pas le produit de créations distinctes, mais le résultat du travail de l'Esprit, qui perfectionne son outillage à mesure que ses facultés augmentent.

Par une conséquence naturelle de ce principe, les

dispositions morales de l'Esprit doivent modifier les qualités du sang, lui donner plus ou moins d'activité, provoquer une sécrétion plus ou moins abondante de bile ou autres fluides. C'est ainsi, par exemple, que le gourmand se sent venir la salive à la bouche à la vue d'un mets appétissant. Ce n'est pas le mets qui peut surexciter l'organe du goût, puisqu'il n'y a pas contact ; c'est donc l'Esprit, dont la sensualité est éveillée, qui agit, par la pensée, sur cet organe, tandis que, sur un autre, la vue de ce mets ne produit aucun effet. C'est encore par la même raison qu'une personne sensible verse facilement des larmes ; ce n'est pas l'abondance des larmes qui donne la sensibilité à l'Esprit, mais c'est la sensibilité de l'Esprit qui provoque la sécrétion abondante des larmes. Sous l'empire de la sensibilité, l'organisme s'est approprié à cette disposition normale de l'Esprit, comme il s'est approprié à celle de l'Esprit gourmand.

En suivant cet ordre d'idées, on comprend qu'un Esprit irascible doit pousser au tempérament bilieux ; d'où il suit qu'un homme n'est pas colère parce qu'il est bilieux, mais qu'il est bilieux parce qu'il est colère. Il en est de même de toutes les autres dispositions instinctives ; un Esprit mou et indolent laissera son organisme dans un état d'atonie en rapport avec son caractère, tandis que, s'il est actif et énergique, il donnera à son sang, à ses nerfs des qualités toutes différentes. L'action de l'Esprit sur le physique est tellement évidente, qu'on voit souvent de graves désordres organiques se produire par l'effet de violentes commotions morales. L'expression vulgaire : *L'émotion lui a tourné le sang*, n'est pas aussi dénuée de sens qu'on pourrait le croire; or, qui a pu tourner le sang, sinon les dispositions morales de l'Esprit?

On peut donc admettre que le tempérament est, au moins en partie, déterminé par la nature de l'Esprit, qui est cause et non effet. Nous disons en partie, parce qu'il est des cas où le physique influe évidemment sur le moral : c'est lorsqu'un état morbide ou anormal est déterminé par une cause externe, accidentelle, indépendante de l'Esprit, comme la température, le climat, les vices héréditaires de constitution, un malaise passager, etc. Le moral de l'Esprit peut alors être affecté dans ses manifestations par l'état pathologique, sans que sa nature intrinsèque soit modifiée.

S'excuser de ses méfaits sur la faiblesse de la chair n'est donc qu'un faux-fuyant pour échapper à la responsabilité. *La chair n'est faible que parce que l'Esprit est faible*, ce qui renverse la question, et laisse à l'Esprit la responsabilité de tous ses actes. La chair, qui n'a ni pensée ni volonté, ne prévaut jamais sur l'Esprit, qui est l'être *pensant* et *voulant*; c'est l'Esprit qui donne à la chair les qualités correspondantes à ses instincts, comme un artiste imprime à son œuvre matérielle le cachet de son génie. L'Esprit, affranchi des instincts de la bestialité, se façonne un corps qui n'est plus un tyran pour ses aspirations vers la spiritualité de son être; c'est alors que l'homme mange pour vivre, parce que vivre est une nécessité, mais ne vit plus pour manger.

La responsabilité morale des actes de la vie reste donc entière; mais la raison dit que les conséquences de cette responsabilité doivent être en rapport avec le développement intellectuel de l'Esprit; plus il est éclairé, moins il est excusable, parce qu'avec l'intelligence et le sens moral naissent les notions du bien et du mal, du juste et de l'injuste.

Cette loi explique l'insuccès de la médecine dans certains cas. Dès lors que le tempérament est un effet et non une cause, les efforts tentés pour le modifier sont nécessairement paralysés par les dispositions morales de l'Esprit, qui oppose une résistance inconsciente et neutralise l'action thérapeutique. C'est donc sur la première cause qu'il faut agir. Donnez, si c'est possible, du courage au poltron, et vous verrez cesser les effets physiologiques de la peur.

Ceci prouve une fois de plus la nécessité, pour l'art de guérir, de tenir compte de l'action de l'élément spirituel sur l'organisme. (*Revue spirite*, mars 1869, p. 65.)

Sources de la doctrine spirite sur les peines futures.

La doctrine spirite, en ce qui concerne les peines futures, n'est pas plus fondée sur une théorie préconçue que dans ses autres parties; ce n'est pas un système substitué à un autre système : en toutes choses, elle s'appuie sur des observations, et c'est ce qui fait son autorité. Nul n'a donc imaginé que les âmes, après la mort, devaient se trouver dans telle ou telle situation ; ce sont les êtres mêmes qui ont quitté la terre qui viennent aujourd'hui nous initier aux mystères de la vie future, décrire leur position heureuse ou malheureuse, leurs impressions et leur transformation à la mort du corps ; en un mot, compléter sur ce point l'enseignement du Christ.

Il ne s'agit point ici de la relation d'un seul Esprit, qui pourrait ne voir les choses qu'à son point de vue, sous un seul aspect, ou être encore dominé par les préjugés terrestres, ni d'une révélation faite à un seul individu, qui pourrait se laisser abuser par les apparences, ni d'une *vision extatique* qui prête aux illusions, et n'est souvent que le reflet d'une imagination exaltée[1]; mais il s'agit d'innombrables exemples fournis par toutes les catégories d'Esprits, depuis le haut jusqu'au plus bas de l'échelle, à l'aide d'innombrables intermédiaires disséminés sur tous les points du globe, de telle sorte que la révélation n'est le privilége de *personne*, que chacun est à même de voir et d'observer, et que nul n'est obligé de croire sur la foi d'autrui.

Code pénal de la vie future.

Le Spiritisme ne vient donc point, de son autorité privée, formuler un code de fantaisie ; sa loi, en ce qui touche l'avenir de l'âme, déduite d'observations prises sur le fait, peut se résumer dans les points suivants :

1º L'âme ou l'Esprit, subit, dans la vie spirituelle, les conséquences de toutes les imperfections dont elle ne s'est pas dépouillée pendant la vie corporelle. Son état, heureux ou malheureux, est inhérent au degré de son épuration ou de ses imperfections.

2º Le bonheur parfait est attaché à la perfection, c'est-à-dire à l'épuration complète de l'Esprit. Toute imperfection est à la fois une cause de souffrance et de privation de jouissance, de même que toute qualité acquise est une cause de jouissance et d'atténuation des souffrances.

3º *Il n'est pas une seule imperfection de l'âme qui ne*

---

[1] Voir ci-dessus, chap. VI, nº 7, et *Livre des Esprits*, nᵒˢ 443, 444.

porte avec elle ses conséquences fâcheuses, inévitables, et pas une seule bonne qualité qui ne soit la source d'une jouissance. La somme des peines est ainsi proportionnée à la somme des imperfections, de même que celle des jouissances est en raison de la somme des qualités.

L'âme qui a dix imperfections, par exemple, souffre plus que celle qui n'en a que trois ou quatre; lorsque de ces dix imperfections, il ne lui en restera que le quart ou la moitié, elle souffrira moins, et lorsqu'il ne lui en restera plus, elle ne souffrira plus du tout et sera parfaitement heureuse. Tel, sur la terre, celui qui a plusieurs maladies souffre plus que celui qui n'en a qu'une, ou qui n'en a point. Par la même raison, l'âme qui possède dix qualités a plus de jouissances que celle qui en a moins.

4° En vertu de la loi du progrès, toute âme ayant la possibilité d'acquérir le bien qui lui manque et de se défaire de ce qu'elle a de mauvais, selon ses efforts et sa volonté, il en résulte que l'avenir n'est fermé à aucune créature. Dieu ne répudie aucun de ses enfants; il les reçoit dans son sein à mesure qu'ils atteignent la perfection, laissant ainsi à chacun le mérite de ses œuvres.

5° La souffrance étant attachée à l'imperfection, comme la jouissance l'est à la perfection, l'âme porte en elle-même son propre châtiment partout où elle se trouve; il n'est pas besoin pour cela d'un lieu circonscrit. L'enfer est donc partout où il y a des âmes souffrantes, comme le ciel est partout où il y a des âmes heureuses.

6° Le bien et le mal que l'on ... le produit des

bonnes et des mauvaises qualités que l'on possède. Ne pas faire le bien que l'on est à même de faire est donc le résultat d'une imperfection. Si toute imperfection est une source de souffrance, l'Esprit doit souffrir non-seulement de tout le mal qu'il a fait, mais de tout le bien qu'il aurait pu faire et qu'il n'a pas fait pendant sa vie terrestre.

7° L'Esprit souffre par le mal même qu'il a fait, de manière que *son attention étant incessamment portée sur les suites de ce mal*, il en comprenne mieux les inconvénients et soit excité à s'en corriger.

8° La justice de Dieu étant infinie, il est tenu un compte rigoureux du bien et du mal; s'il n'est pas une seule mauvaise action, pas une seule mauvaise pensée qui n'ait ses conséquences fatales, il n'est pas une seule bonne action, pas un seul bon mouvement de l'âme, pas le plus léger mérite, en un mot, qui soit perdu, *même chez les plus pervers, parce que c'est un commencement de progrès.*

9° Toute faute commise, tout mal accompli, est une dette contractée qui doit être payée; si elle ne l'est dans une existence, elle le sera dans la suivante ou dans les suivantes, parce que toutes les existences sont solidaires les unes des autres. Celui qui s'acquitte dans l'existence présente n'aura pas à payer une seconde fois.

10° L'Esprit subit la peine de ses imperfections, soit dans le monde spirituel, soit dans le monde corporel. Toutes les misères, toutes les vicissitudes que l'on endure dans la vie corporelle sont des suites de nos imperfections, des expiations de fautes commises, soit dans l'existence présente, soit dans les précédentes.

A la nature des souffrances et des vicissitudes que l'on endure dans la vie corporelle, on peut juger de la nature des fautes commises dans une précédente existence, et des imperfections qui en sont la cause.

11° L'expiation varie selon la nature et la gravité de la faute ; la même faute peut ainsi donner lieu à des expiations différentes, selon les circonstances atténuantes ou aggravantes dans lesquelles elle a été commise.

12° Il n'y a, sous le rapport de la nature et de la durée du châtiment, aucune règle absolue et uniforme ; la seule loi générale est que toute faute reçoit sa punition et toute bonne action sa récompense, *selon sa valeur*.

13° La durée du châtiment est subordonnée à l'amélioration de l'Esprit coupable. Aucune condamnation pour un temps déterminé n'est prononcée contre lui. Ce que Dieu exige pour mettre un terme aux souffrances, c'est une amélioration sérieuse, effective, et un retour sincère au bien.

L'Esprit est ainsi toujours l'arbitre de son propre sort ; il peut prolonger ses souffrances par son endurcissement dans le mal, les adoucir ou les abréger par ses efforts pour faire le bien.

Une condamnation pour un temps déterminé quelconque aurait le double inconvénient, ou de continuer à frapper l'Esprit qui se serait amélioré, ou de cesser alors que celui-ci serait encore dans le mal. Dieu, qui est juste, punit le mal *tant qu'il existe* ; il cesse de punir *quand le mal n'existe plus*[1] ; ou, si l'on veut, le mal moral étant, par lui-même, une cause de souffrance, la

---

[1] Voir ci-dessus, chap. VI, n° 25, citation d'Ézéchiel.

souffrance dure aussi longtemps que le mal subsiste ; son intensité diminue à mesure que le mal s'affaiblit.

14° La durée du châtiment étant subordonnée à l'amélioration, il en résulte que l'Esprit coupable qui ne s'améliorerait jamais souffrirait toujours, et que, pour lui, la peine serait éternelle.

15° Une condition inhérente à l'infériorité des Esprits est de ne point voir le terme de leur situation et de croire qu'ils souffriront toujours. C'est pour eux un châtiment qui leur paraît devoir être éternel [1].

16° Le *repentir* est le premier pas vers l'amélioration ; mais seul il ne suffit pas, il faut encore l'*expiation* et la *réparation*.

Repentir, expiation et *réparation* sont les trois conditions nécessaires pour effacer les traces d'une faute et ses conséquences.

Le repentir adoucit les douleurs de l'expiation, en ce qu'il donne l'espérance et prépare les voies de la réhabilitation ; mais la réparation *seule* peut annuler l'effet en détruisant la cause ; *le pardon serait une grâce et non pas une annulation*.

17° Le repentir peut avoir lieu partout et en tout temps ; s'il est tardif, le coupable souffre plus longtemps.

L'expiation consiste dans les souffrances physiques et morales, qui sont la conséquence de la faute com-

---

[1] *Perpétuel* est synonyme d'*éternel*. On dit : la limite des neiges perpétuelles ; les glaces éternelles des pôles ; on dit aussi le secrétaire perpétuel de l'Académie, ce qui ne veut pas dire qu'il le sera à perpétuité, mais seulement pour un temps *illimité*. *Éternel* et *perpétuel* s'emploient donc dans le sens d'*indéterminé*. Dans cette acception, on peut dire que les peines sont éternelles, si l'on entend qu'elles n'ont pas une durée limitée ; elles sont éternelles pour l'Esprit qui n'en voit pas le terme.

mise, soit dès la vie présente, soit, après la mort, dans la vie spirituelle, soit dans une nouvelle existence corporelle, jusqu'à ce que les traces de la faute soient effacées.

La réparation consiste à faire du bien à celui à qui on a fait du mal. Celui qui ne répare pas ses torts en cette vie, par impuissance ou mauvais vouloir, se retrouvera, dans une existence ultérieure, en contact avec les mêmes personnes qui ont eu à se plaindre de lui, et dans des conditions choisies par lui-même, de manière à pouvoir leur prouver son dévoûment, et leur faire autant de bien qu'il leur a fait de mal.

Toutes les fautes ne portent pas un préjudice direct et effectif; dans ce cas, la réparation s'accomplit : en faisant ce que l'on devait faire et que l'on n'a pas fait, en remplissant les devoirs que l'on a négligés ou méconnus, les missions où l'on a failli ; en pratiquant le bien contraire à ce que l'on a fait de mal : c'est-à-dire en étant humble si l'on a été orgueilleux, doux si l'on a été dur, charitable si l'on a été égoïste, bienveillant si l'on a été malveillant, laborieux si l'on a été paresseux, utile si l'on a été inutile, tempérant si l'on a été dissolu, de bon exemple si l'on en a donné de mauvais, etc. C'est ainsi que l'Esprit progresse en mettant à profit son passé [1].

---

[1] La nécessité de la réparation est un principe de rigoureuse justice que l'on peut considérer comme la véritable loi de réhabilitation morale des Esprits. C'est une doctrine qu'aucune religion n'a encore proclamée.

Cependant quelques personnes la repoussent, parce qu'elles trouveraient plus commode de pouvoir effacer leurs méfaits par un simple repentir, qui ne coûte que des paroles, et à l'aide de quelques formules; libre à elles de se croire quittes : elles verront plus tard si cela leur suffit. On pourrait leur demander si ce principe n'est pas consacré par la loi humaine, et si la justice de

18° Les Esprits imparfaits sont exclus des mondes heureux, dont ils troubleraient l'harmonie ; ils restent dans les mondes inférieurs, où ils expient leurs fautes par les tribulations de la vie, et se purifient de leurs imperfections, jusqu'à ce qu'ils méritent de s'incarner dans les mondes plus avancés moralement et physiquement.

Si l'on peut concevoir un lieu de châtiment circonscrit, c'est dans les mondes d'expiation, car c'est autour de ces mondes que pullulent les Esprits imparfaits désincarnés, en attendant une nouvelle existence qui, en leur permettant de réparer le mal qu'ils ont fait, aidera à leur avancement.

19° L'Esprit ayant toujours son libre arbitre, son amélioration est quelquefois lente, et son obstination dans le mal très tenace. Il peut y persister des années et des siècles ; mais il arrive toujours un moment où son entêtement à braver la justice de Dieu fléchit devant la souffrance, et où, malgré sa forfanterie, il reconnaît la puissance supérieure qui le domine. Dès que se manifestent en lui les premières lueurs du repentir, Dieu lui fait entrevoir l'espérance.

Aucun Esprit n'est dans la condition de ne s'améliorer jamais ; autrement, il serait voué fatalement à une éter-

---

Dieu peut être inférieure à celle des hommes? Si elles se tiendraient pour satisfaites d'un individu qui, les ayant ruinées par abus de confiance, se bornerait à leur dire qu'il le regrette infiniment. Pourquoi reculeraient-elles devant une obligation que tout honnête homme se fait un devoir de remplir, dans la mesure de ses forces ?

Lorsque cette perspective de la réparation sera inculquée dans la croyance des masses, elle sera un frein bien autrement puissant que celle de l'enfer et des peines éternelles, parce qu'elle touche à l'actualité de la vie, et que l'homme comprendra la raison d'être des circonstances pénibles où il se trouve placé.

nelle infériorité, et il échapperait à la loi du progrès qui régit providentiellement toutes les créatures.

20° Quelles que soient l'infériorité et la perversité des Esprits, *Dieu ne les abandonne jamais*. Tous ont leur ange gardien qui veille sur eux, épie les mouvements de leur âme et s'efforce de susciter en eux de bonnes pensées, le désir de progresser et de réparer, dans une nouvelle existence, le mal qu'ils ont fait. Cependant le guide protecteur agit le plus souvent d'une manière occulte, sans exercer aucune pression. L'Esprit doit s'améliorer *par le fait de sa propre volonté*, et non par suite d'une contrainte quelconque. Il agit bien ou mal en vertu de son libre arbitre, mais sans être *fatalement* poussé dans un sens ou dans l'autre. S'il fait mal, il en subit les conséquences aussi longtemps qu'il reste dans la mauvaise voie ; dès qu'il fait un pas vers le bien, il en ressent immédiatement les effets.

Remarque.—Ce serait une erreur de croire qu'en vertu de la loi du progrès, la certitude d'arriver tôt ou tard à la perfection et au bonheur peut être un encouragement à persévérer dans le mal, sauf à se repentir plus tard : d'abord, parce que l'Esprit inférieur ne voit pas le terme de sa situation; en second lieu, parce que l'Esprit, étant l'artisan de son propre malheur, finit par comprendre qu'il dépend de lui de le faire cesser, et que plus longtemps il persistera dans le mal, plus longtemps il sera malheureux ; que sa souffrance durera toujours s'il n'y met lui-même un terme. Ce serait donc de sa part un faux calcul, dont il serait la première dupe. Si, au contraire, selon le dogme des peines irrémissibles, toute espérance lui est à jamais fermée, il n'a aucun intérêt à revenir au bien, qui est pour lui sans profit.

Devant cette loi tombe également l'objection tirée de la prescience divine. Dieu, en créant une âme, sait en effet si, en vertu de son libre arbitre, elle prendra la bonne ou la mauvaise voie; il sait qu'elle sera punie si elle fait mal; mais il sait aussi que ce châtiment temporaire est *un moyen* de lui faire comprendre son erreur et de la faire entrer dans le bon chemin, où elle arrivera tôt ou tard. Selon la doctrine des peines éternelles, il sait qu'elle faillira, et elle est d'avance condamnée à des tortures sans fin.

21° Chacun n'est responsable que de ses fautes personnelles; nul ne porte la peine de celles d'autrui, à moins qu'il n'y ait donné lieu, soit en les provoquant par son exemple, soit en ne les empêchant pas lorsqu'il en avait le pouvoir.

C'est ainsi, par exemple, que le suicide est toujours puni; mais celui qui, par sa dureté, pousse un individu au désespoir et de là à se détruire, subit une peine encore plus grande.

22° Quoique la diversité des punitions soit infinie, il en est qui sont inhérentes à l'infériorité des Esprits, et dont les conséquences, sauf les nuances, sont à peu près identiques.

La punition la plus immédiate, chez ceux surtout qui se sont attachés à la vie matérielle en négligeant le progrès spirituel, consiste dans la lenteur de la séparation de l'âme et du corps, dans les angoisses qui accompagnent la mort et le réveil dans l'autre vie, dans la durée du trouble qui peut exister des mois et des années. Chez ceux, au contraire, dont la conscience est pure, qui, dès leur vivant, se sont identifiés avec la vie spirituelle et détachés des choses matérielles, la séparation est rapide, sans secousses, le réveil paisible et le trouble presque nul.

23° Un phénomène, très fréquent chez les Esprits d'une certaine infériorité morale, consiste à se croire encore vivants, et cette illusion peut se prolonger pendant des années, pendant lesquelles ils éprouvent tous les besoins, tous les tourments et toutes les perplexités de la vie.

24° Pour le criminel, la vue incessante de ses victimes et des circonstances du crime est un cruel supplice.

25° Certains Esprits sont plongés dans d'épaisses ténèbres; d'autres sont dans un isolement absolu au milieu de l'espace, tourmentés par l'ignorance de leur position et de leur sort. Les plus coupables souffrent des tortures d'autant plus poignantes, qu'ils n'en voient pas le terme. Beaucoup sont privés de la vue des êtres qui leur sont chers. Tous, généralement, endurent avec une intensité relative les maux, les douleurs et les besoins qu'ils ont fait endurer aux autres, jusqu'à ce que le *repentir* et le désir de la *réparation* viennent y apporter un adoucissement, en faisant entrevoir la possibilité de mettre, *par lui-même*, un terme à cette situation.

26° C'est un supplice pour l'orgueilleux de voir au-dessus de lui, dans la gloire, entourés et fêtés, ceux qu'il avait méprisés sur la terre, tandis que lui est relégué aux derniers rangs; pour l'hypocrite, de se voir transpercé par la lumière qui met à nu ses plus secrètes pensées que tout le monde peut lire : nul moyen pour lui de se cacher et de dissimuler; pour le sensuel, d'avoir toutes les tentations, tous les désirs, sans pouvoir les satisfaire; pour l'avare, de voir son or dilapidé et de ne pouvoir le retenir ; pour l'égoïste, d'être délaissé par tout le monde et de souffrir tout ce que d'autres ont souffert par lui : il aura soif, et personne ne lui donnera à boire ; il aura faim, et personne ne lui donnera à manger ; nulle main amie ne vient presser la sienne, nulle voix compatissante ne vient le consoler ; *il n'a songé qu'à lui pendant sa vie, personne ne pense à lui et ne le plaint après sa mort.*

27° Le moyen d'éviter ou d'atténuer les conséquences de ses défauts dans la vie future, c'est de s'en défaire le plus possible dans la vie présente ; c'est de réparer le mal, pour n'avoir pas à le réparer plus tard d'une manière plus terrible. Plus on tarde à se défaire de ses défauts, plus les suites en sont pénibles et plus la réparation que l'on doit accomplir est rigoureuse.

28° La situation de l'Esprit, dès son entrée dans la vie spirituelle, est celle qu'il s'y est préparée par la vie corporelle. Plus tard, une autre incarnation lui est donnée pour l'expiation et la réparation par de nouvelles épreuves ; mais il en profite plus ou moins, en vertu de son libre arbitre ; s'il n'en profite pas, c'est une tâche à recommencer chaque fois dans des conditions plus pénibles : de sorte que *celui qui souffre beaucoup sur la terre peut se dire qu'il avait beaucoup à expier;* ceux qui jouissent d'un bonheur apparent, malgré leurs vices et leur inutilité, sont certains de le payer chèrement dans une existence ultérieure. C'est en ce sens que Jésus a dit : « Bienheureux les affligés, car ils seront consolés. » (*Evangile selon le Spiritisme*, ch. V.)

29° La miséricorde de Dieu est infinie, sans doute, mais elle n'est pas aveugle. Le coupable auquel il pardonne n'est pas exonéré, et tant qu'il n'a point satisfait à la justice, il subit les conséquences de ses fautes. Par miséricorde infinie, il faut entendre que Dieu n'est pas inexorable, et qu'il laisse toujours ouverte la porte du retour au bien.

30° Les peines étant temporaires et surbordonnées au repentir et à la réparation, qui dépendent de la libre volonté de l'homme, sont à la fois des châtiments et des *remèdes* qui doivent aider à guérir les blessures du mal. Les Esprits en punition sont donc, non comme des galériens condamnés à temps, mais comme des malades à l'hôpital, qui souffrent de la maladie qui souvent est de leur faute, et des moyens curatifs douloureux qu'elle nécessite, mais qui ont l'espoir de guérir, et qui guérissent d'autant plus vite, qu'ils suivent plus exactement les prescriptions du médecin qui veille sur eux avec sollicitude. S'ils prolongent leurs souffrances par leur faute, le médecin n'y est pour rien.

31° Aux peines que l'Esprit endure dans la vie spirituelle viennent se joindre celles de la vie corporelle, qui sont la conséquence des imperfections de l'homme, de ses passions, du mauvais emploi de ses facultés, et l'expiation de ses fautes présentes et passées. C'est dans la vie corporelle que l'Esprit répare le mal de ses existences antérieures, qu'il met en pratique les résolutions prises dans la vie spirituelle. Ainsi s'expliquent ces misères et ces vicissitudes qui, au premier abord, semblent n'avoir pas de raison d'être, et sont de toute justice dès lors qu'elles sont l'acquit du passé et qu'elles servent à notre avancement [1].

---

[1] Voir ci-dessus, chap. VI, *le Purgatoire*, n°° 3 et suiv ; et ci-après, chap. XX : *Exemples d'expiations terrestres. — Évangile selon le Spiritisme*, chap. V : *Bienheureux les affligés.*

32° Dieu, dit-on, ne prouverait-il pas un plus grand amour pour ses créatures, s'il les eût créées infaillibles et par conséquent exemptes des vicissitudes attachées à l'imperfection ?

Il eût fallu, pour cela, qu'il créât des êtres parfaits, n'ayant rien à acquérir, ni en connaissances ni en moralité. Sans aucun doute, il le pouvait; s'il ne l'a pas fait, c'est que, dans sa sagesse, il a voulu que le progrès fût la loi générale.

Les hommes sont imparfaits, et, comme tels, sujets à des vicissitudes plus ou moins pénibles; c'est un fait qu'il faut accepter, puisqu'il existe. En inférer que Dieu n'est ni bon ni juste serait une révolte contre lui.

Il y aurait injustice s'il eût créé des êtres privilégiés, plus favorisés les uns que les autres, jouissant sans travail du bonheur que d'autres n'atteignent qu'avec peine, ou ne pouvant jamais y atteindre. Mais où sa justice éclate, c'est dans l'égalité absolue qui préside à la création de tous les Esprits; tous ont un même point de départ; aucun qui soit, à sa formation, mieux doué que les autres; aucun dont la marche ascensionnelle soit facilitée par exception : ceux qui sont arrivés au but ont passé, comme les autres, par la filière des épreuves et de l'infériorité.

Ceci admis, quoi de plus juste que la liberté d'action laissée à chacun? La route du bonheur est ouverte à tous; le but est le même pour tous; les conditions pour l'atteindre sont les mêmes pour tous; la loi gravée dans toutes les consciences est enseignée à tous. Dieu a fait du bonheur *le prix du travail, et non de la faveur*, afin que chacun en eût le mérite; chacun est libre de travailler ou de ne rien faire pour son avancement ; celui qui travaille beaucoup et vite en est plus tôt récompensé ; celui qui s'égare en route ou perd son temps retarde son arrivée, et ne peut s'en prendre qu'à lui-même. Le bien et le mal sont volontaires et facultatifs ; l'homme, étant libre, n'est fatalement poussé ni vers l'un, ni vers l'autre.

33° Malgré la diversité des genres et des degrés de souffrance des Esprits imparfaits, le code pénal de la vie future peut se résumer dans ces trois principes :

La souffrance est attachée à l'imperfection.

Toute imperfection, et toute faute qui en est la suite, porte avec elle son propre châtiment, par ses conséquences naturelles et inévitables, comme la maladie est la suite des excès, l'ennui celle de l'oisiveté, sans qu'il soit besoin d'une condamnation spéciale pour chaque faute et chaque individu.

Tout homme, pouvant se défaire de ses imperfections par l'effet de sa volonté, peut s'épargner les maux qui en sont la suite, et assurer son bonheur futur.

Telle est la loi de la justice divine : à chacun selon ses œuvres, dans le ciel comme sur la terre.

CHAPITRE VIII

LES ANGES

Les anges selon l'Église. — Réfutation. — Les anges selon le Spiritisme.

Les anges selon l'Église.

1. — Toutes les religions ont eu, sous divers noms, des anges, c'est-à-dire des êtres supérieurs à l'humanité, intermédiaires entre Dieu et les hommes. Le matérialisme, niant toute existence spirituelle en dehors de la vie organique, a naturellement rangé les anges parmi les fictions et les allégories. La croyance aux anges fait partie essentielle des dogmes de l'Église; voici comment elle les définit [1] :

2. — « Nous croyons fermement, dit un concile général et œcuménique [2], qu'il n'y a qu'un seul vrai
« Dieu, éternel et infini, lequel, *au commencement
« du temps*, a tiré *tout ensemble* du néant l'une et l'au-
« tre créature, la spirituelle et la corporelle, l'angélique
« et la mondaine, et ensuite a formé, comme moyenne
« entre les deux, la nature humaine, composée de
« corps et d'esprit.

« Tel est, selon la foi, le plan divin dans l'œuvre de
« la création; plan majestueux et complet, comme il
« convenait à la sagesse éternelle. Ainsi conçu, il offre

---

[1] Nous empruntons ce résumé au mandement de Mgr Gousset, cardinal-archevêque de Reims, pour le Carême de 1864. On peut donc le considérer, de même que celui des *démons*, puisé à la même source et cité dans le chapitre suivant, comme la dernière expression du dogme de l'Église sur ce point.
[2] Concile de Latran.

« à nos pensées l'être à tous les degrés et dans toutes
« les conditions. Dans la sphère la plus élevée apparaissent l'existence et la vie purement spirituelles ; au
« dernier rang, l'existence et la vie purement matérielles ; et dans le milieu qui les sépare, une merveilleuse union des deux substances, une vie commune
« tout à la fois à l'esprit intelligent et au corps organisé.

« Notre âme est d'une nature simple et indivisible ;
« mais elle est bornée dans ses facultés. L'idée que
« nous avons de la perfection nous fait comprendre
« qu'il peut y avoir d'autres êtres simples comme elle,
« et supérieurs par leurs qualités et leurs priviléges.
« Elle est grande et noble ; mais elle est associée à la
« matière, servie par de fragiles organes, limitée dans
« son action et dans sa puissance. Pourquoi n'y aurait-
« il pas d'autres natures plus nobles encore, affranchies de cet esclavage et de ces entraves, douées
« d'une force plus grande et d'une activité incomparable ? Avant que Dieu eût placé l'homme sur la terre
« pour le connaître, l'aimer et le servir, n'avait-il point
« dû appeler déjà d'autres créatures à composer sa
« cour céleste et à l'adorer au séjour de sa gloire ?
« Dieu, enfin, reçoit des mains de l'homme le tribut
« d'honneur et l'hommage de cet univers ; est-il étonnant qu'il reçoive des mains de l'ange l'encens et la
« prière de l'homme ? Si donc les anges n'existaient
« pas, le grand ouvrage du Créateur n'aurait pas le
« couronnement et la perfection dont il était susceptible ; ce monde, qui atteste sa toute-puissance, ne
« serait plus le chef-d'œuvre de sa sagesse ; notre raison elle-même, quoique faible et débile, pourrait fa-

« cilement le concevoir plus complet et plus achevé.

« A chaque page des livres sacrés de l'Ancien et du
« Nouveau Testament, il est fait mention de ces subli-
« mes intelligences, dans des invocations pieuses ou
« dans des traits d'histoire. Leur intervention apparaît
« manifestement dans la vie des patriarches et des
« prophètes. Dieu se sert de leur ministère, tantôt
« pour intimer ses volontés, tantôt pour annoncer les
« événements futurs; il en fait presque toujours les
« organes de sa justice ou de sa miséricorde. Leur pré-
« sence est mêlée aux diverses circonstances de la
« naissance, de la vie et de la passion du Sauveur; leur
« souvenir est inséparable de celui des grands hommes
« et des faits les plus importants de l'antiquité reli-
« gieuse. Il se trouve même au sein du polythéisme, et
« sous les fables de la mythologie; car la croyance dont
« il s'agit est aussi ancienne et aussi universelle que le
« monde; le culte que les Païens rendaient aux bons
« et aux mauvais génies n'était qu'une fausse applica-
« tion de la vérité, un reste dégénéré du dogme primitif.

« Les paroles du saint concile de Latran contiennent
« une distinction fondamentale entre les anges et les
« hommes. Elles nous enseignent que les premiers sont
« de purs Esprits, tandis que ceux-ci sont composés
« d'un corps et d'une âme; c'est-à-dire que la nature
« angélique se soutient par elle-même, non-seulement
« sans mélange, mais encore sans association réelle
« possible avec la matière, quelque légère et subtile
« qu'on la suppose; tandis que notre âme, également
« spirituelle, est associée au corps de manière à ne for-
« mer avec lui qu'une seule et même personne, et que
« *telle est essentiellement sa destination.*

« Tant que dure cette union si intime de l'âme avec
« le corps, ces deux substances ont une vie commune,
« et exercent l'une sur l'autre une influence réciproque ;
« l'âme ne peut s'affranchir entièrement de la condi-
« tion imparfaite qui en résulte pour elle : ses idées lui
« arrivent par les sens, par la comparaison des ob-
« jets extérieurs, et toujours sous des images plus ou
« moins apparentes. De là vient qu'elle ne peut se
« contempler elle-même, et qu'elle ne peut se repré-
« senter Dieu et les anges sans leur supposer quelque
« forme visible et palpable. C'est pourquoi les anges,
« pour se faire voir aux saints et aux prophètes, ont dû
« avoir recours à des figures corporelles ; mais ces fi-
« gures n'étaient que des corps aériens qu'ils faisaient
« mouvoir sans s'identifier avec eux, ou des attributs
« symboliques en rapport avec la mission dont ils
« étaient chargés.

« Leur être et leurs mouvements ne sont pas locali-
« sés et circonscrits dans un point fixe et limité de
« l'espace. N'étant attachés à aucun corps, ils ne peu-
« vent être arrêtés et bornés, comme nous le sommes,
« par d'autres corps ; ils n'occupent aucune place et ne
« remplissent aucun vide ; mais, de même que notre
« âme est tout entière dans notre corps et dans chacune
« de ses parties, de même ils sont tout entiers, et pres-
« que simultanément, sur tous les points et dans toutes
« les parties du monde ; plus prompts que la pensée,
« ils peuvent être partout en un clin d'œil et y opérer
« par eux-mêmes, sans autres obstacles à leurs des-
« seins que la volonté de Dieu et la résistance de la
« liberté humaine.

« Pendant que nous sommes réduits à ne voir que

« peu à peu, et dans une certaine mesure, les choses
« qui sont hors de nous, et que les vérités de l'ordre
« surnaturel nous apparaissent comme en énigme et
« dans un miroir, suivant l'expression de l'apôtre saint
« Paul, ils voient sans effort ce qu'il leur importe de
« savoir, et ils sont en rapport immédiat avec l'objet
« de leur pensée. *Leurs connaissances ne sont point le*
« *résultat de l'induction et du raisonnement*, mais de cette
« intuition claire et profonde qui embrasse tout ensem-
« ble le genre et les espèces qui en dérivent, les prin-
« cipes et les conséquences qui en découlent.

« La distance des temps, la différence des lieux, la
« multiplicité des objets ne peuvent produire aucune
« confusion dans leur esprit.

« L'essence divine, étant infinie, est incompréhensi-
« ble ; elle a des mystères et des profondeurs qu'ils ne
« peuvent pénétrer. Les desseins particuliers de la Pro-
« vidence leur sont cachés ; mais elle leur en dévoile
« le secret, lorsqu'elle les charge, dans certaines cir-
« constances, de les annoncer aux hommes.

« Les communications de Dieu aux anges, et des anges
« entre eux, ne se font point, comme parmi nous, au
« moyen des sons articulés et des autres signes sen-
« sibles. Les pures intelligences n'ont besoin ni des
« yeux pour voir, ni des oreilles pour entendre ; elles
« n'ont point non plus l'organe de la voix pour mani-
« fester leurs pensées, cet intermédiaire habituel de
« nos entretiens ne leur est pas nécessaire ; mais elles
« communiquent leurs sentiments d'une manière qui
« leur est propre et qui est toute spirituelle. Pour être
« comprises, il leur suffit de le vouloir.

« Dieu seul connaît le nombre des anges. Ce nombre,

« sans doute, ne saurait être infini, et il ne l'est point ;
« mais, d'après les auteurs sacrés et les saints docteurs,
« il est très considérable et vraiment prodigieux. S'il
« est naturel de proportionner le nombre des habitants
« d'une ville à sa grandeur et à son étendue, la terre
« n'étant qu'un atome en comparaison du firmament
« et des immenses régions de l'espace, il faut en con-
« clure que le nombre des habitants du ciel et de l'air
« est beaucoup plus grand que celui des hommes.

« Puisque la majesté des rois emprunte son éclat au
« nombre de leurs sujets, de leurs officiers et de leurs
« serviteurs, qu'y a-t-il de plus propre à nous donner
« une idée de la majesté du Roi des rois que cette
« multitude innombrable des anges qui peuplent le
« ciel et la terre, la mer et les abîmes, et la dignité de
« ceux qui demeurent *sans cesse prosternés ou debout*
« devant son trône ?

« Les Pères de l'Eglise et les théologiens enseignent
« généralement que les anges sont distribués en trois
« grandes hiérarchies ou principautés, et chaque hiérar-
« chie en trois compagnies ou chœurs.

« Ceux de la première et de la plus haute hié-
« rarchie sont désignés en conséquence des fonctions
« qu'ils remplissent au ciel. Les uns sont appelés *Séra-*
« *phins*, parce qu'ils sont comme embrasés devant Dieu
« des ardeurs de la charité ; ceux-ci *Chérubins*, parce
« qu'ils sont un reflet lumineux de sa sagesse ; ceux-là
« les *Trônes*, parce qu'ils proclament sa grandeur et en
« font resplendir l'éclat.

« Ceux de la seconde hiérarchie reçoivent leurs
« noms des opérations qui leur sont attribuées dans le
« gouvernement général de l'univers ; ce sont : les

« *Dominations*, qui assignent aux anges des ordres
« inférieurs leurs missions et leurs charges ; les *Vertus*,
« qui accomplissent les prodiges réclamés par les grands
« intérêts de l'Eglise et du genre humain ; les *Puis-*
« *sances*, qui protégent par leur force et leur vigilance
« les lois qui régissent le monde physique et moral.

« Ceux de la troisième hiérarchie ont en partage la
« direction des sociétés et des personnes ; ce sont : les
« *Principautés*, préposées aux royaumes, aux provinces
« et aux diocèses ; les *Archanges*, qui transmettent les
« messages de haute importance ; les *Anges gardiens*,
« ceux qui accompagnent chacun de nous pour veiller
« à notre sécurité et à notre sanctification. »

Réfutation.

3. — Le principe général qui ressort de cette doctrine, c'est que les anges sont des êtres purement spirituels, antérieurs et supérieurs à l'humanité, *créatures privilégiées vouées au bonheur suprême et éternel dès leur formation;* douées, par leur nature même, de toutes les vertus et de toutes les connaissances, sans avoir rien fait pour les acquérir. Ils sont au premier rang dans l'œuvre de la création ; au dernier rang, la vie purement matérielle, et entre les deux l'humanité formée des âmes, êtres spirituels, inférieurs aux anges, unis à des corps matériels.

Plusieurs difficultés capitales résultent de ce système. Quelle est, d'abord, cette vie purement matérielle ? S'agit-il de la matière brute ? Mais la matière brute est inanimée et n'a pas de vie par elle-même. Veut-on parler des plantes et des animaux ? Ce serait alors un quatrième ordre dans la création, car on ne peut nier qu'il y ait dans l'animal intelligent plus que dans une plante, et dans celle-ci plus que dans une pierre. Quant à l'âme humaine, qui est la transition, elle est unie directement à un corps qui n'est que de la matière brute, car, sans âme, il n'a pas plus de vie qu'une motte de terre.

Cette division manque évidemment de clarté, et ne s'accorde point avec l'observation ; elle ressemble à la théorie des quatre éléments tombée devant les progrès de la science. Admettons pourtant ces trois termes : la créature spirituelle, la créature humaine et la créature corporelle ; tel est, dit-on, le plan divin, plan majestueux et complet, comme il convenait à la sagesse éternelle. Remarquons d'abord qu'entre ces trois termes, il n'y a aucune liaison nécessaire ; ce sont trois créations distinctes, formées successivement ; de l'une à l'autre, il y a solution de continuité ; tandis que, dans la nature, tout s'enchaîne, tout nous montre une admirable loi d'unité, dont tous les éléments, qui ne sont que des transformations les uns des autres, ont leur trait d'union. Cette théorie est vraie, en ce sens que ces trois termes existent évidemment ; seulement, elle est incomplète : il y manque les points de contact, ainsi qu'il est facile de le démontrer.

4. — Ces trois points culminants de la création sont, dit l'Église, nécessaires à l'harmonie de l'ensemble ; qu'il y en ait un seul de moins, l'œuvre est incomplète, et n'est plus selon la sagesse éternelle. Cependant, un des dogmes fondamentaux de la religion dit que la terre, les animaux, les plantes, le soleil, les étoiles, la lumière même ont été créés et tirés du *néant* il y a six mille ans. Avant cette époque, il n'y avait donc ni créature humaine, ni créature corporelle ; pendant l'é-

ternité écoulée, l'œuvre divine était donc restée imparfaite. La création de l'univers remontant à six mille ans est un article de foi tellement capital, qu'il y a peu d'années encore, la science était anathématisée parce qu'elle venait détruire la chronologie biblique en prouvant la haute antiquité de la terre et de ses habitants.

Cependant le concile de Latran, concile œcuménique qui fait loi en matière d'orthodoxie, dit : « *Nous croyons fermement* qu'il n'y a qu'un seul vrai Dieu, éternel et infini, lequel, *au commencement du temps*, a tiré *tout ensemble* du néant l'une et l'autre créature, la spirituelle et la corporelle. » Le *commencement du temps* ne peut s'entendre que de l'éternité écoulée, car le temps est infini, comme l'espace : il n'a ni commencement ni fin. Cette expression : le *commencement du temps* est une figure qui implique l'idée d'une antériorité *illimitée*. Le concile de Latran croit donc *fermement* que les créatures spirituelles et les créatures corporelles ont été formées simultanément, et tirées *tout ensemble* du néant à une époque indéterminée dans le passé. Que devient donc le texte biblique, qui fixe cette création à six mille ans de nos jours ? En admettant que ce soit là le commencement de l'univers visible, ce n'est assurément pas celui du temps. Lequel croire, du concile ou de la Bible ?

5. — Le même concile formule en outre une étrange proposition : « Notre âme, dit-il, également spirituelle, est associée au corps de manière à ne former avec lui qu'une seule et même personne, et *telle est essentiellement sa destination.* » Si la destinée *essentielle* de l'âme est d'être unie au corps, cette union constitue son état normal, c'est son but, sa fin, puisque telle est sa *desti-*

nation. Cependant, l'âme est immortelle et le corps est mortel; son union avec le corps n'a lieu qu'une seule fois, selon l'Église, et fût-elle d'un siècle, qu'est-ce que cela auprès de l'éternité ? Mais, pour un très grand nombre, elle est à peine de quelques heures ; de quelle utilité peut être pour l'âme cette union éphémère ? Quand, sur l'éternité, sa plus longue durée est un temps imperceptible, est-il exact de dire que *sa destination est d'être essentiellement liée au corps ?* Cette union n'est en réalité qu'un incident, un point dans la vie de l'âme, et non son état essentiel.

Si la destination essentielle de l'âme est d'être unie à un corps matériel ; si, par sa nature et selon le but providentiel de sa création, cette union est nécessaire aux manifestations de ses facultés, il en faut conclure que, *sans le corps, l'âme humaine est un être incomplet;* or, pour rester ce qu'elle est par sa destination, après avoir quitté un corps, il faut qu'elle en reprenne un autre, ce qui nous conduit à la pluralité forcée des existences, autrement dit à la réincarnation à perpétuité. Il est vraiment étrange qu'un concile regardé comme une des lumières de l'Église ait identifié à ce point l'être spirituel et l'être matériel, qu'ils ne peuvent en quelque sorte exister l'un sans l'autre, puisque la condition essentielle de leur création est d'être unis.

6. — Le tableau hiérarchique des anges nous apprend que plusieurs ordres ont, dans leurs attributions, le gouvernement du monde physique et de l'humanité, qu'ils ont été créés à cette fin. Mais, selon la Genèse, le monde physique et l'humanité n'existent que depuis six mille ans ; que faisaient donc ces anges avant ce temps-là, pendant l'éternité, puisque les objets de leurs occu-

pations n'existaient pas? Les anges ont-ils été créés de toute éternité? Cela doit être, puisqu'ils servent à la glorification du Très-Haut. Si Dieu les eût créés à une époque déterminée quelconque, il eût été jusque-là, c'est-à-dire pendant une éternité, sans adorateurs.

7. — Plus loin, il est dit : « *Tant* que dure cette union si intime de l'âme avec le corps. » Il arrive donc un moment où cette union n'existe plus? Cette proposition contredit celle qui fait de cette union la destination essentielle de l'âme.

Il est dit encore : « Les idées lui arrivent par les sens, par la comparaison des objets extérieurs. » C'est là une doctrine philosophique vraie en partie, mais non dans le sens absolu. C'est, selon l'éminent théologien, une condition inhérente à la nature de l'âme, de ne recevoir les idées que par les sens; il oublie les idées innées, les facultés parfois si transcendantes, l'intuition des choses que l'enfant apporte en naissant et qu'il ne doit à aucune instruction. Par quel sens ces jeunes pâtres, calculateurs naturels qui ont étonné les savants, ont-ils acquis les idées nécessaires à la solution presque instantanée des problèmes les plus compliqués? On en peut dire autant de certains musiciens, peintres et linguistes précoces.

« Les connaissances des anges ne sont point le résultat de l'induction et du raisonnement; » ils savent parce qu'ils sont anges, sans avoir besoin d'apprendre ; Dieu les a créés tels : l'âme, au contraire, doit apprendre. Si l'âme ne reçoit les idées que par les organes corporels, quelles sont celles que peut avoir l'âme d'un enfant mort au bout de quelques jours, en admettant, avec l'Église, qu'il ne renaisse pas?

8. — Ici se présente une question vitale : L'âme acquiert-elle des idées et des connaissances après la mort du corps ? Si, une fois dégagée du corps, elle ne peut rien acquérir, celle de l'enfant, du sauvage, du crétin, de l'idiot, de l'ignorant, restera toujours ce qu'elle était à la mort ; elle est vouée à la nullité pour l'éternité.

Si elle acquiert de nouvelles connaissances après la vie actuelle, c'est qu'elle peut progresser. Sans le progrès ultérieur de l'âme, on arrive à des conséquences absurdes ; avec le progrès, on arrive à la négation de tous les dogmes fondés sur son état stationnaire : le sort irrévocable, les peines éternelles, etc. Si elle progresse, où s'arrête le progrès ? Il n'y a aucune raison pour qu'elle n'atteigne le degré des anges ou purs Esprits. Si elle peut y arriver, il n'y avait aucune nécessité de créer des êtres spéciaux et privilégiés, exempts de tout labeur, et jouissant du bonheur éternel sans avoir rien fait pour le conquérir, tandis que d'autres êtres moins favorisés n'obtiennent la suprême félicité qu'au prix de longues et cruelles souffrances et des plus rudes épreuves. Dieu le peut, sans doute, mais si l'on admet l'infini de ses perfections, sans lesquelles il n'y a pas de Dieu, il faut admettre aussi qu'il ne fait rien d'inutile, ni rien qui démente la souveraine justice et la souveraine bonté.

9. — « Puisque la majesté des rois emprunte son éclat au nombre de leurs sujets, de leurs officiers et de leurs serviteurs, qu'y a-t-il de plus propre à nous donner une idée de la majesté du Roi des rois que cette multitude innombrable des anges qui peuplent *le ciel et la terre, la mer et les abîmes*, et la dignité de ceux qui

demeurent *sans cesse prosternés ou debout* devant son trône ? »

N'est-ce pas rabaisser la Divinité que d'assimiler sa gloire au faste des souverains de la terre? Cette idée, inculquée dans l'esprit des masses ignorantes, fausse l'opinion que l'on se fait de sa véritable grandeur ; c'est toujours Dieu ramené aux mesquines proportions de l'humanité ; lui supposer le besoin d'avoir des millions d'adorateurs *sans cesse prosternés ou debout* devant lui, c'est lui prêter les faiblesses des monarques despotes et orgueilleux de l'Orient. Qu'est-ce qui fait les souverains véritablement grands? Est-ce le nombre et l'éclat de leurs courtisans ? Non ; c'est leur bonté et leur justice, c'est le titre mérité de pères de leurs sujets. On demande s'il y a quelque chose de plus propre à nous donner une idée de la majesté de Dieu que la multitude des anges qui composent sa cour? Oui certes, il y a quelque chose de mieux que cela : c'est de le représenter pour toutes ses créatures souverainement bon, juste et miséricordieux ; et non comme un Dieu colère, jaloux, vindicatif, inexorable, exterminateur, partial, créant pour sa propre gloire ces êtres privilégiés, favorisés de tous les dons, nés pour l'éternelle félicité, tandis qu'aux autres, il fait acheter péniblement le bonheur, et punit un moment d'erreur par une éternité de supplices...

10. — Le Spiritisme professe à l'égard de l'union de l'âme et du corps une doctrine infiniment plus *spiritualiste*, pour ne pas dire *moins matérialiste*, et qui a de plus pour elle d'être plus conforme avec l'observation et la destinée de l'âme. Selon ce qu'il nous enseigne, l'âme est indépendante du corps, qui n'est qu'une enveloppe

temporaire ; *son essence est la spiritualité; sa vie normale est la vie spirituelle.* Le corps n'est qu'un instrument pour l'exercice de ses facultés dans ses rapports avec le monde matériel ; mais, séparée de ce corps, elle jouit de ses facultés avec plus de liberté et d'étendue.

11. — Son union avec le corps, nécessaire à ses premiers développements, n'a lieu que dans la période qu'on peut appeler son enfance et son adolescence; lorsqu'elle atteint un certain degré de perfection et de dématérialisation, cette union n'est plus nécessaire, et l'âme ne progresse plus que par la vie de l'Esprit. Quelque nombreuses que soient, du reste, les existences corporelles, elles sont nécessairement limitées par la vie du corps, et leur somme totale ne comprend, dans tous les cas, qu'une imperceptible partie de la vie spirituelle, qui est indéfinie.

Les anges selon le Spiritisme.

12. — Qu'il y ait des êtres doués de toutes les qualités attribuées aux anges, cela ne saurait être douteux. La révélation spirite confirme sur ce point la croyance de tous les peuples; mais elle nous fait connaître en même temps la nature et l'origine de ces êtres.

Les âmes ou Esprits sont créés simples ou ignorants, c'est-à-dire sans connaissances et sans conscience du bien et du mal, mais aptes à acquérir tout ce qui leur manque; ils l'acquièrent par le travail; le but, qui est la perfection, est le même pour tous; ils y arrivent plus ou moins promptement, en vertu de leur libre arbitre et en raison de leurs efforts; tous ont les mêmes degrés à parcourir, le même travail à accomplir; Dieu ne fait la part ni plus large ni plus facile aux uns qu'aux autres, parce que tous sont ses enfants, et qu'étant juste, il n'a de préférence pour aucun. Il leur dit : « Voici la loi qui doit être votre règle de conduite; elle seule peut vous mener au but; tout ce qui est conforme à cette loi est le bien, tout ce qui y est contraire est le mal. Vous êtes libres de l'observer ou de l'enfreindre, et vous serez ainsi les arbitres de votre propre sort. » Dieu n'a donc point créé le mal; toutes ses lois sont pour le bien; c'est l'homme lui-même qui crée le mal en enfreignant les lois de Dieu; s'il les observait scrupuleusement, il ne s'écarterait jamais de la bonne voie.

13. — Mais l'âme, dans les premières phases de son existence, de même que l'enfant, manque d'expérience; c'est pourquoi elle est faillible. Dieu ne lui donne pas l'expérience, mais il lui donne les moyens de l'acquérir; chaque faux pas dans la voie du mal est pour elle un retard; elle en subit les conséquences, et apprend à ses dépens ce qu'elle doit éviter. C'est ainsi que peu à peu elle se développe, se perfectionne et avance dans la hiérarchie spirituelle, jusqu'à ce qu'elle soit arrivée à l'état de *pur Esprit* ou d'*ange*. Les anges sont donc les âmes des hommes arrivées au degré de perfection que comporte la créature, et jouissant de la plénitude de la félicité promise. Avant d'avoir atteint le degré suprême, ils jouissent d'un bonheur relatif à leur avancement, mais ce bonheur n'est point dans l'oisiveté; il est dans les fonctions qu'il plaît à Dieu de leur confier, et qu'ils sont heureux de remplir, parce que ces occupations sont un moyen de progresser. (Voir chap. III, *le Ciel*.)

14. — L'humanité n'est point bornée à la terre; elle occupe les innombrables mondes qui circulent dans

l'espace ; elle a occupé ceux qui ont disparu, et occupera ceux qui se formeront. Dieu a créé de toute éternité et il crée sans cesse. Longtemps donc avant que la terre existât, quelque ancienneté qu'on lui suppose, il y avait eu sur d'autres mondes des Esprits incarnés qui ont parcouru les mêmes étapes que nous, Esprits de formation plus récente, nous parcourons en ce moment, et qui sont arrivés au but avant même que nous fussions sortis des mains du Créateur. De toute éternité, il y a donc eu des anges ou purs Esprits ; mais leur existence humanitaire se perdant dans l'infini du passé, c'est pour nous comme s'ils eussent toujours été des anges.

15. — Ainsi se trouve réalisée la grande loi d'unité de la création ; Dieu n'a jamais été inactif ; il a toujours eu de purs Esprits éprouvés et éclairés pour la transmission de ses ordres et pour la direction de toutes les parties de l'univers, depuis le gouvernement des mondes jusqu'aux plus infimes détails. Il n'a donc pas eu besoin de créer des êtres privilégiés, exempts de charges ; tous, anciens ou nouveaux, ont conquis leurs grades dans la lutte et par leur propre mérite ; tous, enfin, sont les fils de leurs œuvres. Ainsi s'accomplit également la souveraine justice de Dieu.

CHAPITRE IX

LES DÉMONS

Origine de la croyance aux démons. — Les démons selon l'Eglise. Les démons selon le Spiritisme.

Origine de la croyance aux démons.

1. — Les démons ont, à toutes les époques, joué un grand rôle dans les diverses théogonies; bien que considérablement déchus dans l'opinion générale, l'importance qu'on leur attribue encore de nos jours donne à cette question une certaine gravité, car elle touche au fond même des croyances religieuses: c'est pourquoi il est utile de l'examiner avec les développements qu'elle comporte.

La croyance à une puissance supérieure est instinctive chez les hommes; aussi la retrouve-t-on, sous différentes formes, à tous les âges du monde. Mais si, au degré d'avancement intellectuel où ils sont arrivés aujourd'hui, ils discutent encore sur la nature et les attributs de cette puissance, combien plus imparfaites devaient être leurs notions à ce sujet dans l'enfance de l'humanité!

2. — Le tableau qu'on nous représente de l'innocence des peuples primitifs en contemplation devant les beautés de la nature, dans laquelle ils admirent la bonté du Créateur, est sans doute très poétique, mais il y manque la réalité.

Plus l'homme se rapproche de l'état de nature, plus l'instinct domine en lui, ainsi qu'on peut le voir encore chez les peuples sauvages et barbares de nos jours ; ce qui le préoccupe le plus, ou, mieux, ce qui l'occupe exclusivement, c'est la satisfaction des besoins matériels, parce qu'il n'en a pas d'autres. Le sens qui seul peut le rendre accessible aux jouissances purement morales ne se développe qu'à la longue et graduellement ; l'âme a son enfance, son adolescence et sa virilité, comme le corps humain ; mais, pour atteindre la virilité qui la rend apte à comprendre les choses abstraites, que d'évolutions ne doit-elle pas parcourir dans l'humanité ! Que d'existences ne lui faut-il pas accomplir !

Sans remonter aux premiers âges, voyons autour de nous les gens de nos campagnes, et demandons-nous quels sentiments d'admiration éveillent en eux la splendeur du soleil levant, la voûte étoilée, le gazouillement des oiseaux, le murmure des ondes claires, les prairies émaillées de fleurs ! Pour eux, le soleil se lève parce qu'il en a l'habitude, et, pourvu qu'il donne assez de chaleur pour mûrir les récoltes et pas trop pour les griller, c'est tout ce qu'ils demandent ; s'ils regardent le ciel, c'est pour savoir s'il fera beau ou mauvais temps le lendemain ; que les oiseaux chantent ou non, cela leur est bien égal, pourvu qu'ils ne mangent pas leur grain ; aux mélodies du rossignol ils préfèrent le gloussement des poules et le grognement de leurs porcs ; ce qu'ils demandent aux ruisseaux clairs ou bourbeux, c'est de ne pas tarir et de ne pas les inonder ; aux prairies, de donner de bonne herbe, avec ou sans fleurs : c'est tout ce qu'ils désirent, disons plus, tout ce qu'ils comprennent de la nature, et cependant, ils sont déjà loin des hommes primitifs !

3. — Si nous nous reportons à ces derniers, nous les

voyons plus exclusivement encore préoccupés de la satisfaction des besoins matériels ; ce qui sert à y pourvoir et ce qui peut y nuire résument pour eux le bien et le mal en ce monde. Ils croient à une puissance extra-humaine ; mais, comme ce qui leur porte un préjudice matériel est ce qui les touche le plus, ils l'attribuent à cette puissance, dont ils se font du reste une idée très vague. Ne pouvant encore rien concevoir en dehors du monde visible et tangible, ils se la figurent résider dans les êtres et les choses qui leur sont nuisibles. Les animaux malfaisants en sont donc pour eux les représentants naturels et directs. Par la même raison, ils ont vu la personnification du bien dans les choses utiles : de là le culte rendu à certains animaux, à certaines plantes et même à des objets inanimés. Mais l'homme est généralement plus sensible au mal qu'au bien ; le bien lui semble naturel, tandis que le mal l'affecte davantage ; c'est pourquoi, dans tous les cultes primitifs, les cérémonies en l'honneur de la puissance malfaisante sont les plus nombreuses : la crainte l'emporte sur la reconnaissance.

Pendant longtemps, l'homme ne comprit que le bien et le mal physiques ; le sentiment du bien moral et du mal moral marqua un progrès dans l'intelligence humaine ; alors seulement l'homme entrevit la spiritualité, et comprit que la puissance surhumaine est en dehors du monde visible, et non dans les choses matérielles. Ce fut l'œuvre de quelques intelligences d'élite, mais qui ne purent néanmoins franchir certaines limites.

4. — Comme on voyait une lutte incessante entre le bien et le mal, et celui-ci l'emporter souvent ; que, d'un autre côté, on ne pouvait rationnellement admettre que

le mal fût l'œuvre d'une puissance bienfaisante, on en conclut à l'existence de deux puissances rivales gouvernant le monde. De là naquit la doctrine des deux principes : celui du bien et celui du mal, doctrine logique pour cette époque, car l'homme était encore incapable d'en concevoir une autre, et de pénétrer l'essence de l'Être suprême. Comment aurait-il pu comprendre que le mal n'est qu'un état momentané d'où peut sortir le bien, et que les maux qui l'affligent doivent le conduire au bonheur en aidant à son avancement ? Les bornes de son horizon moral ne lui permettaient de rien voir en dehors de la vie présente, ni en avant, ni en arrière ; il ne pouvait comprendre ni qu'il eût progressé, ni qu'il progresserait encore individuellement, et encore moins que les vicissitudes de la vie sont le résultat de l'imperfection de l'être spirituel qui est en lui, qui préexiste et survit au corps, et s'épure dans une série d'existences, jusqu'à ce qu'il ait atteint la perfection. Pour comprendre le bien qui peut sortir du mal, il ne faut pas voir qu'une seule existence ; il faut embrasser l'ensemble : alors seulement apparaissent les véritables causes et leurs effets.

5. — Le double principe du bien et du mal fut, pendant de longs siècles et sous différents noms, la base de toutes les croyances religieuses. Il fut personnifié sous les noms d'Oromaze et d'Arimane chez les Perses, de Jéhovah et de Satan chez les Hébreux. Mais, comme tout souverain doit avoir des ministres, toutes les religions admirent des puissances secondaires, ou génies bons ou mauvais. Les Païens les personnifièrent sous une multitude innombrable d'individualités ayant chacune des attributions spéciales pour le bien et pour le

mal, pour les vices et pour les vertus, et auxquelles ils donnèrent le nom général de dieux. Les Chrétiens et les Musulmans reçurent des Hébreux les anges et les démons.

6. — La doctrine des démons a donc son origine dans l'antique croyance aux deux principes du bien et du mal. Nous n'avons à l'examiner ici qu'au point de vue chrétien, et à voir si elle est en rapport avec la connaissance plus exacte que nous avons aujourd'hui des attributs de la Divinité.

Ces attributs sont le point de départ, la base de toutes les doctrines religieuses ; les dogmes, le culte, les cérémonies, les usages, la morale, tout est en rapport avec l'idée plus ou moins juste, plus ou moins élevée que l'on se fait de Dieu, depuis le fétichisme jusqu'au Christianisme. Si l'essence intime de Dieu est encore un mystère pour notre intelligence, nous le comprenons cependant mieux qu'il ne l'a jamais été, grâce aux enseignements du Christ. Le Christianisme, d'accord en cela avec la raison, nous apprend que :

Dieu est unique, éternel, immuable, immatériel, tout-puissant, souverainement juste et bon, infini dans toutes ses perfections.

Ainsi qu'il est dit ailleurs (chap. VI, *Peines éternelles*) : « Si l'on ôtait la plus petite parcelle d'un seul des attributs de Dieu, on n'aurait plus Dieu, parce qu'il pourrait exister un être plus parfait. » Ces attributs, dans leur plénitude la plus absolue, sont donc le criterium de toutes les religions, la mesure de la vérité de chacun des principes qu'elles enseignent. Pour qu'un de ces principes soit vrai, il faut qu'il ne porte atteinte à aucune des perfections de Dieu. Voyons s'il en est ainsi de la doctrine vulgaire des démons.

Les démons selon l'Eglise.

7. — Selon l'Eglise, *Satan*, le chef ou le roi des démons, n'est point une personnification allégorique du mal, mais bien un *être réel*, faisant exclusivement le mal, tandis que Dieu fait exclusivement le bien. Prenons-le donc tel qu'on nous le donne.

Satan est-il de toute éternité, comme Dieu, ou postérieur à Dieu? S'il est de toute éternité, il est *incréé*, et par conséquent l'égal de Dieu. Dieu alors n'est plus unique ; il y a le Dieu du bien et le Dieu du mal.

Est-il postérieur? alors c'est une créature de Dieu. Puisqu'il ne fait que le mal, qu'il est incapable de faire le bien et de se repentir, Dieu a créé un être voué au mal à perpétuité. Si le mal n'est pas l'œuvre de Dieu, mais celle d'une de ses créatures prédestinées à le faire, Dieu en est toujours le premier auteur, et alors il n'est pas infiniment bon. Il en est de même de tous les êtres mauvais appelés démons.

8. — Telle a été pendant longtemps la croyance sur ce point. Aujourd'hui, on dit : [1]

« Dieu, qui est la bonté et la sainteté par essence,
« ne les avait point créés mauvais et malfaisants. Sa
« main paternelle, qui se plaît à répandre sur tous ses
« ouvrages un reflet de ses perfections infinies, les avait
« comblés de ses dons les plus magnifiques. Aux qua-
« lités suréminentes de leur nature, elle avait ajouté

---

[1] Les citations suivantes sont extraites du mandement de Mgr le cardinal Gousset, cardinal-archevêque de Reims, pour le carême de 1865. En raison du mérite personnel et de la position de l'auteur, on peut les considérer comme la dernière expression de l'Eglise sur la doctrine des démons.

« les largesses de sa grâce; elle les avait faits en tout
« semblables aux Esprits sublimes qui sont dans la
« gloire et la félicité ; répartis dans tous leurs ordres
« et mêlés à tous leurs rangs, ils avaient la même fin
« et les mêmes destinées ; leur chef a été le plus beau
« des archanges. Ils auraient pu, eux aussi, mériter
« d'être confirmés à jamais dans la justice et admis à
« jouir éternellement du bonheur des cieux. Cette fa-
« veur dernière aurait mis le comble à toutes les autres
« faveurs dont ils étaient l'objet ; mais elle devait être
« le prix de leur docilité, et ils s'en sont rendus indi-
« gnes ; ils l'ont perdue par une révolte audacieuse et
« insensée.

« Quel a été l'écueil de leur persévérance? Quelle
« vérité ont-ils méconnue? Quel acte de foi et d'ado-
« ration ont-ils refusé à Dieu? *L'Eglise et les annales de*
« *l'histoire sainte ne le disent pas d'une manière positive ;*
« mais *il paraît certain* qu'ils n'ont acquiescé ni à la
« médiation du Fils de Dieu pour eux-mêmes, ni à
« l'exaltation de la nature humaine en Jésus-Christ.

« Le Verbe divin, par qui toutes choses ont été faites,
« est aussi l'unique médiateur et sauveur, au ciel et sur
« la terre. La fin surnaturelle n'a été donnée aux anges
« et aux hommes qu'en prévision de son incarnation et
« de ses mérites ; car il n'y a aucune proportion entre
« les œuvres des Esprits les plus éminents et cette ré-
« compense, qui n'est autre que Dieu lui-même ; nulle
« créature n'aurait pu y parvenir sans cette interven-
« tion merveilleuse et sublime de charité. Or, pour
« combler la distance infinie qui sépare l'essence di-
« vine des ouvrages de ses mains, il fallait qu'il réunît
« dans sa personne les deux extrêmes, et qu'il associât

« à sa divinité la nature de l'ange ou celle de l'homme ;
« et il fit choix de la nature humaine.

« Ce dessein, conçu de toute éternité, fut manifesté
« aux anges longtemps avant son accomplissement ;
« l'Homme-Dieu leur fut montré dans l'avenir comme
« Celui qui devait les confirmer en grâce et les intro-
« duire dans la gloire, à condition qu'ils l'adoreraient
« sur la terre pendant sa mission, et au ciel dans les
« siècles des siècles. Révélation inespérée, vision ravis-
« sante pour les cœurs généreux et reconnaissants,
« mais mystère profond, accablant pour les Esprits
« superbes ! Cette fin surnaturelle, ce poids immense
« de gloire qui leur était proposé ne serait donc point
« uniquement la récompense de leurs mérites person-
« nels ! Jamais ils ne pourraient s'en attribuer à eux-
« mêmes les titres et la possession ! Un médiateur entre
« eux et Dieu, quelle injure faite à leur dignité ! La
« préférence gratuite accordée à la nature humaine,
« quelle injustice ! quelle atteinte portée à leurs droits !
« Cette humanité, qui leur est si inférieure, la verront-
« ils, un jour, déifiée par son union avec le Verbe, et
« assise à la droite de Dieu, sur un trône resplendissant ?
« Consentiront-ils à lui offrir éternellement leurs hom-
« mages et leurs adorations ?

« Lucifer et la troisième partie des anges succombè-
« rent à ces pensées d'orgueil et de jalousie. Saint
« Michel et avec lui le plus grand nombre s'écrièrent :
« Qui est semblable à Dieu ? Il est le maître de ses
« dons et le souverain Seigneur de toutes choses.
« Gloire à Dieu et à l'Agneau qui sera immolé pour
« le salut du monde ! Mais le chef des rebelles, ou-
« bliant qu'il était redevable à son Créateur de sa no-

« blesse et de ses prérogatives, n'écouta que sa témé-
« rité, et dit : «C'est moi-même qui monterai au ciel;
« j'établirai ma demeure au-dessus des astres; je
« m'assiérai sur la montagne de l'alliance, aux flancs de
« l'Aquilon; je dominerai les nuées les plus élevées,
« et je serai semblable au Très-Haut. » Ceux qui parta-
« geaient ses sentiments accueillirent ses paroles par
« un murmure d'approbation; et il s'en trouva dans
« tous les ordres de la hiérarchie; mais leur multitude
« ne les mit point à l'abri du châtiment. »

9. — Cette doctrine soulève plusieurs objections.

1° Si Satan et les démons étaient des anges, c'est qu'ils étaient parfaits; comment, étant parfaits, ont-ils pu faillir et méconnaître à ce point l'autorité de Dieu, en présence de qui ils se trouvaient ? On concevrait encore que, s'ils ne fussent arrivés à ce degré éminent que graduellement et après avoir passé par la filière de l'imperfection, ils aient pu avoir un retour fâcheux; mais ce qui rend la chose plus incompréhensible, c'est qu'on nous les représente comme ayant été créés parfaits.

La conséquence de cette théorie est celle-ci : Dieu avait voulu créer en eux des êtres parfaits, puisqu'il les avait comblés de tous les dons, et il s'est trompé; donc, selon l'Église, Dieu n'est pas infaillible. [1]

2° Puisque ni l'Église ni les annales de l'histoire

---

[1] Cette doctrine monstrueuse est affirmée par Moïse, quand il dit (*Genèse*, chap. VI, v. 6 et 7) : « Il se *repentit* d'avoir fait l'homme sur la terre. Et, étant touché de douleur jusqu'au fond du cœur, — il dit : « J'exterminerai de dessus la terre l'homme que j'ai créé; j'exterminerai tout, depuis l'homme jusqu'aux animaux, depuis tout ce qui rampe sur la terre jusqu'aux oiseaux du ciel: car *je me repens* de les avoir faits. »

Un Dieu qui se repent de ce qu'il a fait n'est ni parfait ni in-

sainte ne s'expliquent sur la cause de la révolte des anges contre Dieu, que seulement il *paraît* certain qu'elle fut dans leur refus de reconnaître la mission future du Christ, quelle valeur peut avoir le tableau si précis et si détaillé de la scène qui eut lieu à cette occasion? A quelle source a-t-on puisé les paroles si nettes rapportées comme y ayant été prononcées, et jusqu'aux simples murmures? De deux choses l'une : ou la scène est vraie, ou elle ne l'est pas. Si elle est vraie, il n'y a aucune incertitude, et alors pourquoi l'Église ne tranche-t-elle pas la question? Si l'Église et l'histoire se taisent, si seulement la cause *paraît* certaine, ce n'est qu'une supposition, et la description de la scène est une œuvre d'imagination.[1]

faillible: donc il n'est pas Dieu. Ce sont pourtant les paroles que l'Église proclame comme des vérités saintes. On ne voit pas trop, non plus, ce qu'il y avait de commun entre les animaux et la perversité des hommes pour mériter leur extermination.

[1] On trouve dans Isaïe, ch. XIV, v. 11 et suivants : — « Ton orgueil a été précipité dans les enfers; ton corps mort est tombé par terre; ta couche sera la pourriture, et ton vêtement sera les vers. — Comment es-tu tombé du ciel, Lucifer, toi qui paraissais si brillant au point du jour? Comment as-tu été renversé sur la terre, toi qui frappais de plaies les nations; — qui disais *en ton cœur* : Je monterai au ciel, j'établirai mon trône au-dessus des astres de Dieu, je m'assiérai sur la montagne de l'alliance, aux flancs de l'Aquilon; je me placerai au-dessus des nuées les plus élevées, et je serai semblable au Très Haut? — Et néanmoins tu as été précipité de cette gloire dans l'enfer, jusqu'au plus profond des abîmes. — Ceux qui te verront s'approcheront près de toi, et, après t'avoir envisagé, ils te diront : Est-ce là *cet homme* qui a épouvanté la terre, qui a jeté la terreur dans les royaumes, qui a fait du monde un désert, qui en a détruit les villes, et qui a retenu dans les chaînes ceux qu'il avait faits ses prisonniers? »

Ces paroles du prophète ne sont point relatives à la révolte des anges, mais une allusion à l'orgueil et à la chute du roi de Babylone, qui tenait les Juifs en captivité, ainsi que le prouvent les derniers versets. Le roi de Babylone est désigné, par allégorie, sous le nom de Lucifer, mais il n'y est fait nulle mention de la scène décrite ci-dessus. Ces paroles sont celles du roi qui disait *en son cœur*, et se plaçait, par son orgueil, au-dessus de Dieu, dont

3° Les paroles attribuées à Lucifer accusent une ignorance que l'on s'étonne de trouver dans un archange qui, par sa nature même et au degré où il est placé, ne doit pas partager, sur l'organisation de l'univers, les erreurs et les préjugés que les hommes ont professés jusqu'à ce que la science soit venue les éclairer. Comment peut-il dire : « J'établirai ma demeure au-dessus des astres ; je dominerai les nuées les plus élevées » ? C'est toujours l'antique croyance à la terre comme centre du monde, au ciel des nuages qui s'étend jusqu'aux étoiles, à la région limitée des étoiles formant voûte, et que l'astronomie nous montre disséminées à l'infini, dans l'espace infini. Comme on sait aujourd'hui que les nuages ne s'étendent pas au delà de deux lieues de la surface de la terre, pour dire qu'il dominera les nuées les plus élevées, et parler des montagnes, il fallait que la scène se passât à la surface de la terre, et que là fût le séjour des anges ; si ce séjour est dans les régions supérieures, il était inutile de dire qu'il s'élèverait au delà des nuées. Faire tenir aux anges un langage empreint d'ignorance, c'est avouer que les hommes, aujourd'hui, en savent plus que les anges. L'Eglise a toujours eu le tort de ne point tenir compte des progrès de la science.

10. — La réponse à la première objection se trouve dans le passage suivant :

« L'Ecriture et la tradition donnent le nom de ciel
« au lieu où les anges avaient été placés au moment
« de leur création. Mais ce n'était point le ciel des

---

il retenait le peuple captif. La prédiction de la délivrance des Juifs, de la ruine de Babylone et de la défaite des Assyriens, est, d'ailleurs, le sujet exclusif de ce chapitre.

« cieux, le ciel de la vision béatifique, où Dieu se
« montre à ses élus face à face, et où ses élus le con-
« templent sans efforts et sans nuages ; car, là, il n'y a
« plus ni danger, ni possibilité de pécher ; la tentation
« et la faiblesse y sont inconnues ; la justice, la joie,
« la paix y règnent dans une immuable sécurité ; la
« sainteté et la gloire y sont inamissibles. C'était donc
« une autre région céleste, une sphère lumineuse et
« fortunée, où ces nobles créatures, largement favo-
« risées des communications divines, devaient les rece-
« voir et y adhérer par l'humilité de la foi, avant d'être
« admises à en voir clairement la réalité dans l'es-
« sence même de Dieu. »

Il résulte de ce qui précède que les anges qui ont failli appartenaient à une catégorie moins élevée, moins parfaite, et qu'ils n'étaient point encore parvenus au lieu suprême où la faute est impossible. Soit ; mais alors il y a ici une contradiction manifeste, car il est dit plus haut que : « Dieu les avait faits *en tout sembla-bles aux Esprits sublimes ;* que, répartis dans tous leurs ordres et mêlés à tous leurs rangs, ils avaient la même fin et la même destinée ; que leur chef était le plus beau des archanges. » S'ils ont été faits en tout semblables aux autres, ils n'étaient donc pas d'une nature inférieure ; s'ils étaient mêlés à tous leurs rangs, ils n'étaient pas dans un lieu spécial. L'objection subsiste donc tout entière.

11. — Il en est une autre qui est, sans contredit, la plus grave et la plus sérieuse.

Il est dit : « Ce dessein (la médiation du Christ), conçu *de toute éternité,* fut manifesté aux anges long-temps avant son accomplissement. » Dieu savait donc de toute éternité que les anges, aussi bien que les hommes, auraient besoin de cette médiation. Il savait, ou il ne savait pas, que certains anges failliraient; que cette chute entraînerait pour eux la damnation éternelle sans espoir de retour ; qu'ils seraient destinés à tenter les hommes ; que ceux de ces derniers qui se laisseraient séduire subiraient le même sort. S'il le savait, il a donc créé ces anges, en connaissance de cause, pour leur perte irrévocable et pour celle de la plus grande partie du genre humain. Quoi qu'on dise, il est impossible de concilier leur création, dans une pareille prévision, avec la souveraine bonté. S'il ne le savait pas, il n'était pas tout-puissant. Dans l'un et l'autre cas, c'est la négation de deux attributs sans la plénitude desquels Dieu ne serait pas Dieu.

12. — Si l'on admet la faillibilité des anges, comme celle des hommes, la punition est une conséquence naturelle et juste de la faute ; mais si l'on admet en même temps la possibilité du rachat, par le retour au bien, la rentrée en grâce après le repentir et l'expiation, il n'y a rien qui démente la bonté de Dieu. Dieu savait qu'ils failliraient, qu'ils seraient punis, mais il savait aussi que ce châtiment temporaire serait un moyen de leur faire comprendre leur faute et tournerait à leur avantage. Ainsi se trouverait vérifiée cette parole du prophète Ézéchiel : « Dieu ne veut pas la mort du pécheur, mais son salut. [1] » Ce qui serait la négation de cette bonté, c'est l'inutilité du repentir et l'impossibilité du retour au bien. Dans cette hypothèse, il est donc rigoureusement exact de dire que : « Ces anges, dès leur création, puis-

[1] Voir ci-dessus, chap. VII, n° 20, citation d'Ézéchiel.

que Dieu ne pouvait l'ignorer, ont été voués au mal à perpétuité, et prédestinés à devenir *démons*, pour entraîner les hommes au mal. »

13. — Voyons, maintenant, quel est leur sort et ce qu'ils font.

« A peine leur révolte eut-elle éclaté dans le langage
« des Esprits, c'est-à-dire dans les élans de leurs pen-
« sées, qu'ils furent bannis irrévocablement de la cité
« céleste et précipités dans l'abîme.

« Par ces paroles, nous entendons qu'ils furent relé-
« gués dans un lieu de supplices, où ils subissent la
« peine du feu, conformément à ce texte de l'Évangile,
« qui est sorti de la bouche même du Sauveur : « Allez,
« maudits, au feu éternel qui a été préparé pour le
« démon et pour ses anges. » Saint Pierre dit expressément : « que Dieu les a livrés aux chaînes et aux
« tortures de l'enfer; mais tous n'y restent pas perpé-
« tuellement; ce n'est qu'à la fin du monde qu'ils y
« seront enfermés pour jamais, avec les réprouvés.
« Présentement, Dieu permet qu'ils occupent encore
« une place dans cette création à laquelle ils appar-
« tiennent; dans l'ordre des choses auquel se rattache
« leur existence, dans les relations enfin qu'ils devaient
« avoir avec l'homme, et dont ils font le plus perni-
« cieux abus. Pendant que les uns sont dans leur de-
« meure ténébreuse, et y servent d'instrument à la
« justice divine, *contre les âmes infortunées qu'ils ont*
« *séduites*, une infinité d'autres, formant des légions
« invisibles, sous la conduite de leurs chefs, résident
« dans les couches inférieures de notre atmosphère et
« parcourent toutes les parties du globe. Ils sont mêlés

« à tout ce qui se passe ici-bas, et ils y prennent le plus
« souvent une part très active. »

En ce qui concerne les paroles du Christ, sur le supplice du feu éternel, cette question est traitée au chapitre IV, *l'Enfer.*

14. — Selon cette doctrine, une partie des démons est seule en enfer; l'autre erre en liberté, se mêlant à tout ce qui se passe ici-bas, se donnant le plaisir de faire le mal, et cela jusqu'à la fin du monde, dont l'époque indéterminée n'aura probablement pas lieu de sitôt. Pourquoi donc cette différence? Sont-ils moins coupables? Non assurément. A moins qu'ils n'en sortent à tour de rôle, ce qui semblerait résulter de ce passage : « Pendant que les uns sont dans leur demeure ténébreuse et y servent d'instrument à la justice divine contre les âmes infortunées qu'ils ont séduites. »

Leurs fonctions consistent donc à tourmenter *les âmes qu'ils ont séduites.* Ainsi, ils ne sont pas chargés de punir celles qui sont coupables de fautes librement et volontairement commises, mais de celles qu'ils ont provoquées. Ils sont, à la fois, *la cause de la faute et l'instrument du châtiment;* et, chose que la justice humaine, tout imparfaite qu'elle est, n'admettrait pas, la victime qui succombe, par faiblesse, à l'occasion qu'on fait naître pour la tenter, est punie aussi sévèrement que l'agent provocateur qui emploie la ruse et l'astuce ; plus sévèrement même, car elle va en enfer, en quittant la terre, pour n'en sortir jamais, et y souffrir sans trêve ni merci pendant l'éternité, tandis que celui qui est la cause première de sa faute jouit du répit et de la liberté jusqu'à la fin du monde ! La justice de Dieu n'est-elle donc pas plus parfaite que celle des hommes?

15. — Ce n'est pas tout. « Dieu permet qu'ils occupent encore une place dans cette création, dans les relations qu'ils devaient avoir avec l'homme et dont ils font le plus pernicieux abus. » Dieu pouvait-il ignorer l'abus qu'ils feraient de la liberté qu'il leur accorde? Alors pourquoi la leur accorde-t-il? C'est donc en connaissance de cause qu'il livre ses créatures à leur merci, sachant, en vertu de sa toute-prescience, qu'elles succomberont et auront le sort des démons. N'avaient-elles pas assez de leur propre faiblesse, sans permettre qu'elles fussent excitées au mal par un ennemi d'autant plus dangereux, qu'il est invisible ? Encore, si le châtiment n'était que temporaire et si le coupable pouvait se racheter par la réparation ! Mais non : il est condamné pour l'éternité. Son repentir, son retour au bien, ses regrets sont superflus.

Les démons sont ainsi les agents provocateurs prédestinés à recruter des âmes pour l'enfer, et cela avec la permission de Dieu, qui savait, en créant ces âmes, le sort qui leur était réservé. Que dirait-on, sur la terre, d'un juge qui en userait ainsi pour peupler les prisons? Étrange idée qu'on nous donne de la Divinité, d'un Dieu dont les attributs essentiels sont la souveraine justice et la souveraine bonté ! Et c'est au nom de Jésus-Christ, de celui qui n'a prêché que l'amour, la charité et le pardon, qu'on enseigne de pareilles doctrines ! Il fut un temps où de telles anomalies passaient inaperçues; on ne les comprenait pas, on ne les sentait pas; l'homme, courbé sous le joug du despotisme, soumettait sa raison en aveugle, ou plutôt abdiquait sa raison; mais aujourd'hui l'heure de l'émancipation a sonné : il comprend la justice, il la veut pendant sa vie et après sa mort ; c'est pourquoi il dit : « Cela n'est pas, cela ne se peut pas, ou Dieu n'est pas Dieu ! »

16. — « Le châtiment suit partout ces êtres déchus
« et maudits, partout ils portent leur enfer avec eux :
« ils n'ont plus ni paix ni repos ; les douceurs mêmes
« de l'espérance se sont changées pour eux en amer-
« tume : elle leur est odieuse. La main de Dieu les a
« frappés dans l'acte même de leur péché, et leur vo-
« lonté s'est obstinée dans le mal. Devenus pervers,
« ils ne veulent point cesser de l'être, et ils le sont
« pour toujours.

« Ils sont, après le péché, ce que l'homme est après
« la mort. *La réhabilitation de ceux qui sont tombés est
« donc impossible ;* leur perte est désormais sans retour,
« et ils persévèrent dans leur orgueil, vis-à-vis de
« Dieu, dans leur haine contre son Christ, dans leur
« jalousie contre l'humanité.

« N'ayant pu s'approprier la gloire du ciel, par l'es-
« sor de leur ambition, ils s'efforcent d'établir leur
« empire sur la terre et d'en bannir le règne de Dieu.
« Le Verbe fait chair a accompli, malgré eux, ses des-
« seins pour le salut et la gloire de l'humanité ; tous
« leurs moyens d'action sont consacrés à lui ravir les
« âmes qu'il a rachetées ; la ruse et l'importunité, le
« mensonge et la séduction, ils mettent tout en œuvre
« pour les porter au mal et pour consommer leur
« ruine.

« Avec de tels ennemis, la vie de l'homme, depuis
« son berceau jusqu'à la tombe, ne peut être, hélas !
« qu'une lutte perpétuelle, car ils sont puissants et
« infatigables.

« Ces ennemis, en effet, sont ceux-là mêmes qui, après avoir introduit le mal dans le monde, sont parvenus à couvrir la terre des épaisses ténèbres de l'erreur et du vice; ceux qui, pendant de longs siècles, se sont fait adorer comme des dieux, et qui ont régné en maîtres sur les peuples de l'antiquité; ceux, enfin, qui exercent encore leur empire tyrannique sur les régions idolâtres, et qui fomentent le désordre et le scandale jusqu'au sein des sociétés chrétiennes.

« Pour comprendre tout ce qu'ils ont de ressources au service de leur méchanceté, il suffit de remarquer *qu'ils n'ont rien perdu des prodigieuses facultés qui sont l'apanage de la nature angélique.* Sans doute, l'avenir et surtout l'ordre surnaturel ont des mystères que Dieu s'est réservés et qu'ils ne peuvent découvrir; mais leur intelligence est bien supérieure à la nôtre, parce qu'ils aperçoivent d'un coup d'œil les effets dans leurs causes, et les causes dans leurs effets. Cette pénétration leur permet d'annoncer à l'avance des événements qui échappent à nos conjectures. La distance et la diversité des lieux s'effacent devant leur agilité. Plus prompts que l'éclair, plus rapides que la pensée, ils se trouvent presque en même temps sur divers points du globe, et ils peuvent décrire au loin les choses dont ils sont témoins à l'heure même où elles s'accomplissent.

« Les lois générales par lesquelles Dieu régit et gouverne cet univers ne sont pas de leur domaine; ils ne peuvent y déroger, ni par conséquent prédire ou opérer de vrais miracles; mais ils possèdent l'art d'imiter et contrefaire, dans de certaines limites, les œuvres divines; ils savent quels phénomènes résul-

« tent de la combinaison des éléments, et ils prédisent
« avec certitude ceux qui arrivent naturellement,
« comme ceux qu'ils ont le pouvoir de produire eux-
« mêmes. De là, ces oracles nombreux, ces prestiges
« extraordinaires dont les livres sacrés et profanes
« nous ont gardé le souvenir, et qui ont servi de base
« et d'aliment à toutes les superstitions.

« Leur substance simple et immatérielle les soustrait
« à nos regards; ils sont à nos côtés sans être aperçus;
« ils frappent notre âme sans frapper nos oreilles;
« nous croyons obéir à notre propre pensée, pen-
« dant que nous subissons leurs tentations et leur
« funeste influence. Nos dispositions, au contraire,
« leur sont connues par les impressions que nous
« en ressentons, et ils nous attaquent, pour l'ordinaire,
« par notre côté faible. Pour nous séduire plus sû-
« rement, ils ont coutume de nous présenter des
« appâts et des suggestions conformes à nos penchants.
« Ils modifient leur action selon les circonstances et
« d'après les traits caractérisques de chaque tempé-
« rament. Mais leurs armes favorites sont le mensonge
« et l'hypocrisie. »

17. — Le châtiment, dit-on, les suit partout; ils n'ont plus ni paix ni repos. Ceci ne détruit point l'observation faite sur le répit dont jouissent ceux qui ne sont pas dans l'enfer, répit d'autant moins justifié, qu'étant dehors, ils font plus de mal. Sans aucun doute, ils ne sont pas heureux comme les bons anges; mais compte-t-on pour rien la liberté dont ils jouissent? S'ils n'ont pas le bonheur moral que procure la vertu, ils sont incontestablement moins malheureux que leurs complices qui sont dans les flammes. Et puis, pour le méchant, il

y a une sorte de jouissance à faire le mal en toute liberté. Demandez à un criminel s'il lui est égal d'être en prison ou de courir les champs, et de commettre ses méfaits tout à son aise. La position est exactement la même.

Le remords, dit-on, les poursuit sans trêve ni merci. Mais on oublie que le remords est le précurseur immédiat du repentir, s'il n'est déjà le repentir lui-même. Or, on dit : « Devenus pervers, *ils ne veulent point cesser de l'être*, et ils le sont pour toujours. » Dès lors qu'ils ne veulent point cesser d'être pervers, c'est qu'ils n'ont point de remords; s'ils avaient le moindre regret, ils cesseraient de faire le mal et demanderaient pardon. Donc le remords n'est pas pour eux un châtiment.

18. — « Ils sont après le péché ce que l'homme est après la mort. La réhabilitation de ceux qui sont tombés est *donc* impossible. » D'où vient cette impossibilité? On ne comprend pas qu'elle soit la conséquence de leur similitude avec l'homme après la mort, proposition qui, du reste, n'est pas très claire. Cette impossibilité vient-elle de leur propre volonté ou de celle de Dieu? Si c'est le fait de leur volonté, cela dénote une extrême perversité, un endurcissement absolu dans le mal; dès lors, on ne comprend pas que des êtres aussi foncièrement mauvais, aient jamais pu avoir été des *anges de vertu*, et que, pendant le temps *indéfini* qu'ils ont passé parmi ces derniers, ils n'aient laissé percer aucune trace de leur mauvaise nature. Si c'est la volonté de Dieu, on comprend encore moins qu'il inflige, comme châtiment, l'impossibilité du retour au bien, après une première faute. L'Évangile ne dit rien de semblable.

19. — « Leur perte, ajoute-t-on, est désormais sans

retour, et ils persévèrent dans leur orgueil vis-à-vis de Dieu. » A quoi leur servirait de n'y pas persévérer, puisque tout repentir est inutile? S'ils avaient l'espoir d'une réhabilitation, à quelque prix que ce fût, le bien aurait un but pour eux, tandis qu'il n'en a pas. S'ils persévèrent dans le mal, c'est donc parce que la porte de l'espérance leur est fermée. Et pourquoi Dieu la leur ferme-t-il? Pour se venger de l'offense qu'il a reçue de leur manque de soumission. Ainsi, pour assouvir son ressentiment contre quelques coupables, il préfère les voir, non-seulement souffrir, mais faire le mal plutôt que le bien ; induire au mal et pousser à la perdition éternelle toutes ses créatures du genre humain, alors qu'il suffisait d'un simple acte de clémence pour éviter un si grand désastre, et un désastre prévu de toute éternité !

S'agissait-il, par acte de clémence, d'une grâce pure et simple qui eût peut-être été un encouragement au mal? Non, mais d'un pardon conditionnel, subordonné à un sincère retour au bien. Au lieu d'une parole d'espérance et de miséricorde, on fait dire à Dieu : *Périsse toute la race humaine, plutôt que ma vengeance!* Et l'on s'étonne qu'avec une telle doctrine, il y ait des incrédules et des athées ! Est-ce ainsi que Jésus nous représente son Père? Lui qui nous fait une loi expresse de l'oubli et du pardon des offenses, qui nous dit de rendre le bien pour le mal, qui place l'amour des ennemis au premier rang des vertus qui doivent nous mériter le ciel, voudrait-il donc que les hommes fussent meilleurs, plus justes, plus compatissants que Dieu lui-même?

Les démons selon le Spiritisme.

20. — Selon le Spiritisme, ni les anges ni les démons ne sont des êtres à part ; la création des êtres intelligents est une. Unis à des corps matériels, ils constituent l'humanité qui peuple la terre et les autres sphères habitées ; dégagés de ce corps, ils constituent le monde spirituel ou des Esprits qui peuplent les espaces. Dieu les a créés *perfectibles;* il leur a donné pour but la perfection, et le bonheur qui en est la conséquence, mais *il ne leur a pas donné la perfection;* il a voulu qu'ils la dussent à leur travail personnel, afin qu'ils en eussent le mérite. Depuis l'instant de leur formation, ils progressent soit à l'état d'incarnation, soit à l'état spirituel ; arrivés à l'apogée, ils sont *purs Esprits,* ou *anges* selon l'appellation vulgaire ; de sorte que, depuis l'embryon de l'être intelligent jusqu'à l'ange, il y a une chaîne non interrompue dont chaque chaînon marque un degré dans le progrès.

Il en résulte qu'il existe des Esprits à tous les degrés d'avancement moral et intellectuel, selon qu'ils sont en haut, en bas, ou au milieu de l'échelle. Il y en a, par conséquent, à tous les degrés de savoir et d'ignorance, de bonté et de méchanceté. Dans les rangs inférieurs, il en est qui sont encore profondément enclins au mal, et qui s'y complaisent. On peut les appeler *démons,* si l'on veut, car ils sont capables de tous les méfaits attribués à ces derniers. Si le Spiritisme ne leur donne par ce nom, c'est qu'il s'y rattache l'idée d'êtres distincts de l'humanité, d'une nature essentiellement perverse, voués au mal pour l'éternité et incapables de progresser dans le bien.

21. — Selon la doctrine de l'Eglise, les démons ont été créés bons, et sont devenus mauvais par leur désobéissance : ce sont des anges déchus ; ils ont été placés par Dieu en haut de l'échelle, et ils sont descendus. Selon le Spiritisme, ce sont des Esprits imparfaits, mais qui s'amélioreront ; ils sont encore au bas de l'échelle, et ils monteront.

Ceux qui, par leur insouciance, leur négligence, leur obstination et leur mauvais vouloir restent plus longtemps dans les rangs inférieurs, en portent la peine, et l'habitude du mal leur rend plus difficile d'en sortir ; mais il arrive un temps où ils se lassent de cette existence pénible et des souffrances qui en sont la conséquence ; c'est alors que, comparant leur situation à celle des bons Esprits, ils comprennent que leur intérêt est dans le bien, et ils cherchent à s'améliorer, mais ils le font de leur propre volonté et sans y être contraints. *Ils sont soumis à la loi du progrès par leur aptitude à progresser, mais ils ne progressent point malgré eux.* Dieu leur en fournit sans cesse les moyens, mais ils sont libres d'en profiter ou non. Si le progrès était obligatoire, ils n'auraient aucun mérite, et Dieu veut qu'ils aient celui de leurs œuvres ; il n'en place aucun au premier rang par privilége, mais le premier rang est ouvert à tous, et ils n'y arrivent que par leurs efforts. Les anges les plus élevés ont conquis leur grade comme les autres en passant par la route commune.

22. — Arrivés à un certain degré d'épuration, les Esprits ont des missions en rapport avec leur avancement ; ils remplissent toutes celles qui sont attribuées aux anges des différents ordres. Comme Dieu a créé de toute éternité, de toute éternité il s'en est trouvé pour satisfaire à tous les besoins du gouvernement de l'univers. Une seule espèce d'êtres intelligents, soumis à la loi du progrès, suffit donc à tout. Cette unité dans la création, avec la pensée que tous ont un même point de départ, la même route à parcourir, et qu'ils s'élèvent par leur propre mérite, répond bien mieux à la justice de Dieu, que la création d'espèces différentes plus ou moins favorisées de dons naturels qui seraient autant de priviléges.

23. — La doctrine vulgaire sur la nature des anges, des démons et des âmes humaines, n'admettant pas la loi du progrès, et voyant néanmoins des êtres à divers degrés, en a conclu qu'ils étaient le produit d'autant de créations spéciales. Elle arrive ainsi à faire de Dieu un père partial, donnant tout à quelques-uns de ses enfants, tandis qu'il impose aux autres le plus rude travail. Il n'est pas étonnant que pendant longtemps les hommes n'aient rien trouvé de choquant dans ces préférences, alors qu'ils en usaient de même à l'égard de leurs propres enfants, par les droits d'aînesse et les priviléges de la naissance ; *pouvaient-ils croire faire plus mal que Dieu ?* Mais aujourd'hui le cercle des idées s'est élargi ; ils voient plus clair ; ils ont des notions plus nettes de la justice ; ils la veulent pour eux, et s'ils ne la trouvent pas toujours sur la terre, ils espèrent au moins la trouver plus parfaite au ciel ; c'est pourquoi, toute doctrine où la justice divine ne leur apparaît pas dans sa plus grande pureté, répugne à leur raison.

CHAPITRE X

INTERVENTION DES DÉMONS

DANS LES MANIFESTATIONS MODERNES

1. — Les phénomènes spirites modernes ont appelé l'attention sur les faits analogues qui ont eu lieu à toutes les époques, et jamais l'histoire n'a été plus compulsée sous ce rapport qu'en ces derniers temps. De la similitude des effets, on a conclu à l'unité de la cause. Comme pour tous les faits extraordinaires dont la raison est inconnue, l'ignorance y a vu une cause surnaturelle, et la superstition les a amplifiés en y ajoutant des croyances absurdes; de là une foule de légendes qui, pour la plupart, sont un mélange d'un peu de vrai et de beaucoup de faux.

2. — Les doctrines sur le démon, qui ont si longtemps prévalu, avaient tellement exagéré sa puissance, qu'elles avaient, pour ainsi dire, fait oublier Dieu; c'est pourquoi on lui faisait l'honneur de tout ce qui semblait dépasser la puissance humaine; partout apparaissait la main de Satan; les meilleures choses, les découvertes les plus utiles, toutes celles surtout qui pouvaient tirer l'homme de l'ignorance et élargir le cercle de ses idées, ont maintes fois été regardées comme des œuvres diaboliques. Les phénomènes spirites, plus multipliés de nos jours, mieux observés surtout à l'aide des lumières de la raison et des données de la science, ont confirmé, il est vrai, l'intervention d'intelligences occultes, mais agissant toujours dans les limites des lois de la nature, et révélant, par leur action, une nouvelle force et des

lois inconnues jusqu'à ce jour. La question se réduit donc à savoir de quel ordre sont ces intelligences.

Tant qu'on n'a eu sur le monde spirituel que des notions incertaines ou systématiques, on a pu se méprendre ; mais aujourd'hui que des observations rigoureuses et des études expérimentales ont jeté la lumière sur la nature des Esprits, leur origine et leur destinée, leur rôle dans l'univers et leur mode d'action, la question est résolue par les faits. On sait maintenant que ce sont les âmes de ceux qui ont vécu sur la terre. On sait aussi que les diverses catégories d'Esprits bons et mauvais ne constituent pas des êtres de différentes espèces, mais ne marquent que *des degrés divers d'avancement*. Selon le rang qu'ils occupent, en raison de leur développement intellectuel et moral, ceux qui se manifestent se présentent sous des aspects très opposés, ce qui ne les empêche pas d'être sortis de la grande famille humaine, tout aussi bien que le sauvage, le barbare et l'homme civilisé.

3. — Sur ce point, comme sur beaucoup d'autres, l'Église maintient ses vieilles croyances en ce qui concerne les démons. Elle dit : « Nous avons des principes qui n'ont pas varié depuis dix-huit siècles et qui sont immuables. » Son tort est précisément de ne pas tenir compte du progrès des idées, et de croire Dieu assez peu sage pour ne pas proportionner la révélation au développement de l'intelligence, pour tenir aux hommes primitifs le même langage qu'aux hommes avancés. Si, tandis que l'humanité avance, la religion se cramponne aux vieux errements, aussi bien en matière spirituelle qu'en matière scientifique, il arrive un moment où elle est débordée par l'incrédulité

4. — Voici comment l'Église explique l'intervention exclusive des démons dans les manifestations modernes [1].

« Dans leur intervention extérieure, les démons ne
« sont pas moins attentifs à dissimuler leur présence,
« pour écarter les soupçons. Toujours rusés et perfides,
« ils attirent l'homme dans leurs embûches avant de
« lui imposer les chaînes de l'oppression et de la servi-
« tude. Ici, ils éveillent la curiosité par des phénomènes
« et des jeux puérils ; là, ils frappent d'étonnement et
« subjuguent par l'attrait du merveilleux. Si le surna-
« turel apparaît, si leur puissance les démasque, ils
« calment et apaisent les appréhensions, ils sollicitent
« la confiance, ils provoquent la familiarité. Tantôt ils
« se font passer pour des divinités et de bons génies ;
« tantôt ils empruntent les noms et même les traits des
« morts qui ont laissé une mémoire parmi les vivants.
« A la faveur de ces fraudes dignes de l'ancien serpent,
« ils parlent, et on les écoute ; ils dogmatisent, et on les
« croit ; ils mêlent à leurs mensonges quelques vérités,
« et ils font accepter l'erreur sous toutes les formes.
« C'est là qu'aboutissent les prétendues révélations
« d'outre-tombe ; c'est pour obtenir ce résultat que
« le bois, la pierre, les forêts et les fontaines, le sanc-
« tuaire des idoles, le pied des tables, la main des en-
« fants, rendent des oracles ; c'est pour cela que la
« pythonisse prophétise dans son délire, et que l'igno-
« rant, dans un mystérieux sommeil, devient tout à
« coup le docteur de la science. Tromper et pervertir

---

[1] Les citations de ce chapitre sont empruntées au même mandement que celles du chapitre précédent dont elles sont la suite, ont la même autorité.

« tel est, partout et dans tous les temps, le but final de
« ces étranges manifestations.

« Les résultats surprenants de ces observances ou de
« ces actes, pour la plupart bizarres et ridicules, ne
« pouvant procéder de leur vertu intrinsèque, ni de
« *l'ordre établi par Dieu*, on ne peut les attendre que du
« concours des puissances occultes. Tels sont, notam-
« ment, les phénomènes extraordinaires obtenus, de
« nos jours, par les procédés, en apparence inoffensifs
« du magnétisme, et l'organe intelligent des tables
« parlantes. Au moyen de ces opérations de la magie
« moderne, nous voyons se reproduire parmi nous les
« évocations et les oracles, les consultations, les *guéri-*
« *sons* et les prestiges qui ont illustré les temples des
« idoles et les antres des sibylles. Comme autrefois, on
« commande au bois et le bois obéit; on l'interroge, et
« il répond dans toutes les langues et sur toutes ques-
« tions; on se trouve en présence d'êtres invisibles qui
« usurpent les noms des morts, et dont les prétendues
« révélations sont marquées au coin de la contradiction
« et du mensonge; des formes légères et sans consis-
« tance apparaissent tout à coup, et se montrent douées
« d'une force surhumaine.

« Quels sont les agents secrets de ces phénomènes,
« et les vrais acteurs de ces scènes inexplicables? Les
« anges n'accepteraient point ces rôles indignes, et ne
« se prêteraient point à tous les caprices d'une vaine
« curiosité. Les âmes des morts, que Dieu défend de
« consulter, demeurent au séjour que leur a assigné sa
« justice, et elles ne peuvent, sans sa permission, se
« mettre aux ordres des vivants. Les êtres mystérieux
« qui se rendent ainsi au premier appel de *l'hérétique*

« *et de l'impie comme du fidèle*, du crime aussi bien
« que de l'innocence, ne sont ni les envoyés de Dieu,
« ni les apôtres de la vérité et du salut, mais les suppôts
« de l'erreur et de l'enfer. Malgré le soin qu'ils pren-
« nent de se cacher sous les noms les plus vénérables,
« ils se trahissent par le néant de leurs doctrines, non
« moins que par la bassesse de leurs actes et l'incohé-
« rence de leurs paroles. Ils s'efforcent d'effacer du
« symbole religieux, les dogmes du péché originel, de
« la résurrection des corps, de *l'éternité des peines*, et
« toute la révélation divine, afin d'ôter aux lois leur
« véritable sanction, et d'ouvrir au vice toutes les bar-
« rières. Si leurs suggestions pouvaient prévaloir, elles
« formeraient une religion commode, à l'usage du so-
« cialisme et de tous ceux qu'importune la notion du
« devoir et de la conscience. L'incrédulité de notre
« siècle leur a préparé les voies. Puissent les sociétés
« chrétiennes, par un retour sincère à la foi catholique,
« échapper au danger de cette nouvelle et redoutable
« invasion ! »

5. — Toute cette théorie repose sur ce principe, que les anges et les démons sont des êtres distincts des âmes des hommes, et que celles-ci sont le produit d'une création spéciale, inférieure même aux démons, en intelligence, en connaissances et facultés de toutes sortes. Elle conclut à l'intervention exclusive des mauvais anges dans les manifestations anciennes et modernes attribuées aux Esprits des morts.

La possibilité pour les âmes de se communiquer aux vivants est une question de fait, un résultat d'expérience et d'observation que nous ne discuterons point ici. Mais admettons, par hypothèse, la doctrine ci-dessus, et voyons si elle ne se détruit pas elle-même par ses propres arguments.

6. — Dans les trois catégories d'anges, selon l'Église, l'une s'occupe exclusivement du ciel ; une autre du gouvernement de l'univers ; la troisième est chargée de la terre, et dans celle-ci se trouvent les anges gardiens préposés à la protection de chaque individu. Une partie seulement des anges de cette catégorie prit part à la révolte et fut transformée en démons. Si Dieu a permis à ces derniers de pousser les hommes à leur perte, par les suggestions de tous genres et le fait des manifestations ostensibles, pourquoi, s'il est souverainement juste et bon, leur aurait-il accordé l'immense pouvoir dont ils jouissent, laissé une liberté dont ils font un si pernicieux usage, sans permettre aux bons anges de leur faire un contre-poids par des manifestations semblables dirigées vers le bien ? Admettons que Dieu ait donné une part égale de pouvoir aux bons et aux mauvais, ce qui serait déjà une faveur exorbitante au profit de ces derniers, l'homme au moins eût été libre de choisir ; mais leur donner le monopole de la tentation, avec la faculté de simuler le bien à s'y méprendre, pour séduire plus sûrement, serait un véritable piége tendu à sa faiblesse, à son inexpérience, à sa bonne foi ; disons plus : ce serait abuser de sa confiance en Dieu. La raison refuse d'admettre une telle partialité au profit du mal. Voyons les faits.

7. — On accorde aux démons des facultés transcendantes ; ils n'ont rien perdu de leur nature angélique ; ils ont le savoir, la perspicacité, la prévoyance, la clairvoyance des anges, et de plus, l'astuce, l'adresse et la ruse au suprême degré. Leur but est de détourner les

hommes du bien, et surtout de les éloigner de Dieu pour les entraîner dans l'enfer dont ils sont les pourvoyeurs et les recruteurs.

On comprend qu'ils s'adressent à ceux qui sont dans la bonne voie et qui sont perdus pour eux s'ils y persistent ; on comprend la séduction et le simulacre du bien pour les attirer dans leurs filets ; mais ce qui est incompréhensible, c'est qu'ils s'adressent à ceux qui leur appartiennent déjà corps et âme pour les ramener à Dieu et au bien ; or, qui est plus dans leurs griffes que celui qui renie et blasphème Dieu, qui se plonge dans le vice et le désordre des passions ? N'est-il pas déjà sur le chemin de l'enfer ? Comprend-on que, sûr de sa proie, il l'excite à prier Dieu, à se soumettre à sa volonté, à renoncer au mal ; qu'il exalte à ses yeux les délices de la vie des bons Esprits, et lui peigne avec horreur la position des méchants ? Vit-on jamais un marchand vanter à ses clients, la marchandise de son voisin aux dépens de la sienne et les engager à aller chez lui ? Un racoleur déprécier la vie militaire, et louer le repos de la vie domestique ? Dire aux conscrits qu'ils auront une vie de fatigues et de privations ; qu'ils ont dix chances pour une d'être tués ou tout au moins d'avoir les bras et les jambes emportés ?

C'est pourtant là le rôle stupide qu'on fait jouer au démon, car il est un fait de notoriété, c'est que, par suite des instructions émanées du monde invisible, on voit tous les jours des incrédules et des athées ramenés à Dieu et prier avec ferveur, ce qu'ils n'avaient jamais fait ; des gens vicieux travailler avec ardeur à leur amélioration. Prétendre que c'est là l'œuvre des ruses du démon, c'est en faire un véritable *niais*. Or, comme ce n'est point ici une supposition, mais un résultat d'expérience, et que contre un fait il n'y a pas de dénégation possible, il en faut conclure, ou que le démon est un maladroit au premier chef, qu'il n'est ni aussi rusé, ni aussi malin qu'on le prétend, et par conséquent qu'il n'est pas fort à craindre, puisqu'il travaille contre ses intérêts, ou bien que toutes les manifestations ne sont pas de lui.

8. — « Ils font accepter l'erreur sous toutes les formes; c'est pour obtenir ce résultat que le bois, la pierre, les forêts, les fontaines, le sanctuaire des idoles, le pied des tables, la *main des enfants* rendent des oracles. »

Quelle est donc, d'après cela, la valeur de ces paroles de l'Évangile : « Je répandrai de mon esprit sur toute chair; vos fils et vos filles prophétiseront; vos jeunes gens auront des visions, et vos vieillards auront des songes. — En ces jours-là, je répandrai de mon esprit sur mes serviteurs et sur mes servantes, et ils prophétiseront. » (*Actes des Apôtres*, ch. II, v. 17, 18.) N'est-ce pas la prédiction de la médianimité donnée à tout le monde, même aux enfants, et qui se réalise de nos jours? Les Apôtres ont-ils jeté l'anathème sur cette faculté? Non ; ils l'annoncent comme une faveur de Dieu, et non comme l'œuvre du démon. Les théologiens de nos jours en savent-ils donc sur ce point plus que les Apôtres? Ne devraient-ils pas voir le doigt de Dieu dans l'accomplissement de ces paroles?

9. — « Au moyen de ces opérations de la *magie moderne* nous voyons se reproduire parmi nous les évocations et les oracles, les consultations, *les guérisons* et les prestiges qui ont illustré les temples des idoles et les antres des sibylles. »

Où voit-on les opérations de la magie dans les évocations spirites ? Il fut un temps où l'on pouvait croire à leur efficacité, mais aujourd'hui elles sont ridicules; personne n'y croit, et le Spiritisme les condamne. A l'époque où florissait la magie, on n'avait qu'une idée très imparfaite sur la nature des Esprits qu'on regardait comme des êtres doués d'un pouvoir surhumain ; on ne les appelait que pour en obtenir, fût-ce même au prix de son âme, les faveurs du sort et de la fortune, la découverte des trésors, la révélation de l'avenir, ou des philtres. La magie, à l'aide de ses signes, formules et opérations cabalistiques, était censée fournir de prétendus secrets pour opérer des prodiges, contraindre les Esprits à se mettre aux ordres des hommes et satisfaire leurs désirs. Aujourd'hui on sait que les Esprits ne sont que les âmes des hommes ; on ne les appelle que pour recevoir les conseils des bons, moraliser les imparfaits, et pour continuer les rapports avec les êtres qui nous sont chers. Voici ce que dit le Spiritisme à ce sujet.

40. — Il n'y a aucun moyen de contraindre un Esprit à venir malgré lui, s'il est votre égal ou votre supérieur en moralité, parce que vous n'avez aucune autorité sur lui ; s'il est votre inférieur, vous le pouvez, *si c'est pour son bien*, car alors d'autres Esprits vous secondent. (*Liv. des médiums*, ch. XXV.)

— La plus essentielle de toutes les dispositions pour les évocations, c'est le recueillement, quand on veut avoir affaire à des Esprits sérieux. Avec *la foi et le désir du bien*, on est plus puissant pour évoquer les Esprits supérieurs. En élevant son âme, par quelques instants de recueillement au moment de l'évocation, on s'identifie avec les bons Esprits, et on les dispose à venir. (*Liv. des médiums*, ch. XXV.)

— Aucun objet, médaille ou talisman, n'a la propriété d'attirer ou de repousser les Esprits ; la matière n'a aucune action sur eux. Jamais un bon Esprit ne conseille de pareilles absurdités. La vertu des talismans n'a jamais existé que dans l'imagination des gens crédules. (*Liv. des médiums*, ch. XXV.)

— Il n'y a point de formule sacramentelle pour l'évocation des Esprits. Quiconque prétendrait en donner une, peut hardiment être taxé de jonglerie, car pour les Esprits la forme n'est rien. Toutefois, l'évocation doit toujours être faite au nom de Dieu. (*Liv. des médiums*, ch. XVII.)

— Les Esprits qui assignent des rendez-vous dans des lieux lugubres et à des heures indues, sont des Esprits qui s'amusent aux dépens de ceux qui les écoutent. Il est toujours inutile et souvent dangereux de céder à de telles suggestions ; inutile parce qu'on n'y gagne absolument rien que d'être mystifié ; dangereux, non par le mal que peuvent faire les Esprits, mais par l'influence que cela peut exercer sur des cerveaux faibles. (*Liv. des médiums*, ch. XXV.)

— Il n'y a ni jours ni heures plus spécialement propices aux évocations ; cela est complètement indifférent pour les Esprits, comme tout ce qui est matériel, et ce serait une *superstition* de croire à cette influence. Les moments les plus favorables sont ceux où l'évocateur peut être le moins distrait par ses occupations habituelles ; où son corps et son Esprit sont le plus calmes. (*Liv. des médiums*, ch. XXV.)

— La critique malveillante s'est plu à représenter les

communications spirites comme entourées des pratiques ridicules et superstitieuses de la magie et de la nécromancie. Si ceux qui parlent du Spiritisme sans le connaître, s'étaient donné la peine d'étudier ce dont ils veulent parler, ils se seraient épargné des frais d'imagination ou des allégations qui ne servent qu'à prouver leur ignorance ou leur mauvais vouloir. Pour l'édification des personnes étrangères à la science, nous dirons qu'il n'y a, pour communiquer avec les Esprits, ni jours, ni heures, ni lieux plus propices les uns que les autres ; qu'il ne faut, pour les évoquer, ni formules, ni paroles sacramentelles ou cabalistiques ; qu'il n'est besoin d'aucune préparation ni d'aucune initiation ; que l'emploi de tout signe ou objet matériel, soit pour les attirer, soit pour les repousser, est sans effet, et que la pensée suffit ; enfin, que les médiums reçoivent leurs communications, sans sortir de l'état normal, aussi simplement et aussi naturellement que si elles étaient dictées par une personne vivante. Le charlatanisme seul pourrait affecter des manières excentriques et ajouter des accessoires ridicules. (*Qu'est-ce que le Spiritisme ?* ch. II, n° 49.)

— En principe, l'avenir doit être caché à l'homme ; ce n'est que dans des cas rares et exceptionnels que Dieu en permet la révélation. Si l'homme connaissait l'avenir, il négligerait le présent et n'agirait pas avec la même liberté, parce qu'il serait dominé par la pensée que, si une chose doit arriver, il n'a pas à s'en préoccuper, ou bien il chercherait à l'entraver. Dieu n'a pas voulu qu'il en fût ainsi, afin que chacun concourût à l'accomplissement des choses, même de celles auxquelles il voudrait s'opposer. Dieu permet la révélation de l'avenir lorsque cette connaissance préalable doit faciliter l'accomplissement de la chose au lieu de l'entraver, en engageant à agir autrement qu'on n'eût fait sans cela. (*Liv. des Esprits*, l. III, ch. X.)

— Les Esprits ne peuvent guider dans les recherches scientifiques et les découvertes. La science est l'œuvre du génie; elle ne doit s'acquérir que par le travail, car c'est par le travail seul que l'homme avance dans sa voie. Quel mérite aurait-il s'il n'avait qu'à interroger les Esprits pour tout savoir? Tout imbécile pourrait devenir savant à ce prix. Il en est de même des inventions et des découvertes de l'industrie.

Lorsque le temps d'une découverte est arrivé, les Esprits chargés d'en diriger la marche, cherchent l'homme capable de la mener à bonne fin, et lui inspirent les idées nécessaires, de manière à lui en laisser tout le mérite, car, ces idées, il faut qu'il les élabore et les mette en œuvre. Il en est ainsi de tous les grands travaux de l'intelligence humaine. Les Esprits laissent chaque homme dans sa sphère; de celui qui n'est propre qu'à bêcher la terre, ils ne feront pas le dépositaire des secrets de Dieu; mais ils sauront *tirer de l'obscurité* l'homme capable de seconder ses desseins. Ne vous laissez donc point entraîner par curiosité ou ambition, dans une voie *qui n'est pas le but du Spiritisme*, et qui aboutirait pour vous aux plus ridicules mystifications. (*Liv. des méd.*, ch. XXVI.)

— Les Esprits ne peuvent faire découvrir les trésors cachés. Les Esprits supérieurs ne s'occupent pas de ces choses; mais des Esprits moqueurs indiquent souvent des trésors qui n'existent pas, ou peuvent en faire voir un dans un endroit, tandis qu'il est à l'opposé; et cela a son utilité pour montrer que la véritable fortune est dans le travail. Si la Providence destine des richesses cachées à quelqu'un, il les trouvera naturellement, autrement non. (*Liv. des méd.*, ch. XXVI.)

— Le Spiritisme, en nous éclairant sur les propriétés des fluides qui sont les agents et les moyens d'action du monde invisible, et constituent une des forces et une des puissances de la nature, nous donne la clef d'une foule de choses inexpliquées et inexplicables par tout autre moyen, et qui ont pu, dans des temps reculés, passer pour des prodiges. Il révèle, de même que le magnétisme, une loi, sinon inconnue, du moins mal comprise; ou, pour mieux dire, on connaissait les effets, car ils se sont produits de tout temps, mais on ne connaissait pas la loi, et c'est l'ignorance de cette loi qui a engendré la superstition. Cette loi connue, le merveilleux disparaît, et les phénomènes rentrent dans l'ordre des choses naturelles. Voilà pourquoi les spirites ne font pas plus de miracles en faisant tourner une table ou écrire les trépassés, que le médecin en faisant revivre un moribond, ou le physicien en faisant tomber la foudre. Celui qui prétendrait, à l'aide de cette science, *faire des miracles*, serait ou un ignorant de la chose, ou un faiseur de dupes. (*Liv. des méd.*, ch. II.)

— Certaines personnes se font une idée très fausse des évocations; il en est qui croient qu'elles consistent à faire revenir les morts avec l'appareil lugubre de la tombe. Ce n'est que dans les romans, dans les contes fantastiques de revenants et au théâtre qu'on voit les morts décharnés sortir de leurs sépulcres, affublés de linceuls, et faisant claquer leurs os. Le Spiritisme, qui n'a jamais fait de miracles, n'a pas plus fait celui-là que d'autres, et jamais il n'a fait revivre un corps mort; quand le corps est dans la fosse, il y est bien définitivement; mais l'être spirituel, fluidique, intelligent, n'y a point été mis avec son enveloppe grossière; il s'en est séparé au moment de la mort, et une fois la séparation opérée, il n'a plus rien de commun avec elle. (*Qu'est-ce que le Spiritisme?* ch. II, n. 48.)

11.—Nous nous sommes étendu sur ces citations pour montrer que les principes du Spiritisme n'ont aucun rapport avec ceux de la magie. Ainsi, point d'Esprits aux ordres des hommes, point de moyens de les contraindre, point de signes ou formules cabalistiques, point de découvertes de trésors ou procédés pour s'enrichir, point de miracles ou prodiges, point de divinations ni d'apparitions fantastiques; rien enfin de ce qui constitue le but et les éléments essentiels de la magie; non-seulement le Spiritisme désavoue toutes ces choses, mais il en démontre l'impossibilité et l'inefficacité. Il n'y a donc aucune analogie entre la fin et les moyens de la magie et ceux du Spiritisme; vouloir les assimiler ne peut être le fait que de l'ignorance ou de la mauvaise foi; et comme les principes du Spiritisme n'ont rien de secret, qu'ils sont formulés en termes clairs et sans équivoque, l'erreur ne saurait prévaloir.

Quant aux faits de guérisons, reconnus réels dans le mandement précité, l'exemple est mal choisi pour détourner des rapports avec les Esprits. C'est un des bienfaits qui touchent le plus et que chacun peut apprécier; peu de gens seront disposés à y renoncer, surtout après avoir épuisé tous les autres moyens, dans la crainte d'être guéris par le diable; plus d'un, au contraire, dira que si le diable le guérit, il fait une bonne action [1].

12. — « Quels sont les agents secrets de ces phénomènes et les vrais acteurs de ces scènes inexplicables ? Les anges n'accepteraient point ces rôles indignes, et ne se prêteraient point à tous les caprices d'une vaine curiosité. »

L'auteur veut parler des manifestations physiques des Esprits ; dans le nombre, il y en a évidemment qui seraient peu dignes d'Esprits supérieurs ; et si, au mot *anges*, vous substituez *purs Esprits*, ou *Esprits supérieurs*, vous aurez exactement ce que dit le Spiritisme. Mais on ne saurait mettre sur la même ligne les communications intelligentes par l'écriture, la parole, l'audition ou tout autre moyen, qui ne sont pas plus indignes des bons Esprits qu'elles ne le sont sur la terre des hommes les plus éminents, ni les apparitions, les guérisons et une foule d'autres que les livres sacrés citent à profusion comme étant le fait des anges ou des saints. Si donc les anges et les saints ont produit jadis des phénomènes semblables, pourquoi n'en produiraient-ils pas aujourd'hui ? Pourquoi les mêmes faits seraient-ils aujourd'hui l'œuvre du démon entre les mains de certaines personnes, tandis qu'ils sont réputés miracles saints chez d'autres ? Soutenir une pareille thèse, c'est abdiquer toute logique.

L'auteur du mandement est dans l'erreur quand il dit que ces phénomènes sont inexplicables. Ils sont au contraire aujourd'hui parfaitement expliqués, et c'est

---

[1] En voulant persuader à des personnes guéries par les Esprits qu'elles l'avaient été par le diable, on en a détaché radicalement de l'Église un grand nombre qui ne songeaient pas à la quitter.

pour cela qu'on ne les regarde plus comme merveilleux et surnaturels ; et ne le fussent-ils pas encore, il ne serait pas plus logique de les attribuer au diable, qu'il ne l'était jadis de lui faire l'honneur de tous les effets naturels que l'on ne comprenait pas.

Par rôles indignes, il faut entendre les rôles ridicules et ceux qui consistent à faire le mal ; mais on ne peut qualifier ainsi celui des Esprits qui font le bien, et ramènent les hommes à Dieu et à la vertu. Or le Spiritisme dit *expressément* que les rôles indignes ne sont point dans les attributions des Esprits supérieurs, ainsi que le prouvent les préceptes suivants :

13. — On reconnaît la qualité des Esprits à leur langage ; celui des Esprits vraiment bons et supérieurs est toujours digne, noble, logique, exempt de contradiction ; il respire la sagesse, la bienveillance, la modestie et la morale la plus pure ; il est concis et sans paroles inutiles. Chez les Esprits inférieurs, ignorants ou orgueilleux, le vide des idées est presque toujours compensé par l'abondance des paroles. Toute pensée évidemment fausse, toute maxime contraire à la saine morale, tout conseil ridicule, toute expression grossière, triviale ou simplement frivole, enfin toute marque de malveillance, de présomption ou d'arrogance, sont des signes incontestables d'infériorité chez un Esprit.

— Les Esprits supérieurs ne s'occupent que des communications intelligentes en vue de notre instruction ; les manifestations physiques ou purement matérielles sont plus spécialement dans les attributions des Esprits inférieurs, vulgairement désignés sous le nom d'*Esprits frappeurs ;* comme parmi nous, les tours de force sont le fait des saltimbanques et non des savants. *Il serait absurde de penser que les Esprits tant soit peu élevés s'amusent à faire la parade. (Qu'est-ce que le Spiritisme?* ch. II, nos 37, 38, 39, 40 et 60. — Voir aussi : *Liv. des Esprits*, liv. II, ch. I : Différents ordres d'Esprits ; échelle spirite. *Liv. des médiums*, 2e partie, ch. XXIV : Identité des Esprits ; Distinction des bons et des mauvais Esprits.)

Quel est l'homme de bonne foi qui peut voir dans ces préceptes un rôle indigne attribué aux Esprits élevés ? Non-seulement le Spiritisme ne confond pas les Esprits, mais, tandis qu'on attribue aux démons une intelligence égale à celle des anges, il constate, par l'observation des faits, que les Esprits inférieurs sont plus ou moins ignorants, que leur horizon moral est borné, leur perspicacité restreinte ; qu'ils ont des choses une idée souvent fausse et incomplète, et sont incapables de résoudre certaines questions, ce qui les mettrait dans l'impuissance de faire tout ce que l'on attribue aux démons.

14. — « Les âmes des morts, que Dieu défend de consulter, demeurent au séjour que leur a assigné sa justice, et elles ne peuvent, *sans sa permission*, se mettre aux ordres des vivants. »

Le Spiritisme dit aussi qu'elles ne peuvent venir sans la permission de Dieu, mais il est encore bien plus rigoureux, car il dit qu'aucun Esprit, bon ou mauvais, ne peut venir sans cette permission, tandis que l'Eglise attribue aux démons le pouvoir de s'en passer. Il va plus loin encore, puisqu'il dit que, même avec cette permission, lorsqu'ils viennent à l'appel des vivants, ce n'est point pour *se mettre à leurs ordres*.

L'Esprit évoqué vient-il volontairement, ou bien y est-il contraint ? — *Il obéit à la volonté de Dieu, c'est-*

à-dire à la loi générale qui régit l'univers; il juge s'il est utile de venir, et là est encore pour lui le libre arbitre. L'Esprit supérieur vient toujours quand il est appelé dans un but *utile*; il ne se refuse à répondre que dans les milieux de gens peu sérieux et qui traitent la chose en plaisanterie. (*Liv. des méd.*, chap. XXV.)

— L'Esprit évoqué peut-il se refuser à venir à l'appel qui lui est fait? — Parfaitement; où serait son libre arbitre sans cela? Croyez-vous que tous les êtres de l'univers soient à vos ordres? Et vous-mêmes, vous croyez-vous obligés de répondre à tous ceux qui prononcent votre nom? Quand je dis qu'il peut s'y refuser, j'entends *sur la demande de l'évocateur*, car un Esprit inférieur peut être contraint de venir par un Esprit supérieur. (*Liv. des méd.*, ch. XXV.)

Les spirites sont tellement convaincus qu'ils n'ont aucun pouvoir direct sur les Esprits, et n'en peuvent rien obtenir sans la permission de Dieu, que, lorsqu'ils font appel à un Esprit quelconque, ils disent : *Je prie Dieu tout-puissant de permettre à un bon Esprit de se communiquer à moi; je prie aussi mon ange gardien de vouloir bien m'assister et d'écarter les mauvais Esprits;* ou bien, lorsqu'il s'agit de l'appel d'un Esprit déterminé : *Je prie Dieu tout-puissant de permettre à l'Esprit d'un tel de se communiquer à moi.* (*Liv. des méd.*, ch. XVII, n° 203.)

15. — Les accusations lancées par l'Église contre la pratique des évocations ne concernent donc point le Spiritisme, puisqu'elles portent principalement sur les opérations de la magie avec laquelle il n'a rien de commun; qu'il condamne dans ces opérations, ce qu'elle condamne elle-même; qu'il ne fait point jouer aux bons

Esprits un rôle indigne d'eux, et, enfin, qu'il déclare ne rien demander et ne rien obtenir sans la permission de Dieu.

Sans doute il peut y avoir des gens qui abusent des évocations, qui s'en font un jeu, qui les détournent de leur but providentiel pour les faire servir à leurs intérêts personnels, qui, par ignorance, légèreté, orgueil ou cupidité, s'écartent des vrais principes de la doctrine ; mais le Spiritisme sérieux les désavoue, comme la vraie religion désavoue les faux dévots et les excès du fanatisme. Il n'est donc ni logique, ni équitable d'imputer au Spiritisme en général les abus qu'il condamne, ou les fautes de ceux qui ne le comprennent pas. Avant de formuler une accusation, il faut voir si elle frappe juste. Nous dirons donc : Le blâme de l'Église tombe sur les charlatans, les exploiteurs, les pratiques de la magie et de la sorcellerie ; en cela, elle a raison. Lorsque la critique religieuse ou sceptique flétrit les abus et stigmatise le charlatanisme, elle n'en fait que mieux ressortir la pureté de la saine doctrine qu'elle aide ainsi à se débarrasser des mauvaises scories ; en cela elle facilite notre tâche. Son tort est de confondre le bien et le mal, par ignorance chez le plus grand nombre, par mauvaise foi chez quelques-uns ; mais la distinction qu'elle ne fait pas, d'autres la font. Dans tous les cas son blâme, auquel tout spirite sincère s'associe dans la limite de ce qui s'applique au mal, ne peut atteindre la doctrine.

16. — « Les êtres mystérieux qui se rendent ainsi au premier appel de *l'hérétique et de l'impie comme du fidèle*, du crime aussi bien que de l'innocence, ne sont ni les envoyés de Dieu, ni les apôtres de la vérité, mais les suppôts de l'erreur et de l'enfer. »

Ainsi, à l'hérétique, à l'impie, au criminel, Dieu ne permet pas que de bons Esprits viennent les tirer de l'erreur pour les sauver de la perdition éternelle ! Il ne leur envoie que les suppôts de l'enfer pour les enfoncer davantage dans le bourbier ! Bien plus, il n'envoie à l'innocence que des êtres pervers pour la pervertir ! Il ne se trouve donc parmi les anges, ces créatures privilégiées de Dieu, aucun être assez compatissant pour venir au secours de ces âmes perdues ? A quoi bon les brillantes qualités dont ils sont doués, si elles ne servent qu'à leurs jouissances personnelles ? Sont-ils réellement bons si, plongés dans les délices de la contemplation, ils voient ces âmes sur la route de l'enfer, sans venir les en détourner ? N'est-ce pas l'image du riche égoïste qui, ayant tout à profusion, laisse sans pitié, le pauvre mourir de faim à sa porte ? N'est-ce pas l'égoïsme érigé en vertu et placé jusqu'aux pieds de l'Éternel ?

Vous vous étonnez que les bons Esprits aillent à l'hérétique et à l'impie ; vous oubliez donc cette parole du Christ : « Ce n'est pas celui qui se porte bien qui a besoin de médecin. » Ne verriez-vous pas les choses d'un point plus élevé que les Pharisiens de son temps ? Et vous-mêmes, si vous êtes appelés par un mécréant, refuserez-vous d'aller à lui pour le mettre dans la bonne voie ? Les bons Esprits font donc ce que vous feriez ; ils vont à l'impie lui faire entendre de bonnes paroles. Au lieu de jeter l'anathème aux communications d'outre-tombe, bénissez les voies du Seigneur, et admirez sa toute-puissance et sa bonté infinie.

17. — Il y a, dit-on, les anges gardiens ; mais, quand ces anges gardiens ne peuvent se faire entendre par la voix mystérieuse de la conscience ou de l'inspiration,

pourquoi n'emploieraient-ils pas des moyens d'action plus directs et plus matériels, de nature à frapper les sens, puisqu'il en existe? Dieu met donc ces moyens, qui sont son œuvre, puisque tout vient de lui et que rien n'arrive sans sa permission, à la disposition des seuls mauvais Esprits, tandis qu'il refuse aux bons de s'en servir? D'où il faut conclure que Dieu donne aux démons plus de facilités pour perdre les hommes, qu'il n'en donne aux anges gardiens pour les sauver.

Eh bien ! ce que les anges gardiens ne peuvent faire, selon l'Eglise, les démons le font pour eux; à l'aide de ces mêmes communications soi-disant infernales, ils ramènent à Dieu ceux qui le reniaient, et au bien ceux qui étaient plongés dans le mal ; ils nous donnent l'étrange spectacle de millions d'hommes qui croient à Dieu par la puissance du diable, alors que l'Église avait été impuissante à les convertir. Que d'hommes qui ne priaient jamais, prient aujourd'hui avec ferveur, grâce aux instructions de ces mêmes démons ! Combien n'en voit-on pas qui, d'orgueilleux, égoïstes et débauchés, sont devenus humbles, charitables et moins sensuels ! Et l'on dit que c'est l'œuvre des démons ! S'il en est ainsi, il faut convenir que le démon leur a rendu un plus grand service et les a mieux assistés que les anges. Il faut avoir une bien pauvre opinion du jugement des hommes en ce siècle-ci, pour croire qu'ils puissent accepter en aveugles de telles idées. *Une religion qui fait sa pierre angulaire d'une semblable doctrine, qui se déclare sapée par sa base si on lui ôte ses démons, son enfer, ses peines éternelles et son Dieu sans pitié, est une religion qui se suicide.*

18. — Dieu, dit-on, qui a envoyé son Christ pour

sauver les hommes, n'a-t-il pas prouvé son amour pour ses créatures et les a-t-il laissées sans protection ? Sans aucun doute, Christ est le divin Messie, envoyé pour enseigner aux hommes la vérité et leur montrer la bonne voie ; mais, depuis lui seulement, comptez le nombre de ceux qui ont pu entendre sa parole de vérité, combien sont morts et combien mourront sans la connaître, et, parmi ceux qui la connaissent, combien il en est qui la mettent en pratique ! Pourquoi Dieu, dans sa sollicitude pour le salut de ses enfants, ne leur enverrait-il pas d'autres messagers, venant sur toute la terre, pénétrant dans les plus humbles réduits, chez les grands et chez les petits, chez les savants et les ignorants, chez les incrédules comme chez les croyants, apprendre la vérité à ceux qui ne la connaissent pas, la faire comprendre à ceux qui ne la comprennent pas, suppléer par leur enseignement *direct et multiple* à l'insuffisance de la propagation de l'Évangile, et hâter ainsi l'avènement du règne de Dieu ? Et quand ces messagers arrivent en masses innombrables, ouvrant les yeux des aveugles, convertissant les impies, guérissant les malades, consolant les affligés à l'exemple de Jésus, vous les repoussez, vous répudiez le bien qu'ils font, en disant que ce sont les démons ! Tel est aussi le langage des Pharisiens à l'égard de Jésus, car eux aussi disaient qu'il faisait le bien par la puissance du diable. Que leur a-t-il répondu ? « Reconnaissez l'arbre à son fruit ; un mauvais arbre ne peut donner de bons fruits. »

Mais pour eux, les fruits produits par Jésus étaient mauvais, parce qu'il venait détruire les abus et proclamer la liberté qui devait ruiner leur autorité ; s'il fût venu flatter leur orgueil, sanctionner leurs prévarications et soutenir leur pouvoir, il eût été à leurs yeux le Messie attendu par les Juifs. Il était seul, pauvre et faible, ils l'ont fait périr et ont cru tuer sa parole; mais sa parole était divine et elle lui a survécu. Cependant elle s'est propagée avec lenteur, et après dix-huit siècles, à peine est-elle connue de la dixième partie du genre humain, et des schismes nombreux ont éclaté au sein même de ses disciples. C'est alors que Dieu, dans sa miséricorde, envoie les Esprits la confirmer, la compléter, la mettre à la portée de tous, et la répandre par toute la terre. Mais les Esprits ne sont pas incarnés dans un seul homme, dont la voix eût été bornée; ils sont innombrables, ils vont partout et on ne peut les saisir, voilà pourquoi leur enseignement se répand avec la rapidité de l'éclair; ils parlent au cœur et à la raison, voilà pourquoi ils sont compris des plus humbles.

19. — « N'est-il pas indigne de célestes messagers, dites-vous, de transmettre leurs instructions par un moyen aussi vulgaire que celui des tables parlantes? N'est-ce pas les outrager de supposer qu'ils s'amusent à des trivialités et quittent leur brillant séjour pour se mettre à la disposition du premier venu? »

Jésus n'a-t-il pas quitté la demeure de son Père pour naître dans une étable? Où avez-vous, d'ailleurs, jamais vu que le Spiritisme attribuât les choses triviales à des Esprits supérieurs? Il dit, au contraire, que les choses vulgaires sont le produit d'Esprits vulgaires. Mais, par leur vulgarité même, elles n'en ont que plus frappé les imaginations; elles ont servi à prouver l'existence du monde spirituel et montré que ce monde est tout autre qu'on se l'était figuré. C'était le début; il était simple comme tout ce qui commence, mais l'arbre sorti d'une petite graine n'en étend pas moins plus tard, au loin son feuillage. Qui aurait cru que de la misérable crèche de Bethléem, sortirait un jour la parole qui devait remuer le monde ?

Oui, Christ est le Messie divin ; oui, sa parole est celle de vérité ; oui, la religion fondée sur cette parole sera inébranlable, mais à la condition de suivre et de pratiquer ses sublimes enseignements, et de ne pas faire du Dieu juste et bon qu'il nous apprend à connaître, un Dieu partial, vindicatif et sans pitié.

CHAPITRE XI

DE LA DÉFENSE D'ÉVOQUER LES MORTS.

1. — L'Église ne nie aucunement le fait des manifestations; elle les admet toutes, au contraire, ainsi qu'on l'a vu dans les citations précédentes, mais elle les attribue à l'intervention exclusive des démons. C'est à tort que quelques-uns invoquent l'Évangile pour les interdire, car l'Évangile n'en dit pas un mot. Le suprême argument que l'on fait valoir est la défense de Moïse. Voici en quels termes s'exprime à ce sujet, le mandement cité dans les chapitres précédents :

« Il n'est point permis de se mettre en rapport avec
« eux (les Esprits), soit immédiatement, soit par l'entre-
« mise de ceux qui les invoquent et les interrogent. La loi
« mosaïque punissait de mort ces pratiques détestables,
« en usage parmi les Gentils. « N'allez pas trouver les
« magiciens, est-il dit au livre du Lévitique, et n'a-
« dressez aux devins aucune question, de peur d'en-
« courir la souillure en vous adressant à eux. »
« (Chap. XIX, v. 31.) — « Si un homme ou une femme a
« un Esprit de Python ou de divination, qu'ils soient
« punis de mort; ils seront lapidés, et leur sang retom-
« bera sur leurs têtes. » (Chap. XX, v. 27.) Et au livre
« du Deutéronome : « Qu'il n'y ait parmi vous personne
« qui consulte les devins, ou qui observe les songes et
« les augures, ou qui use de maléfices, de sortiléges et
« d'enchantements, ou qui consulte ceux qui ont l'Es-
« prit de Python et qui pratiquent la divination, ou qui

« interrogent les morts pour apprendre la vérité; car
« le Seigneur a en abomination toutes ces choses, et il
« détruira, à votre arrivée, les nations qui commettent
« ces crimes. » (Chap. XVIII, v. 10, 11, 12.)

2. — Il est utile, pour l'intelligence du véritable sens des paroles de Moïse, d'en rappeler le texte complet, un peu abrégé dans cette citation :

« Ne vous détournez point de votre Dieu, pour aller chercher des magiciens, et ne consultez point les devins, de peur de vous souiller en vous adressant à eux. Je suis le Seigneur votre Dieu. » (*Lévitique*, ch. XIX, v. 31.)

« Si un homme ou une femme a un Esprit de Python, ou un esprit de divination, qu'ils soient punis de mort; ils seront lapidés, et leur sang retombera sur leur tête. » (*Id.*, ch. XX, v. 27.)

« Lorsque vous serez entrés dans le pays que le Seigneur votre Dieu vous donnera, prenez bien garde de ne pas vouloir imiter les abominations de ces peuples; — et qu'il ne se trouve personne parmi vous, qui prétende *purifier son fils ou sa fille, en les faisant passer par le feu,* ou qui consulte les devins, ou qui observe les songes et les augures, ou qui use de maléfices, de sortilèges et d'enchantements, ou qui consulte ceux qui ont l'esprit de Python, et qui se mêlent de deviner, ou qui interrogent les morts pour apprendre la vérité. — Car le Seigneur a en abomination toutes ces choses, et il exterminera tous ces peuples à votre entrée, à cause de ces sortes de crimes qu'ils ont commis. » (*Deutéronome*, ch. XVIII, v. 9, 10, 11 et 12.)

3. — Si la loi de Moïse doit être rigoureusement observée sur ce point, elle doit l'être également sur tous

les autres, car pourquoi serait-elle bonne en ce qui concerne les évocations, et mauvaise en d'autres parties ? Il faut être conséquent ; si l'on reconnaît que sa loi n'est plus en harmonie avec nos mœurs et notre époque pour certaines choses, il n'y a pas de raison pour qu'il n'en soit pas ainsi de la défense dont il s'agit.

Il faut d'ailleurs se reporter aux motifs qui ont provoqué cette défense, motifs qui avaient alors leur raison d'être, mais qui n'existent assurément plus aujourd'hui. Le législateur hébreu voulait que son peuple rompît avec toutes les coutumes puisées en Égypte, où celle des évocations était en usage et un sujet d'abus, comme le prouvent ces paroles d'Isaïe : « L'Esprit de l'Egypte s'anéantira dans elle, et je renverserai sa prudence ; ils consulteront leurs idoles, leurs devins, leurs pythons et leurs magiciens. » (Ch. XIX, v. 3.)

En outre, les Israélites ne devaient contracter aucune alliance avec les nations étrangères ; or, ils allaient retrouver les mêmes pratiques chez celles où ils allaient entrer et qu'ils devaient combattre. Moïse dut donc, par politique, inspirer au peuple hébreu, de l'aversion pour toutes leurs coutumes qui eussent été des points de contact s'il se les fût assimilées. Pour motiver cette aversion, il fallait les présenter comme réprouvées par Dieu même ; c'est pourquoi il dit : « Le Seigneur a en abomination toutes ces choses, et il détruira, *à votre arrivée*, les nations qui commettent ces crimes. »

4. — La défense de Moïse était d'autant mieux justifiée qu'on n'évoquait pas les morts par respect et affection pour eux, ni avec un sentiment de piété ; c'était un moyen de divination, au même titre que les augures et

les présages, exploité par le charlatanisme et la superstition. Quoi qu'il ait pu faire, il ne parvint pas à déraciner cette habitude devenue l'objet d'un trafic, ainsi que l'attestent les passages suivants du même prophète :

« Et lorsqu'ils vous diront : Consultez les magiciens et les devins qui parlent tout bas dans leurs enchantements, répondez-leur : « Chaque peuple ne consulte-t-il pas son Dieu ? Et va-t-on parler aux morts de ce qui regarde les vivants ? » (Isaïe, chap. VIII, v. 19.)

« C'est moi qui fais voir la fausseté des prodiges de la magie ; qui rends insensés ceux qui se mêlent de deviner ; qui renverse l'esprit des sages, et qui convaincs de folie leur vaine science. » (Chap. XLIV, v. 25.)

« Que ces augures qui étudient le ciel, qui contemplent les astres, et qui comptent les mois pour en tirer les prédictions qu'ils veulent vous donner de l'avenir, viennent maintenant, et qu'ils vous sauvent. — Ils sont devenus comme la paille, le feu les a dévorés ; ils ne pourront délivrer leurs âmes des flammes ardentes ; il ne restera pas même de leur embrasement des charbons auxquels on puisse se chauffer, ni du feu devant lequel on puisse s'asseoir. — Voilà ce que deviendront toutes ces choses auxquelles vous vous étiez employés avec tant de travail ; ces *marchands* qui avaient trafiqué avec vous dès votre jeunesse s'enfuiront tous, l'un d'un côté, l'autre d'un autre, sans qu'il s'en trouve un seul qui vous tire de vos maux. » (Chap. XLVII, v. 13, 14, 15.)

Dans ce chapitre, Isaïe s'adresse aux Babyloniens, sous la figure allégorique de « la vierge fille de Babylone, fille des Chaldéens. » (Vers. 1.) Il dit que les enchanteurs n'empêcheront pas la ruine de leur monarchie. Dans le chapitre suivant, il s'adresse directement aux Israélites.

« Venez ici, vous autres, enfants d'une devineresse, race d'un homme adultère et d'une femme prostituée. — De qui vous êtes-vous joués ? Contre qui avez-vous ouvert la bouche, et lancé vos langues perçantes ? N'êtes-vous pas des enfants perfides et des rejetons bâtards, — vous qui cherchez votre consolation dans vos dieux sous tous les arbres chargés de feuillages, qui *sacrifiez vos petits enfants* dans les torrents sous les roches avancées ? — Vous avez mis votre confiance dans les pierres du torrent ; vous avez répandu des liqueurs pour les honorer ; vous leur avez offert des sacrifices. Après cela, mon indignation ne s'allumera-t-elle pas ? » (Chap. LVII, v. 3, 4, 5, 6.)

Ces paroles sont sans équivoque ; elles prouvent clairement que, dans ce temps, les évocations avaient pour but la divination, et qu'on en faisait un commerce ; elles étaient associées aux pratiques de la magie et de la sorcellerie, et même accompagnées de sacrifices humains. Moïse avait donc raison de défendre ces choses, et de dire que Dieu les avait en abomination. Ces pratiques superstitieuses se sont perpétuées jusque dans le moyen âge ; mais aujourd'hui la raison en a fait justice, et le Spiritisme est venu montrer le but exclusivement moral, consolateur et religieux des relations d'outre-tombe ; dès lors que les spirites ne « sacrifient pas les petits enfants et ne répandent pas des liqueurs pour honorer les dieux, » qu'ils n'interrogent ni les astres, ni les morts, ni les augures pour connaître l'avenir que Dieu a sagement caché aux hommes ; qu'ils répudient tout trafic de la faculté que quelques-uns ont reçue de communiquer avec les Esprits ; qu'ils ne sont mûs ni par la curiosité, ni par la cupidité, mais par un sentiment pieux et par le seul désir de s'instruire, de s'améliorer et de soulager les âmes souffrantes, la défense de Moïse ne les concerne en aucune façon ; c'est ce qu'auraient vu ceux qui l'invoquent contre eux, s'ils avaient mieux approfondi le sens des paroles bibliques ; ils auraient reconnu qu'il n'existe aucune analogie entre ce qui se passait chez les Hébreux et les principes du Spiritisme ; bien plus : que le Spiritisme condamne précisément ce qui motivait la défense de Moïse ; mais, aveuglés par le désir de trouver un argument contre les idées nouvelles, ils ne se sont pas aperçus que cet argument porte complétement à faux.

La loi civile de nos jours punit tous les abus que voulait réprimer Moïse. Si Moïse a prononcé le dernier supplice contre les délinquants, c'est qu'il fallait des moyens rigoureux pour gouverner ce peuple indiscipliné ; aussi la peine de mort est-elle prodiguée dans sa législation ; il n'avait du reste pas grand choix dans ses moyens de répression ; il n'avait ni prisons, ni maisons de correction dans le désert, et son peuple n'était pas de nature à subir la crainte de peines purement disciplinaires ; il ne pouvait graduer sa pénalité comme on le fait de nos jours. C'est donc à tort qu'on s'appuie sur la sévérité du châtiment pour prouver le degré de culpabilité de l'évocation des morts. Faudrait-il par respect pour la loi de Moïse, maintenir la peine capitale pour tous les cas où il l'appliquait? Pourquoi d'ailleurs fait-on revivre avec tant d'insistance cet article, alors qu'on passe sous silence le commencement du chapitre qui défend *aux prêtres de posséder les biens de la terre, et d'avoir part à aucun héritage, parce que le Seigneur est lui-même leur héritage?* (*Deutéronome*, chap. XXVIII, v. 1 et 2.)

5. — Il y a deux parties distinctes dans la loi de Moïse : la loi de Dieu proprement dite, promulguée sur le mont Sinaï, et la loi civile ou disciplinaire appropriée aux mœurs et au caractère du peuple; l'une est invariable, l'autre se modifie selon les temps, et il ne peut venir à la pensée de personne que nous puissions être gouvernés par les mêmes moyens que les Hébreux dans le désert, pas plus que les capitulaires de Charlemagne ne pourraient s'appliquer à la France du dix-neuvième siècle. Qui songerait, par exemple, à faire revivre aujourd'hui cet article de la loi mosaïque : « Si un bœuf heurte de sa corne un homme ou une femme, et qu'ils en meurent, le bœuf sera lapidé, et on ne mangera point de sa chair ; mais le maître du bœuf sera jugé innocent. » (*Exode*, ch. XXI, v. 28 et suiv.)

Cet article qui nous paraît si absurde, n'avait pourtant pas pour objet de punir le bœuf et d'acquitter son maître ; il équivalait simplement à la confiscation de l'animal, cause de l'accident, pour obliger le propriétaire à plus de surveillance. La perte du bœuf était la punition du maître, punition qui devait être assez sensible, chez un peuple pasteur, pour qu'il ne fût pas nécessaire de lui en infliger d'autre ; mais elle ne devait profiter à personne, c'est pourquoi il était interdit d'en manger la chair. D'autres articles stipulent le cas où le maître est responsable.

Tout avait sa raison d'être dans la législation de Moïse, car tout y est prévu jusque dans les moindres détails; mais la forme ainsi que le fond étaient selon les circonstances où il se trouvait. Certes, si Moïse revenait aujourd'hui donner un code à une nation civilisée de l'Europe, il ne lui donnerait pas celui des Hébreux.

6. — A cela on objecte que toutes les lois de Moïse sont édictées au nom de Dieu, aussi bien que celle du Sinaï. Si on les juge toutes de source divine, pourquoi les commandements sont-ils bornés au Décalogue? C'est donc qu'on en a fait la différence; si toutes émanent de Dieu, toutes sont également obligatoires; pourquoi ne les observe-t-on pas toutes? Pourquoi, en outre, n'a-t-on pas conservé la circoncision que Jésus a subie et qu'il n'a point abolie? On oublie que tous les législateurs anciens, pour donner plus d'autorité à leurs lois, ont dit les tenir d'une divinité. Moïse avait plus qu'aucun autre, besoin de cet appui, en raison du caractère de son peuple; si, malgré cela, il eut tant de peine à se faire obéir, c'eût été bien pis, s'il les eût promulguées en son propre nom.

Jésus n'est-il pas venu modifier la loi mosaïque, et sa loi n'est-elle pas le code des chrétiens? N'a-t-il pas dit: « Vous avez appris qu'il a été dit aux Anciens telle et telle chose, et moi je vous dis telle autre chose? » Mais a-t-il touché à la loi du Sinaï? en aucune façon; il la sanctionne, et toute sa doctrine morale n'en est que le développement. Or, nulle part il ne parle de la défense d'évoquer les morts. C'était une question assez grave cependant, pour qu'il ne l'ait pas omise dans ses instructions, alors qu'il en a traité de plus secondaires.

7. — En résumé, il s'agit de savoir si l'Église met la loi mosaïque au-dessus de la loi évangélique, autrement dit, si elle est plus juive que chrétienne. Il est même à

remarquer que, de toutes les religions, celle qui a fait le moins d'opposition au Spiritisme, c'est la juive, et qu'elle n'a point invoqué contre les relations avec les morts, la loi de Moïse sur laquelle s'appuient les sectes chrétiennes.

8. — Autre contradiction. Si Moïse a défendu d'évoquer les Esprits des morts, c'est donc que ces Esprits peuvent venir, autrement sa défense eût été inutile. S'ils pouvaient venir de son temps, ils le peuvent encore aujourd'hui; si ce sont les Esprits des morts, ce ne sont donc pas exclusivement des démons. Du reste, Moïse ne parle nullement de ces derniers.

Il est donc évident qu'on ne saurait logiquement s'appuyer sur la loi de Moïse en cette circonstance, par le double motif qu'elle ne régit pas le Christianisme, et n'est pas appropriée aux mœurs de notre époque. Mais, en lui supposant toute l'autorité que quelques-uns lui accordent, elle ne peut, ainsi que nous l'avons vu, s'appliquer au Spiritisme.

Moïse, il est vrai, comprend l'interrogation des morts dans sa défense; mais ce n'est que d'une manière secondaire, et comme accessoire des pratiques de la sorcellerie. Le mot même *interroger* mis à côté des devins et des augures, prouve que, chez les Hébreux, les évocations étaient un moyen de divination; or, les spirites n'évoquent pas les morts pour en obtenir des révélations illicites, mais pour en recevoir de sages conseils et procurer du soulagement à ceux qui souffrent. Certes, si les Hébreux ne se fussent servis des communications d'outre-tombe que dans ce but, loin de les défendre, Moïse les aurait encouragées, parce qu'elles auraient rendu son peuple plus traitable.

9. — S'il a plu à quelques critiques facétieux ou malintentionnés, de présenter les réunions spirites comme des assemblées de sorciers et de nécromanciens, et les médiums comme des diseurs de bonne aventure ; si quelques charlatans mêlent ce nom à des pratiques ridicules qu'il désavoue, assez de gens savent à quoi s'en tenir sur le caractère essentiellement moral et grave des réunions du Spiritisme sérieux ; la doctrine écrite pour tout le monde, proteste assez contre les abus de tous genres pour que la calomnie retombe sur qui le mérite.

10. — L'évocation, dit-on, est un manque de respect pour les morts dont il ne faut pas troubler la cendre. Qui dit cela ? les adversaires de deux camps opposés qui se donnent la main : les incrédules *qui ne croient pas aux âmes*, et ceux qui, y croyant, prétendent qu'*elles ne peuvent venir et que le démon seul se présente*.

Quand l'évocation est faite religieusement et avec recueillement ; quand les Esprits sont appelés, non par curiosité, mais par un sentiment d'affection et de sympathie, et avec le désir sincère de s'instruire et de devenir meilleur, on ne voit pas ce qu'il y aurait de plus irrespectueux d'appeler les gens *après leur mort que de leur vivant*. Mais il y a une autre réponse péremptoire à cette objection, c'est que les Esprits viennent librement et non par contrainte ; qu'ils viennent même spontanément sans être appelés ; qu'ils témoignent leur satisfaction de se communiquer aux hommes, et se plaignent souvent de l'oubli où on les laisse parfois. S'ils étaient troublés dans leur quiétude ou mécontents de notre appel, ils le diraient ou ne viendraient pas. Puisqu'ils sont libres, quand ils viennent, c'est que cela leur convient.

11. — On allègue une autre raison : « Les âmes, dit-on, demeurent au séjour que leur a assigné la justice de Dieu, c'est-à-dire dans l'enfer ou dans le paradis ; » ainsi celles qui sont dans l'enfer n'en peuvent sortir, quoique toute liberté soit à cet égard, laissée aux démons ; celles qui sont dans le paradis sont tout entières à leur béatitude ; elles sont trop au-dessus des mortels pour s'occuper d'eux, et trop heureuses pour revenir sur cette terre de misère s'intéresser aux parents et amis qu'elles y ont laissés. Elles sont donc comme ces riches qui détournent la vue des pauvres, de peur que cela ne trouble leur digestion ? S'il en était ainsi, elles seraient peu dignes du bonheur suprême qui serait le prix de l'égoïsme. Reste celles qui sont dans le purgatoire ; mais celles-là sont souffrantes et ont à songer à leur salut avant tout ; donc ni les unes ni les autres ne pouvant venir, c'est le diable seul qui vient à leur place. Si elles ne peuvent venir, il n'y a donc pas à craindre de troubler leur repos.

12. — Mais ici se présente une autre difficulté. Si les âmes qui sont dans la béatitude, ne peuvent quitter leur séjour fortuné pour venir au secours des mortels, pourquoi l'Église invoque-t-elle l'assistance des saints qui, eux, doivent jouir de la plus grande somme possible de béatitude ? Pourquoi dit-elle aux fidèles de les invoquer dans les maladies, les afflictions, et pour se préserver des fléaux ? Pourquoi, selon elle, les saints, la Vierge elle-même, viennent-ils se montrer aux hommes et faire des miracles ? Ils quittent donc le ciel pour venir sur la terre. Si ceux qui sont au plus haut des cieux peuvent le quitter, pourquoi ceux qui sont moins élevés ne le pourraient-ils pas ?

13. — Que les incrédules nient la manifestation des âmes, cela se conçoit puisqu'ils ne croient pas à l'âme ; mais ce qui est étrange, c'est de voir ceux dont les croyances reposent sur son existence et son avenir, *s'acharner contre les moyens de prouver qu'elle existe, et s'efforcer de démontrer que cela est impossible.* Il semblerait naturel, au contraire, que ceux qui ont le plus d'intérêt à son existence dussent accueillir avec joie, et comme un bienfait de la Providence, les moyens de confondre les négateurs par des preuves irrécusables, puisque ce sont les négateurs de la religion. Ils déplorent sans cesse l'envahissement de l'incrédulité qui décime le troupeau des fidèles, et quand le plus puissant moyen de la combattre se présente, ils le repoussent avec plus d'obstination que les incrédules eux-mêmes. Puis, lorsque les preuves débordent au point de ne laisser aucun doute, on a recours, comme argument suprême, à la défense de s'en occuper, et pour la justifier on va rechercher un article de la loi de Moïse auquel nul ne songeait, et où l'on veut, à toute force, voir une application qui n'existe pas. On est si heureux de cette découverte, qu'on ne s'aperçoit pas que cet article est une justification de la doctrine spirite.

14. — Tous les motifs allégués contre les rapports avec les Esprits ne peuvent soutenir un examen sérieux ; de l'acharnement que l'on y met cependant, on peut inférer qu'à cette question se rattache un grand intérêt, sans cela on n'y mettrait pas autant d'insistance. A voir cette croisade de tous les cultes contre les manifestations, on dirait qu'*ils en ont peur*. Le véritable motif pourrait bien être la crainte que les Esprits, trop clairvoyants, ne vinssent éclairer les hommes sur les points

qu'on tient à laisser dans l'ombre, et leur faire connaître au juste ce qu'il en est de l'autre monde et des *véritables conditions pour y être heureux ou malheureux.* C'est pourquoi, de même qu'on dit à un enfant : « Ne va pas là, il y a un loup-garou ; » on dit aux hommes : « N'appelez pas les Esprits, c'est le diable. » Mais on aura beau faire ; si l'on interdit aux hommes d'appeler les Esprits, on n'empêchera pas les Esprits de venir vers les hommes ôter la lampe de dessous le boisseau.

Le culte qui sera dans le vrai absolu n'aura rien à craindre de la lumière, car la lumière fera ressortir la vérité, et le démon ne saurait prévaloir contre la vérité.

15. — Repousser les communications d'outre-tombe, c'est rejeter le puissant moyen d'instruction qui résulte pour soi-même de l'initiation à la vie future, et des exemples qu'elles nous fournissent. L'expérience nous apprenant, en outre, le bien que l'on peut faire en détournant du mal les Esprits imparfaits, en aidant ceux qui souffrent à se dégager de la matière et à s'améliorer, les interdire, c'est priver des âmes malheureuses de l'assistance que nous pouvons leur donner. Les paroles suivantes d'un Esprit résument admirablement les conséquences de l'évocation pratiquée dans un but charitable :

« Chaque Esprit souffrant et plaintif vous racontera la cause de sa chute, les entraînements auxquels il a succombé; il vous dira ses espérances, ses combats, ses terreurs ; il vous dira ses remords, ses douleurs, ses désespoirs ; il vous montrera Dieu, justement irrité, punissant le coupable de toute la sévérité de sa justice.

En l'écoutant, vous serez émus de compassion pour lui et de crainte pour vous-mêmes; en le suivant dans ses plaintes, vous verrez Dieu ne le perdant pas de vue, attendant le pécheur repentant, lui tendant les bras sitôt qu'il essaie d'avancer. Vous verrez les progrès du coupable, auxquels vous aurez le bonheur et la gloire d'avoir contribué; vous les suivrez avec sollicitude, comme le chirurgien suit les progrès de la blessure qu'il panse journellement. » (Bordeaux, 1861.)

DEUXIÈME PARTIE

EXEMPLES

CHAPITRE PREMIER

LE PASSAGE

1. — La confiance dans la vie future n'exclut pas les appréhensions du passage de cette vie dans l'autre. Beaucoup de gens ne craignent pas la mort pour la mort elle-même ; ce qu'ils redoutent, c'est le moment de la transition. Souffre-t-on ou ne souffre-t-on pas dans la traversée ? c'est là ce qui les inquiète ; et la chose en vaut d'autant mieux la peine que nul n'y peut échapper. On peut se dispenser d'un voyage terrestre ; mais ici, riches comme pauvres doivent franchir le pas, et s'il est douloureux, ni le rang, ni la fortune n'en sauraient adoucir l'amertume.

2. — A voir le calme de certaines morts, et les terribles convulsions de l'agonie dans quelques autres, on peut déjà juger que les sensations ne sont pas toujours les mêmes ; mais qui peut nous renseigner à cet égard ? Qui nous décrira le phénomène physiologique de la séparation de l'âme et du corps ? Qui nous dira les impressions à cet instant suprême ? Sur ce point la science et la religion sont muettes.

Et pourquoi cela ? Parce qu'il manque à l'une et à l'autre la connaissance des lois qui régissent les rapports de l'esprit et de la matière ; l'une s'arrête au seuil de la vie spirituelle, l'autre à celui de la vie matérielle. Le Spiritisme est le trait d'union entre les deux ; seul il peut dire comment s'opère la transition, soit par les notions plus positives qu'il donne de la nature de l'âme, soit par le récit de ceux qui ont quitté la vie. La connaissance du lien fluidique qui unit l'âme et le corps est la clef de ce phénomène, comme de beaucoup d'autres.

3. — La matière inerte est insensible : ceci est un fait positif ; l'âme seule éprouve les sensations du plaisir et de la douleur. Pendant la vie, toute désagrégation de la matière se répercute dans l'âme qui en reçoit une impression plus ou moins douloureuse. C'est l'âme qui souffre et non le corps ; celui-ci n'est que l'instrument de la douleur : l'âme est le patient. Après la mort, le corps étant séparé de l'âme peut être impunément mutilé, car il ne ressent rien ; l'âme en étant isolée, ne reçoit aucune atteinte de la désorganisation de ce dernier ; elle a ses sensations propres dont la source n'est pas dans la matière tangible.

Le périsprit est l'enveloppe fluidique de l'âme, dont il n'est séparé ni avant, ni après la mort, et avec laquelle il ne fait pour ainsi dire qu'un, car l'un ne peut se concevoir sans l'autre. Pendant la vie, le fluide périsprital pénètre le corps dans toutes ses parties et sert de véhicule aux sensations physiques de l'âme ; c'est de même par cet intermédiaire que l'âme agit sur le corps et en dirige les mouvements.

4. — L'extinction de la vie organique amène la sépa-

ration de l'âme et du corps par la rupture du lien fluidique qui les unit; mais cette séparation n'est jamais brusque; le fluide périsprital se dégage peu à peu de tous les organes, de sorte que la séparation n'est complète et absolue que lorsqu'il ne reste plus un seul atome du périsprit uni à une molécule du corps. *La sensation douloureuse que l'âme éprouve à ce moment est en raison de la somme des points de contact qui existent entre le corps et le périsprit, et du plus ou moins de difficulté et de lenteur que présente la séparation.* Il ne faut donc pas se dissimuler que, selon les circonstances, la mort peut être plus ou moins pénible. Ce sont ces différentes circonstances que nous allons examiner.

5. — Posons d'abord, comme principe, les quatre cas suivants, que l'on peut regarder comme les situations extrêmes, entre lesquelles il y a une multitude de nuances : 1° Si au moment de l'extinction de la vie organique, le dégagement du périsprit était complétement opéré, l'âme ne ressentirait absolument rien; 2° si à ce moment la cohésion des deux éléments est dans toute sa force, il se produit une sorte de déchirement qui réagit douloureusement sur l'âme; 3° si la cohésion est faible, la séparation est facile et s'opère sans secousse; 4° si, après la cessation complète de la vie organique, il existe encore de nombreux points de contact entre le corps et le périsprit, l'âme pourra ressentir les effets de la décomposition du corps jusqu'à ce que le lien soit tout à fait rompu.

De ceci il résulte que la souffrance, qui accompagne la mort, est subordonnée à la force d'adhérence qui unit le corps et le périsprit; que tout ce qui peut aider à la diminution de cette force et à la rapidité du dégagement rend le passage moins pénible ; enfin, que si le dégagement s'opère sans aucune difficulté, l'âme n'en éprouve aucune sensation désagréable.

6. — Dans le passage de la vie corporelle à la vie spirituelle, il se produit encore un autre phénomène d'une importance capitale : c'est celui du trouble. A ce moment, l'âme éprouve un engourdissement qui paralyse momentanément ses facultés et neutralise, en partie du moins, les sensations ; elle est, pour ainsi dire, cataleptisée, de sorte qu'elle n'est presque jamais témoin conscient du dernier soupir. Nous disons *presque jamais* parce qu'il est un cas où elle peut en avoir conscience, ainsi que nous le verrons tout à l'heure. Le trouble peut donc être considéré comme l'état normal à l'instant de la mort ; sa durée est indéterminée ; elle varie de quelques heures à quelques années. A mesure qu'il se dissipe, l'âme est dans la situation d'un homme qui sort d'un profond sommeil ; les idées sont confuses, vagues et incertaines ; on voit comme à travers un brouillard ; peu à peu la vue s'éclaircit, la mémoire revient, et l'on se reconnaît. Mais ce réveil est bien différent, selon les individus ; chez les uns, il est calme et procure une sensation délicieuse ; chez d'autres, il est plein de terreur et d'anxiété, et produit l'effet d'un affreux cauchemar.

7. — Le moment du dernier soupir n'est donc pas le plus pénible, parce que, le plus ordinairement, l'âme n'a pas conscience d'elle-même ; mais avant, elle souffre de la désagrégation de la matière pendant les convulsions de l'agonie, et après, par les angoisses du trouble. Hâtons-nous de dire que cet état n'est pas général. L'intensité et la durée de la souffrance sont,

comme nous l'avons dit, en raison de l'affinité qui existe entre le corps et le périsprit ; plus cette affinité est grande, plus les efforts de l'Esprit pour se dégager de ses liens, sont longs et pénibles ; mais il est des personnes chez lesquelles la cohésion est si faible que le dégagement s'opère de lui-même et naturellement. L'Esprit se sépare du corps comme un fruit mûr se détache de sa tige ; c'est le cas des morts calmes et des réveils paisibles.

8. — L'état moral de l'âme est la cause principale qui influe sur le plus ou moins de facilité du dégagement. L'affinité entre le corps et le périsprit est en raison de l'attachement de l'Esprit à la matière ; elle est à son maximum chez l'homme dont toutes les préoccupations se concentrent sur la vie et les jouissances matérielles ; elle est presque nulle chez celui dont l'âme épurée s'est identifiée par anticipation avec la vie spirituelle. Puisque la lenteur et la difficulté de la séparation sont en raison du degré d'épuration et de dématérialisation de l'âme, il dépend de chacun de rendre ce passage plus ou moins facile ou pénible, agréable ou douloureux.

Ceci étant posé, à la fois comme théorie et comme résultat d'observation, il nous reste à examiner l'influence du genre de mort sur les sensations de l'âme au dernier moment.

9. — Dans la mort naturelle, celle qui résulte de l'extinction des forces vitales par l'âge ou la maladie, le dégagement s'opère graduellement ; chez l'homme dont l'âme est dématérialisée et dont les pensées se sont détachées des choses terrestres, le dégagement est presque complet avant la mort réelle ; le corps vit encore

de la vie organique, que l'âme est déjà entrée dans la vie spirituelle et ne tient plus au corps que par un lien si faible qu'il se rompt sans peine au dernier battement de cœur. Dans cette situation, l'Esprit peut avoir déjà recouvré sa lucidité, et être témoin conscient de l'extinction de la vie de son corps dont il est heureux d'être délivré ; pour lui, le trouble est presque nul ; ce n'est qu'un moment de sommeil paisible, d'où il sort avec une indicible impression de bonheur et d'espérance.

Chez l'homme matériel et sensuel, celui qui a plus vécu par le corps que par l'esprit, pour qui la vie spirituelle n'est rien, pas même une réalité dans sa pensée, tout a contribué à *resserrer* les liens qui l'attachent à la matière ; rien n'est venu les relâcher pendant la vie. Aux approches de la mort, le dégagement s'opère aussi par degrés, mais avec des efforts continus. Les convulsions de l'agonie sont l'indice de la lutte que soutient l'Esprit qui parfois veut rompre les liens qui lui résistent, et d'autres fois se cramponne à son corps dont une force irrésistible l'arrache violemment, partie par partie.

10. — L'Esprit s'attache d'autant plus à la vie corporelle qu'il ne voit rien au delà ; il sent qu'elle lui échappe, et il veut la retenir ; au lieu de s'abandonner au mouvement qui l'entraîne, il résiste de toutes ses forces ; il peut ainsi prolonger la lutte pendant des jours, des semaines et des mois entiers. Sans doute, à ce moment, l'Esprit n'a pas toute sa lucidité ; le trouble a commencé longtemps avant la mort, mais il n'en souffre pas moins, et le vague où il se trouve, l'incertitude de ce qu'il en adviendra de lui, ajoutent à ses angoisses. La mort arrive, et tout n'est pas fini ; le trou-

ble continue ; il sent qu'il vit, mais il ne sait si c'est de la vie matérielle ou de la vie spirituelle ; il lutte encore jusqu'à ce que les dernières attaches du périsprit soient rompues. La mort a mis un terme à la maladie effective, mais elle n'en a point arrêté les suites ; tant qu'il existe des points de contact entre le corps et le périsprit, l'Esprit en ressent les atteintes et en souffre.

11. — Bien différente est la position de l'Esprit dématérialisé, même dans les plus cruelles maladies. Les liens fluidiques qui l'unissent au corps étant très faibles, se rompent sans aucune secousse ; puis sa confiance en l'avenir qu'il entrevoit déjà par la pensée, quelquefois même en réalité, lui fait envisager la mort comme une délivrance et ses maux comme une épreuve ; de là, pour lui, un calme moral et une résignation qui adoucissent la souffrance. Après la mort, ces liens étant à l'instant même rompus, aucune réaction douloureuse ne s'opère en lui ; il se sent, à son réveil, libre, dispos, soulagé d'un grand poids, et tout joyeux de ne plus souffrir.

12. — Dans la mort violente, les conditions ne sont pas exactement les mêmes. Aucune désagrégation partielle n'a pu amener une séparation préalable entre le corps et le périsprit ; la vie organique, dans toute sa force, est subitement arrêtée ; le dégagement du périsprit ne commence donc qu'après la mort, et, dans ce cas comme dans les autres, il ne peut s'opérer instantanément. L'Esprit, saisi à l'improviste, est comme étourdi ; mais, sentant qu'il pense, il se croit encore vivant, et cette illusion dure jusqu'à ce qu'il se soit rendu compte de sa position. Cet état intermédiaire entre la vie corporelle et la vie spirituelle, est un des

plus intéressants à étudier, parce qu'il présente le singulier spectacle d'un Esprit qui prend son corps fluidique pour son corps matériel, et qui éprouve toutes les sensations de la vie organique. Il offre une variété infinie de nuances selon le caractère, les connaissances et le degré d'avancement moral de l'Esprit. Il est de courte durée pour ceux dont l'âme est épurée, parce que chez eux il y avait un dégagement anticipé dont la mort, même la plus subite, ne fait que hâter l'accomplissement ; chez d'autres, il peut se prolonger pendant des années. Cet état est très-fréquent, même dans les cas de mort ordinaire, et n'a, pour quelques-uns, rien de pénible suivant les qualités de l'Esprit ; mais pour d'autres, c'est une situation terrible. C'est dans le suicide surtout que cette position est le plus pénible. Le corps tenant au périsprit par toutes ses fibres, toutes les convulsions du corps se répercutent dans l'âme qui en éprouve d'atroces souffrances.

13. — L'état de l'Esprit au moment de la mort peut se résumer ainsi :

L'Esprit souffre d'autant plus que le dégagement du périsprit est plus lent; la promptitude du dégagement est en raison du degré d'avancement moral de l'Esprit ; pour l'Esprit dématérialisé dont la conscience est pure, la mort est un sommeil de quelques instants, exempt de toute souffrance, et dont le réveil est plein de suavité.

14. — Pour travailler à son épuration, réprimer ses tendances mauvaises, vaincre ses passions, *il faut en voir les avantages dans l'avenir ;* pour s'identifier avec la vie future, y diriger ses aspirations et la préférer à la vie terrestre, il faut non-seulement y croire, mais la

comprendre ; il faut se la représenter sous un aspect satisfaisant pour la raison, en complet accord avec la logique, le bon sens et l'idée que l'on se fait de la grandeur, de la bonté et de la justice de Dieu. De toutes les doctrines philosophiques, le Spiritisme est celle qui exerce, sous ce rapport, la plus puissante influence par la foi inébranlable qu'il donne.

Le spirite *sérieux* ne se borne pas à croire ; *il croit parce qu'il comprend*, et il comprend parce qu'on s'adresse à son jugement ; la vie future est une réalité qui se déroule sans cesse à ses yeux ; il la voit et la touche pour ainsi dire à tous les instants ; le doute ne peut entrer dans son âme. La vie corporelle si limitée s'efface pour lui devant la vie spirituelle qui est la véritable vie ; de là le peu de cas qu'il fait des incidents de la route et sa résignation dans les vicissitudes dont il comprend la cause et l'utilité. Son âme s'élève par les rapports directs qu'il entretient avec le monde invisible ; les liens fluidiques qui l'attachent à la matière s'affaiblissent, et ainsi s'opère un premier dégagement partiel qui facilite le passage de cette vie en l'autre. Le trouble inséparable de la transition est de courte durée, parce que, aussitôt le pas franchi, il se reconnaît ; rien ne lui est étranger ; il se rend compte de sa situation.

15. — Le Spiritisme n'est assurément pas indispensable à ce résultat ; aussi n'a-t-il pas la prétention d'assurer seul le salut de l'âme, mais il le facilite par les connaissances qu'il procure, les sentiments qu'il inspire et les dispositions dans lesquelles il place l'Esprit, à qui il fait comprendre la nécessité de s'améliorer. Il donne en outre, à chacun, les moyens de faciliter le

dégagement *des autres Esprits* au moment où ils quittent leur enveloppe terrestre, et d'abréger la durée du trouble par la prière et l'évocation. Par la prière sincère, qui est une magnétisation spirituelle, on provoque une désagrégation plus prompte du fluide périsprital ; par une évocation conduite avec sagesse et prudence, et par des paroles de bienveillance et d'encouragement, on tire l'Esprit de l'engourdissement où il se trouve, et on l'aide à se reconnaître plus tôt ; s'il est souffrant, on l'excite au repentir qui seul peut abréger les souffrances [1].

[1] Les exemples que nous allons citer présentent les Esprits dans les différentes phases de bonheur et de malheur de la vie spirituelle. Nous n'avons point été les chercher dans les personnages plus ou moins illustres de l'antiquité, dont la position a pu considérablement changer depuis l'existence qu'on leur a connue, et qui n'offriraient pas d'ailleurs des preuves suffisantes d'authenticité. Nous les avons puisés dans les circonstances les plus ordinaires de la vie contemporaine, parce que ce sont celles où chacun peut trouver le plus d'assimilations, et d'où l'on peut tirer les instructions les plus profitables par la comparaison. Plus l'existence terrestre des Esprits se rapproche de nous, par la position sociale, les relations ou les liens de parenté, plus ils nous intéressent, et plus il est facile d'en contrôler l'identité. Les positions vulgaires sont celles du plus grand nombre, c'est pourquoi chacun peut s'en faire plus aisément l'application ; les positions exceptionnelles touchent moins, parce qu'elles sortent de la sphère de nos habitudes. Ce ne sont donc point les illustrations que nous avons recherchées ; si, dans ces exemples, il se trouve quelques individualités connues, la plupart sont complètement obscures ; des noms retentissants n'eussent rien ajouté pour l'instruction et auraient pu froisser des susceptibilités. Nous ne nous adressons ni aux curieux ni aux amateurs de scandale, mais à ceux qui veulent sérieusement s'instruire.

Ces exemples pourraient être multipliés à l'infini ; mais, forcé d'en limiter le nombre, nous avons fait choix de ceux qui pouvaient jeter le plus de lumière sur l'état du monde spirituel, soit par la position de l'Esprit, soit par les explications qu'il était à même de donner. La plupart sont inédits ; quelques-uns seulement ont déjà été publiés dans la *Revue spirite* ; nous avons supprimé de ceux-ci les détails superflus, ne conservant que les parties essentielles au but que nous nous proposons ici, et nous y avons ajouté les instructions complémentaires auxquelles ils ont pu donner lieu ultérieurement.

CHAPITRE II

ESPRITS HEUREUX

M. SANSON

M. Sanson, ancien membre de la Société spirite de Paris, est mort le 21 avril 1862, après une année de cruelles souffrances. En prévision de sa fin, il avait adressé au président de la Société, une lettre contenant le passage suivant :

« En cas de surprise par la désagrégation de mon âme et de mon corps, j'ai l'honneur de vous rappeler une prière que je vous ai déjà faite il y a environ un an; c'est d'évoquer mon Esprit le plus immédiatement possible et le plus souvent que vous le jugerez à propos, afin que, membre assez inutile de notre Société durant ma présence sur terre, je puisse lui servir à quelque chose outre-tombe, en lui donnant les moyens d'étudier phase par phase, dans ces évocations, les diverses circonstances qui suivent ce que le vulgaire appelle la mort, mais qui, pour nous spirites, n'est qu'une transformation, selon les vues impénétrables de Dieu, mais toujours utile au but qu'il se propose.

« Outre cette autorisation et prière de me faire l'honneur de cette sorte d'autopsie spirituelle, que mon trop peu d'avancement comme Esprit rendra peut-être stérile, auquel cas votre sagesse vous portera naturellement à ne pas pousser plus loin qu'un certain nombre d'essais, j'ose vous prier personnellement, ainsi que tous mes collègues, de bien vouloir supplier le Tout-Puissant de permettre aux bons Esprits de m'assister de leurs conseils bienveillants, saint Louis, notre président spirituel en particulier, à l'effet de me guider dans le choix et sur l'époque d'une réincarnation ; car, dès à présent, ceci m'occupe beaucoup ; je tremble de me tromper sur mes forces spirituelles, et de demander à Dieu, et trop tôt, et trop présomptueusement, un état corporel dans lequel je ne pourrais justifier la bonté divine, ce qui, au lieu de servir à m'avancer, prolongerait ma station sur terre ou ailleurs, dans le cas où j'échouerais. »

Pour nous conformer à son désir d'être évoqué le plus tôt possible après son décès, nous nous sommes rendus à la maison mortuaire avec quelques membres de la Société, et, en présence du corps, l'entretien suivant a eu lieu une heure avant l'inhumation. Nous avions en cela un double but, celui d'accomplir une dernière volonté, et celui d'observer une fois de plus la situation de l'âme à un moment si rapproché de la mort, et cela chez un homme éminemment intelligent et éclairé, et profondément pénétré des vérités spirites ; nous tenions à constater l'influence de ces croyances sur l'état de l'Esprit, afin de saisir ses premières impressions. Notre attente n'a pas été trompée ; M. Sanson a décrit avec une parfaite lucidité l'instant de la transition ; il s'est vu mourir et s'est vu renaître, circonstance peu commune, et qui tenait à l'élévation de son Esprit.

(Chambre mortuaire, 23 avril 1862.)

1. *Évocation.* — Je viens à votre appel pour remplir ma promesse.

2. Mon cher monsieur Sanson, nous nous faisons un devoir et un plaisir de vous évoquer le plus tôt possible après votre mort, ainsi que vous l'avez désiré. — R. C'est une grâce spéciale de Dieu qui permet à mon Esprit de pouvoir se communiquer; je vous remercie de votre bonne volonté; mais je suis faible et *je tremble.*

3. Vous étiez si souffrant que nous pouvons, je pense, vous demander comment vous vous portez maintenant. Vous ressentez-vous encore de vos douleurs? quelle sensation éprouvez-vous en comparant votre situation présente à celle d'il y a deux jours? — R. Ma position est bien heureuse, car je ne ressens plus rien de mes anciennes douleurs; je suis régénéré et réparé à neuf, comme vous dites chez vous. La transition de la vie terrestre à la vie des Esprits m'avait d'abord tout rendu incompréhensible, car nous restons quelquefois plusieurs jours sans recouvrer notre lucidité; mais, avant de mourir, j'ai fait une prière à Dieu pour lui demander de pouvoir parler à ceux que j'aime, et Dieu m'a écouté.

4. Au bout de combien de temps avez-vous recouvré la lucidité de vos idées? — R. Au bout de huit heures; Dieu, je vous le répète, m'avait donné une marque de sa bonté; il m'avait jugé assez digne, et je ne saurais jamais assez le remercier.

5. Etes-vous bien certain de n'être plus de notre monde, et à quoi le constatez-vous? — R. Oh! certes, non, je ne suis plus de votre monde; mais je serai toujours près de vous pour vous protéger et vous soutenir, afin de prêcher la charité et l'abnégation qui furent les guides de ma vie; et puis, j'enseignerai la foi vraie, la foi spirite, qui doit relever la croyance du juste et du bon; je suis fort et très-fort, transformé en un mot; vous ne reconnaîtriez plus le vieillard infirme qui devait tout oublier en laissant loin de lui tout plaisir, toute joie. Je suis Esprit; ma patrie c'est l'espace, et mon avenir, Dieu, qui rayonne dans l'immensité. Je voudrais bien pouvoir parler à mes enfants, car je leur enseignerais ce qu'ils ont toujours eu la mauvaise volonté de ne pas croire.

6. Quel effet vous fait éprouver la vue de votre corps, ici à côté? — Mon corps, pauvre et infime dépouille, tu dois aller à la poussière, et moi je garde le bon souvenir de tous ceux qui m'estimaient. Je regarde cette pauvre chair déformée, demeure de mon Esprit, épreuve de tant d'années! Merci, mon pauvre corps! tu as purifié mon Esprit, et la souffrance dix fois sainte m'a donné une place bien méritée, puisque je trouve tout de suite la faculté de vous parler.

7. Avez-vous conservé vos idées jusqu'au dernier moment? — R. Oui, mon Esprit a conservé ses facultés; je ne voyais plus, mais je pressentais; toute ma vie s'est déroulée devant mon souvenir, et ma dernière pensée, ma dernière prière a été de pouvoir vous parler, ce que je fais; et puis j'ai demandé à Dieu de vous protéger, afin que le rêve de ma vie fût accompli.

8. Avez-vous eu conscience du moment où votre

corps a rendu le dernier soupir? que s'est-il passé en vous à ce moment? quelle sensation avez-vous éprouvée? — R. La vie se brise et la vue, ou plutôt la vue de l'Esprit s'éteint; on trouve le vide, l'inconnu, et, emporté par je ne sais quel prestige, on se trouve dans un monde où tout est joie et grandeur. Je ne sentais plus, je ne me rendais pas compte, et pourtant un bonheur ineffable me remplissait; je ne sentais plus l'étreinte de la douleur.

9. Avez-vous connaissance... (de ce que je me propose de lire sur votre tombe?)

Les premiers mots de la question étaient à peine prononcés, que l'Esprit répond avant de le laisser achever. Il répond de plus, et sans question proposée, à une discussion qui s'était élevée entre les assistants, sur l'opportunité de lire cette communication au cimetière, en raison des personnes qui pourraient ou ne pourraient pas partager ces opinions.

R. Oh! mon ami, je le sais, car je vous ai vu hier, et je vous vois aujourd'hui; ma satisfaction est bien grande!... Merci! merci! Parlez, afin qu'on me comprenne et qu'on vous estime; ne craignez rien, car on respecte la mort; parlez donc, afin que les incrédules aient la foi. Adieu; parlez; courage, confiance, et puissent mes enfants se convertir à une croyance révérée!

J. Sanson.

Pendant la cérémonie du cimetière, il dicta les paroles suivantes:

Que la mort ne vous épouvante pas, mes amis; elle est une étape pour vous, si vous avez su bien vivre; elle est un bonheur, si vous avez mérité dignement et bien accompli vos épreuves. Je vous répète : Courage et bonne volonté! N'attachez qu'un prix médiocre aux biens de la terre, et vous serez récompensés ; *on ne peut jouir trop, sans enlever au bien-être des autres*, et sans se faire moralement un mal immense. Que la terre me soit légère!

II

(Société spirite de Paris, 25 avril 1862.)

1. *Évocation*. — R. Mes amis, je suis près de vous.

2. Nous sommes bien heureux de l'entretien que nous avons eu avec vous le jour de votre enterrement, et puisque vous le permettez, nous serons charmés de le compléter pour notre instruction. — R. Je suis tout préparé, heureux que vous pensiez à moi.

3. Tout ce qui peut nous éclairer sur l'état du monde invisible et nous le faire comprendre est d'un haut enseignement, parce que c'est l'idée fausse que l'on s'en fait qui conduit le plus souvent à l'incrédulité. Ne soyez donc pas surpris des questions que nous pourrons vous adresser. — R. Je n'en serai point étonné, et je m'attends à vos questions.

4. Vous avez décrit avec une lumineuse clarté le passage de la vie à la mort ; vous avez dit qu'au moment où le corps rend le dernier soupir, la vie se brise, et que la vue de l'Esprit s'éteint. Ce moment est-il accompagné d'une sensation pénible, douloureuse? — R. Sans doute, car la vie est une suite continuelle de douleurs, et la mort est le complément de toutes les douleurs ; de là un déchirement violent, comme si l'Esprit avait à faire un effort surhumain pour s'échapper de son enve-

loppe, et c'est cet effort qui absorbe tout notre être et lui fait perdre la connaissance de ce qu'il devient.

Ce cas n'est point général. L'expérience prouve que beaucoup d'Esprits perdent connaissance avant d'expirer, et que chez ceux qui sont arrivés à un certain degré de dématérialisation, la séparation s'opère sans efforts.

5. Savez-vous s'il y a des Esprits pour lesquels ce moment est plus douloureux ? Est-il plus pénible, par exemple, pour le matérialiste, pour celui qui croit que tout finit à ce moment pour lui ? — R. Cela est certain, car l'Esprit préparé a déjà oublié la souffrance, ou plutôt il en a l'habitude, et la quiétude avec laquelle il voit la mort l'empêche de souffrir doublement, parce qu'il sait ce qui l'attend. La peine morale est la plus forte, et son absence à l'instant de la mort, est un allégement bien grand. Celui qui ne croit pas ressemble à ce condamné à la peine capitale et dont la pensée voit le couteau et l'*inconnu*. Il y a similitude entre cette mort et celle de l'athée.

6. Y a-t-il des matérialistes assez endurcis pour croire sérieusement, à ce moment suprême, qu'ils vont être plongés dans le néant ? — R. Sans doute, jusqu'à la dernière heure il y en a qui croient au néant ; mais, au moment de la séparation, l'Esprit a un retour profond ; le doute s'empare de lui et le torture, car il se demande ce qu'il va devenir; il veut saisir quelque chose et ne le peut. La séparation ne peut se faire sans cette impression.

Un Esprit nous a donné, dans une autre circonstance, le tableau suivant de la fin de l'incrédule.

« L'incrédule endurci éprouve dans les derniers moments les angoisses de ces cauchemars terribles où l'on se voit au bord d'un précipice, près de tomber dans le gouffre; on fait d'inutiles efforts pour fuir, et l'on ne peut marcher; on veut s'accrocher à quelque chose, saisir un point d'appui, et l'on se sent glisser; on veut appeler et l'on ne peut articuler aucun son; c'est alors qu'on voit le moribond se tordre, se crisper les mains et pousser des cris étouffés, signes certains du cauchemar auquel il est en proie. Dans le cauchemar ordinaire, le réveil vous tire d'inquiétude, et vous vous sentez heureux de reconnaître que vous n'avez fait qu'un rêve; mais le cauchemar de la mort se prolonge souvent bien longtemps, des années même, au delà du trépas, et ce qui rend la sensation encore plus pénible pour l'Esprit, ce sont les ténèbres où il est quelquefois plongé. »

7. Vous avez dit qu'au moment de mourir vous ne voyiez plus, mais que vous pressentiez. Vous ne voyiez plus corporellement, cela se comprend; mais, avant que la vie ne fût éteinte, entrevoyiez-vous déjà la clarté du monde des Esprits? — R. C'est ce que j'ai dit précédemment : l'instant de la mort rend la clairvoyance à l'Esprit; les yeux ne voient plus, mais l'Esprit, qui possède une vue bien plus profonde, découvre instantanément un monde inconnu, et la vérité lui apparaissant subitement, lui donne, momentanément il est vrai, ou une joie profonde, ou une peine inexprimable, suivant l'état de sa conscience et le souvenir de sa vie passée.

Il est question de l'instant qui précède celui où l'Esprit perd connaissance, ce qui explique l'emploi du mot *momentanément*, car les mêmes impressions agréables ou pénibles se poursuivent au réveil.

8. Veuillez nous dire ce qui, à l'instant où vos yeux se sont rouverts à la lumière, vous a frappé, ce que vous avez vu. Veuillez nous dépeindre, si c'est possible, l'aspect des choses qui se sont offertes à vous. —

R. Lorsque j'ai pu revenir à moi, et voir ce que j'avais devant les yeux, j'étais comme ébloui, et je ne me rendais pas bien compte, car la lucidité ne revient pas instantanément. Mais Dieu, qui m'a donné une marque profonde de sa bonté, a permis que je recouvrasse mes facultés. Je me suis vu entouré de nombreux et fidèles amis. Tous les Esprits protecteurs qui viennent nous assister, m'entouraient et me souriaient; un bonheur sans égal les animait, et moi-même, fort et bien portant, je pouvais, sans efforts, me transporter à travers l'espace. Ce que j'ai vu n'a pas de nom dans les langues humaines.

Je viendrai, du reste, vous parler plus amplement de tous mes bonheurs, sans dépasser pourtant la limite que Dieu exige. Sachez que le bonheur, tel que vous l'entendez chez vous, est une fiction. Vivez sagement, saintement, dans l'esprit de charité et d'amour, et vous vous serez préparé des impressions que vos plus grands poètes ne sauraient décrire.

Les contes de fées sont sans doute pleins de choses absurdes; mais ne seraient-ils pas, dans quelques points, la peinture de ce qui se passe dans le monde des Esprits? Le récit de M. Sanson ne ressemble-t-il pas à celui d'un homme qui, endormi dans une pauvre et obscure cabane, se réveillerait dans un palais splendide, au milieu d'une cour brillante?

III

9. Sous quel aspect les Esprits se sont-ils présentés à vous? Est-ce sous celui de la forme humaine? — R. Oui, mon cher ami, les Esprits nous avaient appris sur terre qu'ils conservaient dans l'autre monde la forme transitoire qu'ils avaient eue sur terre, et c'est la vé-

rité. Mais quelle différence entre la machine informe qui se traîne péniblement avec son cortége d'épreuves, et la fluidité merveilleuse du corps des Esprits ! La laideur n'existe plus, car les traits ont perdu la dureté d'expression qui forme le caractère distinctif de la race humaine. Dieu a béatifié tous ces corps gracieux, qui se meuvent avec toutes les élégances de la forme ; le langage a des intonations intraduisibles pour vous, et le regard a la profondeur d'une étoile. Tâchez, par la pensée, de voir ce que Dieu peut faire dans sa toute-puissance, lui l'architecte des architectes, et vous vous serez fait une faible idée de la forme des Esprits.

10. Pour vous, comment vous voyez-vous ? Vous reconnaissez-vous une forme limitée, circonscrite, quoique fluidique ? Vous sentez-vous une tête, un tronc, des bras, des jambes ? — R. L'Esprit, ayant conservé sa forme humaine, mais divinisée, idéalisée, a sans contredit tous les membres dont vous parlez. Je me sens parfaitement des jambes et des doigts, car nous pouvons, par notre volonté, vous apparaître ou vous presser les mains. Je suis près de vous et j'ai serré la main de tous mes amis, sans qu'ils en aient eu la conscience ; notre fluidité peut être partout sans gêner l'espace, sans donner aucune sensation, si cela est notre désir. En ce moment, vous avez les mains croisées et j'ai les miennes dans les vôtres. Je vous dis : je vous aime, mais mon corps ne tient pas de place, la lumière le traverse, et ce que vous appelleriez un miracle, s'il était visible, est pour les Esprits l'action continuelle de tous les instants.

La vue des Esprits n'a pas de rapport avec la vue humaine, de même que leur corps n'a pas de ressemblance réelle, car tout est changé dans l'ensemble et le fond.

L'Esprit, je vous le répète, a une perspicacité divine qui s'étend à tout, puisqu'il peut deviner même votre pensée ; aussi peut-il à propos, prendre la forme qui peut le mieux le rappeler à vos souvenirs. Mais, dans le fait, l'Esprit supérieur qui a fini ses épreuves, aime la forme qui a pu le conduire près de Dieu.

11. Les Esprits n'ont pas de sexe ; cependant, comme il y a peu de jours encore que vous étiez homme, tenez-vous dans votre nouvel état plutôt de la nature masculine que de la nature féminine ? En est-il de même d'un Esprit qui aurait quitté son corps depuis longtemps ? — R. Nous ne tenons pas à être de nature masculine ou féminine : les Esprits ne se reproduisent pas. Dieu les crée à sa volonté, et si, pour ses vues merveilleuses, il a voulu que les Esprits se réincarnent sur terre, il a dû ajouter la reproduction des espèces par le mâle et la femelle. Mais, vous le sentez, sans qu'il soit nécessaire d'aucune explication, les Esprits ne peuvent avoir de sexe.

Il a toujours été dit que les Esprits n'ont pas de sexe ; les sexes ne sont nécessaires que pour la reproduction des corps ; car les Esprits ne se reproduisant pas, les sexes seraient pour eux inutiles. Notre question n'avait point pour but de constater le fait, mais en raison de la mort récente de M. Sanson, nous voulions savoir s'il lui restait une impression de son état terrestre. Les Esprits épurés se rendent parfaitement compte de leur nature, mais parmi les Esprits inférieurs, non dématérialisés, il en est beaucoup qui se croient encore ce qu'ils étaient sur la terre, et conservent les mêmes passions et les mêmes désirs ; ceux-là se croient encore hommes ou femmes, et voilà pourquoi il y en a qui ont dit que les Esprits ont des sexes. C'est ainsi que certaines contradictions proviennent de l'état plus ou moins avancé des Esprits qui se communiquent ; le tort n'en est pas aux Esprits, mais à ceux qui les interrogent et ne se donnent pas la peine d'approfondir les questions.

12. Quel aspect vous présente la séance ? Est-elle pour votre nouvelle vue ce qu'elle vous paraissait de votre vivant ? Les personnes ont-elles pour vous la même apparence? Tout est-il aussi clair, aussi net ? — R. Bien plus clair, car je puis lire dans la pensée de tous, et je suis bien heureux, allez ! de la bonne impression que me laisse la bonne volonté de tous les Esprits assemblés. Je désire que la même entente puisse se faire non-seulement à Paris, par la réunion de tous les groupes, mais aussi dans toute la France, où *des groupes se séparent et se jalousent, poussés par des Esprits brouillons qui se plaisent au désordre*, tandis que le Spiritisme doit être l'oubli complet, absolu du *moi*.

13. Vous dites que vous lisez dans notre pensée : pourriez-vous nous faire comprendre comment s'opère cette transmission de pensée ? — R. Cela n'est pas facile ; pour vous dire, vous expliquer ce prodige singulier de la vue des Esprits, il faudrait vous ouvrir tout un arsenal d'agents nouveaux, et vous seriez aussi savants que nous, ce qui ne se peut pas, puisque vos facultés sont bornées par la matière. Patience ! devenez bons, et vous y arriverez ; vous n'avez actuellement que ce que Dieu vous accorde, mais avec l'espérance de progresser continuellement ; plus tard vous serez comme nous. Tâchez donc de bien mourir pour savoir beaucoup. La curiosité, qui est le stimulant de l'homme pensant, vous conduit tranquillement jusqu'à la mort, en vous réservant la satisfaction de toutes vos curiosités passées, présentes et futures. En attendant, je vous dirai, pour répondre tant bien que mal à votre question : L'air qui vous entoure, impalpable comme nous, emporte le caractère de votre pensée ; le souffle que vous exhalez est, pour

ainsi dire, la page écrite de vos pensées ; elles sont lues, commentées par les Esprits qui vous heurtent sans cesse ; ils sont les messagers d'une télégraphie divine à qui rien n'échappe.

La mort du Juste.

A la suite de la première évocation de M. Sanson, faite à la Société de Paris, un Esprit donna, sous ce titre, la communication suivante :

La mort de l'homme dont vous vous occupez en ce moment a été celle du juste ; c'est-à-dire accompagnée de calme et d'espérance. Comme le jour succède naturellement à l'aube, la vie spirite a succédé pour lui à la vie terrestre, sans secousse, sans déchirement, et son dernier soupir s'est exhalé dans un hymne de reconnaissance et d'amour. Combien peu traversent ainsi ce rude passage ! Combien peu, après les ivresses et les désespoirs de la vie, conçoivent le rhythme harmonieux des sphères ! Ainsi que l'homme bien portant, mutilé par une balle, souffre encore des membres dont il est séparé, ainsi l'âme de l'homme qui meurt sans foi et sans espérance, se déchire et palpite en s'échappant du corps, et en se lançant, inconsciente d'elle-même, dans l'espace.

Priez pour ces âmes troublées ; priez pour tout ce qui souffre ; la charité n'est pas restreinte dans l'humanité visible : elle secourt et console aussi les êtres qui peuplent l'espace. Vous en avez eu la preuve touchante par la conversion si subite de cet Esprit attendri par les prières spirites faites sur la tombe de l'homme de bien, que vous devez interroger, et qui désire vous faire progresser dans la sainte voie[1]. L'amour n'a pas de limites ; il remplit l'espace, donnant et recevant tour à tour ses divines consolations. La mer se déroule dans une perspective infinie ; sa limite dernière semble se confondre avec le ciel, et l'Esprit est ébloui du magnifique spectacle de ces deux grandeurs. Ainsi l'amour, plus profond que les flots, plus infini que l'espace, doit vous réunir tous, vivants et Esprits, dans la même communion de charité, et opérer l'admirable fusion de ce qui est fini et de ce qui est éternel.

GEORGES.

M. JOBARD

Directeur du Musée de l'industrie de Bruxelles; né à Baissey (Haute-Marne); mort à Bruxelles, d'une attaque d'apoplexie foudroyante, le 27 octobre 1861, à l'âge de soixante-neuf ans.

I

M. Jobard était président honoraire de la Société spirite de Paris ; on se proposait de l'évoquer dans la séance du 8 novembre, lorsqu'il a prévenu ce désir en donnant spontanément la communication suivante :

Me voici, moi que vous allez évoquer et qui veux me manifester d'abord à ce médium que j'ai vainement sollicité jusqu'ici.

Je veux d'abord vous raconter mes impressions au moment de la séparation de mon âme : j'ai senti un ébranlement inouï, je me suis rappelé tout à coup ma naissance, ma jeunesse, mon âge mûr ; toute ma vie s'est retracée nettement à mon souvenir. Je n'éprou-

---

[1] Allusion à l'Esprit de Bernard, qui s'est manifesté spontanément le jour des obsèques de M. Sanson. (Voir la *Revue* de mai 1862, p. 132.)

vais qu'un pieux désir de me retrouver dans les régions révélées par notre chère croyance ; puis, tout ce tumulte s'est apaisé. J'étais libre et mon corps gisait inerte. Ah ! mes chers amis, quelle ivresse de dépouiller la pesanteur du corps ! quelle ivresse d'embrasser l'espace ! Ne croyez cependant pas que je sois devenu tout à coup un élu du Seigneur; non, je suis parmi les Esprits qui, ayant un peu retenu, doivent encore beaucoup apprendre. Je n'ai pas tardé à me souvenir de vous, *mes frères en exil*, et, je vous l'assure, toute ma sympathie, tous mes vœux vous ont enveloppés.

Vous voulez savoir quels sont les Esprits qui m'ont reçu ? quelles ont été mes impressions ? Mes amis ont été tous ceux que nous évoquons, tous les frères qui ont partagé nos travaux. J'ai vu la splendeur, mais je ne puis la décrire. Je me suis appliqué à discerner ce qui était vrai dans les communications, prêt à redresser toutes les assertions erronées ; prêt, enfin, à être le chevalier de la vérité dans l'autre monde, comme je l'ai été dans le vôtre.

Jobard.

1. De votre vivant, vous nous aviez recommandé de vous appeler quand vous auriez quitté la terre; nous le faisons, non-seulement pour nous conformer à votre désir, mais surtout pour vous renouveler le témoignage de notre bien vive et sincère sympathie, et aussi dans l'intérêt de notre instruction, car vous, mieux que personne, êtes à même de nous donner des renseignements précis sur le monde où vous vous trouvez. Nous serons donc heureux si vous voulez bien répondre à nos questions. — R. A cette heure, ce qui importe le plus, c'est

votre instruction. Quant à votre sympathie, je la vois, et je n'en entends plus seulement l'expression par les oreilles, ce qui constitue un grand progrès.

2. Pour fixer nos idées, et ne pas parler dans le vague, nous vous demanderons d'abord à quelle place vous êtes ici, et comment nous vous verrions si nous pouvions vous voir? — R. Je suis près du médium; vous me verriez sous l'apparence du Jobard qui s'asseyait à votre table, car vos yeux mortels non dessillés ne peuvent voir les Esprits que sous leur apparence mortelle.

3. Auriez-vous la possibilité de vous rendre visible pour nous, et si vous ne le pouvez pas, qu'est-ce qui s'y oppose? — R. La disposition qui vous est toute personnelle. Un médium voyant me verrait : les autres ne me voient pas.

4. Cette place est celle que vous occupiez de votre vivant, quand vous assistiez à nos séances, et que nous vous avons réservée. Ceux donc qui vous y ont vu, doivent se figurer vous y voir tel que vous étiez alors. Si vous n'y êtes pas avec votre corps matériel, vous y êtes avec votre corps fluidique qui a la même forme ; si nous ne vous voyons pas avec les yeux du corps, nous vous voyons avec ceux de la pensée ; si vous ne pouvez vous communiquer par la parole, vous pouvez le faire par l'écriture à l'aide d'un interprète ; nos rapports avec vous ne sont donc nullement interrompus par votre mort, et nous pouvons nous entretenir avec vous aussi facilement et aussi complétement qu'autrefois. Est-ce bien ainsi que sont les choses? — R. Oui, et vous le savez depuis longtemps. Cette place, je l'occuperai souvent, et à votre insu même, car mon Esprit habitera parmi vous.

Nous appelons l'attention sur cette dernière phrase : « Mon Esprit habitera parmi vous. » Dans la circonstance présente, ce n'est point une figure, mais une réalité. Par la connaissance que le Spiritisme nous donne de la nature des Esprits, on sait qu'un Esprit peut être parmi nous, non-seulement par la pensée, mais *de sa personne*, à l'aide de son corps éthéré, qui en fait une individualité distincte. Un Esprit peut donc habiter parmi nous après la mort, aussi bien que du vivant de son corps; et mieux encore, puisqu'il peut venir et s'en aller quand il veut. Nous avons ainsi une foule de commensaux invisibles, les uns indifférents, les autres qui nous sont attachés par l'affection ; c'est à ces derniers surtout que s'applique cette parole : « Ils habitent parmi nous, » qui peut se traduire ainsi : Ils nous assistent, nous inspirent et nous protégent.

5. Il n'y a pas très longtemps que vous étiez assis à cette même place ; les conditions dans lesquelles vous y êtes maintenant vous semblent-elles étranges ? Quel effet ce changement produit-il en vous ? — R. Ces conditions ne me semblent pas étranges, car mon Esprit désincarné jouit d'une netteté qui ne laisse dans l'ombre aucune des questions qu'il envisage.

6. Vous souvenez-vous d'avoir été dans ce même état avant votre dernière existence, et y trouvez-vous quelque chose de changé ? — R. Je me rappelle mes existences antérieures, et je trouve que je suis amélioré. Je vois et je m'assimile ce que je vois. Lors de mes précédentes incarnations, Esprit troublé, je ne m'apercevais que des lacunes terrestres.

7. Vous souvenez-vous de votre avant-dernière existence, de celle qui a précédé M. Jobard ? — R. Dans mon avant-dernière existence, j'étais un ouvrier mécanicien, rongé par la misère et le désir de perfectionner mon travail. *J'ai réalisé, étant Jobard, les rêves du pauvre ouvrier,* et je loue Dieu dont la bonté infinie a fait germer

la plante dont il avait déposé la graine dans mon cerveau.

8. *Vous êtes-vous déjà communiqué ailleurs?* — R. Je ne me suis encore que peu communiqué; dans beaucoup d'endroits un Esprit a pris mon nom; quelquefois j'étais près de lui sans pouvoir le faire directement; ma mort est si récente que j'appartiens encore à certaines influences terrestres. Il faut une parfaite sympathie pour que je puisse exprimer ma pensée. Dans peu, j'agirai indistinctement; je ne le peux pas encore, je le répète. Lorsqu'un homme un peu connu meurt, il est appelé de tous côtés; mille Esprits s'empressent de revêtir son individualité; c'est ce qui est arrivé pour moi en plusieurs circonstances. Je vous assure qu'aussitôt après la délivrance, peu d'Esprits peuvent se communiquer, même à un médium préféré.

9. *Voyez-vous les Esprits qui sont ici avec nous?* — R. Je vois surtout *Lazare* et *Éraste;* puis, plus éloigné, l'*Esprit de vérité* planant dans l'espace; puis une foule d'Esprits amis qui vous entourent, pressés et bienveillants. Soyez heureux, amis, car de bonnes influences vous disputent aux calamités de l'erreur.

10. *De votre vivant, vous partagiez l'opinion qui a été émise sur la formation de la terre par l'incrustation de quatre planètes qui auraient été soudées ensemble. Êtes-vous toujours dans cette même croyance?* — R. C'est une erreur. Les nouvelles découvertes géologiques prouvent les convulsions de la terre et sa formation successive. La terre, comme les autres planètes, a eu sa vie propre, et Dieu n'a pas eu besoin de ce grand désordre ou de cette agrégation de planètes. L'eau et le feu sont les seuls éléments organiques de la terre.

11. *Vous pensiez aussi que les hommes pouvaient entrer en catalepsie pendant un temps illimité, et que le genre humain a été apporté de cette façon sur la terre?* — R. Illusion de mon imagination, qui dépassait toujours le but. La catalepsie peut être longue, mais non indéterminée. Traditions, légendes grossies par l'imagination orientale. Mes amis, j'ai déjà beaucoup souffert en repassant les illusions dont j'ai nourri mon esprit : ne vous y trompez pas. J'avais beaucoup appris, et, je puis le dire, mon intelligence, prompte à s'approprier ces vastes et diverses études, avait gardé de ma dernière incarnation l'amour du merveilleux et du composé puisé dans les imaginations populaires.

Je me suis encore peu occupé des questions purement intellectuelles dans le sens où vous le prenez. Comment le pourrais-je, ébloui, entraîné comme je le suis par le merveilleux spectacle qui m'entoure ? Le lien du Spiritisme, plus puissant que vous autres hommes ne pouvez le concevoir, peut seul attirer mon être vers cette terre que j'abandonne, non pas avec joie, ce serait une impiété, mais avec la profonde reconnaissance de la délivrance.

Lors de la souscription ouverte par la Société au profit des ouvriers de Lyon, en février 1862, un membre a versé 50 fr., dont 25 pour son propre compte, et 25 au nom de M. Jobard. Ce dernier donna à ce sujet la communication suivante :

Je suis flatté et reconnaissant de ne pas avoir été oublié parmi mes frères spirites. Merci au cœur généreux qui vous a porté l'offrande que je vous eusse donnée si j'avais encore habité votre monde. Dans celui où j'habite maintenant, on n'a pas besoin de monnaie : il m'a donc fallu puiser dans la bourse de l'amitié pour donner des preuves matérielles que j'étais touché de l'infortune de mes frères de Lyon. Braves travailleurs, qui ardemment cultivez la vigne du Seigneur, combien vous devez croire que la charité n'est pas un vain mot, puisque petits et grands vous ont montré sympathie et fraternité. Vous êtes dans la grande voie humanitaire du progrès ; puisse Dieu vous y maintenir, et puissiez-vous être plus heureux ; les Esprits amis vous soutiendront et vous triompherez !

Je commence à vivre spirituellement, plus paisible et moins troublé par les évocations à travers champs qui pleuvaient sur moi. La mode règne même sur les Esprits ; lorsque la mode Jobard fera place à une autre et que je rentrerai dans le néant de l'oubli humain, je prierai alors mes amis sérieux, et j'entends par là ceux dont l'intelligence n'oublie pas, je les prierai de m'évoquer ; alors nous creuserons des questions traitées trop superficiellement, et votre Jobard, complètement transfiguré, pourra vous être utile, ce qu'il souhaite de tout son cœur.

JOBARD.

Après les premiers temps consacrés à rassurer ses amis, M. Jobard a pris rang parmi les Esprits qui travaillent activement à la rénovation sociale, en attendant son prochain retour parmi les vivants pour y prendre une part plus directe. Depuis cette époque, il a souvent donné à la Société de Paris, dont il tient à rester membre, des communications d'une incontestable supériorité, sans se départir de l'originalité et des spirituelles boutades qui faisaient le fond de son caractère, et le font reconnaître avant qu'il ait donné sa signature.

SAMUEL PHILIPPE

Samuel Philippe était un homme de bien dans toute l'acception du mot ; nul ne se rappelait lui avoir vu commettre une méchante action, ni avoir fait volontairement tort à qui que ce soit. D'un dévoûment sans bornes pour ses amis, on était toujours certain de le trouver prêt quand il s'agissait de rendre service, fût-ce même aux dépens de ses intérêts. Peines, fatigues, sacrifices, rien ne lui coûtait pour être utile, et il le faisait naturellement, sans ostentation, s'étonnant qu'on pût lui en faire un mérite. Jamais il n'en a voulu à ceux qui lui avaient fait du mal, et il mettait à les obliger autant d'empressement que s'ils lui eussent fait du bien. Quand il avait affaire à des ingrats, il disait : « Ce n'est pas moi qu'il faut plaindre, mais bien eux. » Quoique très intelligent et doué de beaucoup d'esprit naturel, sa vie, toute de labeur, avait été obscure et semée de rudes épreuves. C'était une de ces natures d'élite qui fleurissent dans l'ombre, dont le monde ne parle point, et dont l'éclat ne rejaillit pas sur la terre. Il avait puisé dans la connaissance du Spiritisme une foi ardente en la vie future et une grande résignation dans les maux de la vie terrestre. Il est mort en décembre 1862, âgé de cinquante ans, à la suite d'une douloureuse maladie, sincèrement regretté de sa famille et de quelques amis. Il a été évoqué plusieurs mois après sa mort.

D. Avez-vous un souvenir net de vos derniers instants sur la terre ? — R. Parfaitement ; ce souvenir m'est revenu peu à peu, car à ce moment mes idées étaient encore confuses.

D. Voudriez-vous, pour notre instruction et par l'intérêt que nous inspire votre vie exemplaire, nous décrire comment s'est effectué pour vous le passage de la vie corporelle à la vie spirituelle, ainsi que votre situation dans le monde des Esprits ? — R. Volontiers ; cette relation ne sera pas seulement utile pour vous, elle le sera aussi pour moi. En reportant mes pensées sur la terre, la comparaison me fait mieux apprécier encore la bonté du Créateur.

Vous savez de combien de tribulations ma vie a été semée ; je n'ai jamais manqué de courage dans l'adversité, Dieu merci ! et aujourd'hui je m'en félicite. Que de choses j'aurais perdues si j'avais cédé au découragement ! Je frémis à cette seule pensée que, par ma défaillance, ce que j'ai enduré eût été sans profit et serait à recommencer. O mes amis ! puissiez-vous bien vous pénétrer de cette vérité ; il y va de votre bonheur futur. Non, certes, ce n'est pas acheter ce bonheur trop cher que de le payer par quelques années de souffrance. Si vous saviez combien quelques années sont peu de chose en présence de l'infini !

Si ma dernière existence a eu quelque mérite à vos yeux, vous n'en auriez pas dit autant de celles qui l'ont précédée. Ce n'est qu'à force de travail sur moi-même que je me suis fait ce que je suis maintenant. Pour effacer les dernières traces de mes fautes antérieures, il me fallait encore subir ces dernières épreuves que j'ai volontairement acceptées. J'ai puisé dans la fermeté de mes résolutions la force de les supporter sans murmure. Je les bénis aujourd'hui, ces épreuves ; par elles j'ai rompu avec le passé, qui n'est plus pour moi qu'un souvenir, et je puis désormais contempler avec une légitime satisfaction le chemin que j'ai parcouru.

O vous qui m'avez fait souffrir sur la terre, qui avez été durs et malveillants pour moi, qui m'avez humilié et abreuvé d'amertume, dont la mauvaise foi m'a souvent réduit aux plus dures privations, non-seulement je vous pardonne, mais je vous remercie. En voulant me faire du mal, vous ne vous doutiez pas que vous me feriez autant de bien. Il est pourtant vrai que c'est à vous en grande partie que je dois le bonheur dont je jouis, car vous m'avez fourni l'occasion de pardonner et de rendre le bien pour le mal. Dieu vous a mis sur ma route pour éprouver ma patience et m'exercer à la pratique de la charité la plus difficile : celle de l'amour de ses ennemis.

Ne vous impatientez pas de cette digression ; j'arrive à ce que vous me demandez.

Quoique souffrant cruellement dans ma dernière maladie, je n'ai point eu d'agonie ; la mort est venue pour moi, comme le sommeil, sans lutte, sans secousses. N'ayant pas d'appréhension de l'avenir, je ne me suis pas cramponné à la vie ; je n'ai point eu, par conséquent, à me débattre sous les dernières étreintes ; la séparation s'est opérée sans efforts, sans douleur, et sans que je m'en sois aperçu.

J'ignore combien a duré ce dernier sommeil, mais il a été court. Le réveil a été d'un calme qui contrastait avec mon état précédent ; je ne sentais plus de douleur et je m'en réjouissais ; je voulais me lever, marcher, mais un engourdissement qui n'avait rien de désagréable, qui avait même un certain charme, me retenait, et je m'y abandonnais avec une sorte de volupté sans me rendre aucun compte de ma situation et sans me douter que j'avais quitté la terre. Ce qui m'entourait m'apparaissait comme dans un rêve. Je vis ma femme et quelques amis à genoux dans la chambre et pleurant, et je me dis que sans doute ils me croyaient mort; je voulus les désabuser, mais je ne pus articuler aucune parole, d'où je conclus que je rêvais. Ce qui me confirma dans cette idée, c'est que je me vis entouré de plusieurs personnes aimées, mortes depuis longtemps, et d'autres que je ne reconnus pas au premier abord, et qui semblaient veiller sur moi et attendre mon réveil.

Cet état fut entremêlé d'instants de lucidité et de somnolence, pendant lesquels je recouvrais et perdais alternativement la conscience de mon *moi*. Peu à peu mes idées acquirent plus de netteté; la lumière que je n'entrevoyais qu'à travers un brouillard, se fit plus brillante; alors je commençai à me reconnaître et compris que je n'appartenais plus au monde terrestre. Si je n'avais pas connu le Spiritisme, l'illusion se fût sans doute prolongée beaucoup plus longtemps.

Ma dépouille mortelle n'était pas encore ensevelie; je la considérai avec pitié, me félicitant d'en être enfin débarrassé. J'étais si heureux d'être libre! Je respirais à l'aise comme quelqu'un qui sort d'une atmosphère nauséabonde; une indicible sensation de bonheur pénétrait tout mon être; la présence de ceux que j'avais aimés me comblait de joie; je n'étais nullement surpris de les voir; cela me paraissait tout naturel, mais il me semblait les revoir après un long voyage. Une chose m'étonna d'abord, c'est que nous nous comprenions sans articuler aucune parole; nos pensées se transmettaient par le seul regard et comme par une pénétration fluidique.

Cependant je n'étais point encore complétement affranchi des idées terrestres ; le souvenir de ce que j'avais enduré me revenait de temps en temps à la mémoire, comme pour me faire mieux apprécier ma nouvelle situation. J'avais souffert corporellement, mais surtout moralement; j'avais été en butte à la malveillance, à ces mille perplexités plus pénibles peut-être que les malheurs réels, parce qu'elles causent une anxiété perpétuelle. Leur impression n'était pas entièrement effacée, et parfois je me demandais si j'en étais bien réellement débarrassé; il me semblait encore entendre certaines voix désagréables; j'appréhendais les embarras qui m'avaient si souvent tourmenté, et je tremblais malgré moi; je me tâtais, pour ainsi dire, pour m'assurer que je n'étais pas le jouet d'un songe; et quand j'avais acquis la certitude que tout cela était bien fini, il me semblait qu'un poids énorme m'était enlevé. Il est donc bien vrai, me disais-je, que je suis enfin affranchi de tous ces soucis qui font le tourment de la vie, et j'en rendais grâce à Dieu. J'étais comme un pauvre à qui échoit tout à coup une grande fortune; pendant quelque temps, il doute de la réalité et ressent les appréhensions du besoin. Oh! si les hommes comprenaient la vie future, quelle force, quel courage cette conviction ne leur donnerait-elle pas dans l'adversité! Que ne feraient-ils pas, pendant qu'ils sont sur la terre, pour s'y assurer le bonheur que Dieu réserve à ceux de ses enfants qui ont été dociles à ses lois! Ils verraient combien les jouissances qu'ils envient sont peu de chose auprès de celles qu'ils négligent!

D. Ce monde si nouveau pour vous, et auprès duquel le nôtre est si peu de chose, les nombreux amis que vous y avez retrouvés vous ont-ils fait perdre de vue votre famille et vos amis sur la terre? — R. Si je les avais oubliés, je serais indigne du bonheur dont je jouis; Dieu ne récompense pas l'égoïsme, il le punit. Le monde où je suis peut me faire dédaigner la terre, mais non les Esprits qui y sont incarnés. Ce n'est que parmi les hommes qu'on voit la prospérité faire oublier les compagnons d'infortune. Je vais revoir souvent les miens; je suis heureux du bon souvenir qu'ils ont gardé de moi; leur pensée m'attire vers eux; j'assiste à leurs entretiens, je jouis de leurs joies, leurs peines m'attristent, mais ce n'est point cette tristesse anxieuse de la vie humaine, parce que je comprends qu'elles ne sont que passagères et sont pour leur bien. Je suis heureux de penser qu'un jour ils viendront dans ce séjour fortuné où la douleur est inconnue. C'est à les en rendre dignes que je m'applique; je m'efforce de leur suggérer de bonnes pensées et surtout la résignation que j'ai eue moi-même à la volonté de Dieu. Ma plus grande peine, c'est quand je les vois retarder ce moment par leur manque de courage, leurs murmures, le doute sur l'avenir, ou par quelque action répréhensible. Je tâche alors de les détourner de la mauvaise voie; si je réussis, c'est un grand bonheur pour moi, et nous nous en réjouissons tous ici; si j'échoue, je me dis avec regret : Encore un retard pour eux; mais je me console en pensant que tout n'est pas perdu sans retour.

M. VAN DURST

Ancien fonctionnaire, mort à Anvers en 1863, à l'âge de quatre-vingts ans.

Peu de temps après sa mort, un médium ayant demandé à son guide spirituel si on pouvait l'évoquer, il lui fut répondu : « Cet Esprit sort lentement de son trouble; il pourrait déjà vous répondre, mais la communication lui coûterait beaucoup plus de peine. Je vous prie donc d'attendre encore quatre jours, et il vous répondra. D'ici là il saura déjà les bonnes intentions que vous avez exprimées à son égard, et il viendra à vous reconnaissant et en bon ami. »

Quatre jours plus tard l'Esprit dicta ce qui suit :

Mon ami, ma vie fut d'un bien petit poids dans la balance de l'éternité; cependant je suis loin d'être malheureux; je suis dans la condition humble, mais relativement heureuse de celui qui fit peu de mal sans pour cela viser à la perfection. S'il y a des gens heureux dans une petite sphère, eh bien ! je suis de ceux-là. Je ne regrette qu'une chose, c'est de n'avoir pas connu ce que vous savez maintenant; mon trouble aura été moins long et moins pénible. Il a été grand, en effet : vivre et ne pas vivre; voir son corps, y être fortement attaché, et cependant ne plus pouvoir s'en servir; voir ceux qu'on a aimés et sentir s'éteindre la pensée qui nous rattache à eux, que c'est terrible ! Oh ! quel moment cruel ! Quel moment, lorsque l'étourdissement vous saisit et vous étrangle ! et un instant après, ténèbres. Sentir, et un moment après, être anéanti. On veut avoir la conscience de son *moi*, et on ne peut la recouvrer; on n'est plus, et cependant on sent que l'on est; mais on est dans un trouble profond ! Et puis, après un temps inappréciable, temps d'angoisses contenues, car on n'a plus la force de les sentir, après ce temps qui semble interminable, renaître lentement à l'existence; s'éveiller dans un nouveau monde ! Plus de corps matériel, plus de vie terrestre : la vie immortelle ! Plus d'hommes charnels, mais des formes légères, des Esprits qui glissent de tous côtés, tournoient autour de vous et que vous ne pouvez tous embrasser du regard, car c'est dans l'infini qu'ils flottent! Avoir devant soi l'espace et pouvoir le franchir par la seule volonté; communiquer par la pensée avec tout ce qui vous entoure! Ami, quelle vie nouvelle! quelle vie brillante! quelle vie de jouissances!... Salut, oh! salut, éternité qui me contiens dans ton sein!... Adieu, terre qui me retins si longtemps loin de l'élément naturel de mon âme! Non, je ne voudrais plus de toi, car tu es la terre d'exil et ton plus grand bonheur n'est rien!

Mais si j'avais su ce que vous savez, comme cette initiation à l'autre vie m'aurait été plus facile et plus agréable! J'aurais su avant de mourir ce que j'ai dû apprendre plus tard, au moment de la séparation, et mon âme se serait dégagée plus facilement. Vous êtes sur la voie, mais jamais, non jamais vous n'irez assez loin! Dites-le à mon fils, mais dites-le-lui tant, qu'il croie et qu'il s'instruise; alors à son arrivée ici nous ne serons pas séparés.

Adieu à tous, amis, adieu; je vous attends, et pendant le temps que vous serez sur la terre, je viendrai souvent m'instruire près de vous, car je ne sais pas encore autant que plusieurs d'entre vous; mais je l'apprendrai vite ici où je n'ai plus d'entraves qui me retiennent, et où je n'ai plus d'âge qui affaiblisse mes forces. Ici on vit à grands traits et l'on avance, car devant soi on voit des horizons si beaux qu'on est impatient de les embrasser.

Adieu, je vous quitte, adieu.   Van Durst.

SIXDENIERS

Homme de bien, mort par accident, et connu du médium de son vivant.

(Bordeaux, 11 février 1861.)

D. Pouvez-vous me donner quelques détails sur votre mort ? — R. Une fois noyé, oui. — D. Pourquoi pas avant ? — R. Tu les connais. (Le médium les connaissait effectivement.) — D. Veuillez donc me décrire vos sensations après votre mort ?

R. J'ai été longtemps avant de me reconnaître, mais avec la grâce de Dieu et l'aide de ceux qui m'entouraient, quand la lumière s'est faite, j'ai été inondé. Tu peux espérer : tu trouveras toujours plus que tu n'attendras. Rien de matériel ; tout frappe les sens cachés : ce que ne peut toucher ni l'œil ni la main ; me comprends-tu ? C'est une admiration spirituelle qui dépasse votre entendement, parce qu'il n'y a pas de mots pour l'expliquer : cela ne peut se sentir qu'avec l'âme.

Mon réveil a été bien heureux. La vie est un de ces rêves que, malgré l'idée grotesque que l'on attache à ce mot, je ne puis qualifier que d'affreux cauchemar. Rêve que tu es enfermée dans un cachot infect, que ton corps rongé par les vers qui s'introduisent jusque dans la moelle des os, est suspendu sur une fournaise ardente; que ta bouche desséchée ne trouve même pas l'air pour la rafraîchir; que ton Esprit frappé d'horreur ne voit autour de toi que des monstres prêts à te dévorer; figure-toi enfin tout ce que le fantastique du rêve peut enfanter de plus hideux, de plus horrible, et trouve-toi tout à coup transportée dans un Éden délicieux.

Éveille-toi entourée de tous ceux que tu as aimés et pleurés ; vois autour de toi leurs visages adorés te sourire avec bonheur ; respire les parfums les plus suaves, rafraîchis ta gorge desséchée à la source d'eau vive ; sens ton corps élevé dans l'espace infini qui le porte et le berce comme le fait la brise d'une fleur détachée de la cime d'un arbre ; sens-toi enveloppée de l'amour de Dieu comme l'enfant qui naît est enveloppé de l'amour de sa mère, et tu n'auras qu'une idée imparfaite de cette transition. J'ai tâché de t'expliquer le bonheur de la vie qui attend l'homme après la mort de son corps, mais je n'ai pas pu. Explique-t-on l'infini à celui qui a les yeux fermés à la lumière et dont les membres n'ont jamais pu sortir du cercle étroit où ils sont enfermés ? Pour t'expliquer le bonheur éternel, je te dirai : aime ! car l'amour seul peut le faire pressentir ; et qui dit amour, dit absence d'égoïsme.

D. Votre position a-t-elle été heureuse dès votre entrée dans le monde des Esprits ? — R. Non ; j'ai eu à payer la dette de l'homme. Mon cœur m'avait fait pressentir l'avenir de l'Esprit, mais je n'avais pas la foi. J'ai dû expier mon indifférence pour mon Créateur, mais sa miséricorde m'a tenu compte du peu de bien que j'avais pu faire, des douleurs que j'avais éprouvées avec résignation malgré ma souffrance, et sa justice qui tient une balance que les hommes ne comprendront jamais, a pesé le bien avec tant de bonté et d'amour, que le mal a été vite effacé.

D. Voudriez-vous me donner des nouvelles de votre fille ? (morte quatre ou cinq ans après son père.) — R. Elle est en mission sur votre terre.

D. Est-elle heureuse comme créature ? Je ne veux pas

vous faire de question indiscrète. — R. Je le sais bien; est-ce que je ne vois pas ta pensée comme *un tableau* devant mes yeux? Non, comme créature elle n'est pas heureuse, au contraire; toutes les misères de votre vie doivent l'atteindre; mais elle doit prêcher d'exemple ces grandes vertus dont vous faites de grands mots ; je l'aiderai, car je dois veiller sur elle; mais elle n'aura pas grand'peine à surmonter les obstacles; *elle n'est pas en expiation, mais en mission*. Rassure-toi donc pour elle et merci de ton souvenir.

A ce moment le médium éprouve une difficulté à écrire, et il dit : si c'est un Esprit souffrant qui m'arrête, je le prie de s'inscrire. — R. Une malheureuse.

D. Veuillez me dire votre nom? — R. Valérie.

D. Voulez-vous me dire ce qui a attiré le châtiment sur vous? — R. Non.

D. Vous repentez-vous de vos fautes? — R. Tu le vois bien.

D. Qui vous a amenée ici? — R. Sixdeniers.

D. Dans quel but l'a-t-il fait? — R. Pour que tu m'aides.

D. Est-ce vous qui m'avez empêchée d'écrire tout à l'heure? — R. Il m'a mise à sa place.

D. Quel rapport y a-t-il entre vous?— R. Il me conduit.

D. Demandez-lui de se joindre à nous pour la prière. — (Après la prière, Sixdeniers reprend :) Merci pour elle ; tu as compris, je ne t'oublierai pas ; pense à elle.

D. (A Sixdeniers). Comme Esprit, avez-vous beaucoup d'Esprits souffrants à guider? — R. Non ; mais sitôt que nous en avons ramené un au bien, nous en prenons un autre, sans pour cela abandonner les premiers.

D. Comment pouvez-vous suffire à une surveillance qui doit se multiplier à l'infini avec les siècles ? — R. Comprends que ceux que nous avons ramenés s'épurent et progressent ; donc ils nous donnent moins de peine ; et en même temps nous nous élevons nous-mêmes, et, en montant, nos facultés progressent, notre pouvoir rayonne en proportion de notre pureté.

Remarque. Les Esprits inférieurs sont donc assistés par de bons Esprits qui ont pour mission de les guider ; cette tâche n'est pas exclusivement dévolue aux incarnés, mais ceux-ci doivent y concourir, parce que c'est pour eux un moyen d'avancement. Lorsqu'un Esprit inférieur vient se mettre à la traverse d'une bonne communication, comme dans le cas présent, il ne le fait sans doute pas toujours dans une bonne intention, mais les bons Esprits le permettent, soit comme épreuve, soit afin que celui auquel il s'adresse travaille à son amélioration. Sa persistance, il est vrai, dégénère parfois en obsession, mais plus elle est tenace, plus elle prouve combien est grand le besoin d'assistance. C'est donc un tort de le rebuter ; il faut le regarder comme un pauvre qui vient demander l'aumône et se dire : C'est un Esprit malheureux que les bons Esprits m'envoient pour faire son éducation. Si je réussis, j'aurai la joie d'avoir ramené une âme au bien, et d'avoir abrégé ses souffrances. Cette tâche est souvent pénible ; il serait sans doute plus agréable d'avoir toujours de belles communications, et de ne converser qu'avec les Esprits de son choix ; mais ce n'est pas en ne cherchant que sa propre satisfaction, et en refusant les occasions qu'on nous offre de faire le bien, qu'on mérite la protection des bons Esprits.

LE DOCTEUR DEMEURE
Mort à Albi (Tarn), le 25 janvier 1865.

M. Demeure était un médecin homœopathe très-distingué d'Albi. Son caractère, autant que son savoir, lui avait concilié l'estime et la vénération de ses concitoyens. Sa bonté et sa charité étaient inépuisables, et, malgré son grand âge, aucune fatigue ne lui coûtait quand il s'agissait d'aller donner des soins à de pauvres malades. Le prix de ses visites était le moindre de ses soucis; il regardait moins à se déranger pour le malheureux que pour celui qu'il savait pouvoir payer, parce que, disait-il, ce dernier, à défaut de lui, pouvait toujours se procurer un médecin. Au premier, non-seulement il donnait les remèdes gratuitement, mais souvent il laissait de quoi subvenir aux besoins matériels, ce qui, parfois, est le plus utile des médicaments. On peut dire de lui qu'il était le curé d'Ars de la médecine.

M. Demeure avait embrassé avec ardeur la doctrine spirite, dans laquelle il avait trouvé la clef des plus graves problèmes dont il avait vainement demandé la solution à la science et à toutes les philosophies. Son Esprit profond et investigateur lui en fit immédiatement comprendre toute la portée, aussi fut-il un de ses plus zélés propagateurs. Des rapports de vive et mutuelle sympathie s'étaient établis entre lui et nous par correspondance.

Nous apprîmes sa mort le 30 janvier, et notre première pensée fut de nous entretenir avec lui. Voici la communication qu'il nous donna le même jour :

« Me voilà. Je m'étais promis, vivant, que, dès que je serais mort, je viendrais, si cela m'était possible, serrer la main à mon cher maître et ami, M. Allan Kardec.

« La mort avait donné à mon âme ce lourd sommeil qu'on nomme léthargie ; mais ma pensée veillait. J'ai secoué cette torpeur funeste qui prolonge le trouble qui suit la mort, je me suis réveillé, et d'un bond j'ai fait le voyage.

« Que je suis heureux ! Je ne suis plus vieux ni infirme ; mon corps n'était qu'un déguisement imposé ; je suis jeune et beau, beau de cette éternelle jeunesse des Esprits dont les rides ne plissent jamais le visage, dont les cheveux ne blanchissent pas sous la durée du temps. Je suis léger comme l'oiseau qui traverse d'un vol rapide l'horizon de votre ciel nébuleux, et j'admire, je contemple, je bénis, j'aime et je m'incline, atome, devant la grandeur, la sagesse, la science de notre Créateur, devant les merveilles qui m'entourent.

« Je suis heureux ; je suis dans la gloire ! Oh ! qui pourra jamais redire les splendides beautés de la terre des élus ; les cieux, les mondes, les soleils, leur rôle dans le grand concours de l'harmonie universelle ? Eh bien ! j'essayerai, ô mon maître ; je vais en faire l'étude, je viendrai déposer près de vous l'hommage de mes travaux d'Esprit que je vous dédie à l'avance. A bientôt.

« Demeure. »

Les deux communications suivantes, données le 1ᵉʳ et le 2 février, sont relatives à la maladie dont nous étions atteint à ce moment. Quoiqu'elles soient personnelles, nous les reproduisons, parce qu'elles prouvent que M. Demeure est aussi bon comme Esprit qu'il l'était comme homme.

« Mon bon ami, ayez confiance en nous et bon courage ; cette crise, quoique fatigante et douloureuse, ne sera pas longue, et, avec les ménagements prescrits, vous pourrez, selon vos désirs, compléter l'œuvre dont votre existence a été le but principal. C'est pourtant moi qui suis toujours là, près de vous, avec l'Esprit de *Vérité* qui me permets de prendre en son nom la parole comme le dernier de vos amis venus parmi les Esprits. Ils me font les honneurs de la bienvenue. Cher maître, que je suis heureux d'être mort à temps pour être avec eux en ce moment! Si j'étais mort plus tôt, j'aurais peut-être pu vous éviter cette crise que je ne prévoyais pas; il y avait trop peu de temps que j'étais désincarné pour m'occuper d'autre chose que du spirituel; mais maintenant je veillerai sur vous, cher maître, c'est votre frère et ami qui est heureux d'être Esprit pour être auprès de vous et vous donner des soins dans votre maladie; mais vous connaissez le proverbe : « Aide-toi, « le ciel t'aidera. » Aidez donc les bons Esprits dans les soins qu'ils vous donnent, en vous conformant strictement à leurs prescriptions.

« Il fait trop chaud ici ; ce charbon est fatigant. Tant que vous êtes malade, n'en brûlez pas; il continue à augmenter votre oppression ; les gaz qui s'en dégagent sont délétères.

« Votre ami, Demeure. »

« C'est moi, Demeure, l'ami de M. Kardec. Je viens lui dire que j'étais près de lui lors de l'accident qui lui est arrivé, et qui aurait pu être funeste sans une intervention efficace à laquelle j'ai été heureux de concourir. D'après mes observations et les renseignements que j'ai puisés à bonne source, il est évident pour moi que, plus tôt sa désincarnation s'opérera, plus tôt pourra se faire la réincarnation par laquelle il viendra achever son œuvre. Cependant il lui faut donner, avant de partir, la dernière main aux ouvrages qui doivent compléter la théorie doctrinale dont il est l'initiateur, et il se rend coupable d'homicide volontaire en contribuant, par excès de travail, à la défectuosité de son organisation qui le menace d'un subit départ pour nos mondes. Il ne faut pas craindre de lui dire toute la vérité, pour qu'il se tienne sur ses gardes et suive à la lettre nos prescriptions.

« DEMEURE. »

La communication suivante a été obtenue à Montauban, le 26 janvier, lendemain de sa mort, dans le cercle des amis spirites qu'il avait dans cette ville.

« Antoine Demeure. Je ne suis pas mort pour vous, mes bons amis, mais pour ceux qui ne connaissent pas, comme vous, cette sainte doctrine qui réunit ceux qui se sont aimés sur cette terre, et qui ont eu les mêmes pensées et les mêmes sentiments d'amour et de charité.

« Je suis heureux ; plus heureux que je ne pouvais l'espérer, car je jouis d'une lucidité rare chez les Esprits dégagés de la matière depuis si peu de temps. Prenez courage, mes bons amis ; je serai souvent près de vous, et ne manquerai pas de vous instruire sur bien des choses que nous ignorons lorsque nous sommes attachés à notre pauvre matière qui nous cache tant de magnificences et tant de jouissances. Priez pour ceux qui sont privés de ce bonheur, car ils ne savent pas le mal qu'ils se font à eux-mêmes.

« Je ne continuerai pas plus longtemps aujourd'hui, mais je vous dirai que je ne me trouve pas du tout étranger dans ce monde des invisibles; il me semble que je l'ai toujours habité. J'y suis heureux, car j'y vois mes amis, et je peux me communiquer à eux toutes les fois que je le désire.

« Ne pleurez pas, mes amis; vous me feriez regretter de vous avoir connus. Laissez faire le temps, et Dieu vous conduira à ce séjour où nous devons tous nous trouver réunis. Bonsoir, mes amis : que Dieu vous console; je suis là près de vous.

« Demeure. »

Une autre lettre de Montauban contient le récit suivant :

« Nous avions caché à madame G..., médium voyant et somnambule très-lucide, la mort de M. Demeure, pour ménager son extrême sensibilité, et le bon docteur, entrant sans doute dans nos vues, avait évité de se manifester à elle. Le 10 février dernier, nous étions réunis sur l'invitation de nos guides qui, disaient-ils, voulaient soulager madame G... d'une entorse dont elle souffrait cruellement depuis la veille. Nous n'en savions pas davantage, et nous étions loin de nous attendre à la surprise qu'ils nous ménageaient. A peine cette dame fut-elle en somnambulisme, qu'elle fit entendre des cris déchirants en montrant son pied. Voici ce qui se passait :

« Madame G... voyait un Esprit courbé sur sa jambe, et dont les traits lui restaient cachés; il opérait des frictions et des massages, en exerçant de temps à autre sur la partie malade une traction longitudinale, absolument comme aurait pu le faire un médecin. L'opération était si douloureuse que la patiente se laissait aller parfois à des vociférations et à des mouvements désordonnés. Mais la crise ne fut pas de longue durée ; au bout de dix minutes toute trace d'entorse avait disparu, plus d'enflure, le pied avait repris son apparence normale ; madame G... était guérie.

« Cependant l'Esprit restait toujours inconnu du médium, et persistait à ne pas montrer ses traits ; il avait même l'air de vouloir s'enfuir, lorsque d'un bond notre malade, qui, quelques minutes auparavant, ne pouvait faire un pas, s'élance au milieu de la chambre pour saisir et presser la main de son docteur spirituel. Cette fois encore l'Esprit avait détourné la tête tout en laissant sa main dans la sienne. A ce moment, madame G... jette un cri, et tombe évanouie sur le parquet ; elle venait de reconnaître M. Demeure dans l'Esprit guérisseur. Pendant la syncope, elle recevait les soins empressés de plusieurs Esprits sympathiques. Enfin la lucidité somnambulique ayant reparu, elle causa avec les Esprits, échangeant avec eux de chaudes poignées de main, notamment avec l'Esprit du docteur qui répondait à ses témoignages d'affection en la pénétrant d'un fluide réparateur.

« Cette scène n'est-elle pas saisissante et dramatique, et ne croirait-on pas voir tous ces personnages jouer leur rôle dans la vie humaine ? N'est-ce pas une preuve entre mille que les Esprits sont des êtres bien réels, ayant un corps et agissant comme ils le faisaient sur la terre ? Nous étions heureux de retrouver notre ami spiritualisé, avec son excellent cœur et sa délicate sollicitude. Il avait été, pendant sa vie, le médecin du médium ; il connaissait son extrême sensibilité, et l'avait ménagé comme son propre enfant. Cette preuve d'identité donnée à ceux que l'Esprit aimait, n'est-elle pas frappante et n'est-elle pas bien faite pour faire envisager la vie future sous son aspect le plus consolant? »

Remarque. — La situation de M. Demeure, comme Esprit, est bien celle que pouvait faire pressentir sa vie si dignement et si utilement remplie; mais un autre fait non moins instructif ressort de ces communications, c'est l'activité qu'il déploie presque immédiatement après sa mort, pour être utile. Par sa haute intelligence et ses qualités morales, il appartient à l'ordre des Esprits très-avancés; il est heureux, mais son bonheur n'est pas l'inaction. A quelques jours de distance, il soignait des malades comme médecin, et, à peine dégagé, il s'empresse d'aller en soigner comme Esprit. Que gagne-t-on donc à être dans l'autre monde, diront certaines personnes, si l'on n'y jouit pas du repos? A cela nous leur demanderons d'abord si ce n'est rien de n'avoir plus ni soucis, ni les besoins, ni les infirmités de la vie, d'être libre, et de pouvoir, sans fatigue, parcourir l'espace avec la rapidité de la pensée, aller voir ses amis à toute heure, à quelque distance qu'ils se trouvent? Puis nous ajouterons : Lorsque vous serez dans l'autre monde, rien ne vous forcera de faire quoi que ce soit; vous serez parfaitement libres de rester dans une béate oisiveté aussi longtemps que cela vous plaira; mais vous vous lasserez bientôt de ce repos égoïste; vous serez les premiers à demander une occupation. Alors il vous sera répondu : Si vous vous ennuyez de ne rien faire, cherchez vous-mêmes à faire quelque chose; les occasions d'être utile ne manquent pas plus dans le monde des Esprits que parmi les hommes. C'est ainsi que l'activité spirituelle n'est point une contrainte; elle est un besoin, une satisfaction pour les Esprits qui recherchent les occupations en rapport avec leurs goûts et leurs aptitudes, et choisissent de préférence celles qui peuvent aider à leur avancement.

Mme Vve FOULON, née WOLLIS.

Madame Foulon, morte à Antibes, le 3 février 1865, avait longtemps habité le Havre, où elle s'était fait une réputation comme miniaturiste très-habile. Son talent remarquable ne fut d'abord pour elle qu'une distraction d'amateur; mais plus tard, quand vinrent de mauvais jours, elle sut s'en faire une précieuse ressource. Ce qui la faisait surtout aimer et estimer, ce qui rend sa mémoire chère à tous ceux qui l'ont connue, c'est l'aménité de son caractère; ce sont ses qualités privées dont ceux qui connaissent sa vie intime peuvent seuls apprécier toute l'étendue; car, comme tous ceux en qui le sentiment du bien est inné, elle n'en faisait point étalage, elle ne s'en doutait même pas. S'il est quelqu'un sur qui l'égoïsme n'avait aucune prise, c'était elle, sans doute; jamais peut-être le sentiment de l'abnégation personnelle ne fut porté plus loin; toujours prête à sacrifier son repos, sa santé, ses intérêts pour ceux à qui elle pouvait être utile, sa vie n'a été qu'une longue suite de dévoûments, comme elle n'a été, depuis sa jeunesse, qu'une longue suite de rudes et cruelles épreuves devant lesquelles son courage, sa résignation et sa persévérance n'ont jamais failli. Mais, hélas ! sa vue, fatiguée par un travail minutieux, s'éteignait de jour en jour; encore quelque temps, et la cécité, déjà très-avancée, eût été complète.

Lorsque madame Foulon eut connaissance de la doctrine spirite, ce fut pour elle comme un trait de lumière ; il lui sembla qu'un voile se levait sur quelque chose qui ne lui était point inconnu, mais dont elle n'avait qu'une vague intuition ; aussi l'étudia-t-elle avec ardeur, mais en même temps avec cette lucidité d'esprit, cette justesse d'appréciation qui était le propre de sa haute intelligence. Il faut connaître toutes les perplexités de sa vie, perplexités qui avaient toujours pour mobile, non elle-même, mais les êtres qui lui étaient chers, pour comprendre toutes les consolations qu'elle puisa dans cette sublime révélation qui lui donnait une foi inébranlable dans l'avenir, et lui montrait le néant des choses terrestres.

Sa mort a été digne de sa vie. Elle en a vu les approches sans aucune appréhension pénible : c'était pour elle la délivrance des liens terrestres, qui devait lui ouvrir cette vie spirituelle bienheureuse avec laquelle elle s'était identifiée par l'étude du Spiritisme. Elle est morte avec calme, parce qu'elle avait la conscience d'avoir accompli la mission qu'elle avait acceptée en venant sur la terre, d'avoir scrupuleusement rempli ses devoirs d'épouse et de mère de famille, parce qu'aussi elle avait, pendant sa vie, abjuré tout ressentiment contre ceux dont elle avait à se plaindre, et qui l'avaient payée d'ingratitude ; qu'elle leur avait toujours rendu le bien pour le mal, et qu'elle a quitté la vie en leur pardonnant, s'en remettant pour elle-même à la bonté et à la justice de Dieu. Elle est morte enfin avec la sérénité que donne une conscience pure, et la certitude d'être moins séparée de ses enfants que pendant la vie corporelle, puisqu'elle pourra désormais être avec eux en Esprit, sur quelque point du globe qu'ils se trouvent, les aider de ses conseils, et les couvrir de sa protection.

Dès que nous connûmes la mort de madame Foulon, notre premier désir fut de nous entretenir avec elle. Les rapports d'amitié et de sympathie qu'avait fait naître entre elle et nous la doctrine spirite, expliquent quelques-unes de ses paroles et la familiarité de son langage.

1

(Paris, 6 février 1865, trois jours après sa mort.)

J'étais sûre que vous auriez la pensée de m'évoquer aussitôt après ma délivrance, et je me tenais prête à vous répondre, car je n'ai pas connu de trouble ; il n'y a que ceux qui ont peur qui sont enveloppés de ses épaisses ténèbres.

Eh bien ! mon ami, je suis heureuse maintenant ; ces pauvres yeux qui s'étaient affaiblis, et qui ne me laissaient que le souvenir des prismes qui avaient coloré ma jeunesse de leur chatoyant éclat, se sont ouverts ici et ont retrouvé les splendides horizons qu'idéalisent, dans leurs vagues reproductions, quelques-uns de vos grands artistes, mais dont la réalité majestueuse, sévère et pourtant pleine de charmes, est empreinte de la plus complète réalité.

Il n'y a que trois jours que je suis morte, et je sens que je suis artiste ; mes aspirations vers l'idéal de la beauté dans l'art, n'étaient que l'intuition de facultés que j'avais étudiées et acquises dans d'autres existences et qui se sont développées dans ma dernière. Mais que j'ai à faire pour reproduire un chef-d'œuvre digne de la grande scène qui frappe l'esprit en arrivant dans la région de la lumière! Des pinceaux! des pinceaux! et je prouverai au monde que l'art spirite est le couronnement de l'art païen, de l'art chrétien qui périclite, et qu'au Spiritisme seul est réservée la gloire de le faire revivre dans tout son éclat sur votre monde déshérité.

Assez pour l'artiste ; au tour de l'amie.

Pourquoi, bonne amie (madame Allan Kardec), vous affecter ainsi de ma mort? Vous surtout qui connaissez les déceptions et les amertumes de ma vie, vous devriez vous réjouir, au contraire, de voir que maintenant je n'ai plus à boire dans la coupe amère des douleurs terrestres que j'ai vidée jusqu'à la lie. Croyez-moi, les morts sont plus heureux que les vivants, et c'est douter de la vérité du Spiritisme de les pleurer. Vous me reverrez, soyez-en sûre; je suis partie la première parce que ma tâche était finie ici-bas; chacun a la sienne à remplir sur la terre, et quand la vôtre sera finie, vous viendrez vous reposer un peu près de moi, pour recommencer ensuite, s'il le faut, attendu qu'il n'est pas dans la nature de rester inactif. Chacun a ses tendances et y obéit; c'est une loi suprême qui prouve la puissance du libre arbitre; aussi, bonne amie, indulgence et charité, nous en avons tous besoin réciproquement, soit dans le monde visible, soit dans le monde invisible ; avec cette devise, tout va bien.

Vous ne me diriez pas de m'arrêter. Savez-vous que je cause longuement pour la première fois ! aussi je vous laisse; au tour de mon excellent ami, M. Kardec. Je veux le remercier des affectueuses paroles qu'il a bien voulu adresser à l'amie qui l'a devancé dans la tombe ; car nous avons failli partir ensemble pour le monde où je me trouve, mon bon ami ! (Allusion à la maladie dont parle le docteur Demeure.) Qu'aurait-elle dit, la compagne bien-aimée de vos jours, si les bons Esprits n'y avaient mis bon ordre ? C'est alors qu'elle aurait pleuré et gémi, et je le comprends ; mais aussi il faut qu'elle veille à ce que vous ne vous exposiez pas de nouveau au danger avant d'avoir fini votre travail d'initiation spirite, sans cela vous courrez risque d'arriver trop tôt parmi nous et de ne voir, comme Moïse, la Terre promise que de loin. Tenez-vous donc sur vos gardes, c'est une amie qui vous en prévient.

Maintenant, je m'en vais ; je retourne près de mes chers enfants ; puis je vais voir, par delà les mers, si ma brebis voyageuse est enfin arrivée au port, ou si elle est le jouet de la tempête. (Une de ses filles qui habitait l'Amérique.) Que les bons Esprits la protégent ; je vais me joindre à eux pour cela. Je reviendrai causer avec vous, car je suis une causeuse infatigable ; vous vous en souvenez. Au revoir donc, bons et chers amis ; à bientôt.

Veuve FOULON.

II

(6 février 1865.)

D. Chère madame Foulon, je suis bien heureux de la communication que vous m'avez fait donner l'autre jour et de votre promesse de continuer nos entretiens.

Je vous ai parfaitement reconnue dans la communication ; vous y parlez de choses ignorées du médium et qui ne peuvent venir que de vous ; puis votre langage affectueux à notre égard, est bien celui de votre âme aimante ; mais il y a dans vos paroles une assurance, un aplomb, une fermeté que je ne vous connaissais pas de votre vivant. Vous savez qu'à ce sujet je me suis permis plus d'une admonition en certaines circonstances.

R. C'est vrai ; mais dès que je me suis vue gravement malade, j'ai recouvré ma fermeté d'esprit, perdue par les chagrins et les vicissitudes qui m'avaient parfois rendue craintive pendant la vie. Je me suis dit : Tu es spirite; oublie la terre ; prépare-toi à la transformation de ton être, et vois, par la pensée, le sentier lumineux que doit suivre ton âme en quittant ton corps, et qui la conduira, heureuse et délivrée, dans les sphères célestes où tu dois vivre désormais.

Vous me direz que c'était un peu présomptueux de ma part de compter sur le bonheur parfait en quittant la terre, mais j'avais tant souffert que j'avais dû expier mes fautes de cette existence et des existences précédentes. Cette intuition ne m'avait pas trompée, et c'est elle qui m'a rendu le courage, le calme et la fermeté des derniers instants : cette fermeté s'est naturellement accrue quand, après ma délivrance, j'ai vu mes espérances réalisées.

D. Veuillez maintenant nous décrire votre passage, votre réveil et vos premières impressions.

R. J'ai souffert, mais mon Esprit a été plus fort que la souffrance matérielle que le dégagement lui faisait éprouver. Je me suis trouvée, *après le suprême soupir*, comme en syncope, n'ayant aucune conscience de mon état, ne songeant à rien, et dans une vague somnolence qui n'était ni le sommeil du corps, ni le réveil de l'âme.

Je suis restée assez longtemps ainsi; puis, comme si je sortais d'un long évanouissement, je me suis réveillée peu à peu au milieu de frères que je ne connaissais pas; ils me prodiguaient leurs soins et leurs caresses, me montraient un point dans l'espace qui ressemblait à une étoile brillante, et m'ont dit : « C'est là que tu vas venir avec nous; tu n'appartiens plus à la terre. » Alors je me suis souvenue; je me suis appuyée sur eux, et, comme un groupe gracieux qui s'élance vers les sphères inconnues, mais avec la certitude d'y trouver le bonheur, nous sommes montés, montés, et l'étoile grossissait. C'était un monde heureux, un monde supérieur, où votre bonne amie va enfin trouver le repos; je veux dire le repos eu égard aux fatigues corporelles que j'ai endurées et aux vicissitudes de la vie terrestre, mais non l'indolence de l'Esprit, car l'activité de l'Esprit est une jouissance.

D. Est-ce que vous avez définitivement quitté la terre?

R. J'y laisse trop d'êtres qui me sont chers pour la quitter encore définitivement. J'y reviendrai donc en Esprit, car j'ai une mission à remplir auprès de mes petits-enfants. Vous savez bien d'ailleurs qu'aucun obstacle ne s'oppose à ce que les Esprits qui stationnent dans les mondes supérieurs à la terre viennent la visiter.

D. La position où vous êtes semble devoir affaiblir vos rapports avec ceux que vous avez laissés ici-bas?

R. Non, mon ami, l'amour rapproche les âmes. Croyez-moi, on peut être, sur la terre, plus près de ceux qui ont atteint la perfection que de ceux que l'infériorité et l'égoïsme font tourbillonner autour de la sphère terrestre. La charité et l'amour sont deux moteurs d'une attraction puissante. C'est le lien qui cimente l'union des âmes attachées l'une à l'autre et la continue malgré la distance et les lieux. Il n'y a de distance que pour les corps matériels ; il n'y en a pas pour les Esprits.

D. Quelle idée vous faites-vous maintenant de mes travaux concernant le Spiritisme ?

R. Je trouve que vous avez charge d'âmes et que le fardeau est pénible à porter ; mais je vois le but et sais que vous l'atteindrez ; je vous aiderai, s'il se peut, de mes conseils d'Esprit pour que vous puissiez surmonter les difficultés qui vous seront suscitées, en vous engageant à propos à prendre certaines mesures propres à activer, de votre vivant, le mouvement rénovateur auquel pousse le Spiritisme. Votre ami Demeure, uni à l'*Esprit de vérité*, vous sera d'un concours plus utile encore ; il est plus savant et plus sérieux que moi ; mais, comme je sais que l'assistance des bons Esprits vous fortifie et vous soutient dans votre labeur, croyez que le mien vous sera assuré partout et toujours.

D. On pourrait induire de quelques-unes de vos paroles que vous ne donnerez pas une coopération personnelle très active à l'œuvre du Spiritisme.

R. Vous vous trompez ; mais je vois tant d'autres Esprits plus capables que moi de traiter cette question importante, qu'un sentiment invincible de timidité m'empêche, pour le moment, de vous répondre selon vos désirs. Cela viendra peut-être ; j'aurai plus de courage et de hardiesse ; mais il faut auparavant que je les connaisse mieux. Il n'y a que quatre jours que je suis morte ; je suis encore sous le charme de l'éblouissement qui m'environne ; mon ami, ne le comprenez-vous pas ?

Je ne puis suffire à exprimer les nouvelles sensations que j'éprouve. J'ai dû me faire violence pour m'arracher à la fascination qu'exercent sur mon être les merveilles qu'il admire. Je ne puis que bénir et adorer Dieu dans ses œuvres. Mais cela passera ; les Esprits m'assurent que bientôt je serai accoutumée à toutes ces magnificences et que je pourrai alors, avec ma lucidité d'Esprit, traiter toutes les questions relatives à la rénovation terrestre. Puis, avec tout cela, songez qu'en ce moment surtout j'ai une famille à consoler.

Adieu et à bientôt ; votre bonne amie qui vous aime et vous aimera toujours, mon maître, car c'est à vous qu'elle a dû la seule consolation durable et vraie qu'elle a éprouvée sur la terre.

Veuve Foulon.

III

La communication suivante fut donnée pour ses enfants, le 9 février :

Mes enfants, mes bien-aimés, Dieu m'a retirée d'avec vous, mais la récompense qu'il daigne m'accorder est bien grande en comparaison du peu que j'ai fait sur la terre. Soyez résignés, mes bons enfants, aux volontés du Très-Haut ; puisez dans tout ce qu'il a permis que vous receviez, la force de supporter les épreuves de la vie. Ayez toujours ferme en votre cœur, cette croyance qui a tant facilité mon passage de la vie terrestre à la vie qui nous attend au sortir de ce bas monde. Dieu a étendu sur moi, après ma mort, son inépuisable bonté, comme il a bien voulu le faire quand j'étais sur la terre. Remerciez-le de tous les bienfaits qu'il vous accorde ; bénissez-le, mes enfants, bénissez-le toujours, à tous les instants. Ne perdez jamais de vue le but qui vous a été indiqué, ni la route que vous avez à suivre ; pensez à l'emploi que vous avez à faire du temps que Dieu vous accorde sur la terre. Vous y serez heureux, mes bien-aimés, heureux les uns par les autres, si l'union règne entre vous ; heureux par vos enfants, si vous les élevez dans la bonne voie, dans celle que Dieu a permis qui vous fût révélée.

Oh ! si vous ne pouvez me voir, sachez bien que le lien qui nous unissait ici-bas n'est point rompu par la mort du corps, car ce n'est pas l'enveloppe qui nous reliait, mais l'Esprit ; c'est par là, mes bien-aimés, que je pourrai, par la bonté du Tout-Puissant, vous guider encore et vous encourager dans votre marche pour nous rejoindre plus tard.

Allez, mes enfants, cultivez avec le même amour cette sublime croyance ; de beaux jours vous sont réservés à vous qui croyez. On vous l'a dit, mais je ne devais point les voir sur terre ; c'est d'en haut que je jugerai les temps heureux promis par le Dieu bon, juste et miséricordieux.

Ne pleurez pas, mes enfants ; que ces entretiens fortifient votre foi, votre amour en Dieu, qui a tant répandu de dons sur vous, qui a envoyé tant de fois le secours à votre mère. Priez-le toujours : la prière fortifie. Conformez aux instructions que je suivais si ardemment la vie que Dieu vous accorde.

Je vous reviendrai, mes enfants, mais il faut que je soutienne ma pauvre fille qui a tant besoin de moi encore. Adieu, à bientôt. Croyez en la bonté du Tout-puissant ; je le prie pour vous. Au revoir.

Ve FOULON.

Remarque. — Tout spirite sérieux et éclairé tirera facilement de ces communications les enseignements qui en ressortent; nous n'appellerons donc l'attention que sur deux points. Le premier, c'est que cet exemple nous montre la possibilité de ne plus s'incarner sur la terre et de passer d'ici dans un monde supérieur, sans être pour cela séparé des êtres affectionnés qu'on y laisse. Ceux donc qui redoutent la réincarnation à cause des misères de la vie, peuvent s'en affranchir en faisant ce qu'il faut, c'est-à-dire en travaillant à leur amélioration. Tel celui qui ne veut pas végéter dans les rangs inférieurs, doit s'instruire et travailler pour monter en grade.

Le second point, c'est la confirmation de cette vérité qu'après la mort nous sommes moins séparés des êtres qui nous sont chers que pendant la vie. Madame Foulon, retenue par l'âge et l'infirmité dans une petite ville du Midi, n'avait auprès d'elle qu'une partie de sa famille; la plupart de ses enfants et de ses amis étant dispersés au loin, des obstacles matériels s'opposaient à ce qu'elle pût les voir aussi souvent que les uns et les autres l'eussent désiré. Le grand éloignement rendait même la correspondance rare et difficile pour quelques-uns. A peine est-elle débarrassée de son enveloppe, que, légère, elle accourt auprès de chacun, franchit les distances sans fatigue, avec la rapidité de l'électricité, les voit, assiste à leurs réunions intimes, les entoure de sa protection et peut, par la voie de la médiumnité, s'entretenir avec eux à tout instant, comme de son vivant. Et dire qu'à cette consolante pensée il y a des gens qui préfèrent l'idée d'une séparation indéfinie !

UN MÉDECIN RUSSE.

M. P... était un médecin de Moscou, aussi distingué par ses éminentes qualités morales que par son savoir. La personne qui l'a évoqué le connaissait de réputation seulement, et n'avait eu avec lui que des rapports indirects. La communication originale était en langue russe.

D. (après évocation). Êtes-vous ici? — R. Oui. Le jour de ma mort, je vous ai poursuivie de ma présence, mais vous avez résisté à toutes mes tentatives pour vous faire écrire. J'avais entendu vos paroles sur moi; cela m'avait fait vous connaître, et alors j'ai eu le désir de m'entretenir avec vous pour vous être utile.

D. Pourquoi, vous qui étiez si bon, avez-vous tant souffert? — R. C'était une bonté du Seigneur qui voulait par là me faire doublement sentir le prix de ma délivrance, et me faire avancer le plus possible ici-bas.

D. La pensée de la mort vous a-t-elle causé de la terreur? — R. Non, j'avais trop foi en Dieu pour cela.

D. La séparation a-t-elle été douloureuse? — R. Non; ce que vous appelez le dernier moment n'est rien; je n'ai ressenti qu'un craquement très-court, et bientôt après je me suis trouvé tout heureux d'être débarrassé de ma misérable carcasse.

D. Qu'est-il arrivé alors? — R. J'ai eu le bonheur de voir une quantité d'amis venir à ma rencontre et me souhaiter la bienvenue, ceux notamment que j'ai eu la satisfaction d'aider.

D. Quelle région habitez-vous? Êtes-vous dans une planète? — R. Tout ce qui n'est pas une planète est ce que vous nommez l'espace; c'est là que je suis. Mais que de degrés dans cette immensité dont l'homme ne peut se faire une idée ! Que d'échelons à cette échelle de Jacob qui va de la terre au ciel, c'est-à-dire de l'avilissement de l'incarnation sur un monde inférieur comme le vôtre, jusqu'à l'épuration complète de l'âme ! Là où je suis, on n'arrive qu'à la suite de beaucoup d'épreuves, ce qui signifie de beaucoup d'incarnations.

D. A ce compte vous devez avoir eu beaucoup d'existences ? — R. Comment en pourrait-il être autrement ? Rien n'est exceptionnel dans l'ordre immuable établi par Dieu ; la récompense ne peut venir qu'après la victoire remportée dans la lutte ; et quand la récompense est grande, il faut nécessairement que la lutte l'ait été aussi. Mais la vie humaine est si courte que la lutte n'est réelle que par intervalles, et ces intervalles sont les différentes existences successives ; or, puisque je suis sur un des échelons déjà élevés, il est certain que j'ai atteint ce bonheur par une continuité de combats où Dieu a permis que je remportasse quelquefois la victoire.

D. En quoi consiste votre bonheur ? — R. Ceci est plus difficile à vous faire comprendre. Le bonheur dont je jouis est un contentement extrême de moi-même ; non de mes mérites, ce serait de l'orgueil, et l'orgueil est le fait des Esprits de réprobation, mais un contentement noyé, pour ainsi dire, dans l'amour de Dieu, dans la reconnaissance de sa bonté infinie ; c'est la joie profonde de voir le bon, le bien ; de se dire : peut-être ai-je contribué à l'amélioration de quelques-uns de ceux qui se sont élevés vers le Seigneur. On est comme identifié avec le bien-être ; c'est une espèce de fusion de l'Esprit et de la bonté divine. On a le don de voir les

Esprits plus épurés, de les comprendre dans leurs missions, et de savoir qu'on en arrivera là aussi ; on entrevoit, dans l'incommensurable infini, les régions si resplendissantes du feu divin, qu'on est ébloui même en les contemplant à travers le voile qui les couvre encore. Mais que vous dis-je? Comprenez-vous mes paroles? Ce feu dont je parle, croyez-vous qu'il soit semblable au soleil, par exemple? Non, non ; c'est quelque chose d'indicible à l'homme, parce que les mots n'expriment que les objets, les choses physiques ou métaphysiques dont il a connaissance par la mémoire ou l'intuition de son âme, tandis que, ne pouvant avoir cette mémoire de l'inconnu absolu, il n'est pas de termes qui puissent lui en donner la perception. Mais sachez-le : c'est déjà une immensité de bonheur de penser que l'on peut s'élever infiniment.

D. Vous avez eu la bonté de me dire que vous voulez m'être utile, en quoi, je vous prie? — R. Je puis vous aider dans vos défaillances, vous soutenir dans vos faiblesses, vous consoler dans vos chagrins. Si votre foi, ébranlée par quelque secousse qui vous trouble, vient à chanceler, appelez-moi : Dieu me donnera des paroles pour vous le rappeler et vous ramener à lui ; si vous vous sentez prête à succomber sous le poids de penchants que vous reconnaissez vous-même être coupables, appelez-moi : je vous aiderai à porter votre croix, comme autrefois Jésus fut aidé à porter la sienne, celle qui devait nous proclamer si hautement la vérité, la charité ; si vous faiblissez sous le poids de vos chagrins, si le désespoir s'empare de vous, appelez-moi : je viendrai vous tirer de cet abîme en vous parlant d'Esprit à Esprit, en vous rappelant aux devoirs qui vous sont imposés, non par des considérations sociales et matérielles, mais par l'amour que vous sentirez en moi, amour que Dieu a mis en mon être pour être transmis à ceux qu'il peut sauver.

Vous avez sur la terre des amis sans doute; ceux-là partageaient peut-être vos douleurs, et peut-être vous ont déjà sauvée. Dans le chagrin vous allez les trouver, vous allez leur porter vos plaintes et vos larmes, et ils vous donnent en échange de cette marque d'affection leurs conseils, leur appui, leurs caresses; eh bien! ne pensez-vous pas qu'un ami d'ici soit aussi une bonne chose ? N'est-il pas consolant de se dire : quand je mourrai, mes amis de la terre seront à mon chevet, priant pour moi, et pleurant sur moi, mais mes amis de l'espace seront au seuil de la vie, et viendront en souriant me conduire à la place que j'aurai méritée par mes vertus.

D. En quoi ai-je donc mérité la protection que vous voulez bien m'accorder? — R. Voici pourquoi je me suis attaché à vous dès le jour de ma mort. Je vous ai vue spirite, bon médium et sincère adepte; parmi ceux que j'ai laissés en bas, je n'ai vu que vous d'abord : j'ai alors résolu de venir contribuer à vous avancer, dans votre intérêt, sans doute, mais encore plus dans l'intérêt de tous ceux que vous êtes appelée à instruire dans la vérité. Vous le voyez, Dieu vous aime assez pour vous rendre missionnaire; autour de vous, tous, petit à petit, partagent vos croyances; les plus rebelles tout au moins vous écoutent, et un jour vous les verrez vous croire. Ne vous lassez pas ; marchez toujours malgré les pierres du chemin : prenez-moi pour bâton de faiblesse.

D. Je n'ose croire mériter une si grande faveur. — R. Sans doute vous êtes loin de la perfection ; mais votre ardeur à répandre les saines doctrines, à soutenir la foi de ceux qui vous écoutent, à prêcher la charité, la bonté, la bienveillance, même quand on use de mauvais procédés envers vous, votre résistance à vos instincts de colère que vous pourriez satisfaire si facilement contre ceux qui vous affligent ou méconnaissent vos intentions, viennent heureusement servir de contre-poids à ce que vous avez de mauvais en vous ; et sachez-le, c'est un puissant contre-poids que le pardon.

Dieu vous comble de ses grâces par la faculté qu'il vous donne et qu'il ne tient qu'à vous d'agrandir par vos efforts, afin de travailler efficacement au salut du prochain. Je vais vous quitter, mais comptez sur moi. Tâchez de modérer vos idées terrestres et de vivre plus souvent avec vos amis d'ici.

P...

BERNARDIN

(Bordeaux, avril 1862.)

Je suis un Esprit oublié depuis bien des siècles ; j'ai vécu sur la terre dans la misère et l'opprobre ; j'ai travaillé sans relâche pour apporter chaque jour à ma famille un morceau de pain insuffisant ; mais j'aimais mon maître véritable, et quand celui qui me chargeait sur la terre augmentait mon fardeau de douleur, je disais : Mon Dieu, donnez-moi la force de supporter ce poids sans me plaindre. J'expiais, mes amis ; mais au sortir de cette rude épreuve, le Seigneur m'a reçu dans la paix, et mon vœu le plus cher est de vous réunir tous autour de moi, mes enfants, mes frères, et de vous dire : Quelque prix que vous y mettiez, le bonheur qui vous attend est encore bien au-dessus.

Je n'avais pas d'état; fils d'une nombreuse famille, j'ai servi qui pouvait m'aider à supporter ma vie. Né à une époque où le servage était cruel, j'ai supporté toutes les injustices, toutes les corvées, toutes les charges qu'il plaisait aux subalternes du Seigneur de m'imposer J'ai vu ma femme outragée; j'ai vu mes filles enlevées puis rejetées, sans pouvoir me plaindre; j'ai vu mes fils emmenés dans les guerres de pillage et de crimes, pendus pour des fautes qu'ils n'avaient pas commises! Si vous saviez, pauvres amis, ce que j'ai enduré dans ma trop longue existence! mais j'attendais, j'attendais le bonheur qui n'est pas sur la terre, et le Seigneur me l'a accordé. A vous tous donc, mes frères, courage, patience et résignation.

Mon enfant, tu peux conserver ce que je t'ai donné ; c'est un enseignement pratique. Celui qui prêche est bien mieux écouté quand il peut dire : J'ai supporté plus que vous; j'ai supporté sans me plaindre.

D. A quelle époque viviez-vous? — R. De 1400 à 1460.

D. Avez-vous eu une autre existence depuis? — R. Oui, j'ai vécu encore parmi vous comme missionnaire; oui, missionnaire de la foi; mais de la vraie, de la pure, de celle qui sort de la main de Dieu, et non de celle que les hommes vous ont faite.

D. Maintenant, comme Esprit, avez-vous encore des occupations? — R. Pourrais-tu croire que les Esprits restent inactifs? L'inaction, l'inutilité serait pour eux un supplice. Ma mission est de guider des centres ouvriers dans le Spiritisme ; j'y inspire de bonnes pensées et m'efforce de neutraliser celles que les mauvais Esprits cherchent à y suggérer.

BERNARDIN.

LA COMTESSE PAULA

C'était une femme jeune, belle, riche, d'une illustre naissance selon le monde, et en outre, un modèle accompli de toutes les qualités du cœur et de l'esprit. Elle est morte à trente-six ans, en 1851. C'était une de ces personnes dont l'oraison funèbre se résume en ces mots, dans toutes les bouches : « Pourquoi Dieu retire-t-il si tôt de telles gens de dessus la terre? » Heureux ceux qui font ainsi bénir leur mémoire! Elle était bonne, douce et indulgente pour tout le monde ; toujours prête à excuser ou atténuer le mal, au lieu de l'envenimer ; jamais la médisance ne souilla ses lèvres. Sans morgue ni fierté, elle traitait ses inférieurs avec une bienveillance qui n'avait rien de la basse familiarité, et sans affecter envers eux des airs de hauteur ou d'une protection humiliante. Comprenant que les gens qui vivent de leur travail ne sont pas des rentiers, et qu'ils ont besoin de l'argent qui leur est dû, soit pour leur état, soit pour vivre, jamais elle ne fit attendre un salaire ; la pensée que quelqu'un eût pu souffrir d'un défaut de payement par sa faute, lui eût été un remords de conscience. Elle n'était pas de ces gens qui trouvent toujours de l'argent pour satisfaire leurs fantaisies et n'en ont jamais pour payer ce qu'ils doivent ; elle ne comprenait pas qu'il pût être de bon goût pour un riche d'avoir des dettes, et se serait trouvée humiliée qu'on pût dire que ses fournisseurs étaient obligés de lui faire des avances. Aussi, à sa mort, n'y eut-il que des regrets et pas une réclamation.

Sa bienfaisance était inépuisable, mais ce n'était pas cette bienfaisance officielle qui s'étale au grand jour; c'était chez elle la charité du cœur et non celle de l'ostentation. Dieu seul sait les larmes qu'elle a séchées et les désespoirs qu'elle a calmés, car ces bonnes actions n'avaient pour témoins que lui et les malheureux qu'elle assistait. Elle savait surtout découvrir ces infortunes cachées, qui sont les plus poignantes, et qu'elle secourait avec la délicatesse qui relève le moral au lieu de l'abaisser.

Son rang et les hautes fonctions de son mari l'obligeaient à une tenue de maison à laquelle elle ne pouvait déroger; mais, tout en satisfaisant aux exigences de sa position sans lésinerie, elle y apportait un ordre qui, en évitant les gaspillages ruineux et les dépenses superflues, lui permettait d'y suffire avec la moitié de ce qu'il en eût coûté à d'autres sans faire mieux.

Elle pouvait ainsi faire sur sa fortune, une plus large part aux nécessiteux. Elle en avait distrait un capital important dont le revenu était exclusivement affecté à cette destination sacrée pour elle, et le considérait comme ayant cela de moins à dépenser pour sa maison. Elle trouvait ainsi le moyen de concilier ses devoirs envers la société et envers le malheur [1].

Évoquée, douze ans après sa mort, par un de ses parents initié au Spiritisme, elle a donné la communica-

---

[1] On peut dire que cette dame était le vivant portrait de la femme bienfaisante, tracé dans l'*Évangile selon le Spiritisme*, chap. XIII.

tion suivante en réponse à diverses questions qui lui étaient adressées[1] :

« Vous avez raison, mon ami, de penser que je suis heureuse; je le suis, en effet, au delà de tout ce qu'on peut exprimer, et pourtant je suis encore loin du dernier échelon. J'étais cependant parmi les heureux de la terre, car je ne me rappelle pas avoir éprouvé de chagrin réel. Jeunesse, santé, fortune, hommages, j'avais tout ce qui constitue la félicité parmi vous; mais qu'est-ce que ce bonheur auprès de celui que l'on goûte ici? Que sont vos fêtes les plus splendides, où s'étalent les plus riches parures, auprès de ces assemblées d'Esprits resplendissant d'un éclat que votre vue ne pourrait supporter, et qui est l'apanage de la pureté? Que sont vos palais et vos salons dorés auprès des demeures aériennes, des vastes champs de l'espace, diaprés de couleurs qui feraient pâlir l'arc-en-ciel? Que sont vos promenades à pas comptés dans vos parcs, auprès des courses à travers l'immensité, plus rapides que l'éclair? Que sont vos horizons bornés et nuageux auprès du spectacle grandiose des mondes se mouvant dans l'univers sans bornes sous la puissante main du Très-Haut? Que vos concerts les plus mélodieux sont tristes et criards auprès de cette suave harmonie qui fait vibrer les fluides de l'éther et toutes les fibres de l'âme? Que vos plus grandes joies sont tristes et insipides auprès de l'ineffable sensation de bonheur qui pénètre incessamment tout notre être comme une effluve bienfaisante, sans mélange d'aucune inquiétude, d'aucune

---

[1] Nous extrayons de cette communication, dont l'original est en langue allemande, les parties instinctives pour le sujet qui nous occupe, supprimant ce qui n'est que d'un intérêt de famille.

appréhension, d'aucune souffrance! Ici tout respire l'amour, la confiance, la sincérité; partout des cœurs aimants, partout des amis, nulle part des envieux et des jaloux. Tel est le monde où je suis, mon ami, et où vous arriverez infailliblement en suivant la voie droite.

« Cependant on se lasserait bientôt d'un bonheur uniforme ; ne croyez pas que le nôtre soit exempt de péripéties ; ce n'est ni un concert perpétuel, ni une fête sans fin, ni une béate contemplation pendant l'éternité; non, c'est le mouvement, la vie, l'activité. Les occupations, quoique exemptes de fatigues, y apportent une incessante variété d'aspects et d'émotions par les mille incidents dont elles sont parsemées. Chacun a sa mission à remplir, ses protégés à assister, des amis de la terre à visiter, des rouages de la nature à diriger, des âmes souffrantes à consoler; on va, on vient, non d'une rue à l'autre, mais d'un monde à l'autre ; on s'assemble, on se sépare pour se rejoindre ensuite ; on se réunit sur un point, on se communique ce que l'on a fait, on se félicite des succès obtenus ; on se concerte, on s'assiste réciproquement dans les cas difficiles ; enfin, je vous assure que nul n'a le temps de s'ennuyer une seconde.

« En ce moment, la terre est notre grand sujet de préoccupation. Que de mouvement parmi les Esprits ! quelles nombreuses cohortes y affluent pour concourir à sa transformation ! On dirait une nuée de travailleurs occupés à défricher une forêt, sous la conduite de chefs expérimentés; les uns abattent les vieux arbres avec la cognée, arrachent les profondes racines ; les autres déblayant, ceux-ci labourant et ensemençant, ceux-là édifiant la nouvelle cité sur les ruines vermoulues du vieux monde. Pendant ce temps, les chefs s'assemblent, tienrent conseil et envoient des messagers donner des ordres dans toutes les directions. La terre doit être régénérée dans un temps donné ; il faut que les desseins de la Providence s'accomplissent ; c'est pourquoi chacun est à l'œuvre. Ne croyez pas que je sois simple spectatrice de ce grand travail ; j'aurais honte de rester inactive quand tout le monde s'occupe ; une importante mission m'est confiée, et je m'efforce de la remplir de mon mieux.

« Ce n'est pas sans luttes que je suis arrivée au rang que j'occupe dans la vie spirituelle ; croyez bien que ma dernière existence, quelque méritante qu'elle vous paraisse, n'eût pas suffi pour cela. Pendant plusieurs existences, j'ai passé par les épreuves du travail et de la misère que j'avais volontairement choisies pour fortifier et épurer mon âme ; j'ai eu le bonheur d'en sortir victorieuse, mais il en restait une à subir, la plus périlleuse de toutes : celle de la fortune et du bien-être matériel, *d'un bien-être sans mélange d'amertume* : là était le danger. Avant de la tenter, j'ai voulu me sentir assez forte pour ne pas succomber. Dieu m'a tenu compte de mes bonnes intentions et m'a fait la grâce de me soutenir. Beaucoup d'autres Esprits, séduits par les apparences, se hâtent de la choisir ; trop faibles, hélas ! pour affronter le péril, les séductions triomphent de leur inexpérience.

« Travailleurs, j'ai été dans vos rangs ; moi, la noble dame, comme vous j'ai gagné mon pain à la sueur de mon front ; j'ai enduré des privations, j'ai souffert des intempéries, et c'est ce qui a développé les forces viriles de mon âme ; sans cela j'aurais probablement échoué dans ma dernière épreuve, ce qui m'eût rejetée bien loin en arrière. Comme moi vous aurez aussi à votre tour l'épreuve de la fortune, mais ne vous hâtez pas de la demander trop tôt ; et vous qui êtes riches, ayez toujours présent à la pensée que la vraie fortune, la fortune impérissable, n'est pas sur la terre, et comprenez à quel prix vous pouvez mériter les bienfaits du Tout-Puissant. »

PAULA, sur la terre, comtesse de ***.

JEAN REYNAUD

(Société spirite de Paris. Communication spontanée.)

Mes amis, que cette nouvelle vie est magnifique ! Semblable à un torrent lumineux, elle entraîne dans sa course immense les âmes ivres de l'infini ! Après la rupture des liens charnels, mes yeux ont embrassé les horizons nouveaux qui m'entourent et joui des splendides merveilles de l'infini. J'ai passé des ombres de la matière à l'aube éclatante qui annonce le Tout-Puissant. Je suis sauvé, non par le mérite de mes œuvres, mais par la connaissance du principe éternel qui m'a fait éviter les souillures imprimées par l'ignorance à la pauvre humanité. Ma mort a été bénie ; mes biographes la jugeront prématurée ; les aveugles ! ils regretteront quelques écrits nés de la poussière, et ils ne comprendront pas combien le peu de bruit qui se fait autour de ma tombe mi-close est utile pour la sainte cause du Spiritisme. Mon œuvre était finie ; mes devanciers couraient dans la carrière ; j'avais atteint ce point culminant où l'homme a donné ce qu'il avait de meilleur, et où il ne fait plus que recommencer. Ma mort ravive l'attention des lettrés et la ramène sur mon ouvrage capital, qui touche à la grande question spirite qu'ils affectent de méconnaître, et qui bientôt les enlacera. Gloire à Dieu! Aidé par les Esprits supérieurs qui protégent la nouvelle doctrine, je vais être un des éclaireurs qui jalonnent votre route.

JEAN REYNAUD.

(Paris; réunion de famille. Autre communication spontanée.)

L'Esprit répond à une réflexion faite sur sa mort inattendue, dans un âge peu avancé, et qui a surpris bien du monde.

« Qui vous dit que ma mort n'est pas un bienfait pour le Spiritisme, pour son avenir, pour ses conséquences? Avez-vous remarqué, mon ami, la marche que suit le progrès, la route que prend la foi spirite? Dieu a tout d'abord donné des preuves matérielles : danse des tables, coups frappés et toutes sortes de phénomènes; c'était pour appeler l'attention; c'était une préface amusante. Il faut aux hommes des preuves palpables pour croire. Maintenant c'est bien autre chose! Après les faits matériels, Dieu parle à l'intelligence, au bon sens, à la froide raison; ce ne sont plus des tours de force, mais des choses rationnelles qui doivent convaincre et rallier même les incrédules, les plus opiniâtres. Et ce n'est encore que le commencement. Remarquez bien ce que je vous dis : toute une série de faits intelligents, irréfutables, vont se suivre, et le nombre des adeptes de la foi spirite, déjà si grand, va encore augmenter. Dieu va s'en prendre aux intelligences d'élite, aux sommités de l'esprit, du talent et du savoir. Cela va être un rayon lumineux qui se répandra sur toute la terre comme un fluide magnétique irrésistible, et poussera les plus récalcitrants à la recherche de l'infini, à l'étude de cette admirable science qui nous enseigne des maximes si sublimes. Tous vont se grouper autour de vous, et, faisant abstraction du diplôme de génie qui leur avait été donné, ils vont se faire humbles et petits pour apprendre et pour se convaincre. Puis, plus tard, lorsqu'ils seront bien instruits et bien convaincus, ils se serviront de leur autorité et de la notoriété de leur nom pour pousser encore plus loin et atteindre les dernières limites du but que vous vous êtes tous proposé : la régénération de l'espèce humaine par la connaissance raisonnée et approfondie des existences passées et futures. Voilà ma sincère opinion sur l'état actuel du Spiritisme. »

(Bordeaux.)

Évocation. — Je me rends avec plaisir à votre appel, madame. Oui, vous avez raison ; le trouble spirite n'a, pour ainsi dire, point existé pour moi (ceci répondait à la pensée du médium) ; exilé volontaire sur votre terre, où j'avais à jeter la première semence sérieuse des grandes vérités qui enveloppent le monde en ce moment, j'ai toujours eu la conscience de la patrie et me suis vite reconnu au milieu de mes frères.

D. Je vous remercie d'avoir bien voulu venir ; mais je n'aurais pas cru que mon désir de vous entretenir eût de l'influence sur vous ; il doit nécessairement y avoir une différence si grande entre nous que je n'y pense qu'avec respect.

R. Merci de cette bonne pensée, mon enfant ; mais vous devez savoir aussi que, quelque distance que des épreuves achevées plus ou moins promptement, plus ou moins heureusement, puissent établir entre nous, il y a toujours un lien puissant qui nous unit : la sympathie, et ce lien, vous l'avez resserré par votre pensée constante.

D. Bien que beaucoup d'Esprits aient expliqué leurs premières sensations au réveil, seriez-vous assez bon pour me dire ce que vous avez éprouvé en vous reconnaissant, et comment la séparation de votre Esprit et de votre corps s'est opérée?

R. Comme pour tous. J'ai senti le moment de la délivrance approcher; mais, plus heureux que beaucoup, elle ne m'a point causé d'angoisses parce que j'en connaissais les résultats, quoiqu'ils fussent encore plus grands que je ne le pensais. Le corps est une entrave aux facultés spirituelles, et, quelles que soient les lumières que l'on ait conservées, elles sont toujours plus ou moins étouffées par le contact de la matière. Je me suis endormi espérant un réveil heureux; le sommeil a été court, l'admiration immense! Les splendeurs célestes déroulées à mes regards, brillaient de tout leur éclat. Ma vue émerveillée plongeait dans les immensités de ces mondes dont j'avais affirmé l'existence et l'habitabilité. C'était un mirage qui me révélait et me confirmait la vérité de mes sentiments. L'homme a beau se croire sûr, quand il parle il y a souvent au fond de son cœur des moments de doute, d'incertitude; il se méfie, sinon de la vérité qu'il proclame, du moins souvent, des moyens imparfaits qu'il emploie pour la démontrer. Convaincu de la vérité que je voulais faire admettre, j'ai eu souvent à combattre contre moi-même, contre le découragement de voir, de toucher, pour ainsi dire, la vérité, et de ne pouvoir la rendre palpable à ceux qui auraient tant besoin d'y croire pour marcher sûrement dans la voie qu'ils ont à suivre.

D. De votre vivant, professiez-vous le Spiritisme ?

R. Entre professer et pratiquer il y a une grande différence. Bien des gens professent une doctrine qui ne la pratiquent pas ; je pratiquais et ne professais pas. De même que tout homme est chrétien qui suit les lois de Christ, fût-ce sans les connaître, de même tout homme peut être spirite, qui croit à son âme immortelle, à ses réexistences, à sa marche progressive incessante, aux épreuves terrestres, ablutions nécessaires pour se purifier ; j'y croyais, j'étais donc spirite. J'ai compris l'erraticité, ce lien intermédiaire entre les incarnations, ce purgatoire où l'Esprit coupable se dépouille de ses vêtements souillés pour revêtir une nouvelle robe, où l'Esprit en progrès *tisse* avec soin la robe qu'il va porter de nouveau et qu'il veut conserver pure. J'ai compris, je vous l'ai dit, et sans professer j'ai continué de pratiquer.

Remarque. — Ces trois communications ont été obtenues par trois médiums différents complétement étrangers l'un à l'autre. A l'analogie des pensées, à la forme du langage, on peut admettre au moins la présomption d'identité. L'expression : *tisse avec soin la robe qu'il va porter de nouveau*, est une charmante figure qui peint la sollicitude avec laquelle l'Esprit en progrès prépare la nouvelle existence qui doit le faire progresser encore. Les Esprits arriérés prennent moins de précautions et font quelquefois des choix malheureux qui les forcent à recommencer.

ANTOINE COSTEAU

Membre de la Société spirite de Paris, inhumé le 12 septembre 1863 au cimetière de Montmartre, dans la fosse commune. C'était un homme de cœur que le Spiritisme a ramené à Dieu; sa foi en l'avenir était complète, sincère et profonde. Simple ouvrier paveur, il pratiquait la charité en pensées, en paroles et en actions, selon ses faibles ressources, car il trouvait encore le moyen d'assister ceux qui avaient moins que lui. Si la société n'a pas fait les frais d'une fosse particulière, c'est qu'il y avait un emploi plus utile à faire des fonds qui eussent été employés sans profit pour les vivants, à une vaine satisfaction d'amour-propre, et les spirites surtout savent que la fosse commune est une porte qui conduit au ciel aussi bien que le plus somptueux mausolée.

M. Canu, secrétaire de la Société, jadis profond matérialiste, a prononcé sur sa tombe l'allocution suivante :

« Cher frère Costeau, il y a quelques années à peine, beaucoup d'entre nous, et, je le confesse, moi tout le premier, n'aurions vu devant cette tombe ouverte que la fin des misères humaines, et après : le néant, l'affreux néant, c'est-à-dire point d'âme pour mériter ou expier, et conséquemment point de Dieu pour récompenser, châtier ou pardonner. Aujourd'hui, grâce à notre divine doctrine, nous y voyons la fin des épreuves, et pour vous, cher frère, dont nous rendons à la terre la dépouille mortelle, le triomphe de vos labeurs et le commencement des récompenses que vous ont méritées votre courage, votre résignation, votre charité, en un mot vos vertus, et par-dessus tout la glorification d'un Dieu sage, tout-puissant, juste et bon. Portez donc, cher frère, nos actions de grâce aux pieds de l'Éternel, qui a voulu dissiper autour de nous les ténèbres de l'erreur et de l'incrédulité, car, il y a peu de temps encore, nous vous aurions dit en cette circonstance, le front morne et le découragement au cœur : « Adieu, ami, pour toujours. » Aujourd'hui nous vous disons, le front haut et rayonnant d'espérance, le cœur plein de courage et d'amour : « Cher frère, au revoir, et priez pour nous [1]. »

Un des médiums de la société obtint sur la fosse même non encore fermée, la communication suivante, dont tous les assistants, y compris les fossoyeurs, ont écouté la lecture *tête nue* et avec une profonde émotion. C'était, en effet, un spectacle nouveau et saisissant d'entendre les paroles d'un mort recueillies du sein même de la tombe.

« Merci, amis, merci ; ma tombe n'est pas encore fermée, et pourtant, une seconde de plus et la terre va recouvrir mes restes. Mais, vous le savez, sous cette poussière mon âme ne sera pas enfouie ; elle va planer dans l'espace pour monter à Dieu !

« Aussi, qu'il est consolant de pouvoir se dire encore, malgré l'enveloppe brisée : Oh! non, je ne suis point mort, je vis de la vraie vie, de la vie éternelle !

« Le convoi du pauvre n'est point suivi d'un grand nombre; d'orgueilleuses manifestations n'ont pas lieu sur sa tombe, et pourtant, amis, croyez-moi, *la foule*

---

[1] Pour plus de détails, et les autres allocutions, voir la *Revue spirite* d'octobre 1863, page 297.

immense ne manque point ici, et de bons Esprits ont suivi avec vous et avec ces femmes pieuses, le corps de celui qui est là, couché! Tous, au moins, vous croyez et vous aimez le bon Dieu!

« Oh! certes non! nous ne mourons point parce que notre corps se brise, femme bien-aimée! et désormai je serai toujours près de toi pour te consoler et t'aider à supporter l'épreuve. Elle sera rude pour toi, la vie; mais avec l'idée de l'éternité et de l'amour de Dieu plein ton cœur, comme tes souffrances te seront légères!

« Parents qui entourez ma bien-aimée compagne, aimez-la, respectez-la; soyez pour elle des frères et des sœurs. N'oubliez pas que vous vous devez tous assistance sur la terre si vous voulez entrer dans le séjour du Seigneur.

« Et vous, spirites, frères, amis, merci d'être venus me dire adieu jusqu'à cette demeure de poussière et de boue; mais vous savez, vous, vous savez bien que mon âme vit immortelle, et qu'elle ira quelquefois vous demander des prières, qui ne me seront point refusées, pour m'aider à marcher dans cette voie magnifique que vous m'avez ouverte pendant ma vie.

« Adieu tous, qui êtes ici, nous pourrons nous revoir ailleurs que sur cette tombe. Les âmes m'appellent à leur rendez-vous. Adieu, priez pour celles qui souffrent. Au revoir!   Costeau. »

Trois jours plus tard, l'Esprit de M. Costeau, évoqué dans un groupe particulier, dicta ce qui suit par l'intermédiaire d'un autre médium:

« La mort, c'est la vie; je ne fais que répéter ce qui a été dit; mais pour vous il n'y a pas d'autre expression que celle-là, malgré ce qu'en disent les matérialistes, ceux qui veulent rester aveugles. Oh! mes amis, quelle belle apparition sur la terre que celle de voir flotter les bannières du Spiritisme! Science immense dont vous avez à peine les premiers mots! Quelles clartés elle apporte aux hommes de bonne volonté, à ceux qui ont brisé les chaînes terribles de l'orgueil pour arborer hautement leur croyance en Dieu! Priez, humains, remerciez-le de tous ses bienfaits. Pauvre humanité! s'il t'était donné de comprendre!... Mais non, le temps n'est pas encore venu où la miséricorde du Seigneur doit s'étendre sur tous les hommes, afin qu'ils reconnaissent ses volontés et s'y soumettent.

« C'est par tes rayons lumineux, science bénie, qu'ils y arriveront et qu'ils comprendront. C'est à ta chaleur bienfaisante qu'ils viendront réchauffer leurs cœurs au feu divin qui apporte la foi et les consolations. C'est sous tes rayons vivifiants que *le maître et l'ouvrier* viendront se confondre et ne faire qu'un, car ils comprendront cette charité fraternelle prêchée par le divin Messie.

« O mes frères, songez au bonheur immense que vous possédez d'avoir été des premiers initiés à l'œuvre régénératrice. Honneur à vous, amis! Continuez, et comme moi, un jour, en venant dans la patrie des Esprits, vous direz: *La mort, c'est la vie*; ou plutôt c'est un rêve, une espèce de cauchemar qui dure l'espace d'une minute, et d'où l'on sort pour se voir entouré d'amis qui vous félicitent et sont heureux de vous tendre les bras. Mon bonheur a été si grand que je ne pouvais comprendre que Dieu m'accordât tant de grâces pour avoir fait si peu. Il me semblait rêver, et comme quelquefois il m'était arrivé de rêver que j'étais mort, j'ai eu peur un instant d'être obligé de revenir dans ce malheureux corps ; mais je ne tardai pas à me rendre compte de la réalité, et je remerciai Dieu. Je bénissais le maître qui avait si bien su réveiller en moi les devoirs de l'homme qui songe à la vie future. Oui, je le bénissais et le remerciais, car le *Livre des Esprits* avait réveillé dans mon âme les élans d'amour pour mon créateur.

« Merci, mes bons amis, de m'avoir attiré vers vous. Dites à nos frères que je suis souvent en compagnie de notre ami Sanson. Au revoir ; courage ! la victoire vous attend. Heureux ceux qui auront pris part au combat ! »

Depuis lors, M. Costeau s'est souvent manifesté, soit à la société, soit dans d'autres réunions, où il a toujours donné des preuves de cette élévation de pensées qui caractérise les Esprits avancés.

Mlle EMMA [*]

Jeune femme morte des suites d'un accident causé par le feu, et après de cruelles souffrances. Quelqu'un s'était proposé d'en demander l'évocation à la Société spirite de Paris, lorsqu'elle s'est présentée spontanément le 31 juillet 1863 peu de temps après sa mort.

« Me voici donc encore sur le théâtre du monde, moi qui me croyais ensevelie pour jamais dans mon voile d'innocence et de jeunesse. Le feu de la terre me sauvait du feu de l'enfer : ainsi je pensais dans ma foi catholique, et, si je n'osais entrevoir les splendeurs du paradis, mon âme tremblante se réfugiait dans l'expia-

[*] Mlle Emma Livry.

tion du purgatoire, et je priais, je souffrais, je pleurais. Mais qui donnait à ma faiblesse la force de supporter mes angoisses? qui, dans les longues nuits d'insomnie et de fièvre douloureuse, se penchait sur ma couche de martyre? qui rafraîchissait mes lèvres arides? C'était vous, mon ange gardien, dont la blanche auréole m'entourait; c'était vous aussi, chers Esprits amis, qui veniez murmurer à mon oreille des paroles d'espoir et d'amour.

« La flamme qui consuma mon faible corps me dépouilla de l'attachement à ce qui passe ; aussi *je mourus déjà vivante de la vraie vie*. Je ne connus pas le trouble, et j'entrai sereine et recueillie dans le jour radieux qui enveloppe ceux qui, après avoir beaucoup souffert, ont un peu espéré. Ma mère, ma chère mère, fut la dernière vibration terrestre qui résonna à mon âme. Que je voudrais qu'elle devînt spirite !

« Je me suis détachée de l'arbre terrestre comme un fruit mûr avant le temps. Je n'étais encore qu'effleurée par le démon de l'orgueil qui pique les âmes des malheureuses entraînées par le succès brillant et l'ivresse de la jeunesse. Je bénis la flamme ; je bénis les souffrances ; je bénis l'épreuve qui était une expiation. Semblable à ces légers fils blancs de l'automne, je flotte entraînée dans le courant lumineux ; ce ne sont plus les étoiles de diamant qui brillent sur mon front, mais les étoiles d'or du bon Dieu. »

EMMA.

Dans un autre centre, au Havre, le même Esprit donna aussi spontanément la communication suivante, le 30 juillet 1863.

« Ceux qui souffrent sur la terre sont récompensés

dans l'autre vie. Dieu est plein de justice et de miséricorde pour ceux qui souffrent ici-bas. Il accorde un bonheur si pur, une félicité si parfaite, que l'on ne devrait craindre ni les souffrances ni la mort, s'il était possible aux pauvres créatures humaines de sonder les mystérieux desseins de notre Créateur. Mais la terre est un lieu d'épreuves souvent bien grandes, souvent semées de douleurs bien poignantes. A toutes soyez résignés si vous en êtes frappés; à toutes inclinez-vous devant la bonté suprême du Dieu qui est tout-puissant, s'il vous donne un lourd fardeau à supporter; s'il vous rappelle à lui après de grandes souffrances, vous verrez dans l'autre vie, la vie heureuse, combien elles étaient peu de chose, ces douleurs et ces peines de la terre, lorsque vous jugerez de la récompense que Dieu vous réserve, si nulle plainte, nul murmure n'est entré dans votre cœur. Bien jeune j'ai quitté la terre ; Dieu a bien voulu me pardonner et me donner la vie de ceux qui ont respecté ses volontés. Adorez toujours Dieu ; aimez-le de tout votre cœur; priez-le surtout, priez-le fermement, c'est là votre soutien ici-bas, votre espérance, votre salut. »   Emma.

LE DOCTEUR VIGNAL

Ancien membre de la Société de Paris, mort le 27 mars 1865. La veille de l'enterrement, un somnambule très lucide et qui voit très bien les Esprits, prié de se transporter près de lui, et de dire s'il le voyait, répondit :

« Je vois un cadavre dans lequel s'opère un travail extraordinaire ; on dirait une masse qui s'agite, et comme quelque chose qui fait des efforts pour s'en dégager, mais qui a de la peine à vaincre la résistance. Je ne distingue pas de forme d'Esprit bien déterminée. »

Il a été évoqué à la Société de Paris le 31 mars.

D. — Cher monsieur Vignal, tous vos anciens collègues de la Société de Paris ont conservé de vous le meilleur souvenir, et moi en particulier celui des excellents rapports qui n'ont pas discontinué entre nous. En vous appelant parmi nous, nous avons d'abord pour but de vous donner un témoignage de sympathie, et nous serons très heureux si vous voulez bien, ou si vous pouvez venir vous entretenir avec nous. — R. Cher ami et digne maître, votre bon souvenir et vos témoignages de sympathie me sont très sensibles. Si je puis venir à vous aujourd'hui, et assister libre et dégagé à cette réunion de tous nos bons amis et frères spirites, c'est grâce à votre bonne pensée et à l'assistance que vos prières m'ont apportée. Comme le disait avec justesse mon jeune secrétaire, j'étais impatient de me communiquer; depuis le commencement de cette soirée, j'ai employé toutes mes forces spirituelles à dominer ce désir ; vos entretiens et les graves questions que vous avez agitées, en m'intéressant vivement, ont rendu mon attente moins pénible. Pardonnez, cher ami, mais ma reconnaissance demandait à se manifester.

D. Veuillez nous dire d'abord comment vous vous trouvez dans le monde des Esprits. Veuillez en même temps nous décrire le travail de la séparation, vos sensations à ce moment-là, et nous dire au bout de combien de temps vous vous êtes reconnu. — R. Je suis aussi heureux qu'on peut l'être, lorsqu'on voit se confirmer pleinement toutes les pensées secrètes que l'on peut avoir émises sur une doctrine consolante et réparatrice. Je suis heureux ! oui, je le suis, car maintenant je vois sans aucun obstacle se développer devant moi l'avenir de la science et de la philosophie spirites.

Mais écartons pour aujourd'hui ces digressions inopportunes ; je viendrai de nouveau vous entretenir à ce sujet, sachant que ma présence vous procurera autant de plaisir que j'en éprouve moi-même à vous visiter.

Le déchirement a été assez rapide ; plus rapide que mon peu de mérite ne me le faisait espérer. J'ai été aidé puissamment par votre concours, et votre somnambule vous a donné une idée assez nette du phénomène de la séparation, pour que je n'y insiste pas. C'était une sorte d'oscillation discontinue, une espèce d'entraînement en deux sens opposés ; l'Esprit a triomphé, puisque je suis ici. Je n'ai complétement quitté le corps qu'au moment où il a été déposé en terre ; je suis revenu avec vous.

D. Que pensez-vous du service qui a été fait pour vos funérailles ? Je me suis fait un devoir d'y assister. A ce moment étiez-vous assez dégagé pour le voir, et les prières que j'ai dites pour vous (non ostensiblement bien entendu) ont-elles été jusqu'à vous ? — R. Oui ; comme je vous l'ai dit, votre assistance a tout fait en partie, et je suis revenu avec vous, abandonnant complétement ma vieille chrysalide. Les choses matérielles me touchent peu, vous le savez du reste. Je ne pensais qu'à l'âme et à Dieu.

D. Vous rappelez-vous que, sur votre demande, il y a cinq ans, au mois de février 1860, nous avons fait une étude sur vous étant encore vivant[1]. A ce moment-là

[1] Voir la *Revue spirite* du mois de mars 1860.

votre Esprit s'est dégagé pour venir s'entretenir avec nous. Veuillez nous décrire, autant que possible, la différence qui existe entre votre dégagement actuel et celui d'alors? — R. Oui, certes, je m'en souviens; mais quelle différence entre mon état d'alors et celui d'aujourd'hui! Alors la matière m'étreignait encore de son réseau inflexible; je voulais me détacher d'une manière plus absolue, et je ne le pouvais. Aujourd'hui je suis libre; un vaste champ, celui de l'inconnu, s'ouvre devant moi, et j'espère, avec votre aide et celui des bons Esprits auxquels je me recommande, avancer et me pénétrer le plus rapidement possible des sentiments qu'il faut éprouver, et des actes qu'il faut accomplir pour gravir le sentier de l'épreuve et mériter le monde des récompenses. Quelle majesté! quelle grandeur! c'est presque un sentiment d'effroi qui domine alors que, faibles comme nous le sommes, nous voulons fixer les sublimes clartés.

D. Une autre fois nous serons heureux de continuer cet entretien, quand vous voudrez bien revenir parmi nous. — R. J'ai répondu succinctement et sans suite à vos diverses questions. Ne demandez pas trop encore de votre fidèle disciple : je ne suis pas entièrement libre. Causer, causer encore serait mon bonheur; mon guide modère mon enthousiasme, et j'ai déjà pu assez apprécier sa bonté et sa justice pour me soumettre entièrement à sa décision, quelque regret que j'éprouve d'être interrompu. Je me console en pensant que je pourrai souvent venir assister incognito à vos réunions. Quelquefois je vous parlerai; je vous aime et veux vous le prouver. Mais d'autres Esprits plus avancés que moi réclament la priorité, et je dois m'effacer devant ceux qui ont bien voulu permettre à mon Esprit de donner un libre essor au torrent de pensées que j'y avais rassemblées.

Je vous quitte, amis, et dois remercier doublement, non-seulement vous spirites, qui m'avez appelé, mais aussi cet Esprit qui a bien voulu permettre que je prisse sa place, et qui, de son vivant, portait le nom illustre de Pascal.

Celui qui fut et qui sera toujours le plus dévoué de vos adeptes.

Dr VIGNAL.

VICTOR LEBUFLE

Jeune lamaneur, appartenant au port du Havre, mort à l'âge de vingt ans. Il habitait avec sa mère, pauvre petite marchande, à laquelle il prodiguait les soins les plus tendres et les plus affectueux, et qu'il soutenait du produit de son rude travail. Jamais on ne le vit fréquenter les cabarets, ni se livrer aux excès si fréquents dans sa profession, car il ne voulait pas distraire la moindre partie de son gain du pieux usage auquel il le consacrait. Tout le temps qui n'était pas employé à son service, il le donnait à sa mère pour lui épargner de la fatigue. Atteint depuis longtemps de la maladie dont il sentait qu'il devait mourir, il cachait ses souffrances de peur de lui causer de l'inquiétude et qu'elle ne voulût elle-même se charger de sa besogne. Il fallait à ce jeune homme un bien grand fonds de qualités naturelles, et une bien grande force de volonté pour résister, dans l'âge des passions, aux pernicieux entraînements du milieu où il vivait. Il était d'une piété sincère, et sa mort a été édifiante.

La veille de sa mort il exigea de sa mère qu'elle allât prendre un peu de repos, disant que lui-même se sentait besoin de dormir. Celle-ci eut alors une vision ; elle se trouvait, dit-elle, dans une grande *sombreur* ; puis elle vit un point lumineux qui grandissait peu à peu, et la chambre se trouva illuminée par une brillante clarté, de laquelle se détacha la figure de son fils, radieuse et s'élevant dans l'espace infini. Elle comprit que sa fin était proche ; en effet, le lendemain sa belle âme avait quitté la terre, tandis que ses lèvres murmuraient une prière.

Une famille spirite qui connaissait sa belle conduite et s'intéressait à sa mère, restée seule, avait eu l'intention de l'évoquer peu de temps après sa mort, mais il se manifesta spontanément par la communication suivante :

« Vous désirez savoir ce que je suis maintenant : bien heureux, oh ! bien heureux ! Ne comptez pour rien les souffrances et les angoisses, car elles sont la source de bénédictions et de bonheur au delà de la tombe. Du bonheur ! vous ne comprenez pas ce que ce mot signifie. Les bonheurs de la terre sont si loin de ce que nous éprouvons, lorsque nous retournons vers le Maître avec une conscience pure, avec la confiance du serviteur qui a bien fait son devoir, et qui attend plein de joie, l'assentiment de celui qui est tout !

« Oh ! mes amis, la vie est pénible et difficile, si vous ne regardez pas la fin ; mais je vous le dis en vérité, lorsque vous viendrez parmi nous, si votre vie a été suivant la loi de Dieu, vous serez récompensés au delà, bien au delà des souffrances et des mérites que vous croyez avoir gagnés pour le ciel. Soyez bons, soyez charitables, de cette charité inconnue pour beaucoup d'entre les hommes, qui s'appelle bienveillance. Soyez secourables à vos semblables; faites pour eux plus que vous ne voudriez qu'on fît pour vous-mêmes, car vous ignorez la misère intime, et vous connaissez la vôtre. Secourez ma mère, ma pauvre mère, mon seul regret de la terre. Elle doit subir d'autres épreuves, et il faut qu'elle arrive au ciel. Adieu, je vais à elle. »

Victor.

Le guide du médium. — Les souffrances endurées pendant une incarnation terrestre ne sont pas toujours une punition. Les Esprits qui, par la volonté de Dieu, viennent accomplir une mission sur la terre, comme celui qui vient de se communiquer à vous, sont heureux d'endurer des maux qui, pour d'autres, sont une expiation. Le sommeil les retrempe près du Très-Haut, et leur donne la force de tout supporter pour sa plus grande gloire. La mission de cet Esprit, dans sa dernière existence, n'était pas une mission d'éclat; mais quoiqu'elle ait été obscure, il n'en a eu que plus de mérite, parce qu'il ne pouvait être stimulé par l'orgueil. Il avait d'abord un devoir de reconnaissance à remplir vis-à-vis de celle qui fut sa mère; il devait ensuite montrer que, dans les plus mauvais milieux, il peut se trouver des âmes pures, aux sentiments nobles et élevés, et qu'avec la volonté on peut résister à toutes les tentations. C'est une preuve que les qualités ont une cause antérieure, et son exemple n'aura pas été stérile.

Mᵐᵉ ANAIS GOURDON

Très jeune femme, remarquable par la douceur de son caractère et par les qualités morales les plus éminentes, morte en novembre 1860. Elle appartenait à une famille de travailleurs dans les mines de charbon des environs de Saint-Étienne, circonstance importante pour apprécier sa position comme Esprit.

Évocation. — R. Je suis là.

D. Votre mari et votre père m'ont prié de vous appeler, et ils seront très heureux d'avoir de vous une communication. — R. Je suis bien heureuse aussi de la leur donner.

D. Pourquoi avez-vous été enlevée si jeune à l'affection de votre famille? — Parce que je terminais mes épreuves terrestres.

D. Allez-vous les voir quelquefois? — Oh! je suis souvent auprès d'eux.

C. Êtes-vous heureuse comme Esprit? — R. Je suis heureuse, j'espère, j'attends, j'aime; les cieux n'ont pas de terreur pour moi, et j'attends avec confiance et amour que les ailes blanches me poussent.

D. Qu'entendez-vous par ces ailes? — R. J'entends devenir pur Esprit et resplendir comme les messager célestes qui m'éblouissent.

Les ailes des anges, archanges, séraphins qui sont de purs Esprits ne sont évidemment qu'un attribut imaginé par les hommes pour peindre la rapidité avec laquelle ils se transportent, car leur nature éthérée les dispense d'aucun soutien pour parcourir les espaces. Ils peuvent cependant apparaître aux hommes avec cet accessoire pour répondre à leur pensée, comme d'autres Esprits prennent l'apparence qu'ils avaient sur la terre pour se faire reconnaître.

D. Vos parents peuvent-ils faire quelque chose qui vous soit agréable? — R. Ils peuvent, ces chers êtres, ne plus m'attrister par la vue de leurs regrets, puisqu'ils savent que je ne suis pas perdue pour eux; que ma pensée leur soit douce, légère et parfumée de leur souvenir. J'ai passé comme une fleur, et rien de triste ne doit subsister de mon rapide passage.

D. D'où vient que votre langage est si poétique et si peu en rapport avec la position que vous aviez sur la terre? — R. C'est que c'est mon âme qui parle. Oui, j'avais des connaissances acquises, et souvent *Dieu permet que des Esprits délicats s'incarnent parmi les hommes les plus rudes pour leur faire pressentir les délicatesses qu'ils atteindront et comprendront plus tard.*

Sans cette explication si logique, et si conforme à la sollicitude de Dieu pour ses créatures, on se serait difficilement rendu compte de ce qui, au premier abord, pourrait sembler une anomalie. En effet, quoi de plus gracieux et de plus poétique que le langage de l'Esprit de cette jeune femme élevée au milieu des plus rudes travaux? La contre-partie se voit souvent; ce sont des Esprits inférieurs incarnés parmi les hommes les plus avancés, mais c'est dans un but opposé; c'est en vue de leur propre avancement que Dieu les met en contact avec un monde éclairé, et quelquefois aussi pour servir d'épreuve à ce même monde. Quelle autre philosophie peut résoudre de tels problèmes?

—

MAURICE GONTRAN

C'était un fils unique, mort à dix-huit ans d'une affection de poitrine. Intelligence rare, raison précoce, grand amour de l'étude, caractère doux, aimant et sympathique, il possédait toutes les qualités qui donnent les plus légitimes espérances d'un brillant avenir. Ses études avaient été terminées de bonne heure avec le plus grand succès, et il travaillait pour l'École polytechnique. Sa mort fut pour ses parents la cause d'une de ces douleurs qui laissent des traces profondes, et d'autant plus pénibles qu'ayant toujours été d'une santé délicate, ils attribuaient sa fin prématurée au travail auquel ils l'avaient poussé, et se la reprochaient. « A quoi, disaient-ils, lui sert maintenant tout ce a qu'il appris? Mieux eût valu qu'il fût resté ignorant, car il n'avait pas besoin de cela pour vivre, et sans doute il serait encore parmi nous; il aurait fait la consolation de nos vieux jours. » S'ils eussent connu le Spiritisme, ils auraient sans doute raisonné autrement. Plus tard, ils y trouvèrent la véritable consolation. La communication suivante fut donnée par leur fils à un de leurs amis, quelques mois après sa mort :

D. Mon cher Maurice, le tendre attachement que vous aviez pour vos parents fait que je ne doute pas de votre désir de relever leur courage, si cela est en votre pouvoir. Le chagrin, je dirai le désespoir où votre mort les a plongés, altère visiblement leur santé et leur fait prendre la vie en dégoût. Quelques bonnes paroles de vous pourront sans doute les faire renaître à l'espérance.

R. Mon vieil ami, j'attendais avec impatience l'occasion que vous m'offrez de me communiquer. La douleur de mes parents m'afflige, mais elle se calmera quand ils auront la certitude que je ne suis pas perdu pour eux; c'est à les convaincre de cette vérité qu'il faut vous attacher, et vous y arriverez certainement. Il fallait cet événement pour les amener à une croyance qui fera leur bonheur, car elle les empêchera de murmurer contre les décrets de la Providence. Mon père, vous le savez, était très sceptique à l'endroit de la vie future ; *Dieu a permis qu'il eût cette affliction pour le tirer de son erreur*.

Nous nous retrouverons ici, dans ce monde où l'on ne connaît plus les chagrins de la vie, et où je les ai précédés ; mais dites-leur bien que la satisfaction de m'y revoir leur serait refusée comme punition de leur manque de confiance en la bonté de Dieu. Il me serait même interdit, d'ici là, de me communiquer à eux pendant qu'ils sont encore sur la terre. Le désespoir est une révolte contre la volonté du Tout-Puissant, et qui est toujours punie par *la prolongation de la cause qui a amené ce désespoir*, jusqu'à ce qu'on se soit enfin soumis. Le désespoir est un véritable suicide, car il mine les forces du corps, et celui qui abrége ses jours avec la pensée d'échapper plus tôt aux étreintes de la douleur, se prépare les plus cruelles déceptions ; c'est, au contraire, à entretenir les forces du corps qu'il faut travailler pour supporter plus facilement le poids des épreuves.

Mes bons parents, c'est à vous que je m'adresse. Depuis que j'ai quitté ma dépouille mortelle, je n'ai pas cessé d'être auprès de vous, et j'y suis plus souvent que lorsque je vivais sur la terre. Consolez-vous donc, car je ne suis pas mort ; je suis plus vivant que vous ; mon corps seul est mort, mais mon Esprit vit toujours. Il est libre, heureux, à l'abri désormais des maladies, des infirmités et de la douleur. Au lieu de vous affliger, réjouissez-vous de me savoir dans un milieu exempt de soucis et d'alarmes, où le cœur est enivré d'une joie pure et sans mélange.

Oh! mes amis, ne plaignez pas ceux qui meurent

prématurément; c'est une grâce que Dieu leur accorde de leur épargner les tribulations de la vie. Mon existence ne devait pas se prolonger plus longtemps cette fois sur la terre; j'y avais acquis ce que j'y devais acquérir pour me préparer à remplir plus tard une mission plus importante. Si j'y avais vécu de longues années, savez-vous à quels dangers, à quelles séductions j'aurais été exposé? Savez-vous que, si, n'étant pas encore assez fort pour résister, j'avais succombé, ce pouvait être pour moi un retard de plusieurs siècles? Pourquoi donc regretter ce qui m'est avantageux? Une douleur inconsolable, dans ce cas, accuserait un manque de foi et ne pourrait être légitimée que par la croyance au néant. Oh! oui, ils sont à plaindre, ceux qui ont cette croyance désespérante, car pour eux il n'est point de consolation possible; les êtres qui leur sont chers sont perdus sans retour; la tombe a emporté leur dernière espérance!

59. — D. Votre mort a-t-elle été douloureuse?

R. Non, mon ami, je n'ai souffert qu'avant de mourir de la maladie qui m'a emporté, mais *cette souffrance diminuait à mesure que le dernier moment approchait*; puis, un jour, je me suis endormi sans songer à la mort. J'ai rêvé; oh! un rêve délicieux! Je rêvais que j'étais guéri; je ne souffrais plus, je respirais à pleins poumons et avec volupté un air embaumé et fortifiant; j'étais transporté à travers l'espace par une force inconnue; une lumière éclatante resplendissait autour de moi, mais sans fatiguer ma vue. Je vis mon grand-père; il n'avait plus la figure décharnée, mais un air de fraîcheur et de jeunesse; il me tendit les bras et me serra avec effusion sur son cœur. Une foule d'autres personnes, au visage souriant, l'accompagnaient ; toutes m'accueillaient avec bonté et bienveillance ; il me semblait les reconnaître, j'étais heureux de les revoir, et tous ensemble nous échangions des paroles et des témoignages d'amitié. Eh bien ! ce que je croyais être un rêve était la réalité ; je ne devais plus me réveiller sur la terre : je m'étais réveillé dans le monde des Esprits.

D. Votre maladie n'aurait-elle pas été causée par votre trop grande assiduité à l'étude ?

R. Oh ! non, soyez-en bien persuadé. Le temps que je devais vivre sur la terre était marqué, et rien ne pouvait m'y retenir plus longtemps. Mon Esprit, dans ses moments de dégagement, le savait bien, et il était heureux en songeant à sa prochaine délivrance. Mais le temps que j'y ai passé n'a pas été sans profit, et je me félicite aujourd'hui de ne l'avoir pas perdu. Les études sérieuses que j'ai faites ont fortifié mon âme et ont augmenté mes connaissances ; c'est autant d'appris, et si je n'ai pu les appliquer dans mon court séjour parmi vous, je les appliquerai plus tard avec plus de fruit.

Adieu, cher ami, je vais auprès de mes parents, les disposer à recevoir cette communication.

MAURICE.

CHAPITRE III

ESPRITS DANS UNE CONDITION MOYENNE

JOSEPH BRÉ

Mort en 1840, évoqué à Bordeaux en 1862 par sa petite-fille.

L'honnête homme selon Dieu ou selon les hommes.

1. Cher grand-père, voulez-vous me dire comment vous êtes parmi les Esprits, et me donner quelques détails instructifs pour notre avancement? — R. Tout ce que tu voudras, ma chère enfant. J'expie mon manque de foi; mais la bonté de Dieu est grande : il tient compte des circonstances. Je souffre, non pas comme tu pourrais l'entendre, mais du regret de n'avoir pas bien employé mon temps sur la terre.

2. Comment ne l'avez-vous pas bien employé? Vous avez toujours vécu en honnête homme. — R. Oui, au point de vue des hommes; mais il y a un abîme entre *l'honnête homme devant les hommes, et l'honnête homme devant Dieu.* Tu veux t'instruire, chère enfant; je vais tâcher de t'en faire sentir la différence.

Parmi vous, on est estimé comme honnête homme quand on respecte les lois de son pays, respect élastique pour beaucoup; quand on ne fait pas de tort à son prochain en lui prenant ostensiblement son bien; mais on lui prend souvent sans scrupule son honneur, son bonheur, du moment que le code, ou l'opinion publique, ne peut pas atteindre le coupable hypocrite. Quand on a pu faire graver sur sa pierre tombale les kyrielles de vertus que l'on prône, on croit avoir payé sa dette à l'humanité. Quelle erreur! Il ne suffit pas, pour être honnête devant Dieu, de n'avoir pas enfreint les lois des hommes, il faut avant tout n'avoir pas transgressé les lois divines.

L'honnête homme devant Dieu est celui qui, plein de dévoûment et d'amour, consacre sa vie au bien, au progrès de ses semblables; celui qui, animé d'un zèle puisé dans la fin, est actif dans la vie : actif à remplir la tâche matérielle qui lui est imposée, car il doit enseigner à ses frères l'amour du travail; actif dans les bonnes œuvres, car il ne doit pas oublier qu'il n'est qu'un serviteur auquel le maître demandera compte un jour de l'emploi de son temps; actif dans la fin, car il doit prêcher d'exemple l'amour du Seigneur et du prochain. L'honnête homme devant Dieu doit éviter avec soin ces paroles mordantes, venin caché sous des fleurs, qui détruit les réputations et souvent tue l'homme moral en le couvrant de ridicule. L'honnête homme devant Dieu doit toujours avoir le cœur fermé au moindre levain d'orgueil, d'envie, d'ambition. Il doit être patient et doux avec ceux qui l'attaquent; il doit pardonner du fond de son cœur, sans efforts et surtout sans ostentation, à quiconque l'a offensé; il doit aimer son créateur dans toutes ses créatures; il doit enfin mettre en pratique ce résumé si concis et si grand des devoirs de l'homme : aimer Dieu par-dessus toutes choses et son prochain comme soi-même.

Voilà, ma chère enfant, à peu près ce que doit être l'honnête homme devant Dieu. Eh bien! ai-je fait tout cela? Non ; j'ai manqué à beaucoup de ces conditions, je le confesse ici sans rougir ; je n'ai pas eu l'activité que l'homme doit avoir ; l'oubli du Seigneur m'a entraîné à d'autres oublis qui, pour n'être pas passibles de la loi humaine, n'en sont pas moins des prévarications à la loi de Dieu. J'en ai assez souffert quand je l'ai senti ; voilà pourquoi j'espère aujourd'hui, mais avec la consolante espérance en la bonté de Dieu qui voit mon repentir. Dis-le, chère enfant ; répète-le à ceux qui ont la conscience chargée : qu'ils couvrent leurs fautes à force de bonnes œuvres, et la miséricorde divine s'arrêtera à la surface ; ses yeux paternels compteront les expiations, et sa main puissante effacera les fautes.

Mᵐᵉ HÉLÈNE MICHEL

Jeune femme de vingt-cinq ans, morte subitement en quelques minutes, chez elle, sans souffrances, et sans cause préalable connue. Elle était riche, un peu frivole, et, par suite de la légèreté de son caractère, s'occupait plus des futilités de la vie que des choses sérieuses ; malgré cela, son cœur était bon : elle était douce, bienveillante et charitable.

Évoquée trois jours après sa mort par des personnes qui l'avaient connue, elle s'exprima ainsi :

« Je ne sais où je suis... quel trouble m'environne !.. Vous m'avez appelée, et je viens... Je ne comprends pas pourquoi je ne suis pas chez moi... on me pleure absente, et je suis là, et je ne puis me faire reconnaître d'eux tous... Mon corps ne m'appartient plus, et pourtant je le sens froid et glacé... Je veux le quitter, et je suis rivée là ; j'y reviens toujours... Je suis deux per-

sonnes....Oh! quand comprendrai-je ce qui m'arrive?...
Il faut encore que j'aille là-bas... mon autre MOI, que
deviendrait-il, moi absente?... Adieu. »

Le sentiment de la dualité qui n'est point encore détruit par une séparation complète, est ici évident. Caractère peu sérieux, sa position de fortune, en lui permettant de satisfaire ses caprices, devait favoriser ses tendances à la légèreté. Il n'est donc pas étonnant que son dégagement ait été peu rapide, et que, trois jours après sa mort, elle se sentît encore liée à son enveloppe corporelle. Mais, comme il n'y avait chez elle aucun vice sérieux, et que le fond était bon, cette situation n'avait rien de bien pénible, et n'a pas duré bien longtemps. Évoquée de nouveau à quelques jours de là, ses idées avaient déjà beaucoup changé. Voici ce qu'elle dit :

« Merci d'avoir prié pour moi. Je reconnais la bonté de Dieu qui m'a épargné les souffrances et l'appréhension du moment de la séparation de mon corps et de mon Esprit. Ma pauvre mère aura beaucoup de peine à se résigner; mais elle sera soutenue, et ce qui, à ses yeux, est un terrible malheur, était indispensable, afin que les choses du ciel devinssent pour elle ce qu'elles doivent être : tout. Je serai près d'elle jusqu'à la fin de son épreuve terrestre, et je l'aiderai à la supporter. Je ne suis pas malheureuse, mais j'ai encore bien à faire pour m'avancer vers le séjour bienheureux. Je prierai Dieu de me permettre de revenir sur cette terre, car j'ai à réparer le temps que j'y ai perdu dans cette existence. Que la foi vous soutienne, mes amis; ayez confiance en l'efficacité de la prière, alors qu'elle part vraiment du cœur. Dieu est bon. »

D. Avez-vous été longtemps à vous reconnaître? — R. J'ai compris la mort le jour même où vous avez prié pour moi.

D. Cet état de trouble était-il de la souffrance? — R. Non, je ne souffrais pas; je croyais rêver, et j'attendais le réveil. Ma vie n'a pas été exempte de douleurs, mais tout être incarné ici-bas doit souffrir; je me suis résignée à la volonté de Dieu, et il m'en a tenu compte. Je vous suis reconnaissante des prières qui m'ont aidée à me reconnaître. Merci; je reviendrai toujours avec plaisir. Adieu.

Hélène.

LE MARQUIS DE SAINT-PAUL

Mort en 1860, évoqué sur la demande de sa sœur, membre de la Société de Paris, le 16 mai 1861.

1. *Évocation.* — R. Me voici.

2. Madame votre sœur nous a priés de vous évoquer, quoiqu'elle soit médium, mais elle n'est pas encore assez formée pour être bien sûre d'elle. — R. Je tâcherai de répondre de mon mieux.

3. Elle désire d'abord savoir si vous êtes heureux. — R. Je suis errant, et cet état transitoire n'apporte jamais ni la félicité, ni le châtiment absolus.

4. Avez-vous été longtemps à vous reconnaître? — R. Je suis resté longtemps dans le trouble, et je n'en suis sorti que pour bénir la piété de ceux qui ne m'oubliaient pas et priaient pour moi. — D. Pouvez-vous apprécier la durée de ce trouble? — R. Non.

5. Quels sont ceux de vos parents que vous avez reconnus tout d'abord? — R. J'ai reconnu ma mère et mon père, qui, tous deux, m'ont reçu au réveil; ils m'ont initié à la vie nouvelle.

6. D'où vient qu'à la fin de votre maladie vous sem-

bliez converser avec ceux que vous aviez aimés sur la terre? — R. Parce que j'ai eu, avant de mourir, la révélation du monde que j'allais habiter. J'étais voyant avant de mourir, et mes yeux se sont voilés dans le passage de la séparation définitive du corps, parce que les liens charnels étaient encore très-vigoureux.

7. Comment se fait-il que vos souvenirs d'enfance semblaient vous revenir de préférence? — R. Parce que le commencement est plus rapproché de la fin que ne l'est le milieu de la vie. — D. Comment l'entendez-vous? — R. C'est-à-dire que les mourants se souviennent et voient, *comme dans un mirage de consolation*, les jeunes et pures années.

C'est probablement par un motif providentiel semblable que les vieillards, à mesure qu'ils approchent du terme de la vie, ont quelquefois un souvenir si précis des moindres détails de leurs premières années.

8. Pourquoi, en parlant de votre corps, parliez-vous toujours à la troisième personne? — R. Parce que j'étais voyant, je vous l'ai dit, et que je sentais nettement les différences qui existent entre le physique et le moral; ces différences, reliées entre elles par le fluide de vie, deviennent très-tranchées aux yeux des mourants clairvoyants.

C'est là une particularité singulière qu'a présentée la mort de ce monsieur. Dans ses derniers moments il disait toujours : « Il a soif, il faut lui donner à boire; il a froid, il faut le réchauffer; il souffre à tel endroit, etc. » Et quand on lui disait : « Mais c'est vous qui avez soif, » il répondait: « Non, c'est lui. » Ici se dessinent parfaitement les deux existences; le *moi* pensant est dans l'Esprit et non dans le corps; l'Esprit, déjà en partie dégagé, considérait son corps comme une autre individualité qui n'était pas à *lui* à proprement parler; c'était donc à son corps qu'il fallait donner à boire et non à lui Esprit. Ce phénomène se remarque aussi chez certains somnambules.

9. *Ce que vous avez dit de votre état errant, et de la durée de votre trouble, porterait à croire que vous n'êtes pas très heureux, et cependant vos qualités devraient faire supposer le contraire. Il y a d'ailleurs des Esprits errants qui sont heureux, comme il y en a de malheureux.* — R. Je suis dans un état transitoire; les vertus humaines acquièrent ici leur véritable prix. Sans doute mon état est mille fois préférable à celui de l'incarnation terrestre, mais j'ai toujours porté en moi les aspirations du vrai bien et du vrai beau, et mon âme ne sera rassasiée que lorsqu'elle volera aux pieds de son Créateur.

—

M. CARDON, médecin.

M. Cardon avait passé une partie de sa vie dans la marine marchande, en qualité de médecin de baleinier, et y avait puisé des habitudes et des idées un peu matérielles; retiré dans le village de J..., il y exerçait la modeste profession de médecin de campagne. Depuis quelque temps, il avait acquis la certitude qu'il était atteint d'une hypertrophie du cœur, et, sachant que cette maladie est incurable, la pensée de la mort le plongeait dans une sombre mélancolie dont rien ne pouvait le distraire. Deux mois d'avance environ, il prédit sa fin à jour fixe; quand il se vit près de mourir, il réunit sa famille autour de lui pour lui dire un dernier adieu. Sa femme, sa mère, ses trois enfants et d'autres parents étaient rassemblés autour de son lit; au moment où sa femme essayait de le soulever, il s'affaissa, devint d'un bleu livide, ses yeux se fermèrent, et on le crut mort; sa femme se plaça devant lui pour cacher ce spectacle à ses enfants. Après quelques minutes, il rouvrit les yeux; sa figure, pour ainsi dire illuminée, prit une expression de radieuse béatitude, et il s'écria : « Oh! mes enfants, que c'est beau! que c'est sublime! Oh! la mort! quel bienfait! quelle douce chose! J'étais mort, et j'ai senti mon âme s'élever bien haut, bien haut; mais Dieu m'a permis de revenir pour vous dire : « Ne redoutez « pas la mort, c'est la délivrance... » Que ne puis-je vous dépeindre la magnificence de ce que j'ai vu et les impressions dont je me suis senti pénétré! Mais vous ne pourriez le comprendre... Oh! mes enfants, conduisez-vous toujours de manière à mériter cette ineffable félicité, réservée aux hommes de bien; vivez selon la charité; si vous avez quelque chose, donnez-en une partie à ceux qui manquent du nécessaire... Ma chère femme, je te laisse dans une position qui n'est pas heureuse; on nous doit de l'argent, mais je t'en conjure, ne tourmente pas ceux qui nous doivent; s'ils sont dans la gêne, attends qu'ils puissent s'acquitter, et ceux qui ne le pourront pas, fais-en le sacrifice : Dieu t'en récompensera. Toi, mon fils, travaille pour soutenir ta mère; sois toujours honnête homme et garde-toi de rien faire qui puisse déshonorer notre famille. Prends cette croix qui vient de ma mère; ne la quitte pas, et qu'elle te rappelle toujours mes derniers conseils.... Mes enfants, aidez-vous et soutenez-vous mutuellement; que la bonne harmonie règne entre vous; ne soyez ni vains, ni orgueilleux; pardonnez à vos ennemis, si vous voulez que Dieu vous pardonne... » Puis, ayant fait approcher ses enfants, il étendit ses mains vers eux, et ajouta : « Mes enfants, je vous bénis. » Et ses yeux se fermèrent cette fois pour toujours ; mais sa figure conserva une expression si imposante que, jusqu'au moment où il fut enseveli, une foule nombreuse vint le contempler avec admiration.

Ces intéressants détails nous ayant été transmis par un ami de la famille, nous avons pensé que cette évocation pouvait être instructive pour tous, en même temps qu'elle serait utile à l'Esprit.

1. *Évocation.* — R. Je suis près de vous.

2. On nous a rapporté vos derniers instants qui nous ont ravis d'admiration. Voudriez-vous être assez bon pour nous décrire, mieux que vous ne l'avez fait, ce que vous avez vu dans l'intervalle de ce qu'on pourrait appeler vos deux morts. — R. Ce que j'ai vu, pourriez-vous le comprendre ? Je ne le sais, car je ne pourrais trouver d'expressions capables de rendre compréhensible ce que j'ai pu voir pendant les quelques instants où il m'a été possible de laisser ma dépouille mortelle.

3. Vous rendez-vous compte où vous avez été ? Est-ce loin de la terre, dans une autre planète ou dans l'espace ? — R. L'Esprit ne connaît pas la valeur des distances telles que vous les envisagez. Emporté par je ne sais quel agent merveilleux, j'ai vu la splendeur d'un ciel comme nos rêves seuls pourraient le réaliser. Cette course à travers l'infini s'est faite si rapidement que je ne puis préciser les instants employés par mon Esprit.

4. Actuellement jouissez-vous du bonheur que vous avez entrevu ? — R. Non ; je voudrais bien pouvoir en jouir, mais Dieu ne peut me récompenser ainsi. Je me suis trop souvent révolté contre les pensées bénies que

dictait mon cœur, et la mort me semblait une injustice. Médecin incrédule, j'avais puisé dans l'art de guérir une aversion contre la seconde nature qui est notre mouvement intelligent, divin; l'immortalité de l'âme était une fiction propre à séduire les natures peu élevées; néanmoins le vide m'épouvantait, car j'ai maudit bien des fois cet agent mystérieux qui frappe toujours et toujours. La philosophie m'avait égaré sans me faire comprendre toute la grandeur de l'Éternel qui sait répartir la douleur et la joie pour l'enseignement de l'humanité.

5. Lors de votre mort véritable, vous êtes-vous reconnu aussitôt? — R. Non; je me suis reconnu pendant la transition que mon Esprit a subie pour parcourir les lieux éthérés; mais après la mort réelle, non; il a fallu quelques jours pour mon réveil.

Dieu m'avait accordé une grâce; je vais vous en dire la raison :

Mon incrédulité première n'existait plus; avant ma mort, j'avais cru, car après avoir scientifiquement sondé la matière grave qui me faisait dépérir, je n'avais, à bout de raisons terrestres, trouvé que la raison divine; elle m'avait inspiré, consolé, et mon courage était plus fort que la douleur. Je bénissais ce que j'avais maudit; la fin me paraissait la délivrance. La pensée de Dieu est grande comme le monde! Oh! quelle suprême consolation dans la prière qui donne des attendrissements ineffables; elle est l'élément le plus sûr de notre nature immatérielle; par elle j'ai compris, j'ai cru fermement, souverainement, et c'est pour cela que Dieu, écoutant mes actions bénies, a bien voulu me récompenser avant de finir mon incarnation.

6. Pourrait-on dire que la première fois vous étiez

mort? — R. Oui et non ; l'Esprit ayant laissé le corps, naturellement la chair s'éteignait ; mais en reprenant possession de ma demeure terrestre, la vie est revenue au corps qui avait subi une transition, un sommeil.

7. A ce moment sentiez-vous les liens qui vous rattachaient à votre corps? — R. Sans doute ; l'Esprit a un lien difficile à briser, il lui faut le dernier tressaillement de la chair pour rentrer dans sa vie naturelle.

8. Comment se fait-il que, lors de votre mort apparente et pendant quelques minutes, votre Esprit ait pu se dégager instantanément et sans trouble, tandis que la mort réelle a été suivie d'un trouble de plusieurs jours? Il semble que, dans le premier cas, les liens entre l'âme et le corps subsistant plus que dans le second, le dégagement devait être plus lent, et c'est le contraire qui a eu lieu. — R. Vous avez souvent fait l'évocation d'un Esprit incarné, vous en avez reçu des réponses réelles ; j'étais dans la position de ces Esprits. Dieu m'appelait, et ses serviteurs m'avaient dit : « Viens... » J'ai obéi, et je remercie Dieu de la grâce spéciale qu'il a bien voulu me faire ; j'ai pu voir l'infini de sa grandeur et m'en rendre compte. Merci à vous qui m'avez, avant la mort réelle, permis d'enseigner aux miens pour qu'ils soient de bonnes et justes incarnations.

9. D'où vous venaient les belles et bonnes paroles que, lors de votre retour à la vie, vous avez adressées à votre famille? — R. Elles étaient le reflet de ce que j'avais vu et entendu ; les bons Esprits inspiraient ma voix et animaient mon visage.

10. Quelle impression croyez-vous que votre révélation ait faite sur les assistants et sur vos enfants en particulier? — R. Frappante. profonde ; la mort n'est pas

menteuse; les enfants, quelque ingrats qu'ils puissent être, s'inclinent devant l'incarnation qui s'en va. Si l'on pouvait scruter le cœur de ses enfants, près d'une tombe entr'ouverte, on ne sentirait battre que des sentiments vrais, touchés profondément par la main secrète des Esprits qui disent à toutes les pensées : Tremblez si vous êtes dans le doute; la mort c'est la réparation, la justice de Dieu, et je vous l'assure, malgré les incrédules, mes amis et ma famille croiront aux paroles que ma voix a prononcées avant de mourir. J'étais l'interprète d'un autre monde.

11. Vous avez dit que vous ne jouissiez pas du bonheur que vous avez entrevu; est-ce que vous êtes malheureux? — R. Non, puisque je croyais avant de mourir, et cela en mon âme et conscience. La douleur étreint ici-bas, mais elle relève pour l'avenir spirite. Remarquez que Dieu a su me tenir compte de mes prières et de ma croyance absolue en lui; je suis sur la route de la perfection, et j'arriverai au but qu'il m'a été permis d'entrevoir. Priez, mes amis, pour ce monde invisible qui préside à vos destinées; cet échange fraternel, c'est de la charité; c'est un levier puissant qui met en communion les Esprits de tous les mondes.

12. Voudriez-vous adresser quelques paroles à votre femme et à vos enfants?

R. Je prie tous les miens de croire en Dieu puissant, juste, immuable; en la prière qui console et soulage en la charité qui est l'acte le plus pur de l'incarnation humaine; qu'ils se souviennent qu'on peut donner peu : l'obole du pauvre est la plus méritoire devant Dieu, qui sait qu'un pauvre donne beaucoup en donnant peu; il faut que le riche donne grandement et souvent pour mériter autant que lui.

L'avenir, c'est la charité, la bienveillance dans toutes les actions; c'est de croire que tous les Esprits sont frères, en ne se prévalant jamais de toutes les puéril vanités.

Famille bien-aimée, tu auras de rudes épreuves; mais sache les prendre courageusement, en pensant que Dieu les voit.

Dites souvent cette prière:

Dieu d'amour et de bonté, qui donne tout et toujours, accorde-nous cette force qui ne recule devant aucune peine; rends-nous bons, doux et charitables, petits par la fortune, grands par le cœur. Que notre Esprit soit spirite sur terre pour mieux vous comprendre et vous aimer.

Que votre nom, ô mon Dieu, emblème de liberté, soit le but consolateur de tous les opprimés, de tous ceux qui ont besoin d'aimer, de pardonner et de croire.

CARDON.

ERIC STANISLAS

(Communication spontanée; société de Paris; août 1863.)

Combien les émotions ressenties vivement par des cœurs chaleureux nous procurent de bonheur! O douces pensées qui venez ouvrir une voie de salut à tout ce qui vit, à tout ce qui respire matériellement et spirituellement, que votre baume sauveur ne cesse de se répandre à larges flots sur vous et sur nous! Quelles expressions choisir pour traduire le bonheur qu'éprouvent tous vos frères d'outre-tombe dans la contemplation du pur amour qui vous unit tous!

Ah! frères, que de bien partout, que de doux sentiments élevés et simples comme vous, comme votre doctrine, vous êtes appelés à semer sur la longue route que vous avez encore à parcourir; mais aussi combien tout cela vous sera rendu avant même le moment où vous y aurez droit!

J'ai assisté à toute cette soirée; j'ai écouté, j'ai entendu, j'ai compris, et je vais pouvoir aussi à mon tour, remplir mon devoir et instruire la classe des Esprits imparfaits.

Ecoutez : j'étais loin d'être heureux; plongé dans l'immensité, dans l'infini, mes souffrances étaient d'autant plus vives que je ne pouvais m'en rendre un compte exact. Dieu soit béni! Il m'a permis de venir dans un sanctuaire que ne peuvent *impunément* franchir les méchants. Amis, combien je vous suis reconnaissant, combien j'ai puisé de forces parmi vous!

Oh! hommes de bien, réunissez-vous souvent; instruisez, car vous ne sauriez vous douter combien portent de fruits toutes les réunions sérieuses que vous avez entre vous; les Esprits qui ont encore bien des choses à apprendre, ceux qui restent volontairement inactifs, paresseux et oublieux de leurs devoirs peuvent se trouver, soit par une circonstance fortuite, soit autrement, parmi vous; frappés d'un choc terrible, ils peuvent, et c'est ce qui arrive souvent, se replier sur eux-mêmes, se reconnaître, entrevoir le but à atteindre, et forts par l'exemple que vous leur donnez, chercher les moyens qui peuvent les faire sortir de l'état pénible dans lequel ils se trouvent. Je me rends avec un bien grand bonheur l'interprète des âmes souffrantes, car c'est à des hommes de cœur que je m'adresse et je sais ne pas être repoussé.

Veuillez donc encore une fois, ô hommes généreux, recevoir l'expression de ma reconnaissance particulière et celle de tous nos amis à qui vous avez fait peut-être, sans vous en douter, tant de bien.

ÉRIC STANISLAS.

Le guide du médium. — Mes enfants, c'est un Esprit qui a été très malheureux, en ce qu'il fut longtemps égaré. Maintenant il a compris ses torts, il s'est repenti, et a enfin tourné ses regards vers Dieu qu'il avait méconnu ; sa position n'est pas le bonheur, mais il y aspire et ne souffre plus. Dieu lui a permis de venir écouter, puis d'aller dans une sphère inférieure instruire et faire avancer les Esprits qui, comme lui, ont transgressé les lois de l'Éternel ; c'est la réparation qui lui est demandée. Désormais il conquerra la félicité, parce qu'il en a la volonté.

—

M** ANNA BELLEVILLE

Jeune femme morte à trente-cinq ans, après une longue et cruelle maladie. Vive, spirituelle, douée d'une rare intelligence, d'une grande rectitude de jugement et d'éminentes qualités morales, épouse et mère de famille dévouée, elle avait en outre une force de caractère peu commune, et un esprit fécond en ressources qui ne la prenait jamais au dépourvu dans les circonstances les plus critiques de la vie. Sans rancune pour ceux dont elle avait le plus à se plaindre, elle était toujours prête à leur rendre service à l'occasion. Intimement lié avec elle depuis longues années, nous avons pu suivre toutes les phases de son existence et toutes les péripéties de sa fin.

Un accident amena la terrible maladie qui devait l'emporter et qui la retint trois ans dans son lit, en proie aux plus atroces souffrances, qu'elle a supportées jusqu'au dernier moment avec un courage héroïque, et au milieu desquelles sa gaieté naturelle ne l'abandonna pas. Elle croyait fermement à l'âme et à la vie future, mais s'en préoccupait très peu; toutes ses pensées se portaient vers la vie présente à laquelle elle tenait beaucoup, sans cependant avoir peur de la mort, et sans chercher les jouissances matérielles, car sa vie était fort simple, et elle se passait, sans difficulté, de ce qu'elle ne pouvait se procurer; mais elle avait instinctivement le goût du bien et du beau, qu'elle savait porter jusque dans les plus petites choses. Elle voulait vivre, moins pour elle que pour ses enfants, auxquels elle sentait qu'elle était nécessaire; c'est pourquoi elle se cramponnait à la vie. Elle connaissait le Spiritisme sans l'avoir étudié à fond; elle s'y intéressait, et cependant il ne parvint pas à fixer ses pensées sur l'avenir; c'était pour elle une idée vraie, mais qui ne laissait aucune impression profonde dans son esprit. Ce qu'elle faisait de bien était le résultat d'un mouvement naturel, spontané, et non inspiré par la pensée d'une récompense ou des peines futures.

Depuis longtemps déjà son état était désespéré, et l'on s'attendait un moment à l'autre à la voir partir; elle-même ne se faisait pas illusion. Un jour que son mari était absent, elle se sentit défaillir, et comprit que son heure était venue ; sa vue était voilée, le trouble l'envahissait, et elle éprouvait toutes les angoisses de la séparation. Cependant il lui en coûtait de mourir avant le retour de son mari. Faisant sur elle-même un suprême effort, elle se dit : « Non, je ne veux pas mourir! » Elle sentit alors la vie renaître en elle, et recouvra le plein usage de ses facultés. Quand son mari revint, elle lui dit : « J'allais mourir, mais j'ai voulu attendre que tu fusses près de moi, car j'avais encore plusieurs recommandations à te faire. » La lutte entre la vie et la mort se prolongea ainsi pendant trois mois, qui ne furent qu'une longue et douloureuse agonie.

Évocation, le lendemain de sa mort. — Mes bons amis, merci de vous occuper de moi; du reste, vous avez été pour moi comme de bons parents. Eh bien, réjouissez-vous, je suis heureuse. Rassurez mon pauvre mari et veillez sur mes enfants. Je suis allée près d'eux tout de suite.

D. Il paraît que le trouble n'a pas été long, puisque vous nous répondez avec lucidité. — R. Mes amis, j'ai tant souffert, et vous savez que je souffrais avec résignation! Eh bien! mon épreuve est terminée. Vous dire que je suis complétement dégagée, non; mais je ne souffre plus, et c'est pour moi un si grand soulagement! Pour cette fois, je suis bien radicalement guérie, je vous assure, mais j'ai besoin que l'on m'aide par le secours des prières, pour venir ensuite travailler avec vous.

D. Quelle a pu être la cause de vos longues souffrances? — R. Passé terrible, mon ami.

D. Pouvez-vous nous dire quel a été ce passé? — R. Oh! laissez-moi un peu l'oublier; je l'ai payé si cher!

Un mois après sa mort. — D. Maintenant que vous devez être complétement dégagée et que vous vous reconnaissez mieux, nous serons bien heureux d'avoir avec vous un entretien plus explicite. Pourriez-vous nous dire quelle a été la cause de votre longue agonie? car vous avez été pendant trois mois entre la vie et la mort. — R. Merci, mes bons amis, de votre souvenir et de vos bonnes prières! Combien elles me sont salutaires, et combien elles ont contribuées à mon dégagement! J'ai besoin d'être soutenue encore; continuez à prier pour moi. Vous comprenez la prière, vous. Ce ne sont pas des formules banales que vous dites, comme tant d'autres qui ne se rendent pas compte de l'effet que produit une bonne prière.

J'ai bien souffert, mais mes souffrances me sont largement comptées, et il m'est permis d'être souvent vers mes chers enfants que je quittais avec tant de regrets!

J'ai prolongé moi-même mes souffrances; mon ardent désir de vivre pour mes enfants faisait que je m'acharnais en quelque sorte à la matière, et, contrairement aux autres, je me raidissais et ne voulais pas abandonner ce malheureux corps avec lequel il fallait rompre, et qui cependant était pour moi l'instrument de tant de tortures. Voilà la véritable cause de ma longue agonie. Ma maladie, les souffrances que j'ai endurées : expiation du passé, une dette de plus de payée.

Hélas! mes bons amis, si je vous avais écoutés, quel immense changement dans ma vie présente! Quel adoucissement j'aurais éprouvé à mes derniers instants, et combien cette séparation eût été plus facile, si, au lieu de la contrarier, je m'étais laissée aller avec confiance en la volonté de Dieu, au courant qui m'entraînaît! Mais, au lieu de porter mes regards vers l'avenir qui m'attendait, je ne voyais que le présent que j'allais quitter!

Lorsque je reviendrai sur la terre, je serai spirite, je vous l'assure. Quelle science immense! J'assiste à vos réunions bien souvent et aux instructions que l'on vous donne. Si j'avais pu comprendre lorsque j'étais sur la terre, mes souffrances auraient été bien adoucies; mais l'heure n'était pas venue. Aujourd'hui je comprends la bonté de Dieu et sa justice; mais je ne suis pas encore assez avancée pour ne plus m'occuper des choses de la vie; mes enfants surtout m'y rattachent encore, non plus pour les gâter, mais pour veiller sur eux et tâcher qu'ils suivent la route que le Spiritisme trace en ce moment. Oui, mes bons amis, j'ai encore de graves préoccupations; une surtout, car l'avenir de mes enfants en dépend.

D. Pouvez-vous nous donner quelques explications sur le passé que vous déplorez?

R. Hélas! mes bons amis, je suis toute prête à vous faire ma confession. J'avais méconnu la souffrance; j'avais vu souffrir ma mère sans en avoir pitié; je l'avais traitée de malade imaginaire. Ne la voyant jamais alitée, je supposais qu'elle ne souffrait pas, et je riais de ses souffrances. Voilà comment Dieu punit.

Six mois après sa mort. — D. Maintenant qu'un temps assez long s'est écoulé depuis que vous avez quitté votre enveloppe terrestre, veuillez nous dépeindre votre situation et vos occupations dans le monde des Esprits?

R. Pendant ma vie terrestre, j'étais ce que l'on appelle, d'une manière générale, une bonne personne, mais avant tout j'aimais mon bien-être ; compatissante par nature, peut-être n'aurais-je pas été capable d'un sacrifice pénible pour soulager une infortune. Aujourd'hui tout est changé ; je suis toujours moi, mais le moi d'autrefois a subi des modifications. J'ai acquis ; je vois qu'il n'y a ni rangs ni conditions autres que le mérite personnel dans le monde des invisibles, où un pauvre charitable et bon est au-dessus du riche orgueilleux qui l'humiliait sous son aumône. Je veille spécialement sur la classe des affligés par les tourments de famille, la perte de parents ou de fortune ; j'ai pour mission de les consoler et de les encourager, et je suis heureuse de le faire.

ANNA.

Une importante question ressort des faits ci-dessus, c'est celle-ci :

Une personne peut-elle, par un effort de sa volonté, retarder le moment de la séparation de l'âme et du corps ?

Réponse de l'Esprit de saint Louis. — Cette question, résolue d'une manière affirmative et sans restriction, pourrait donner lieu à de fausses conséquences. Certainement un Esprit incarné peut, dans certaines conditions, prolonger l'existence corporelle pour terminer des instructions indispensables ou qu'il croit telles ; cela peut lui être permis, comme dans le cas dont il s'agit ici, et comme on en a maints exemples. Cette prolongation de la vie ne saurait, dans tous les cas, être que de courte durée, car il ne peut être donné à l'homme d'intervertir l'ordre des lois de la nature, ni de provoquer un retour réel à la vie, lorsque celles-ci est arrivée à son terme ; ce n'est qu'un sursis momentané. Cependant, de la possibilité du fait, il ne faudrait pas conclure qu'il puisse être général, ni croire qu'il dépende de chacun de prolonger ainsi son existence. Comme *épreuve pour l'Esprit*, ou dans l'intérêt d'une mission à achever, les organes usés peuvent recevoir un supplément de fluide vital qui leur permette d'ajouter quelques instants à la manifestation matérielle de la pensée ; les cas semblables sont des exceptions et non la règle. Il ne faut pas voir non plus dans ce fait une dérogation de Dieu à l'immutabilité de ses lois, mais une conséquence du libre arbitre de l'âme humaine qui, au dernier instant, a conscience de la mission dont elle a été chargée, et voudrait, malgré la mort, accomplir ce qu'elle n'a pu achever. Ce peut être aussi parfois une sorte de punition infligée à l'Esprit qui doute de l'avenir, que de lui accorder une prolongation de vitalité dont il souffre nécessairement.

Saint Louis.

On pourrait aussi s'étonner de la rapidité du dégagement de cet Esprit eu égard à son attachement à la vie corporelle; mais il faut considérer que cet attachement n'avait rien de sensuel ni de matériel; il avait même son côté moral, puisqu'il était motivé par l'intérêt de ses enfants en bas âge. C'était, en outre, un Esprit avancé en intelligence et en moralité : un degré de plus, il eût été dans les Esprits très heureux. Il n'y avait donc pas dans les liens périspritaux la ténacité qui résulte de l'identification avec la matière; on peut dire que la vie, affaiblie par une longue maladie, ne tenait plus qu'à quelques fils, ce sont ces fils qu'il voulait empêcher de rompre. Cependant il a été puni de sa résistance par la prolongation de ses souffrances qui tenaient à la nature de la maladie, et non à la difficulté du dégagement; c'est pourquoi, après la délivrance, le trouble a été de courte durée.

Un fait également important découle de cette évocation, ainsi que la plupart de celles qui sont faites à diverses époques plus ou moins éloignées de la mort, c'est le changement qui s'accomplit graduellement dans les idées de l'Esprit, et dont on peut suivre le progrès; chez celui-ci, il se traduit, non par de meilleurs sentiments, mais par une plus saine appréciation des choses. Le progrès de l'âme dans la vie spirituelle est donc un fait constaté par l'expérience; la vie corporelle est la mise en pratique de ce progrès; c'est l'épreuve de ses résolutions, le creuset où il s'épure.

Dès l'instant que l'âme progresse après la mort, son sort ne peut être irrévocablement fixé, car la fixation définitive du sort est, comme nous l'avons dit ailleurs, la négation du progrès. Les deux choses ne pouvant exister simultanément, il reste celle qui a la sanction des faits et de la raison.

CHAPITRE IV

ESPRITS SOUFFRANTS

LE CHATIMENT

Exposé général de l'état des coupables à leur entrée dans le monde des Esprits dicté à la Société spirite de Paris, en octobre 1860.

Les Esprits méchants, égoïstes et durs, sont, aussitôt après la mort, livrés à un doute cruel sur leur destinée présente et future; ils regardent autour d'eux, ils ne voient d'abord aucun sujet sur lequel puisse s'exercer leur méchante personnalité, et le désespoir s'empare d'eux, car l'isolement et l'inaction sont intolérables aux mauvais Esprits; ils ne lèvent pas leurs regards vers les lieux habités par les purs Esprits; ils considèrent ce qui les entoure, et bientôt frappés de l'abattement des Esprits faibles et punis, ils s'attachent à eux comme à une proie, s'armant du souvenir de leurs fautes passées, qu'ils mettent sans cesse en action par leurs gestes dérisoires. Cette moquerie ne leur suffisant pas, ils plongent sur la terre comme des vautours affamés; ils cherchent parmi les hommes, l'âme qui ouvrira un plus facile accès à leurs tentations; ils s'en emparent, exaltent sa convoitise, tâchent d'éteindre sa foi en Dieu, et lorsqu'enfin, maîtres d'une conscience, ils voient leur proie assurée, ils étendent sur tout ce qui approche leur victime, la fatale contagion.

Le mauvais Esprit qui exerce sa rage est presque

heureux; il ne souffre que dans les moments où il n'agit pas, et dans ceux aussi où le bien triomphe du mal.

Cependant les siècles s'écoulent; le mauvais Esprit sent tout à coup les ténèbres l'envahir; son cercle d'action se resserre; sa conscience, muette jusqu'alors, lui fait sentir les pointes acérées du repentir. Inactif, emporté par le tourbillon, il erre, sentant, comme dit l'Écriture, le poil de sa chair se dresser de frayeur; bientôt un grand vide se fait en lui, autour de lui; le moment est venu, il doit expier; la réincarnation est là, menaçante; il voit, comme dans un mirage, les épreuves terribles qui l'attendent; il voudrait reculer, il avance, et précipité dans le gouffre béant de la vie, il roule effaré jusqu'à ce que le voile de l'ignorance retombe sur ses yeux. Il vit, il agit, il est encore coupable; il sent en lui je ne sais quel souvenir inquiet, quels pressentiments qui le font trembler, mais ne le font pas reculer dans la voie du mal. A bout de forces et de crimes, il va mourir. Étendu sur un grabat, ou sur son lit, qu'importe! l'homme coupable sent, sous son apparente immobilité, se remuer et vivre un monde de sensations oubliées. Sous ses paupières fermées, il voit pointer une lueur, il entend des sons étranges; son âme qui va quitter son corps s'agite impatiente, tandis que ses mains crispées essayent de s'accrocher aux draps; il voudrait parler, il voudrait crier à ceux qui l'entourent: Retenez-moi! je vois le châtiment! Il ne le peut; la mort se fixe sur ses lèvres blémies, et les assistants disent: Le voilà en paix!

Cependant il entend tout; il flotte autour de son corps qu'il ne voudrait pas abandonner; une force secrète l'attire; il voit, il reconnaît ce qu'il a déjà vu. Éperdu,

il s'élance dans l'espace où il voudrait se cacher. Plus de retraite! plus de repos! d'autres Esprits lui rendent le mal qu'il a fait, et châtié, raillé, confus à son tour, il erre, et il errera jusqu'à ce que la divine lueur glisse dans son endurcissement et l'éclaire, pour lui montrer le Dieu vengeur, le Dieu triomphant de tout mal, qu'il ne pourra apaiser qu'à force de gémissements et d'expiations.
GEORGES.

Jamais tableau plus éloquent, plus terrible et plus vrai n'a été tracé du sort du méchant; est-il donc nécessaire d'avoir recours à la fantasmagorie des flammes et des tortures physiques?

NOVEL

(L'Esprit s'adresse au médium, qui l'avait connu de son vivant.)

Je vais te raconter ce que j'ai souffert quand je suis mort. Mon Esprit, retenu à mon corps par des liens matériels, a eu grand'peine à s'en dégager, ce qui a été une première et rude angoisse. La vie que j'avais quittée à vingt-quatre ans était encore si forte en moi que je ne croyais pas à sa perte. Je cherchais mon corps, et j'étais étonné et effrayé de me voir perdu au milieu de cette foule d'ombres. Enfin la conscience de mon état, et la révélation des fautes que j'avais commises dans toutes mes incarnations, me frappèrent tout à coup; une lumière implacable éclaira les plus secrets replis de mon âme, qui se sentit *nue*, puis saisie d'une honte accablante. Je cherchais à y échapper en m'intéressant aux objets nouveaux, *et pourtant connus*, qui m'entouraient; les Esprits radieux, flottant dans l'éther, me donnaient l'idée d'un bonheur auquel je ne pouvais aspirer ; des formes sombres et désolées, les unes plongées dans un morne désespoir, les autres ironiques ou furieuses, glissaient autour de moi et sur la terre à laquelle je restais attaché. Je voyais s'agiter les humains dont j'enviais l'ignorance ; tout un ordre de sensations inconnues, *ou retrouvées*, m'envahirent à la fois. Entraîné comme par une force irrésistible, cherchant à fuir cette douleur acharnée, je franchissais les distances, les éléments, les obstacles matériels, sans que les beautés de la nature, ni les splendeurs célestes pussent calmer un instant le déchirement de ma conscience, ni l'effroi que me causait la révélation de l'éternité. Un mortel peut pressentir les tortures matérielles par les frissons de la chair, mais vos fragiles douleurs, adoucies par l'espérance, tempérées par les distractions, tuées par l'oubli, ne pourront jamais vous faire comprendre les angoisses d'une âme qui souffre sans trêve, sans espoir, sans repentir. J'ai passé un temps dont je ne peux apprécier la durée, enviant les élus dont j'entrevoyais la splendeur, détestant les mauvais Esprits qui me poursuivaient de leurs railleries, méprisant les humains dont je voyais les turpitudes, passant d'un profond accablement à une révolte insensée.

Enfin tu m'as appelé, et pour la première fois un sentiment doux et tendre m'a apaisé ; j'ai écouté les enseignements que te donnent tes guides ; la vérité m'a pénétré, j'ai prié : Dieu m'a entendu ; il s'est révélé à moi par sa clémence, comme il s'était révélé par sa justice.

Novel.

CHAPITRE IV

AUGUSTE MICHEL

(Le Havre, mars 1863.)

C'était un jeune homme riche, viveur, jouissant largement et exclusivement de la vie matérielle. Quoique intelligent, l'insouciance des choses sérieuses était le fond de son caractère. Sans méchanceté, plutôt bon que mauvais, il était aimé de ses compagnons de plaisir, et recherché dans la haute société pour ses qualités d'homme du monde ; sans avoir fait de mal, il n'avait point fait de bien. Il est mort d'une chute de voiture dans une promenade. Évoqué quelques jours après sa mort par un médium qui le connaissait indirectement, il donna successivement les communications suivantes :

8 mars 1863. — Je suis à peine dégagé de mon corps; aussi je puis difficilement vous parler. La terrible chute qui fit mourir mon corps met mon Esprit dans un grand trouble. Je suis inquiet de ce que je vais être, et cette incertitude est cruelle. L'affreuse souffrance que mon corps a éprouvée n'est rien en comparaison du trouble où je suis. Priez pour que Dieu me pardonne. Oh ! quelle douleur ! oh ! grâce, mon Dieu ! quelle douleur ! Adieu.

18 mars. — Je vous suis déjà venu, mais je n'ai pu vous parler que très difficilement. Encore en ce moment je puis avec peine me communiquer à vous. Vous êtes le seul médium à qui je puisse demander des prières pour que la bonté de Dieu me sorte du trouble où je suis. Pourquoi souffrir encore quand mon corps ne souffre plus? Pourquoi cette douleur affreuse, cette terrible angoisse existe-t-elle toujours? Priez, oh ! priez

pour que Dieu m'accorde le repos... Oh! quelle cruelle incertitude! Je suis encore attaché à mon corps. Je ne peux que difficilement voir où je puis être; mon corps est là, et pourquoi y suis-je toujours? Venez prier *sur lui* pour que je sois dégagé de cette étreinte cruelle. Dieu voudra bien, je l'espère, me pardonner. Je vois les Esprits qui sont près de vous, et par eux je puis vous parler. Priez pour moi.

6 avril. — C'est moi qui viens vers vous vous demander de prier pour moi. Il fallait venir *sur le lieu où gît mon corps*, prier le Tout-Puissant de calmer mes souffrances. Je souffre! oh! je souffre! allez en ce lieu; il le faut, et adressez au Seigneur une prière pour qu'il me donne le pardon. Je vois que je pourrai être plus tranquille, mais je reviens sans cesse vers l'endroit où l'on a déposé ce qui a été moi.

Le médium ne se rendant pas compte de l'insistance de l'Esprit qui le sollicitait d'aller prier sur sa tombe, avait négligé de le faire. Il y fut néanmoins plus tard, et y reçut la communication ci-après :

11 mai. — Je vous attendais. J'espérais le moment où vous viendriez au lieu où mon Esprit semble rivé à son enveloppe, implorer le Dieu de miséricorde pour que sa bonté calme mes souffrances. Vous pouvez me faire du bien par vos prières ; ne vous ralentissez pas, je vous en supplie. Je vois combien ma vie a été opposée à ce qu'elle devait être ; je vois les fautes que j'ai commises. J'ai été un être inutile dans le monde ; je n'ai fait aucun bon emploi de mes facultés ; ma fortune n'a servi qu'à satisfaire mes passions, mes goûts de luxe et ma vanité ; je n'ai songé qu'aux jouissances du corps

et non à mon âme. La miséricorde de Dieu descendra-t-elle sur moi, pauvre Esprit qui souffre encore de mes fautes terrestres? Priez pour qu'il me pardonne, et que je sois délivré des douleurs que je ressens encore. Je vous remercie d'être venu prier sur moi.

8 juin. — Je puis vous parler, et je remercie Dieu de le permettre. J'ai vu mes fautes, et j'espère que Dieu me pardonnera. Suivez toujours votre vie selon la croyance qui vous anime, car elle vous réserve pour plus tard un repos que je n'ai pas encore. Merci de vos prières. Au revoir.

L'insistance de l'Esprit pour qu'on allât prier sur sa tombe est une particularité remarquable, mais qui a sa raison d'être si l'on considère combien étaient tenaces les liens qui le retenaient à son corps, et combien la séparation était longue et difficile, par suite de la matérialité de son existence. On comprend qu'en se rapprochant du corps, la prière pouvait exercer une sorte d'action magnétique plus puissante pour aider au dégagement. L'usage presque général de prier auprès des corps des décédés, ne viendrait-il pas de l'intuition inconsciente que l'on a de cet effet? L'efficacité de la prière, dans ce cas, aurait un résultat à la fois moral et matériel.

REGRETS D'UN VIVEUR
(Bordeaux, 19 avril 1862.)

30 juillet. — Je suis à présent moins malheureux, car je ne sens plus la chaîne qui m'attachait à mon corps; je suis libre enfin, mais je n'ai point satisfait à l'expiation; il faut que je répare le temps perdu, si je ne veux voir prolonger mes souffrances. Dieu, je l'espère, verra mon repentir sincère et voudra bien m'accorder son pardon. Priez encore pour moi, je vous en supplie.

Hommes, mes frères, j'ai vécu pour moi seul ; aujourd'hui je l'expie et je souffre ! Que Dieu vous fasse la grâce d'éviter les épines auxquelles je me déchire. Marchez dans la voie large du Seigneur et priez pour moi, car j'ai abusé des biens que Dieu *prête* à ses créatures !

Celui qui sacrifie aux instincts brutaux l'intelligence et les bons sentiments que Dieu a mis en lui, s'assimile à l'animal qu'il maltraite souvent. L'homme doit user avec sobriété des biens dont il est dépositaire ; il doit s'habituer à ne vivre qu'en vue de l'éternité qui l'attend, et par conséquent se détacher des jouissances matérielles. Sa nourriture ne doit avoir d'autre but que sa vitalité ; son luxe doit se subordonner aux besoins stricts de sa position ; ses goûts, ses penchants naturels même doivent être régis par la plus forte raison, sans quoi il se matérialise au lieu de s'épurer. Les passions humaines sont un lien étroit qui s'enfonce dans les chairs : ne le resserrez donc pas. Vivez, mais ne soyez pas viveurs. Vous ne savez pas ce qu'il en coûte quand on retourne dans la patrie ! Les passions terrestres vous dépouillent avant de vous quitter, et vous arrivez au Seigneur nus, entièrement nus. Ah ! couvrez-vous de bonnes œuvres ; elles vous aideront à franchir l'espace qui vous sépare de l'éternité. Manteau brillant, elles cacheront vos turpitudes humaines. Enveloppez-vous de charité et d'amour, vêtements divins que rien n'enlève.

Instruction du guide du médium. — Cet Esprit est dans une bonne voie, puisqu'au repentir il ajoute des conseils pour se mettre en garde contre les dangers de la route qu'il a suivie. Reconnaître ses torts est déjà un mérite, et un pas de fait vers le bien ; c'est pourquoi sa situation, sans être heureuse, n'est plus celle d'un Esprit souffrant. Il se repent ; il lui reste la réparation qu'il accomplira dans une autre existence d'épreuve. Mais avant d'en arriver là, savez-vous quelle est la situation de ces hommes à la vie toute sensuelle qui n'ont donné à leur esprit d'autre activité que celle d'inventer sans cesse de nouvelles jouissances ? L'influence de la matière les suit au delà de la tombe, et la mort ne met pas un terme à leurs appétits que leur vue, aussi bornée que sur la terre, cherche en vain les moyens de satisfaire. N'ayant jamais cherché la nourriture spirituelle, leur âme erre dans le vide, sans but, sans espoir, en proie à l'anxiété de l'homme qui n'a devant lui que la perspective d'un désert sans bornes. La nullité de leurs occupations intellectuelles pendant la vie du corps, amène naturellement la nullité du travail de l'Esprit après la mort ; ne pouvant plus satisfaire le corps, il ne leur reste rien pour satisfaire l'Esprit ; de là un mortel ennui dont ils ne prévoient pas le terme, et auquel ils préféreraient le néant ; mais le néant n'existe pas ; ils ont pu tuer le corps, mais ils ne peuvent tuer l'Esprit ; il faut donc qu'ils vivent dans ces tortures morales jusqu'à ce que, vaincus par la lassitude, ils se décident à jeter un regard vers Dieu.

LISBETH

(Bordeaux, 13 février 1861.)

Un Esprit souffrant s'inscrit sous le nom de Lisbeth.

1. Voulez-vous me donner quelques détails sur votre

position et la cause de vos souffrances? — R. Sois humble de cœur, soumise à la volonté de Dieu, patiente dans les épreuves, charitable pour le pauvre, encourageante pour le faible, chaude de cœur pour toutes les souffrances, et tu ne subiras pas les tortures que j'endure.

2. Si les fautes opposées aux qualités que vous signalez vous ont entraînée, vous paraissez les regretter. Votre repentir doit vous soulager? — R. Non ; le repentir est stérile quand il n'est que la conséquence de la souffrance. Le repentir productif est celui qui a pour base le regret d'avoir offensé Dieu, et l'ardent désir de réparer. Je n'en suis pas encore là, malheureusement. Recommandez-moi aux prières de tous ceux qui se consacrent aux souffrances ; j'en ai besoin.

Ceci est une grande vérité; la souffrance arrache parfois un cri de repentir, mais qui n'est pas l'expression sincère du regret d'avoir fait mal, car si l'Esprit ne souffrait plus, il serait prêt à recommencer. Voilà pourquoi le repentir n'amène pas toujours la délivrance immédiate de l'Esprit; il y dispose, voilà tout; mais il lui faut prouver la sincérité et la solidité de ses résolutions par de nouvelles épreuves qui sont la réparation du mal qu'il a fait. Si l'on médite avec soin tous les exemples que nous citons, on trouvera dans les paroles, même des Esprits les plus inférieurs, de graves sujets d'instruction, parce qu'elles nous initient aux détails les plus intimes de la vie spirituelle. Tandis que l'homme superficiel ne verra dans ces exemples que des récits plus ou moins pittoresques, l'homme sérieux et réfléchi y trouvera une source abondante d'études.

3. Je ferai ce que vous désirez. Voulez-vous me donner quelques détails sur votre dernière existence? Il peut en résulter un enseignement utile pour nous, et vous rendrez ainsi votre repentir productif.

(L'Esprit met une grande indécision à répondre à cette question et à quelques-unes des suivantes.)

R. Je suis née dans une condition élevée. J'avais tout ce que les hommes regardent comme la source du bonheur. Riche, j'ai été égoïste; belle, j'ai été coquette, indifférente et trompeuse; noble, j'ai été ambitieuse. J'ai écrasé de mon pouvoir ceux qui ne se prosternaient pas assez bas devant moi, et j'écrasais encore ceux qui se trouvaient sous mes pieds, sans penser que la colère du Seigneur écrase aussi, tôt ou tard, les fronts les plus élevés.

4. A quelle époque viviez-vous? — R. Il y a cent cinquante ans, en Prusse.

5. Depuis ce temps, n'avez-vous fait aucun progrès comme Esprit? — R. Non; la matière se révoltait toujours. Tu ne peux comprendre l'influence qu'elle exerce encore malgré la séparation du corps et de l'Esprit. L'orgueil, vois-tu, vous enlace dans des chaînes d'airain dont les anneaux se resserrent de plus en plus autour du misérable qui lui abandonne son cœur. L'orgueil! cette hydre aux cent têtes toujours renaissantes, qui sait moduler ses sifflements empoisonnés de telle sorte qu'on les prend pour une musique céleste! L'orgueil! ce démon multiple qui se plie à toutes les aberrations de votre Esprit, qui se cache dans les replis de votre cœur, pénètre dans vos veines, vous enveloppe, vous absorbe et vous entraîne à sa suite dans les ténèbres de la géhenne éternelle!... oui, éternelle!

L'Esprit dit qu'il n'a fait aucun progrès, sans doute parce que sa situation est toujours pénible; mais la manière dont il décrit l'orgueil et en déplore les suites est incontestablement un progrès; car assurément, de son vivant, ni peu après sa mort, il n'aurait pu raisonner ainsi. Je comprends le mal, et c'est déjà quelque chose; le courage et la volonté de l'éviter lui viendront ensuite.

6. Dieu est trop bon pour condamner ses créatures à des peines éternelles; espérez en sa miséricorde. — R. Il peut y avoir un terme; on le dit, mais où? Je le cherche depuis longtemps et ne vois que souffrance toujours! toujours! toujours!

7. Comment êtes-vous venue ici aujourd'hui? — R. Un Esprit qui me suit souvent m'y a conduite. — Depuis quand voyez-vous cet Esprit?— R. Il n'y a pas longtemps. — Et depuis quand vous rendez-vous compte des fautes que vous avez commises? — R. (Après une longue réflexion.) Oui, tu as raison; c'est alors que je l'ai vu.

8. Ne comprenez-vous pas maintenant le rapport qu'il y a entre votre repentir et l'aide visible que vous prête votre Esprit protecteur? Voyez comme origine de cet appui, l'amour de Dieu, et comme but son pardon et sa miséricorde infinie. — R. Oh! que je le voudrais! — Je crois pouvoir vous le promettre au nom sacré de celui qui n'a jamais été sourd à la voix de ses enfants en détresse. Appelez-le du fond de votre repentir, il vous entendra. — R. Je ne peux pas; j'ai peur.

9. Prions ensemble, il nous entendra. (Après la prière.) Êtes-vous encore là? — R. Oui, merci! Ne m'oublie pas.

10. Venez ici vous inscrire tous les jours. — R. Oui, oui, je reviendrai toujours.

Le guide du médium. — N'oublie jamais les enseignements que tu puises dans les souffrances de tes protégés, et surtout dans les causes de ces souffrances;

qu'elles vous servent à tous d'enseignement pour vous préserver des mêmes dangers et des mêmes châtiments. Purifiez vos cœurs, soyez humbles, aimez-vous, aidez-vous, et que votre cœur reconnaissant n'oublie jamais la source de toutes grâces, source intarissable où chacun de vous peut puiser avec abondance; source d'eau vive qui désaltère et nourrit à la fois; source de vie et de bonheur éternels. Allez-y, mes bien-aimés; puisez-y avec foi; jetez-y vos filets, et ils sortiront de ces ondes, chargés de bénédictions; faites-en part à vos frères en les avertissant des dangers qu'ils peuvent rencontrer. Répandez les bénédictions du Seigneur; elles renaissent sans cesse; plus vous les verserez autour de vous, plus elles se multiplieront. Vous les tenez en vos mains, car en disant à vos frères : là sont les dangers, là sont les écueils; suivez-nous pour les éviter; *imitez-nous, nous qui donnons l'exemple*, vous répandez les bénédictions du Seigneur sur ceux qui vous écoutent.

Bénis soient vos efforts, mes bien-aimés. Le Seigneur aime les cœurs purs; méritez son amour.

Saint Paulin.

—

Prince OURAN

(Bordeaux, 1862.)

Un Esprit souffrant se présente sous le nom de *Ouran*, ci-devant prince russe.

D. Voulez-vous donner quelques détails sur votre situation? — R. Oh! bienheureux les humbles de cœur, le royaume des cieux leur appartient! Priez pour moi. Bienheureux sont ceux qui, humbles de cœur, choisissent pour passer leurs épreuves une position modeste ! Vous ne savez pas, vous tous que l'envie dévore, à quel état est réduit un de ceux que vous appelez les heureux de la terre ; vous ne savez pas les charbons ardents qu'ils amassent sur leur tête ; vous ne savez pas les sacrifices que la richesse impose quand on veut en profiter pour le salut éternel ! Que le Seigneur me permette, à moi l'orgueilleux despote, de venir expier, parmi ceux que j'ai écrasés de ma tyrannie, les crimes que l'orgueil m'a fait commettre ! Orgueil ! redites ce mot sans cesse pour ne jamais oublier qu'il est la source de toutes les souffrances qui nous accablent. Oui, j'ai abusé du pouvoir et de la faveur dont je jouissais ; j'ai été dur, cruel, pour mes inférieurs qui devaient se plier à tous mes caprices, satisfaire toutes mes dépravations. J'avais voulu pour moi la noblesse, les honneurs, la fortune, et j'ai succombé sous le poids que j'avais pris au-dessus de mes forces.

Les Esprits qui succombent sont généralement portés à dire qu'ils avaient une charge au-dessus de leurs forces ; c'est un moyen de s'excuser à leurs propres yeux, et encore un reste d'orgueil : ils ne veulent pas avoir failli par leur faute. Dieu ne donne à personne au delà de ce qu'on peut porter ; il ne demande à personne plus qu'on ne peut lui donner ; il n'exige pas que l'arbre naissant porte les fruits de celui qui a toute sa croissance. Dieu donne aux Esprits la liberté ; ce qui leur manque, c'est la volonté, et la volonté dépend d'eux seuls ; avec la volonté, il n'est pas de penchants vicieux que l'on ne puisse vaincre ; mais, *lorsqu'on se complaît dans un penchant, il est naturel qu'on ne fasse pas d'efforts pour le surmonter.* Il ne faut donc s'en prendre qu'à soi des conséquences qui en résultent.

D. Vous avez la conscience de vos fautes ; c'est un premier pas vers l'amélioration — R. Cette conscience est encore une souffrance. Pour beaucoup d'Esprits, la souffrance est un effet presque matériel, parce que, tenant encore à l'humanité de leur dernière existence, ils ne perçoivent pas les sensations morales. Mon Esprit s'est dégagé de la matière, et le sentiment moral a augmenté de tout ce que les sensations crues physiques avaient d'horrible.

D. Entrevoyez-vous un terme à vos souffrances? — R. Je sais qu'elles ne seront pas éternelles; le terme, je ne l'entrevois pas encore; il me faut auparavant recommencer l'épreuve.

D. Espérez-vous recommencer bientôt? — R. Je ne sais pas encore.

D. Avez-vous le souvenir de vos antécédents? Je vous le demande dans un but d'instruction. — R. Oui, tes guides sont là qui savent ce qu'il te faut. J'ai vécu sous Marc-Aurèle. Là, puissant encore, j'ai déjà succombé à l'orgueil, cause de toutes les chutes. Après avoir erré des siècles, j'ai voulu essayer d'une vie obscure. Pauvre étudiant, j'ai mendié mon pain, mais l'orgueil était là toujours; l'Esprit avait acquis en science, mais non en vertu. Savant et ambitieux, j'ai vendu mon âme aux plus offrants, servant toutes les vengeances, toutes les haines. Je me sentais coupable, mais la soif des honneurs, des richesses, étouffait les cris de ma conscience. L'expiation a encore été longue et cruelle. Enfin j'ai voulu, dans ma dernière incarnation, recommencer une vie de luxe et de pouvoir; pensant dominer les écueils, je n'ai pas écouté les avis : orgueil qui m'a conduit encore à me fier à mon propre jugement, plutôt qu'à celui des amis protecteurs qui ne cessent de veiller sur nous; tu sais le résultat de cette dernière tentative.

Aujourd'hui j'ai compris enfin, et j'espère en la miséricorde du Seigneur. Je mets à ses pieds mon orgueil terrassé et lui demande de charger mes épaules de son plus lourd fardeau d'humilité; aidé de sa grâce, le poids m'en semblera léger. Priez avec moi et pour moi; priez aussi pour que ce démon de feu ne dévore pas en vous les instincts qui vous élèvent vers Dieu. Frères en souffrance, que mon exemple vous serve, et n'oubliez jamais que l'orgueil est l'ennemi du bonheur, car de lui découlent tous les maux qui assaillent l'humanité et la poursuivent jusque dans les régions célestes.

Le guide du médium. — Tu as conçu des doutes sur cet Esprit, parce que son langage ne t'a pas paru d'accord avec son état de souffrance qui accuse son infériorité. Sois sans crainte : tu as reçu une instruction sérieuse; tout souffrant que soit cet Esprit, il est assez élevé en intelligence pour parler comme il l'a fait. Il ne lui manquait que l'humilité sans laquelle aucun Esprit ne peut parvenir à Dieu. Cette humilité, il l'a conquise maintenant, et nous espérons qu'avec de la persévérance, il sortira triomphant d'une nouvelle épreuve.

Notre Père céleste est plein de justice en sa sagesse; il tient compte des efforts que fait l'homme pour dompter ses mauvais instincts. Chaque victoire remportée sur vous-mêmes est un degré franchi de cette échelle dont un bout s'appuie sur votre terre, et dont l'autre s'arrête aux pieds du Juge suprême. Montez-les donc hardiment; ils sont doux à franchir à ceux qui ont la volonté forte. Regardez toujours en haut pour vous encourager, car malheur à celui qui s'arrête et retourne la tête! Il est alors atteint d'éblouissements; le vide qui l'entoure l'épouvante; il se trouve sans force et dit : A quoi bon vouloir avancer encore? j'ai si peu fait de chemin ! Non, mes amis, ne tournez pas la tête. L'orgueil est incorporé dans l'homme ; eh bien! employez cet orgueil à vous donner de la force et du courage pour achever votre ascension. Employez-le à dominer vos faiblesses, et montez au sommet de la montagne éternelle.

PASCAL LAVIC

(Le Havre, 9 août 1863.)

Cet Esprit se communique spontanément au médium, sans que celui-ci l'ait connu de son vivant, même de nom.

« Je crois en la bonté de Dieu qui voudra bien prendre en miséricorde mon pauvre Esprit. J'ai souffert, beaucoup souffert, et mon corps a péri en mer. Mon Esprit était toujours attaché à mon corps, et longtemps il a été errant sur les flots. Dieu...

(La communication est interrompue ; le lendemain, l'Esprit continue :)

« ... a bien voulu permettre que les prières de ceux que j'ai laissés sur terre me tirent de l'état de trouble et d'incertitude où mon Esprit était plongé. Ils m'ont longtemps attendu, et ils ont pu retrouver mon corps ; il repose à présent, et mon Esprit dégagé avec peine voit les fautes commises ; l'épreuve consommée, Dieu juge avec justice et sa bonté s'étend sur les repentants.

« Si, longtemps, mon Esprit a erré avec mon corps, c'est que j'avais à expier. Suivez la droite route si vous voulez que Dieu retire promptement votre Esprit de son enveloppe. Vivez en l'amour de lui; priez, et la mort, si affreuse pour certains, sera adoucie pour vous puisque vous savez la vie qui vous attend. J'ai succombé en mer, et longtemps ils m'ont attendu. Ne pouvoir me détacher de mon corps était pour moi une terrible épreuve ; c'est pourquoi j'ai besoin de vos prières, de vous qui êtes entrés dans la croyance qui sauve, de vous qui pouvez prier Dieu juste pour moi. Je me repens et j'espère qu'il voudra bien me pardonner. C'est le 6 août que mon corps a été retrouvé ; j'étais un pauvre marin, et j'ai péri il y a longtemps. Priez pour moi ! »

PASCAL LAVIC.

D. Où avez-vous été retrouvé ? — R. Près de vous.

Le *Journal du Havre* du 11 août 1863 contenait l'article suivant, dont le médium ne pouvait avoir connaissance :

« Nous avons annoncé qu'on avait trouvé, le 6 de ce mois, un tronçon de cadavre échoué entre Bléville et La Hève. La tête, les bras et le buste étaient enlevés ; néanmoins son identité a pu être constatée par la chaussure encore attenante aux pieds. On a ainsi reconnu que c'était le corps du pêcheur Lavic qui a péri le 11 décembre à bord du bateau *l'Alerte*, enlevé devant Trouville par un coup de mer. Lavic était âgé de quarante-neuf ans, né à Calais. C'est la veuve du défunt qui a constaté l'identité. »

Le 12 août, comme on s'entretenait de cet événement dans le cercle où cet Esprit s'était manifesté pour la première fois, il se communiqua de nouveau spontanément :

« Je suis bien Pascal Lavic, et j'ai besoin de vos prières. Vous pouvez me faire du bien, car l'épreuve que j'ai subie a été terrible. La séparation de mon Esprit d'avec mon corps ne s'est faite que lorsque j'ai reconnu mes fautes; et puis il ne s'en détachait pas entièrement; il le suivait sur la mer qui l'avait englouti. Priez donc Dieu de me pardonner; priez-le qu'il me donne le repos. Priez, je vous en supplie. Que cette terrible fin d'une existence terrestre malheureuse soit pour vous un enseignement bien grand! Vous devez songer à la vie future et ne point manquer de demander à Dieu sa miséricorde. Priez pour moi; j'ai besoin que Dieu me prenne en pitié. »

PASCAL LAVIC.

FERDINAND BERTIN

Un médium, habitant Le Havre, évoquait l'Esprit d'une personne qui lui était connue. Cet Esprit répond : « Je veux me communiquer, mais je ne puis vaincre l'obstacle qu'il y a entre nous; je suis obligé de laisser ces malheureux qui souffrent s'approcher de vous. » Il reçoit alors spontanément la communication suivante :

« Je suis dans un affreux abîme! Aidez-moi... O mon Dieu! qui me sortira de ce gouffre?... Qui tendra une main secourable au malheureux que la mer engloutit?... La nuit est si noire que j'ai peur... Partout le mugissement des vagues, et nulle parole amie pour me consoler et m'aider à ce moment suprême; car cette nuit profonde, c'est la mort dans toute son horreur, et je ne veux pas mourir!... O mon Dieu! ce n'est pas la mort à venir, c'est la mort passée!... Je suis à jamais séparé de ceux que j'aime... Je vois mon corps, et ce que j'éprouvais à l'instant n'est que le souvenir de l'affreuse angoisse de la séparation... Ayez pitié de moi, vous qui connaissez mes souffrances; priez pour moi, car je ne veux pas ressentir, ainsi que je l'ai fait depuis cette nuit fatale, tous les déchirements de l'agonie !... C'est là pourtant ma punition; je la pressens... Priez, je vous en conjure !... Oh !... la mer... le froid... je vais être englouti !... Au secours !... Ayez donc pitié; ne me repoussez pas !... Nous nous sauverons bien à deux sur ce débris !... Oh! je suffoque !... Les vagues vont m'engloutir, et les miens n'auront pas même la triste consolation de me revoir... Mais non; je vois que mon corps n'est plus ballotté par les vagues... Les prières de ma mère seront entendues... Ma pauvre mère! si elle pouvait se figurer son fils aussi misérable qu'il est en réalité, elle prierait mieux; mais elle croit que la cause de ma mort a sanctifié le passé; elle me pleure martyr, et non malheureux et châtié !... Oh! vous qui savez, serez-vous sans pitié ? Non, vous prierez.

FRANÇOIS BERTIN.

Ce nom, tout à fait inconnu du médium, ne lui rappelait aucun souvenir; il se dit que c'était sans doute l'Esprit de quelque malheureux naufragé qui venait se manifester spontanément à lui, ainsi que cela lui était déjà arrivé plusieurs fois. Il sut un peu plus tard que c'était en effet le nom d'une des victimes d'un grand désastre maritime qui avait eu lieu dans ces parages, le 2 décembre 1863. La communication avait été donnée le 8 du même mois, six jours après la catastrophe. L'individu avait péri en faisant des tentatives inouïes pour sauver l'équipage et au moment où il croyait son salut assuré.

Cet individu ne tenait au médium par aucun lien de

parenté ni même de connaissance ; pourquoi donc s'est-il manifesté à lui plutôt qu'à quelque membre de sa famille? C'est que les Esprits ne trouvent pas dans tout le monde les conditions fluidiques nécessaires à cet effet ; dans le trouble où il était, il n'avait d'ailleurs pas la liberté du choix ; il a été conduit instinctivement et attractivement vers ce médium, doué, à ce qu'il paraît, d'une aptitude spéciale pour les communications spontanées de ce genre ; il pressentait sans doute aussi qu'il y trouverait une sympathie particulière comme d'autres en avaient trouvé en pareilles circonstances. Sa famille, étrangère au Spiritisme, antipathique peut-être à cette croyance, n'eût pas accueilli sa révélation comme pouvait le faire ce médium.

Quoique la mort remontât à quelques jours, l'Esprit en subissait encore toutes les angoisses. Il est évident qu'il ne se rendait nullement compte de sa situation ; il se croyait encore vivant, luttant contre les flots, et cependant il parle de son corps comme s'il en était séparé ; il appelle au secours ; il dit qu'il ne veut pas mourir, et un instant après il parle de la cause de sa mort qu'il reconnaît être un châtiment ; tout cela dénote la confusion des idées qui suit presque toujours les morts violentes.

Deux mois plus tard, le 2 février 1864, il se communiqua de nouveau spontanément au même médium, et lui dicta ce qui suit :

« La pitié que vous avez eue pour mes souffrances si horribles m'a soulagé. Je comprends *l'espérance* ; j'entrevois le pardon, mais après le châtiment de la faute commise. Je souffre toujours, et si Dieu permet que, pendant quelques moments, j'entrevoie la fin de mon malheur, ce n'est qu'aux prières des âmes charitables, touchées de ma situation, que je dois cet adoucissement. O espérance, rayon du ciel, que tu es bénie quand je te sens naître en mon âme !... Mais, hélas ! l'abîme s'ouvre ; la terreur et la souffrance font s'effacer ce souvenir de la miséricorde... La nuit ; toujours la nuit !... l'eau, le bruit des vagues qui ont englouti mon corps, ne sont qu'une faible image de l'horreur qui environne mon pauvre Esprit... Je suis plus calme lorsque je puis être auprès de vous ; car de même qu'un terrible secret déposé dans le sein d'un ami soulage celui qui en était oppressé, de même votre pitié, motivée par la confidence de ma misère, calme mon mal et repose mon Esprit... Vos prières me font du bien ; ne me les refusez pas. Je ne veux pas retomber dans cet horrible rêve qui se fait réalité lorsque je le vois... Prenez le crayon plus souvent ; cela me fait tant de bien de me communiquer par vous ! »

A quelques jours de là ce même Esprit ayant été évoqué dans une réunion spirite, de Paris, il lui fut adressé les questions suivantes, auxquelles il répondit par une seule et même communication, et par un autre médium.

Qui vous a porté à vous manifester spontanément au premier médium auquel vous vous êtes communiqué? — Combien y avait-il de temps que vous étiez mort quand vous vous êtes manifesté ? — Lorsque vous vous êtes communiqué, vous sembliez incertain si vous étiez encore mort ou vivant, et vous éprouviez toutes les angoisses d'une mort terrible ; vous rendez-vous maintenant mieux compte de votre situation ? — Vous avez dit positivement que votre mort était une expiation ;

veuillez nous en dire la cause: ce sera une instruction pour nous et un soulagement pour vous. Par cet aveu sincère vous vous attirerez la miséricorde de Dieu que nous solliciterons par nos prières.

Réponse. — Il semble impossible au premier abord qu'une créature puisse souffrir aussi cruellement. Dieu! qu'il est pénible de se voir constamment au milieu des vagues en furie, et de sentir sans cesse cette amertume, ce froid glacial qui monte, qui étreint l'estomac!

Mais à quoi bon toujours vous entretenir de tels spectacles? Ne dois-je pas commencer par obéir aux lois de la reconnaissance en vous remerciant, vous tous qui prenez à mes tourments un tel intérêt? Vous demandez si je me suis communiqué longtemps après ma mort? Je ne puis facilement répondre. Pensez, et jugez dans quelle horrible situation je suis encore! Cependant j'ai été amené près du médium, je crois, par une volonté étrangère à la mienne; et, chose impossible à me rendre compte, *je me servais de son bras avec la même facilité que je me sers du vôtre en ce moment, persuadé qu'il m'appartient.* J'éprouve même à l'heure qu'il est une jouissance bien grande, ainsi qu'un allégement particulier qui, hélas! va bientôt cesser. Mais, ô mon Dieu! j'aurai un aveu à faire; en aurai-je la force?

Après beaucoup d'encouragements, l'Esprit ajoute: J'ai été bien coupable! ce qui me fait surtout de la peine, c'est que l'on croit que je suis un martyr; il n'en est rien... Dans une précédente existence, j'ai fait mettre dans un sac plusieurs victimes et jeter à la mer... Priez pour moi!

Instruction de saint Louis sur cette communication:

Cet aveu sera pour cet Esprit une cause de grand soulagement. Oui, il a été bien coupable! Mais l'existence qu'il vient de quitter a été honorable; il était aimé et estimé de ses chefs; c'est le fruit de son repentir et des bonnes résolutions qu'il avait prises avant de revenir sur la terre où il a voulu être humain autant qu'il avait été cruel. Le dévoûment dont il a fait preuve était une réparation, mais il lui fallait racheter des fautes passées par une dernière expiation, celle de la mort cruelle qu'il a endurée; il a voulu lui-même se purifier en subissant les tortures qu'il avait fait souffrir aux autres; et remarquez qu'une idée le poursuit: le regret de voir qu'on le regarde comme un martyr. Croyez qu'il lui sera tenu compte de ce sentiment d'humilité. Désormais il a quitté la voie de l'expiation pour entrer dans celle de la réhabilitation; par vos prières vous pouvez l'y soutenir, et l'y faire marcher d'un pas plus ferme et plus assuré.

FRANÇOIS RIQUIER

François Riquier, homme très commun, était un vieil avare et vieux garçon, mort à C... en 1857, laissant une fortune assez considérable à des collatéraux. Il avait été jadis le propriétaire d'une dame qui l'avait totalement oublié depuis, et ignorait même s'il était encore de ce monde. En 1862, la fille de cette dame, qui est sujette à des crises de catalepsie suivies d'un sommeil magnétique spontané, et qui est en outre très bon médium écrivain, vit, dans ce sommeil, M. Riquier qui, dit-elle, voulait s'adresser à sa mère. A quelques jours de là, puisqu'il s'était manifesté spontanément et avait témoigné le désir de parler à cette dame, on eut avec lui l'entretien suivant :

D. Que voulez-vous de nous? — R. Mon argent qu'ils m'ont tout pris, les misérables, pour se le partager ! Ils ont vendu mes fermes, mes maisons, tout, pour se le partager. Ils ont dilapidé mon bien, comme s'il n'était pas à moi. Faites-moi rendre justice, car, moi, ils ne m'écoutent pas, et je ne veux pas voir de telles infamies. Ils disent que j'étais usurier, et ils gardent mon argent! Pourquoi ne veulent-ils pas me le rendre, puisqu'ils trouvent qu'il est mal acquis?

D. Mais vous êtes mort, mon bonhomme ; vous n'avez plus besoin d'argent. Demandez à Dieu d'avoir une nouvelle existence pauvre pour expier l'avarice de celle-ci. — R. Non, je ne pourrais pas vivre pauvre. Il faut mon argent pour me faire vivre. D'ailleurs je n'ai pas besoin de faire une autre vie, puisque je vis à présent.

D. (La question suivante est faite dans le but de le ramener à la réalité.) Souffrez-vous? — R. Oh! oui, je souffre des tortures pires que la maladie la plus cruelle, car c'est mon âme qui endure ces tortures. J'ai toujours présente à la pensée l'iniquité de ma vie, qui a été un sujet de scandale pour beaucoup. Je sais bien que je suis un misérable indigne de pitié ; mais je souffre tant qu'il faut m'aider à sortir de ce misérable état.

D. Nous prierons pour vous. — R. Merci ! Priez pour que j'oublie mes richesses terrestres, sans cela je ne pourrai jamais me repentir. Adieu et merci.

FRANÇOIS RIQUIER,
Rue de la Charité, n° 14.

Il est assez curieux de voir cet Esprit donner son adresse, comme s'il eût été encore vivant. La dame, qui l'ignorait, s'empressa d'aller la vérifier; et fut très surprise de voir que la maison indiquée était bien la dernière qu'il avait habitée. Ainsi, après cinq ans, il ne se croyait pas mort et se trouvait encore dans l'anxiété, terrible pour un avare, de voir son bien divisé entre ses héritiers. L'évocation, provoquée sans doute par quelque bon Esprit, a eu pour effet de lui faire comprendre sa position, et de le disposer au repentir.

CLAIRE

(Société de Paris, 1861.)

L'Esprit qui a dicté les communications suivantes est celui d'une femme que le médium avait connue de son vivant, et dont la conduite et le caractère ne justifient que trop les tourments qu'elle endure. Elle était surtout dominée par un sentiment outré d'égoïsme et de personnalité qui se reflète dans la troisième communication, par sa prétention à vouloir que le médium ne s'occupe que d'elle. Ces communications ont été obtenues à diverses époques; les trois dernières dénotent un progrès sensible dans les dispositions de l'Esprit, grâce aux soins du médium qui avait entrepris son éducation morale.

I. Me voici, moi, la malheureuse Claire; que veux-tu que je t'apprenne? La résignation et l'espoir ne sont que des mots pour celui qui sait qu'innombrables comme les cailloux de la grève, ses souffrances dureront pendant la succession des siècles interminables. Je peux les adoucir, dis-tu? Quelle vague parole! Où trouver le courage, l'espérance pour cela ? Tâche donc, cerveau borné, de comprendre ce qu'est un jour qui ne finit jamais. Est-ce un jour, une année, un siècle ? qu'en sais-je ? les heures ne le divisent point; les saisons ne le varient pas; éternel et lent comme l'eau qui suinte du rocher, ce jour exécré, ce jour maudit, pèse sur moi comme une châsse de plomb... Je souffre!... Je ne vois rien autour de moi que des ombres silencieuses et indifférentes... Je souffre!

Je le sais pourtant, au-dessus de cette misère règne Dieu, le père, le maître, celui vers lequel tout s'achemine. Je veux y penser; je veux l'implorer.

Je me débats et je me traîne comme un estropié qui rampe le long du chemin. Je ne sais quel pouvoir m'attire vers toi; peut-être es-tu le salut ? Je te quitte un peu calmée, un peu réchauffée; comme un vieillard grelottant que ranime un rayon de soleil, mon âme glacée puise une nouvelle vie en t'approchant.

II. Mon malheur grandit chaque jour; il grandit à mesure que la connaissance de l'éternité se développe en moi. O misère! combien je vous maudis, heures coupables, heures d'égoïsme et d'oubli, où méconnaissant toute charité, tout dévoûment, je ne songeais qu'à mon bien-être! Soyez maudits, arrangements humains! vaines préoccupations des intérêts matériels! Soyez maudits, vous qui m'avez aveuglée et perdue! Je suis rongée par l'incessant regret du temps écoulé. Que te dirai-je, à toi qui m'écoute ? Veille sans cesse sur toi; aime les autres plus que toi-même; ne t'attarde pas dans les chemins du bien-être; n'engraisse pas ton corps aux dépens de ton âme; veille, comme disait le Sauveur à ses disciples. Ne me remercie pas de ces conseils, *mon Esprit les conçoit, mon cœur ne les a jamais écoutés.* Comme un chien fouaillé, la peur me fait ramper, mais je ne connais pas encore le libre amour. Sa divine aurore tarde bien à se lever! Prie pour mon âme desséchée et si misérable.

III. Je viens te chercher jusqu'ici, puisque tu m'oublies. Tu crois donc que des prières isolées, mon nom prononcé, suffiront à l'apaisement de ma peine? Non, cent fois non. Je rugis de douleur; j'erre sans repos, sans asile, sans espoir, sentant l'éternel aiguillon du châtiment s'enfoncer dans mon âme révoltée. Je ris quand j'entends vos plaintes, quand je vous vois abattus. Que sont vos pâles misères! que sont vos larmes! que sont vos tourments que le sommeil suspend! Est-ce que je dors, moi? Je veux, entends-tu? je veux que, laissant tes dissertations philosophiques, tu t'occupes de moi; que tu en fasses occuper les autres. Je ne trouve pas d'expressions pour peindre l'angoisse de ce temps qui s'écoule, sans que les heures en marquent les périodes. A peine si je vois un faible rayon d'espérance, et cette espérance c'est toi qui me l'as donnée; ne m'abandonne donc pas.

IV. *L'Esprit de saint Louis.* — Ce tableau n'est que trop vrai, car il n'est nullement chargé. On demandera peut-être ce qu'a fait cette femme pour être si misérable. A-t-elle commis quelque crime horrible? a-t-elle volé, assassiné? Non; elle n'a rien fait qui ait mérité la justice des hommes. Elle s'amusait, au contraire, de ce que vous appelez le bonheur terrestre; beauté, fortune, plaisirs, adulations, tout lui souriait, rien ne lui manquait, et l'on disait en la voyant: Quelle femme heureuse! et l'on enviait son sort. Ce qu'elle a fait? elle a été égoïste; elle avait tout, excepté un bon cœur. Si elle n'a pas violé la loi des hommes, elle a violé la loi de Dieu, car elle a méconnu la charité, la première des vertus. Elle n'a aimé qu'elle-même, maintenant elle n'est aimée de personne; elle n'a rien donné, on ne lui donne rien; elle est isolée, délaissée, abandonnée, perdue dans l'espace où personne ne pense à elle, personne ne s'occupe d'elle : c'est ce qui fait son supplice. Comme elle n'a recherché que les jouissances mondaines, et qu'aujourd'hui ces jouissances n'existent plus, le vide s'est fait autour d'elle; elle ne voit que le néant, et le néant lui semble l'éternité. Elle ne souffre pas des tortures physiques : les diables ne viennent pas la tourmenter, mais cela n'est pas nécessaire : elle se tourmente elle-même, et elle souffre bien davantage, car ces diables seraient encore des êtres qui penseraient à elle. L'égoïsme a fait sa joie sur la terre : il la poursuit; c'est maintenant le ver qui lui ronge le cœur, son véritable démon.

Saint Louis.

V. Je vous parlerai de la différence importante qui existe entre la morale divine et la morale humaine. La première assiste la femme adultère dans son abandon, et dit aux pécheurs : « Repentez-vous, et le royaume des cieux vous sera ouvert. » La morale divine enfin, accepte tous les repentirs et toutes les fautes avouées, tandis que la morale humaine repousse celles-ci et admet, en souriant, les péchés cachés qui, dit-elle, sont à moitié pardonnés. A l'une la grâce du pardon, à l'autre l'hypocrisie. Choisissez, Esprits avides de vérité! Choisissez entre les cieux ouverts au repentir, et la tolérance qui admet le mal qui ne dérange pas son égoïsme et ses faux arrangements, mais qui repousse la passion et les sanglots de fautes confessées au grand jour. Repentez-vous, vous tous qui péchez ; renoncez au mal, mais surtout renoncez à l'hypocrisie qui voile la laideur, du masque riant et trompeur des convenances mutuelles.

VI. Je suis maintenant calme et résignée à l'expiation des fautes que j'ai commises. Le mal est en moi et non hors de moi ; c'est donc moi qui dois changer et non pas les choses extérieures. Nous portons en nous notre ciel et notre enfer, et nos fautes, gravées dans la conscience, se lisent couramment au jour de la résurrection, et nous sommes alors nos propres juges, puisque l'état de notre âme nous élève ou nous précipite. Je m'explique : un Esprit souillé et *alourdi* par ses fautes ne peut concevoir ni désirer une élévation qu'il ne saurait supporter. Croyez-le bien : ainsi que les différentes espèces d'êtres vivent chacune dans la sphère qui lui est propre, ainsi les Esprits, selon le degré de leur avancement, se meuvent dans le milieu qui est celui de leurs facultés ; ils n'en conçoivent d'autre que lorsque le progrès, outil de la lente transformation des âmes, les enlève à leurs penchants rampants, et leur fait dépouiller la chrysalide du péché, afin qu'ils puissent voleter, avant de s'élancer, rapides comme des flèches, vers Dieu devenu le but unique et désiré. Hélas ! je me traîne encore, mais je ne hais plus, et je conçois l'ineffable bonheur de l'amour divin. Prie donc toujours pour moi, qui espère et attends.

Dans la communication suivante, Claire parle de son mari, dont elle avait eu beaucoup à souffrir de son vivant, et de la position où il se trouve aujourd'hui dans le monde des Esprits. Ce tableau qu'elle n'a pu achever elle-même, est complété par le guide spirituel du médium.

VII. Je viens à toi qui me laisses depuis si longtemps dans l'oubli; mais j'ai acquis la patience, et je ne suis plus désespérée. Tu veux savoir quelle est la situation du pauvre Félix; il erre dans les ténèbres, en proie au profond dénûment de l'âme. Son être superficiel et léger, souillé par le plaisir, a toujours ignoré l'amour et l'amitié. La passion ne l'a même pas éclairé de ses lueurs sombres. Je compare son état présent à celui d'un enfant inhabile aux actes de la vie, et privé du secours de ceux qui l'assistent. Félix erre avec effroi dans ce monde étranger où tout resplendit de l'éclat de Dieu qu'il a nié...

VIII. *Le guide du médium.* — Claire ne peut continuer l'analyse des souffrances de son mari *sans les ressentir aussi*; je vais parler pour elle.

Félix qui était superficiel dans les idées comme dans les sentiments, violent parce qu'il était faible, débauché parce qu'il était froid, est rentré dans le monde des Esprits nu au moral comme il l'était au physique. *En entrant dans la vie terrestre, il n'a rien acquis, et, par suite, il a tout à recommencer.* Comme un homme qui s'éveille d'un long songe, et qui reconnaît combien vaine était l'agitation de ses nerfs, ce pauvre être, en sortant du trouble, reconnaîtra qu'il a vécu de chimères qui ont trompé sa vie; il maudira le matérialisme qui lui a fait embrasser le vide, lorsqu'il croyait étreindre une réalité; il maudira le positivisme qui lui faisait appeler les idées d'une vie future, rêveries; les aspirations, folies et la croyance en Dieu, faiblesse. Le malheureux, en s'éveillant, verra que ces noms raillés par lui étaient la formule du vrai, et qu'au rebours de la fable, la chasse de la proie a été moins profitable que celle de l'ombre.

GEORGES.

Etudes sur les communications de Claire.

Ces communications sont surtout instructives en ce qu'elles nous montrent un des côtés les plus vulgaires de la vie: celui de l'égoïsme. Là ne sont point ces grands crimes qui épouvantent, même les hommes pervers, mais la condition d'une foule de gens qui vivent dans le monde, honorés et recherchés, parce qu'ils ont un certain vernis, et qu'ils ne tombent pas sous la vindicte des lois sociales. Ce ne sont point non plus, dans le monde des Esprits, des châtiments exceptionnels, dont le tableau fait frissonner, mais une situation simple, naturelle, conséquence de leur manière de vivre et de l'état de leur âme ; l'isolement, le délaissement, l'abandon, voilà la punition de celui qui n'a vécu que pour lui. Claire était, comme on l'a vu, un Esprit très intelligent, mais un cœur sec; sur la terre, sa position sociale, sa fortune, ses avantages physiques lui attiraient des hommages qui flattaient sa vanité, et cela lui suffisait; là elle ne rencontre que l'indifférence, et le vide se fait autour d'elle : punition plus poignante que la douleur, parce qu'elle est mortifiante, car la douleur inspire de la pitié, de la compassion: c'est encore un moyen d'attirer les regards, de faire occuper de soi, d'intéresser à son sort.

La sixième communication renferme une idée parfaitement vraie, en ce qu'elle explique l'obstination de certains Esprits dans le mal. On s'étonne d'en voir qui sont insensibles à la pensée, au spectacle même du bonheur dont jouissent les bons Esprits. Ils sont exactement dans la position des hommes dégradés qui se plaisent dans la fange et dans les joies grossières et sensuelles. Là ces hommes sont en quelque sorte dans leur milieu; ils ne conçoivent pas les jouissances délicates; ils préfèrent leurs haillons souillés aux vêtements propres et brillants, parce qu'ils y sont plus à leur aise; leurs fêtes bachiques, aux plaisirs de la bonne compagnie. Ils se sont tellement identifiés avec ce genre de vie, qu'il est devenu pour eux une seconde nature; ils se croient même incapables de s'élever au-dessus de leur sphère, c'est pourquoi ils y restent, jusqu'à ce qu'une transformation de leur être ait ouvert leur intelligence en développant en eux le sens moral, et les ait rendus accessibles à des sensations plus subtiles.

Ces Esprits, lorsqu'ils sont désincarnés, ne peuvent instantanément acquérir la délicatesse du sentiment, et, pendant un temps plus ou moins long, ils occuperont les bas-fonds du monde spirituel, comme ils ont occupé ceux du monde corporel; ils y resteront tant qu'ils seront rebelles au progrès; mais à la longue, avec l'expérience, les tribulations, les misères des incarnations successives, il arrive un moment où ils conçoivent quelque chose de mieux que ce qu'ils ont; leurs aspirations s'élèvent; ils commencent à comprendre ce qui leur manque, et c'est alors qu'ils font des efforts pour l'acquérir et s'élever. Une fois entrés dans cette voie, ils y marchent avec rapidité, parce qu'ils ont goûté d'une satisfaction qui leur paraît bien supérieure, et auprès de laquelle les autres n'étant que de grossières sensations, finissent par leur inspirer de la répugnance.

Dem. (A saint Louis.) *Que faut-il entendre par les ténèbres où sont plongées certaines âmes souffrantes? Seraient-ce là les ténèbres dont il est si souvent parlé dans l'Écriture?* — R. Les ténèbres dont il s'agit sont en réalité celles qui sont désignées par Jésus et les prophètes, en parlant du châtiment des méchants. Mais ce n'est encore là qu'une figure destinée à frapper les sens matériels de leurs contemporains qui n'auraient pu comprendre la punition d'une manière spirituelle. Certains Esprits sont plongés dans les ténèbres, mais il faut entendre par là une véritable nuit de l'âme comparable à l'obscurité dont est frappée l'intelligence de l'idiot. Ce n'est pas une folie de l'âme, mais une inconscience d'elle-même et de ce qui l'entoure qui se produit aussi bien en face qu'en l'absence de la lumière matérielle. C'est surtout la punition de ceux qui ont douté de la destinée de leur être; ils ont cru au néant, et l'apparence de ce néant vient faire leur supplice, jusqu'à ce que l'âme, faisant un retour sur elle-même, vienne briser avec énergie le réseau d'énervement moral qui l'a saisie; de même un homme accablé par un rêve pénible, lutte à un moment donné, de toute la puissance de ses facultés, contre les terreurs, par lesquelles il s'est d'abord laissé dominer. Cette réduction momentanée de l'âme à un néant fictif, avec le sentiment de son existence, est une souffrance plus cruelle qu'on ne saurait l'imaginer, en raison de cette apparence de repos dont elle est frappée; c'est ce repos forcé, cette nullité de son être, cette incertitude, qui font son supplice; c'est l'ennui dont elle est accablée qui est le châtiment le plus terrible, car elle ne perçoit rien autour d'elle, ni choses, ni êtres ; ce sont pour elle de véritables ténèbres.

Saint Louis.

(*Claire.*) Me voici. Je puis répondre aussi à la question posée sur les ténèbres, car j'ai erré et souffert longtemps dans ces limbes où tout est sanglots et misères. Oui, les ténèbres visibles dont parle l'Ecriture existent, et les malheureux qui, ayant terminé leurs épreuves terrestres, quittent la vie, ignorants ou coupables, sont plongés dans la froide région, ignorants d'eux-mêmes et de leurs destinées. Ils croient à l'éternité de leur situation, ils balbutient encore les mots de la vie qui les ont séduits, ils s'étonnent et s'effrayent de leur grande solitude ; c'est ténèbres, que ce lieu vide et peuplé, que cet espace où, emportés, gémissants, de pâles Esprits errent sans consolations, sans affections, sans aucun secours. A qui s'adresser ?...Ils sentent là l'éternité appesantie sur eux ; ils tremblent et regrettent les mesquins intérêts qui scandaient leurs heures ; ils regrettent la nuit qui, succédant au jour, emportait souvent leurs soucis dans un songe heureux. Les ténèbres sont pour les Esprits : l'ignorance, le vide et l'horreur de l'inconnu... Je ne puis continuer...

Claire.

On a aussi donné de cette obscurité l'explication suivante :

Le périsprit possède, par sa nature, une propriété lumineuse qui se développe sous l'empire de l'activité et des qualités de l'âme. On pourrait dire que ces qualités sont au fluide périsprital ce qu'est le frottement pour le phosphore. L'éclat de la lumière est en raison de la pureté de l'Esprit ; les moindres imperfections morales la ternissent et l'affaiblissent. La lumière qui rayonne d'un Esprit est ainsi d'autant plus vive que celui-ci est plus avancé. L'Esprit étant, en quelque sorte, son *porte-lumière*, il voit plus ou moins selon l'intensité de la lumière qu'il produit ; d'où il résulte que ceux qui n'en produisent point sont dans l'obscurité. »

Cette théorie est parfaitement juste quant au rayonnement du fluide lumineux par les Esprits supérieurs, ce qui est confirmé par l'observation ; mais là ne paraît pas être la cause véritable, ou du moins unique du phénomène dont il s'agit, attendu : 1º que tous les Esprits inférieurs ne sont pas dans les ténèbres ; 2º que le même Esprit peut se trouver alternativement dans la lumière et dans l'obscurité ; 3º que la lumière est un châtiment pour certains Esprits très imparfaits. Si l'obscurité où sont plongés certains Esprits était inhérente à leur personnalité, elle serait *permanente et générale* pour tous les mauvais Esprits, ce qui n'est pas, puisque des Esprits de la dernière perversité voient parfaitement, tandis que d'autres, qu'on ne peut qualifier de pervers, sont temporairement dans de profondes ténèbres. Tout prouve donc, qu'outre celle qui leur est propre, les Esprits reçoivent également une lumière extérieure qui leur fait défaut selon les circonstances ; d'où il faut conclure que cette obscurité dépend d'une cause ou volonté étrangère, et qu'elle constitue une punition spéciale pour des cas déterminés par la souveraine justice.

Dem. (à St Louis). *D'où vient que l'éducation morale*

des Esprits désincarnés est plus facile que celle des incarnés ? Les rapports établis par le Spiritisme entre les hommes et les Esprits ont donné lieu de remarquer que ces derniers s'amendent plus rapidement sous l'influence des conseils salutaires que ceux qui sont incarnés, ainsi qu'on le voit par les cures d'obsessions.

R. (Société de Paris.) — L'incarné, par sa nature même, est dans un état de lutte incessante en raison des éléments contraires dont il est composé, et qui doivent le conduire à sa fin providentielle en réagissant l'un sur l'autre. La matière subit facilement la domination d'un fluide extérieur ; si l'âme ne vient réagir de toute la puissance morale dont elle est capable, elle se laisse dominer par l'intermédiaire de son corps, et suit l'impulsion des influences perverses dont elle est entourée, et cela avec une facilité d'autant plus grande que les invisibles qui l'étreignent, attaquent de préférence les points les plus vulnérables, les tendances vers la passion dominante.

Pour l'Esprit désincarné, il en est tout autrement ; il est encore, il est vrai, sous une influence semi-matérielle, mais cet état n'a rien de comparable à celui de l'incarné. Le respect humain, si prépondérant chez l'homme, est nul pour lui, et cette pensée ne saurait l'astreindre à résister longtemps aux raisons que son propre intérêt lui montre comme bonnes. Il peut lutter, et même généralement il le fait avec plus de violence que l'incarné, parce qu'il est plus libre, mais aucune vue mesquine d'intérêt matériel, de position sociale ne vient entraver son jugement. Il lutte par amour du mal, mais il acquiert bientôt le sentiment de son impuissance vis-à-vis de la supériorité morale qui le domine; le mirage d'un avenir meilleur a plus d'accès sur lui, parce qu'il est dans la vie même où il doit s'accomplir, et que cette perspective n'est pas effacée par le tourbillon des plaisirs humains; en un mot, n'étant plus sous l'influence de la chair, c'est ce qui rend sa conversion plus facile, lorsque surtout il a acquis un certain développement par les épreuves qu'il a subies. Un Esprit tout à fait primitif serait peu accessible au raisonnement, mais il en est autrement chez celui qui a déjà l'expérience de la vie. D'ailleurs, chez l'incarné, comme chez le désincarné, c'est sur l'âme, c'est par le sentiment qu'il faut agir. Toute action matérielle peut suspendre momentanément les souffrances de l'homme vicieux, mais elle ne peut détruire le principe morbide qui est dans l'âme; *tout acte qui ne tend pas à améliorer l'âme, ne peut la détourner du mal.*

Saint Louis.

CHAPITRE V

SUICIDÉS

LE SUICIDE DE LA SAMARITAINE

Le 7 avril 1858, vers sept heures du soir, un homme d'une cinquantaine d'années, et vêtu convenablement, se présenta dans l'établissement de la Samaritaine, à Paris, et se fit préparer un bain. Le garçon de service s'étonnant, après un intervalle de deux heures, que cet individu n'appelât pas, se décida à entrer dans son cabinet pour voir s'il n'était pas indisposé. Il fut alors témoin d'un hideux spectacle : ce malheureux s'était coupé la gorge avec un rasoir, et tout son sang s'était mêlé à l'eau de la baignoire. L'identité n'ayant pu être établie, on a transporté le cadavre à la Morgue.

L'Esprit de cet homme, évoqué à la Société de Paris, six jours après sa mort, donna les réponses suivantes :

1. *Évocation*. (Réponse du guide du médium.) Attends... il est là.

2. Où êtes-vous maintenant ? — R. Je ne sais... Dites-le-moi, où je suis.

3. Vous êtes dans une assemblée de personnes qui s'occupent d'études spirites et qui sont bienveillantes pour vous. — R. Dites-moi si je vis... J'étouffe dans le cercueil.

Son âme, quoique séparée du corps, est encore complètement plongée dans ce qu'on pourrait appeler le tourbillon de la matière corporelle ; les idées terrestres sont encore vivaces ; il ne se croit pas mort.

4. Qui vous a engagé à venir à nous ? — R. Je me suis senti soulagé.

5. Quel motif vous a porté à vous suicider ? — R. Suis-je mort ?... Non pas... j'habite mon corps... Vous ne savez pas combien je souffre !... J'étouffe... Qu'une main compatissante essaye de m'achever !

6. Pourquoi n'avez-vous laissé aucune trace qui pût vous faire reconnaître ? — R. Je suis abandonné ; *j'ai fui la souffrance pour trouver la torture.*

7. Avez-vous maintenant les mêmes motifs de rester inconnu ? — R. Oui ; ne mettez pas un fer rouge dans la blessure qui saigne.

8. Voudriez-vous nous dire votre nom, votre âge, votre profession, votre domicile ? — R. Non... à tout non.

9. Aviez-vous une famille, une femme, des enfants ? — R. J'étais abandonné ; nul être ne m'aimait.

10. Qu'aviez-vous fait pour n'être aimé de personne ? — R. Combien le sont comme moi !... Un homme peut être abandonné au milieu de sa famille, quand aucun cœur ne l'aime.

11. Au moment d'accomplir votre suicide, n'avez-vous éprouvé aucune hésitation ? — R. J'avais soif de la mort... J'attendais le repos.

12. Comment la pensée de l'avenir ne vous a-t-elle pas fait renoncer à votre projet ? — R. Je n'y croyais plus ; j'étais sans espérance. L'avenir, c'est l'espoir.

13. Quelles réflexions avez-vous faites au moment où vous avez senti la vie s'éteindre en vous ? — R. Je n'ai pas réfléchi ; j'ai senti... Mais ma vie n'est pas éteinte...

mon âme est liée à mon corps... *Je sens les vers qui me rongent.*

14. Quel sentiment avez-vous éprouvé au moment où la mort a été complète ? — R. L'est-elle ?

15. Le moment où la vie s'éteignait en vous a-t-il été douloureux ? — R. Moins douloureux qu'après. Le corps seul a souffert.

16. (A l'Esprit de saint Louis.) Qu'entend l'Esprit en disant que le moment de la mort a été moins douloureux qu'après. — R. L'Esprit se déchargeait d'un fardeau qui l'accablait ; il ressentait la volupté de la douleur.

17. Cet état est-il toujours la suite du suicide ? — R. Oui ; l'Esprit du suicidé est lié à son corps jusqu'au terme de sa vie ; la mort naturelle est l'affranchissement de la vie : le suicide la brise tout entière.

18. Cet état est-il le même dans toute mort accidentelle indépendante de la volonté, et qui abrége la durée naturelle de la vie ? — R. Non... Qu'entendez-vous par le suicide ? l'Esprit n'est coupable que de ses œuvres.

Ce doute de la mort est très ordinaire chez les personnes décédées depuis peu, et surtout chez celles qui, pendant leur vie, n'ont pas élevé leur âme au-dessus de la matière. C'est un phénomène bizarre au premier abord, mais qui s'explique très naturellement. Si à un individu mis en somnambulisme pour la première fois, on demande s'il dort, il répond presque toujours *non*, et sa réponse est logique : c'est l'interrogateur qui pose mal la question en se servant d'un terme impropre. L'idée de sommeil, dans notre langue usuelle, est liée à la suspension de toutes nos facultés sensitives ; or, le somnambule qui pense, qui voit, et qui sent, qui a conscience de sa liberté morale, ne croit pas dormir, et en effet il ne dort pas, dans l'acception vulgaire du mot. C'est pourquoi il répond *non* jusqu'à ce qu'il soit familiarisé avec cette manière d'entendre la chose. Il en est de même chez l'homme qui vient de mourir ; pour lui la mort, c'était l'anéantissement de l'être ; or, comme le somnambule, il voit, il sent, il parle ; donc pour lui il n'est pas mort, et il le dit jusqu'à ce qu'il ait acquis l'intuition de son nouvel état. Cette illusion est toujours plus ou moins pénible, parce qu'elle n'est jamais complète, et qu'elle laisse l'Esprit dans une certaine anxiété. Dans l'exemple ci-dessus, elle est un véritable supplice par la sensation des vers qui rongent le corps, et par sa durée qui doit être celle qu'aurait eue la vie de cet homme s'il ne l'eût pas abrégée. Cet état est fréquent chez les suicidés, mais il ne se présente pas toujours dans des conditions identiques ; il varie surtout en durée et en intensité selon les circonstances aggravantes ou atténuantes de la faute. La sensation des vers et de la décomposition du corps n'est pas non plus spéciale aux suicidés ; elle est fréquente chez ceux qui ont plus vécu de la vie matérielle que de la vie spirituelle. En principe, il n'y a pas de faute impunie ; mais il n'y a pas de règle uniforme et absolue dans les moyens de punition.

—

LE PÈRE ET LE CONSCRIT

Au commencement de la guerre d'Italie, en 1859, un négociant de Paris, père de famille, jouissant de l'estime générale de tous ses voisins, avait un fils que le sort avait appelé sous les drapeaux ; se trouvant, par sa position, dans l'impossibilité de l'exonérer du service, il eut l'idée de se suicider afin de l'exempter comme fils unique de veuve. Il a été évoqué un an après à la Société de Paris, sur la demande d'une personne qui l'avait connu et qui désirait connaître son sort dans le monde des Esprits.

(A saint Louis.) Veuillez nous dire si nous pouvons faire l'évocation de l'homme dont on vient de parler ? — R. Oui, il en sera même très heureux, car il sera un peu soulagé.

1. *Evocation.* — R. Oh! merci! je souffre bien, mais... est juste; cependant, il me pardonnera.

L'Esprit écrit avec une grande difficulté ; les caractères sont irréguliers et mal formés ; après le mot *mais*, il s'arrête, essaye vainement d'écrire, et ne fait que quelques traits indéchiffrables et des points. Il est évident que c'est le mot *Dieu* qu'il n'a pu écrire.

2. Remplissez la lacune que vous venez de laisser. — R. J'en suis indigne.

3. Vous dites que vous souffrez, vous avez sans doute eu tort de vous suicider, mais est-ce que le motif qui vous a porté à cet acte ne vous a pas mérité quelque indulgence ? — R. Ma punition sera moins longue, mais l'action n'en est pas moins mauvaise.

4. Pourriez-vous nous décrire la punition que vous subissez ? — R. Je souffre doublement dans mon âme et dans mon corps ; je souffre dans ce dernier, quoique ne le possédant plus, comme l'amputé souffre dans son membre absent.

5. Votre action a-t-elle eu votre fils pour unique motif, et n'avez-vous été sollicité par aucune autre cause ? — R. L'amour paternel m'a seul guidé, mais m'a mal guidé; en faveur de ce motif, ma peine sera abrégée.

6. Prévoyez-vous le terme de vos souffrances ? — R. Je n'en sais pas le terme; mais j'ai l'assurance que ce terme existe, ce qui est un soulagement pour moi.

7. Tout à l'heure, vous n'avez pu écrire le nom de *Dieu* ; nous avons cependant vu des Esprits très souffrants l'écrire ; cela fait-il parti de votre punition ? — R. Je le pourrai avec de grands efforts de repentir.

8. Eh bien ! faites de grands efforts, et tâchez de

l'écrire ; nous sommes convaincus que si vous y parvenez, cela vous sera un soulagement.

L'Esprit finit par écrire en caractères irréguliers, tremblés et très gros : « Dieu est bien bon. »

9. Nous vous savons gré d'être venu à notre appel, et nous prierons Dieu pour vous, afin d'appeler sa miséricorde sur vous. — R. Oui, s'il vous plaît.

10. (A saint Louis.) Veuillez nous donner votre appréciation personnelle sur l'acte de l'Esprit que nous venons d'évoquer. — R. Cet Esprit souffre justement, car il a manqué de confiance en Dieu, ce qui est une faute toujours punissable ; la punition serait terrible et très longue s'il n'y avait en sa faveur un motif louable, qui était celui d'empêcher son fils d'aller au-devant de la mort ; Dieu, qui voit le fond des cœurs, et qui est juste, ne le punit que selon ses œuvres.

Observations — Au premier abord, ce suicide paraît excusable, parce qu'il peut être considéré comme un acte de dévoûment ; il l'est en effet, mais ne l'est pas, complètement. Ainsi que le dit l'Esprit de saint Louis, cet homme a manqué de confiance en Dieu. Par son action, il a peut-être empêché la destinée de son fils de s'accomplir; d'abord, il n'est pas certain que celui-ci fût mort à la guerre, et peut-être que cette carrière devait lui fournir l'occasion de faire quelque chose qui aurait été utile à son avancement. Son intention, sans doute, était bonne, aussi lui en est-il tenu compte; l'intention atténue le mal et mérite de l'indulgence, mais elle n'empêche pas ce qui est mal d'être mal ; sans cela, à la faveur de la pensée, on pourrait excuser tous les méfaits, l'on pourrait même tuer sous prétexte de rendre service. Une mère qui tue son enfant dans la croyance qu'elle l'envoie droit au ciel, est-elle moins fautive, parce qu'elle le fait dans une bonne intention ? Avec ce système on justifierait tous les crimes qu'un fanatisme aveugle a fait commettre dans les guerres de religion.

En principe, l'homme n'a pas le droit de disposer de sa vie, parce qu'elle lui a été donnée en vue *des devoirs qu'il devait accomplir sur la terre*, c'est pourquoi il ne doit l'abréger volontairement sous aucun prétexte Comme il a son libre arbitre, nul ne peut l'empêcher; mais il en subit toujours les conséquences. Le suicide le plus sévèrement puni est celui qui est accompli par désespoir, et en vue de s'affranchir des misères de la vie ; ces misères étant à la fois des épreuves et des expiations, s'y soustraire, c'est reculer devant la tâche qu'on avait acceptée, parfois même devant la mission qu'on devait remplir.

Le suicide ne consiste pas seulement dans l'acte volontaire qui produit la mort instantanée ; il est aussi dans tout ce que l'on fait en connaissance de cause qui doit hâter prématurément l'extinction des forces vitales.

On ne peut assimiler au suicide le dévoûment de celui qui s'expose à une mort imminente pour sauver son semblable ; d'abord parce qu'il n'y a, dans ce cas, nulle intention préméditée de se soustraire à la vie, et, en second lieu, qu'il n'est pas de péril d'où la Providence ne puisse nous tirer, si l'heure de quitter la terre n'est pas arrivée. La mort, si elle a lieu dans de telles circonstances, est un sacrifice méritoire, car c'est une abnégation au profit d'autrui. (*Évangile selon le Spiritisme*, chap. V, n°° 53, 65, 66, 67.)

LOUVET FRANÇOIS-SIMON (du Havre)

La communication suivante a été donnée spontanément dans une réunion spirite, au Havre, le 12 février 1863 :

« Aurez-vous pitié d'un pauvre misérable qui souffre depuis si longtemps de si cruelles tortures! Oh! le vide... l'espace... je tombe, je tombe, au secours!... Mon Dieu, j'ai eu une si misérable vie!... J'étais un pauvre diable; je souffrais souvent de la faim dans mes vieux jours; c'est pour cela que je m'étais mis à boire et que j'avais honte et dégoût de tout... J'ai voulu mourir et je me suis jeté... Oh! mon Dieu, quel moment!... Pourquoi donc désirer d'en finir quand j'étais si près du terme? Priez! pour que je ne voie plus toujours *ce vide au-dessous de moi*... Je vais me briser sur ces pierres!... Je vous en conjure, vous qui avez connaissance des misères de ceux qui ne sont plus ici-bas, je m'adresse à vous, quoique vous ne me connaissiez pas, parce que je souffre tant... Pourquoi vouloir des preuves? Je souffre, n'est-ce pas assez? Si j'avais faim au lieu de cette souffrance plus terrible, mais invisible pour vous, vous n'hésiteriez pas à me soulager en me donnant un morceau de pain. Je vous demande de prier pour moi... Je ne puis rester plus longtemps... Demandez à un de ces heureux qui sont ici, et vous saurez qui j'étais. Priez pour moi. »

François-Simon Louvet.

Le guide du médium. — Celui qui vient de s'adresser à toi, mon enfant, est un pauvre malheureux qui avait une épreuve de misère sur la terre, mais le dégoût l'a pris ; le courage lui a failli, et l'infortuné, au lieu de regarder en haut ainsi qu'il aurait dû le faire, s'est adonné à l'ivrognerie ; il est descendu aux dernières limites du désespoir, et a mis un terme à sa triste épreuve en se jetant de la tour de François Iᵉʳ, le 22 juillet 1857. Ayez pitié de sa pauvre âme, qui n'est pas avancée, mais qui a cependant assez de connaissance de la vie future pour souffrir et désirer une nouvelle épreuve. Priez Dieu de lui accorder cette grâce, et vous ferez une bonne œuvre.

Des recherches ayant été faites, on trouva dans le *Journal du Havre* du 23 juillet 1857, l'article suivant, dont voici la substance :

« Hier, à quatre heures, les promeneurs de la jetée ont été douloureusement impressionnés par un affreux accident : un homme s'est élancé de la tour et est venu se briser sur les pierres. C'est un vieux hâleur, que ses penchants à l'ivrognerie ont conduit au suicide. Il se nomme François-Victor-Simon Louvet. Son corps a été transporté chez une de ses filles, rue de la Corderie ; il était âgé de soixante-sept ans. »

Depuis tantôt six ans que cet homme est mort, il se voit toujours tombant de la tour et allant se briser sur les pierres ; il s'épouvante du vide qu'il a devant lui ; il est dans les appréhensions de la chute... et cela depuis six ans ! Combien cela durera-t-il ? il n'en sait rien, et cette incertitude augmente ses angoisses. Cela ne vaut-il pas l'enfer et ses flammes ? Qui a révélé ces châtiments ? les a-t-on inventés ? Non ; ce sont ceux mêmes qui les endurent qui viennent les décrire, comme d'autres décrivent leurs joies. Souvent ils le font spontanément, sans que l'on songe à eux, ce qui exclut toute idée qu'on est le jouet de sa propre imagination.

UNE MÈRE ET SON FILS

Au mois de mars 1865, M. C..., négociant dans une petite ville près de Paris, avait chez lui son fils âgé de vingt et un ans, gravement malade. Ce jeune homme, se sentant sur le point d'expirer, appela sa mère et eut encore la force de l'embrasser. Celle-ci dit en versant des larmes abondantes : « Va, mon fils, précède-moi, je ne tarderai pas à te suivre. » En même temps elle sortit cachant sa tête dans ses mains.

Les personnes qui se trouvaient présentes à cette scène déchirante, considérèrent les paroles de la dame C... comme une simple explosion de douleur que le temps et la raison devaient apaiser. Cependant le malade ayant succombé, on la chercha dans toute la maison, et on la trouva pendue dans un grenier. Le convoi de la mère se fit en même temps que celui de son fils.

Évocation du fils plusieurs jours après l'événement.
— D. Avez-vous connaissance de la mort de votre mère qui s'est suicidée en succombant au désespoir que lui a causé votre perte ?

R. Oui, et sans le chagrin que m'a causé l'accomplissement de sa fatale résolution, je serais parfaitement heureux. Pauvre et excellente mère ! Elle n'a pu supporter l'épreuve de cette séparation momentanée, et elle a pris, pour être réunie à son fils qu'elle aimait, la route qui devait l'en éloigner, hélas ! pour bien longtemps. Elle a ainsi retardé indéfiniment cette réunion *qui aurait été si prompte* si la soumission aux volontés du Seigneur avait rempli son âme, et si elle s'était résignée, humble et repentante, devant l'épreuve qu'elle allait subir, et l'expiation qui allait la purifier !

Priez ! oh ! priez pour elle !... et surtout ne l'imitez pas, mères qui êtes attendries par le triste récit de sa mort ! Ne croyez pas qu'elle aimait mieux que d'autres mères ce fils qui était sa joie et son orgueil ; non, elle n'aimait pas mieux, mais elle a manqué de courage et de résignation. Mères qui m'écoutez, quand vous verrez l'agonie voiler les yeux éteints de vos enfants, souvenez-vous que, comme Christ, ils montent le sommet du calvaire d'où ils doivent s'élever dans la gloire éternelle.
Benjamin C...

Évocation de la mère. — Je veux voir mon fils ! Avez-vous le pouvoir de me le rendre ?... Les cruels !... ils me l'ont pris pour l'emmener dans la lumière et ils m'ont laissée dans la nuit !... Je le veux, je le veux... il m'appartient !... N'est-ce donc rien que l'amour maternel ?... Quoi ! avoir porté neuf mois, nourri de son lait la chair de sa chair, le sang de son sang ; avoir guidé ses premiers pas ; lui avoir appris à bégayer le nom sacré de Dieu et le doux nom de mère ; en avoir fait un homme plein d'activité, d'intelligence, d'honnêteté, de droiture, d'amour filial, et le perdre alors qu'il réalisait les espérances qu'on avait conçues de lui, qu'un brillant avenir s'ouvrait devant lui ! Non, Dieu n'est pas juste ; ce n'est pas le Dieu des mères ; il ne comprend pas leur désespoir et leur douleur... et quand je me donne la mort pour ne pas quitter mon enfant, on me le ravit de nouveau !... Mon fils ! mon fils ! où es-tu ?

L'Évocateur. Pauvre mère, nous compatissons à votre

douleur; mais vous avez pris un triste moyen pour être réunie à votre fils; le suicide est un crime aux yeux de Dieu, et vous auriez dû penser qu'il punit toute infraction à ses lois. La privation de la vue de votre enfant est votre punition.

La mère. Non; je croyais Dieu meilleur que les hommes; je ne croyais pas à son enfer, mais à la réunion éternelle des âmes qui se sont aimées comme nous nous aimions; je me suis trompée... Il n'est pas le Dieu juste et bon, puisqu'il n'a pas compris l'immensité de ma douleur et de mon amour!... Oh! qui me rendra mon fils! L'ai-je donc perdu pour toujours? Pitié! pitié, mon Dieu!

L'Evocateur. Voyons, calmez votre désespoir; songez que, s'il est un moyen de revoir votre enfant, ce n'est pas en blasphémant Dieu, comme vous le faites. Au lieu de vous le rendre favorable, vous attirez sur vous une plus grande sévérité.

La mère. Ils m'ont dit que je ne le reverrais plus; j'ai compris que c'est en paradis qu'ils l'ont emmené. Et moi, je suis donc dans l'enfer?... l'enfer des mères?... il existe, je ne le vois que trop.

L'Evocateur. Votre fils n'est point perdu sans retour, croyez-moi; vous le reverrez certainement; mais il faut le mériter par votre soumission à la volonté de Dieu, tandis que par votre révolte vous pouvez retarder ce moment indéfiniment. Écoutez-moi: Dieu est infiniment bon, mais il est infiniment juste. Il ne punit jamais sans cause, et s'il vous a infligé de grandes douleurs sur la terre, c'est que vous les aviez méritées. La mort de votre fils était une épreuve pour votre résignation; malheureusement, vous y avez succombé de

CHAPITRE V

votre vivant, et voilà qu'après votre mort vous y succombez de nouveau ; comment voulez-vous que Dieu récompense ses enfants rebelles ? Mais il n'est pas inexorable ; il accueille toujours le repentir du coupable. Si vous aviez accepté sans murmure et avec humilité l'épreuve qu'il vous envoyait par cette séparation momentanée, et si vous eussiez attendu patiemment qu'il lui plût de vous retirer de dessus la terre, à votre entrée dans le monde où vous êtes, vous eussiez immédiatement revu votre fils qui serait venu vous recevoir et vous tendre les bras; vous auriez eu la joie de le voir radieux après ce temps d'absence. Ce que vous avez fait, et ce que vous faites encore en ce moment, met entre vous et lui une barrière. Ne croyez pas qu'il soit perdu dans les profondeurs de l'espace; non, il est plus près de vous que vous ne le croyez; mais un voile impénétrable le dérobe à votre vue. Il vous voit, il vous aime toujours, et il gémit de la triste position où vous a plongée votre manque de confiance en Dieu ; il appelle de tous ses vœux le moment fortuné où il lui sera permis de se montrer à vous ; il dépend de vous seule de hâter ou de retarder ce moment. Priez Dieu, et dites avec moi :

« Mon Dieu, pardonnez-moi d'avoir douté de votre
« justice et de votre bonté ; si vous m'avez punie, je
« reconnais que je l'ai mérité. Daignez accepter mon
« repentir et ma soumission à votre sainte volonté. »

La mère. Quelle lueur d'espoir vous venez de faire luire dans mon âme ! C'est un éclair dans la nuit qui m'environne. Merci, je vais prier. Adieu.

C...

La mort, même par le suicide, n'a point produit chez cet Esprit l'illusion de se croire encore vivant : il a parfaitement conscience de son état ; c'est que chez d'autres la punition consiste dans cette illusion même, dans les liens qui les attachent à leur corps. Cette femme a voulu quitter la terre pour suivre son fils dans le monde où il était entré : il fallait qu'elle sût qu'elle était dans ce monde pour être punie en ne l'y retrouvant pas. Sa punition est précisément de savoir qu'elle ne vit plus corporellement, et dans la connaissance qu'elle a de sa situation. C'est ainsi que chaque faute est punie par les circonstances qui l'accompagnent et qu'il n'y a pas de punitions uniformes et constantes pour les fautes du même genre.

DOUBLE SUICIDE PAR AMOUR ET PAR DEVOIR

Un journal du 13 juin 1862 contenait le récit suivant :

« La demoiselle Palmyre, modiste, demeurant chez ses parents, était douée d'un extérieur charmant auquel se joignait le plus aimable caractère ; aussi était-elle recherchée en mariage. Parmi les aspirants à sa main, elle avait distingué le sieur B..., qui éprouvait pour elle une vive passion. Quoique l'aimant beaucoup elle-même, elle crut cependant devoir, par respect filial, se rendre aux vœux de ses parents en épousant le sieur D..., dont la position sociale leur semblait plus avantageuse que celle de son rival.

« Les sieurs B... et D... étaient amis intimes. Quoique n'ayant ensemble aucun rapport d'intérêt, ils ne cessèrent pas de se voir. L'amour mutuel de B... et de Palmyre, devenue dame D..., ne s'était nullement affaibli, et, comme ils s'efforçaient de le comprimer, il augmentait en raison même de la violence qu'on lui faisait. Pour essayer de l'éteindre, B... prit le parti de se marier. Il épousa une jeune femme possédant d'éminentes qualités, et il fit tout son possible pour l'aimer ; mais il ne tarda pas à s'apercevoir que ce moyen héroïque était impuissant à le guérir. Néanmoins, pendant quatre années, ni B... ni la dame D... ne manquèrent à leurs devoirs. Ce qu'ils eurent à souffrir ne saurait s'exprimer, car D..., qui aimait véritablement son ami, l'attirait toujours chez lui et, lorsqu'il voulait fuir, le contraignait à rester.

« Les deux amants, rapprochés un jour par une circonstance fortuite qu'ils n'avaient pas cherchée, se firent part de l'état de leur âme, et s'accordèrent à penser que la mort était le seul remède aux maux qu'ils éprouvaient. Ils résolurent de se faire mourir ensemble, et de mettre leur projet à exécution le lendemain, le sieur D... devant être absent de son domicile une grande partie de la journée. Après avoir fait leurs derniers préparatifs, ils écrivirent une longue et touchante lettre expliquant la cause de la mort qu'ils se donnaient pour ne pas manquer à leurs devoirs. Elle se terminait par une demande de pardon et la prière d'être réunis dans le même tombeau.

« Lorsque le sieur D.... rentra, il les trouva asphyxiés.. Il a respecté leur dernier vœu, et a voulu qu'au cimetière ils ne fussent pas séparés. »

Ce fait ayant été proposé à la Société de Paris comme sujet d'étude, un Esprit répondit :

« Les deux amants qui se sont suicidés ne peuvent encore vous répondre ; je les vois ; ils sont plongés dans le trouble et effrayés par le souffle de l'éternité. Les conséquences morales de leur faute les châtieront pendant *des migrations successives* où leurs âmes dépareillées se chercheront sans cesse et souffriront le double supplice du pressentiment et du désir. L'expiation accomplie, ils seront réunis pour toujours dans le sein de l'éternel amour. Dans huit jours, à votre prochaine séance, vous pourrez les évoquer; ils viendront, mais ils ne se verront pas : une nuit profonde les cache pour longtemps l'un à l'autre. »

1. *Évocation de la femme.* — Voyez-vous votre amant, avec lequel vous vous êtes suicidée? — R. Je ne vois rien ; je ne vois pas même les Esprits qui rôdent avec moi dans le séjour où je suis. Quelle nuit! quelle nuit! et quel voile épais sur mon visage !

2. Quelle sensation avez-vous éprouvée lorsque vous vous êtes réveillée après votre mort? — R. Étrange! j'avais froid et je brûlais; de la glace courait dans mes veines, et du feu était dans mon front! Chose étrange, mélange inouï! de la glace et du feu semblant m'étreindre! Je pensais que j'allais succomber une seconde fois.

3. Éprouvez-vous une douleur physique? — R. Toute ma souffrance est *là, et là*. — Que voulez-vous dire par *là et là*? — R. *Là*, dans mon cerveau; *là*, dans mon cœur.

Il est probable que, si l'on eût pu voir l'Esprit, on l'aurait vu porter la main à son front et à son cœur.

4. Croyez-vous que vous serez toujours dans cette situation? — R. Oh! toujours, toujours! J'entends parfois des rires infernaux, des voix épouvantables qui me hurlent ces mots: « Toujours ainsi ! »

5. Eh bien! nous pouvons vous dire en toute assurance qu'il n'en sera pas toujours ainsi ; en vous repen-

tant, vous obtiendrez votre pardon. — R. Qu'avez-vous dit ? Je n'entends pas.

6. Je vous répète que vos souffrances auront un terme que vous pourrez hâter par votre repentir, et nous vous y aiderons par la prière. — R. Je n'ai entendu qu'un mot et de vagues sons ; ce mot, c'est *grâce!* Est-ce de *grâce!* que vous avez voulu parler ? Vous avez parlé de grâce: c'est sans doute à l'âme qui passe à mes côtés, pauvre enfant qui pleure et qui espère.

Une dame de la société dit qu'elle vient d'adresser à Dieu une prière pour cette infortunée, et que c'est sans doute ce qui l'a frappée ; qu'elle avait en effet mentalement imploré pour elle la *grâce* de Dieu.

7. Vous dites que vous êtes dans les ténèbres ; est-ce que vous ne nous voyez pas ? — R. Il m'est permis d'entendre quelques-uns des mots que vous prononcez, mais je ne vois qu'un crêpe noir sur lequel se dessine, à certaines heures, une tête qui pleure.

8. Si vous ne voyez pas votre amant, ne sentez-vous pas sa présence auprès de vous, car il est ici ? R. Ah! ne me parlez pas de lui, je dois l'oublier pour l'instant, si je veux que du crêpe s'efface l'image que j'y vois tracée.

9. Quelle est cette image ? — R. Celle d'un homme qui souffre, et dont j'ai tué l'existence morale sur la terre pour longtemps.

En lisant ce récit on est tout d'abord disposé à trouver à ce suicide des circonstances atténuantes, à le regarder même comme un acte héroïque, puisqu'il a été provoqué par le sentiment du devoir. On voit qu'il en a été jugé autrement, et que la peine des coupables est longue et terrible pour s'être réfugiés volontairement dans la mort afin de fuir la lutte; l'intention de ne pas manquer à leur devoir était honorable sans doute, et il leur en sera tenu compte plus tard, mais le vrai mérite eût consisté à vaincre l'entraînement, tandis qu'ils ont fait comme le déserteur qui s'esquive au moment du danger.

La peine des deux coupables consistera, comme on le voit, à se chercher longtemps sans se rencontrer, *soit dans le monde des Esprits, soit dans d'autres incarnations terrestres*; elle est momentanément aggravée par l'idée que leur état présent doit durer toujours; cette pensée faisant partie du châtiment, il ne leur a pas été permis d'entendre les paroles d'espérance qui leur ont été adressées. A ceux qui trouveraient cette peine bien terrible et bien longue, surtout si elle ne doit cesser qu'après plusieurs incarnations, nous dirons que sa durée n'est pas absolue, et qu'elle dépendra de la manière dont ils supporteront leurs épreuves futures, ce à quoi on peut les aider par la prière; ils seront, comme tous les Esprits coupables, les arbitres de leur propre destinée. Cela, cependant, ne vaut-il pas encore mieux que la damnation éternelle, sans espoir, à laquelle ils sont irrévocablement condamnés selon la doctrine de l'Église, qui les regarde tellement comme à jamais voués à l'enfer, qu'elle leur a refusé les dernières prières, sans doute comme inutiles?

LOUIS ET LA PIQUEUSE DE BOTTINES

Depuis sept ou huit mois, le nommé Louis G..., ouvrier cordonnier, faisait la cour à une demoiselle Victorine R., piqueuse de bottines, avec laquelle il devait se marier très prochainement, puisque les bans étaient en cours de publication. Les choses en étant à ce point, les jeunes gens se considéraient presque comme définitivement unis, et, par mesure d'économie, le cordonnier venait chaque jour pour prendre ses repas chez sa future.

Un jour, Louis étant venu, comme à l'ordinaire, souper chez la piqueuse de bottines, une contestation survint à propos d'une futilité; on s'obstina de part et d'autre, et les choses en vinrent au point que Louis quitta la table, et partit en jurant de ne plus jamais revenir.

Le lendemain, pourtant, le cordonnier venait demander pardon : la nuit porte conseil, on le sait ; mais l'ouvrière, préjugeant peut-être, d'après la scène de la veille, ce qui pourrait survenir quand il ne serait plus temps de se dédire, refusa de se réconcilier, et, protestations, larmes, désespoir, rien ne put la fléchir. Plusieurs jours s'étaient écoulés depuis celui de la brouille; Louis, espérant que sa bien-aimée serait plus traitable, voulut tenter une dernière démarche : il arrive donc et frappe de façon à se faire connaître, mais on refuse de lui ouvrir ; alors nouvelles supplications de la part du pauvre évincé, nouvelles protestations à travers la porte, mais rien ne put toucher l'implacable prétendue. « Adieu donc, méchante! s'écrie enfin le pauvre garçon, adieu pour toujours! Tâchez de rencontrer un mari qui vous aime autant que moi! » En même temps la jeune fille entend une sorte de gémissement étouffé, puis comme le bruit d'un corps qui tombe en glissant le long de sa porte, et tout rentre dans le silence; alors elle s'imagine que Louis s'est installé sur le seuil pour attendre sa première sortie, mais elle se promet bien de ne pas mettre le pied dehors tant qu'il sera là.

Il y avait à peine un quart d'heure que ceci avait eu lieu, lorsqu'un locataire qui passait sur le palier avec de la lumière, pousse une exclamation et demande du secours. Aussitôt les voisins arrivent, et mademoiselle

Victorine, ayant également ouvert sa porte, jette un cri d'horreur en apercevant étendu sur le carreau son prétendu, pâle et inanimé. Chacun s'empresse de lui porter secours, mais on s'aperçoit bientôt que tout est inutile, et qu'il a cessé d'exister. Le malheureux jeune homme s'était plongé son tranchet dans la région du cœur, et le fer était resté dans la plaie.

(Société spirite de Paris, août 1858.)

1. *A l'Esprit de saint Louis*. La jeune fille, cause involontaire de la mort de son amant, en a-t-elle la responsabilité? — R. Oui, car elle ne l'aimait pas.

2. Pour prévenir ce malheur, devait-elle l'épouser malgré sa répugnance? — R. Elle cherchait une occasion pour se séparer de lui; elle a fait au commencement de sa liaison ce qu'elle aurait fait plus tard.

3. Ainsi sa culpabilité consiste à avoir entretenu chez lui des sentiments qu'elle ne partageait pas, sentiments qui ont été la cause de la mort du jeune homme? — R. Oui, c'est cela.

4. Sa responsabilité, dans ce cas, doit être proportionnée à sa faute; elle ne doit pas être aussi grande que si elle eût provoqué volontairement la mort? — R. Cela saute aux yeux.

5. Le suicide de Louis trouve-t-il une excuse dans l'égarement où l'a plongé l'obstination de Victorine? — R. Oui, car son suicide, qui provient de l'amour, est moins criminel aux yeux de Dieu que le suicide de l'homme qui veut s'affranchir de la vie par un motif de lâcheté.

L'Esprit de Louis G... ayant été évoqué une autre fois, on lui adressa les questions suivantes:

1. Que pensez-vous de l'action que vous avez commise? — R. Victorine est une ingrate, j'ai eu tort de me tuer pour elle, car elle ne le méritait pas.

2. Elle ne vous aimait donc pas? — R. Non; elle l'a cru d'abord; elle se faisait illusion; la scène que je lui ai faite lui a ouvert les yeux; alors elle a été contente de ce prétexte pour se débarrasser de moi.

3. Et vous, l'aimiez-vous sincèrement? — R. J'avais de la passion pour elle; voilà tout, je crois; si je l'avais aimée d'un amour pur, je n'aurais pas voulu lui faire de la peine.

4. Si elle avait su que vous vouliez réellement vous tuer, aurait-elle persisté dans son refus? — R. Je ne sais; je ne crois pas, car elle n'est pas méchante; mais elle aurait été malheureuse; il vaut encore mieux pour elle que cela se soit passé ainsi.

5. En arrivant à sa porte, aviez-vous l'intention de vous tuer en cas de refus? — R. Non; je n'y pensais pas; je ne croyais pas qu'elle serait si obstinée; ce n'est que quand j'ai vu son obstination, qu'alors un vertige m'a pris.

6. Vous semblez ne regretter votre suicide que parce que Victorine ne le méritait pas; est-ce le seul sentiment que vous éprouvez? — R. En ce moment, oui; je suis encore tout troublé; il me semble être à la porte; mais je sens autre chose que je ne puis définir.

7. Le comprendrez-vous plus tard? — R. Oui, quand je serai débrouillé... C'est mal ce que j'ai fait; j'aurais dû la laisser tranquille... J'ai été faible et j'en porte la peine... Voyez-vous, la passion aveugle l'homme et lui fait faire bien des sottises. Il les comprend quand il n'est plus temps.

8. *Vous dites que vous en portez la peine; quelle peine souffrez-vous?* — R. J'ai eu tort d'abréger ma vie; je ne le devais pas; je devais tout supporter plutôt que d'en finir avant le temps; et puis je suis malheureux; je souffre; c'est toujours elle qui me fait souffrir; il me semble être encore là, à sa porte; l'ingrate! Ne m'en parlez plus; je n'y veux plus penser; cela me fait trop de mal. Adieu.

On voit encore là une nouvelle preuve de la justice distributive qui préside à la punition des coupables, selon le degré de la responsabilité. Dans la circonstance présente, la première faute est à la jeune fille qui avait entretenu chez Louis un amour qu'elle ne partageait pas, et dont elle se jouait; elle portera donc la plus grande part de la responsabilité. Quant au jeune homme, il est puni aussi par la souffrance qu'il endure; mais sa peine est légère, parce qu'il n'a fait que céder à un mouvement irréfléchi et à un moment d'exaltation, au lieu de la froide préméditation de ceux qui se suicident pour se soustraire aux épreuves de la vie.

UN ATHÉE

M. J.-B. D... était un homme instruit, mais imbu au dernier degré des idées matérialistes, ne croyant ni à Dieu ni à son âme. Il a été évoqué deux ans après sa mort, à la Société de Paris, sur la demande de l'un de ses parents.

1. *Évocation.* — R. Je souffre! Je suis réprouvé.

2. *Nous sommes prié de vous appeler de la part de vos parents qui désirent connaître votre sort; veuillez nous dire si notre évocation vous est agréable ou pénible?* — R. Pénible.

3. *Votre mort a-t-elle été volontaire?* — R. Oui.

L'Esprit écrit avec une extrême difficulté ; l'écriture est très grosse, irrégulière, convulsive et presque illisible. A son début, il montre de la colère, casse le crayon et déchire le papier.

4. Soyez plus calme ; nous prierons tous Dieu pour vous. — R. Je suis forcé de croire à Dieu.

5. Quel motif a pu vous porter à vous détruire ? — R. Ennui de la vie *sans espérance*.

On conçoit le suicide quand la vie est *sans espoir* ; on veut échapper au malheur à tout prix ; avec le Spiritisme l'avenir se déroule et l'espérance se légitime : le suicide n'a donc plus d'objet ; bien plus, on reconnaît que, par ce moyen, on n'échappe à un mal que pour retomber dans un autre qui est cent fois pire. Voilà pourquoi le Spiritisme a déjà arraché tant de victimes à la mort volontaire. Ils sont bien coupables ceux qui s'efforcent d'accréditer *par des sophismes scientifiques, et soi-disant au nom de la raison*, cette idée désespérante, source de tant de maux et de crimes, que tout finit avec la vie ! Ils seront responsables, non-seulement de leurs propres erreurs, mais de tous les maux dont ils auront été la cause.

6. Vous avez voulu échapper aux vicissitudes de la vie ; y avez-vous gagné quelque chose ? êtes-vous plus heureux maintenant ? — R. Pourquoi le néant n'existe-t-il pas ?

7. Veuillez être assez bon pour nous écrire votre situation le mieux que vous pourrez. — R. *Je souffre d'être obligé de croire tout ce que je niais.* Mon âme est comme dans un brasier ; elle est tourmentée horriblement.

8. D'où vous venaient les idées matérialistes que vous aviez de votre vivant ? — R. Dans une autre existence j'avais été méchant, et mon Esprit était condamné à souffrir les tourments du doute pendant ma vie ; aussi me suis-je tué.

Il y a ici tout un ordre idées. On se demande souvent comment il peut y avoir des matérialistes, puisque ayant déjà passé par le monde spirituel, ils devraient en avoir l'intuition ; or, c'est précisément cette intuition qui est refusée à certains Esprits qui ont conservé leur orgueil, et ne se sont pas repentis de leurs fautes. Leur épreuve consiste à acquérir, pendant la vie corporelle, *et par leur propre raison*, la preuve de l'existence de Dieu et de la vie future qu'ils ont incessamment sous les yeux ; mais souvent la présomption de ne rien admettre au-dessus de soi l'emporte encore, et ils en subissent la peine jusqu'à ce que, leur orgueil étant dompté, ils se rendent enfin à l'évidence.

9. Quand vous vous êtes noyé, que pensiez-vous qu'il adviendrait de vous ? quelles réflexions avez-vous faites à ce moment ? — R. Aucune ; c'était le néant pour moi. J'ai vu après que, n'ayant pas subi toute ma condamnation, j'allais encore bien souffrir.

10. Maintenant, êtes-vous bien convaincu de l'existence de Dieu, de l'âme et de la vie future ? — R. Hélas ! je ne suis que trop tourmenté pour cela !

11. Avez-vous revu votre frère ? — R. Oh ! non.

12. Pourquoi cela ? — R. Pourquoi réunir nos tourments ? on s'exile dans le malheur, on se réunit dans le bonheur ; hélas !

13. Seriez-vous bien aise de revoir votre frère que nous pourrions appeler là, à côté de vous ? — R. Non, non, je suis trop bas.

14. Pourquoi ne voulez-vous pas que nous l'appelions ? — R. C'est qu'il n'est pas heureux, lui non plus.

15. Vous redoutez sa vue ; cela ne pourrait que vous faire du bien ? — R. Non ; plus tard.

16. Désirez-vous faire dire quelque chose à vos parents ? — R. Qu'on prie pour moi.

17. Il paraît que, dans la société que vous fréquentiez, quelques personnes partagent les opinions que vous aviez de votre vivant ; auriez-vous quelque chose à leur dire à ce sujet ? — R. Ah ! les malheureux ! Puissent-ils croire à une autre vie ! c'est ce que je peux leur souhaiter de plus heureux ; s'ils pouvaient comprendre ma triste position, cela les ferait bien réfléchir.

(Évocation du frère du précédent, professant les mêmes idées, mais qui ne s'est pas suicidé. Quoique malheureux, il est plus calme ; son écriture est nette et lisible.)

18. *Évocation.* — R. Puisse le tableau de nos souffrances vous être une utile leçon, et vous persuader qu'une autre vie existe, où l'on expie ses fautes, son incrédulité.

19. Vous voyez-vous réciproquement avec votre frère que nous venons d'appeler ? — R. Non, il me fuit.

On pourrait demander comment les Esprits peuvent se fuir dans le monde spirituel, où n'existent pas d'obstacles matériels, ni de retraites cachées à la vue. Tout est relatif dans ce monde, et en rapport avec la nature fluidique des êtres qui l'habitent. Les Esprits supérieurs ont seuls des perceptions indéfinies ; chez les Esprits inférieurs, elles sont limitées, et pour eux les obstacles fluidiques font l'effet d'obstacles matériels. Les Esprits se dérobent à la vue les uns des autres par un effet de leur volonté qui agit sur leur enveloppe périspritale et les fluides ambiants. Mais la Providence, qui veille sur chacun individuellement, comme sur ses enfants, leur laisse ou leur refuse cette faculté d'après les dispositions morales de chacun ; selon les circonstances, c'est une punition ou une récompense.

20. Vous êtes plus calme que lui; pourriez vous nous donner une description plus précise de vos souffrances? — R. Sur la terre ne souffrez-vous pas dans votre amour-propre, dans votre orgueil, quand vous êtes obligés de convenir de vos torts? Votre esprit ne se révolte-t-il pas à la pensée de vous humilier devant celui qui vous démontre que vous êtes dans l'erreur? Eh bien! que croyez-vous que souffre l'Esprit qui, pendant toute une existence, s'est persuadé que rien n'existe après lui, qu'il a raison contre tous? Quand tout à coup il se trouve en face de l'éclatante vérité, il est anéanti, il est humilié. A cela vient se joindre le remords d'avoir pu si longtemps oublier l'existence d'un Dieu si bon, si indulgent. Son état est insupportable; il ne trouve ni calme, ni repos; il ne retrouvera un peu de tranquillité qu'au moment où la grâce sainte, c'est-à-dire l'amour de Dieu, le touchera, car l'orgueil s'empare tellement de notre pauvre esprit, qu'il l'enveloppe tout entier, et il lui faut encore bien du temps pour se défaire de ce vêtement fatal; ce n'est que la prière de nos frères qui peut nous aider à nous en débarrasser.

21. Voulez-vous parler de vos frères vivants ou Esprits? — R. Des uns et des autres.

22. Pendant que nous nous entretenions avec votre frère, une personne ici présente a prié pour lui; cette prière lui a-t-elle été utile? — R. Elle ne sera pas perdue. S'il repousse la grâce maintenant, cela lui reviendra, quand il sera en état de recourir à cette divine *panacée*.

Nous voyons ici un autre genre de châtiment, mais qui n'est point le même chez tous les incrédules; c'est, indépendamment de la souffrance, la nécessité, pour cet Esprit, de reconnaître les vérités qu'il avait reniées de son vivant. Ses idées actuelles dénotent un certain progrès comparativement à d'autres Esprits qui persistent dans la négation de Dieu. C'est déjà quelque chose et un commencement d'humilité de convenir qu'on s'est trompé. Il est plus que probable que, dans sa prochaine incarnation, l'incrédulité aura fait place au sentiment *inné* de la foi.

Le résultat de ces deux évocations ayant été transmis à la personne qui nous avait prié de les faire, nous reçûmes de cette dernière la réponse suivante :

« Vous ne pouvez croire, monsieur, le grand bien produit par l'évocation de mon beau-père et de mon oncle. Nous les avons parfaitement reconnus ; l'écriture du premier surtout a une analogie frappante avec celle qu'il avait de son vivant, d'autant mieux que, pendant les derniers mois qu'il a passés avec nous, elle était saccadée et indéchiffrable ; on y retrouve la même forme des jambages, du paraphe, et de certaines lettres. Quant aux paroles, aux expressions et au style, c'est encore plus frappant ; pour nous, l'analogie est parfaite, si ce n'est qu'il est plus éclairé sur Dieu, l'âme et l'éternité qu'il niait si formellement autrefois. Nous sommes donc parfaitement convaincus de son identité ; Dieu en sera glorifié par notre croyance plus ferme au Spiritisme, et nos frères, Esprits et vivants, en deviendront meilleurs. L'identité de son frère n'est pas moins évidente ; à la différence immense de l'athée au croyant, nous avons reconnu son caractère, son style, ses tournures de phrases ; un mot surtout nous a frappés, c'est celui de *panacée* ; c'était son mot d'habitude ; il le disait et répétait à tous et à chaque instant.

« J'ai communiqué ces deux évocations à plusieurs

personnes, qui ont été frappées de leur véracité ; mais les incrédules, ceux qui partagent les opinions de mes deux parents, auraient voulu des réponses encore plus catégoriques : que M. D..., par exemple, précisât l'endroit où il a été enterré, celui où il s'est noyé, de quelle manière il s'y est pris, etc. Pour les satisfaire et les convaincre, ne pourriez-vous l'évoquer de nouveau, et dans ce cas, vous voudriez bien lui adresser les questions suivantes : où et comment il a accompli son suicide ? — combien de temps il est resté sous l'eau ? — à quel endroit son corps a été retrouvé ? — à quelle place il a été enseveli ? — de quelle manière civile ou religieuse on a procédé à son inhumation, etc. ?

« Veuillez, je vous prie, monsieur, faire répondre catégoriquement à ces demandes qui sont essentielles pour ceux qui doutent encore ; je suis persuadé du bien immense que cela produira. Je fais en sorte que ma lettre vous parvienne demain vendredi, afin que vous puissiez faire cette évocation dans la séance de la Société qui doit avoir lieu ce jour-là... etc. »

Nous avons reproduit cette lettre à cause du fait d'identité qu'elle constate ; nous y joignons la réponse que nous y avons faite, pour l'instruction des personnes qui ne sont pas familiarisées avec les communications d'outre-tombe.

« ... Les questions que vous nous priez d'adresser de nouveau à l'Esprit de votre beau-père sont sans doute dictées par une louable intention, celle de convaincre des incrédules, car, chez vous, il ne s'y mêle aucun sentiment de doute et de curiosité ; mais une plus parfaite connaissance de la science spirite vous eût fait comprendre qu'elles sont superflues. — D'abord, en me priant de faire répondre catégoriquement votre parent, vous ignorez sans doute qu'on ne gouverne pas les Esprits à son gré; ils répondent quand ils veulent, comme ils veulent, et souvent comme ils peuvent; leur liberté d'action est encore plus grande que de leur vivant, et ils ont plus de moyens d'échapper à la contrainte morale qu'on voudrait exercer sur eux. Les meilleures preuves d'identité sont celles qu'ils donnent spontanément, de leur propre volonté, ou qui naissent des circonstances, et c'est, la plupart du temps, en vain qu'on cherche à les provoquer. Votre parent a prouvé son identité d'une manière irrécusable selon vous; il est donc plus que probable qu'il refuserait de répondre à des questions qu'à bon droit il peut regarder comme superflues, et faites en vue de satisfaire la curiosité de gens qui lui sont indifférents. Il pourrait répondre, comme l'ont souvent fait d'autres Esprits en pareil cas : « A quoi bon me demander des choses que vous savez ? » J'ajouterai même que l'état de trouble et de souffrance où il se trouve doit lui rendre plus pénibles les recherches de ce genre ; c'est absolument comme si l'on voulait contraindre un malade qui peut à peine penser et parler, à raconter les détails de sa vie; ce serait assurément manquer aux égards que l'on doit à sa position.

« Quant au résultat que vous en espériez, il serait nul, soyez-en persuadé. Les preuves d'identité qui ont été fournies ont une bien plus grande valeur, par cela même qu'elles sont spontanées, et que rien ne pouvait mettre sur la voie; si les incrédules n'en sont pas satisfaits, ils ne le seraient pas davantage, moins encore peut-être, par des questions prévues et qu'ils pourraient suspecter de connivence. Il y a des gens que rien ne peut convaincre ; ils verraient de leurs yeux votre parent en personne, qu'ils se diraient le jouet d'une hallucination.

« Deux mots encore, monsieur, sur la demande que vous me faites de faire cette évocation le jour même où je devais recevoir votre lettre. Les évocations ne se font pas ainsi à la baguette ; les Esprits ne répondent pas toujours à notre appel ; il faut pour cela qu'ils le puissent ou qu'ils le veuillent ; il faut, de plus, un médium qui leur convienne, et qui ait l'aptitude spéciale nécessaire ; que ce médium soit disponible à un moment donné ; que le milieu soit sympathique à l'Esprit, etc. ; toutes circonstances dont on ne peut jamais répondre, et qu'il importe de connaître quand on veut faire la chose sérieusement. »

―

M. FÉLICIEN

C'était un homme riche, instruit, poëte spirituel, d'un caractère bon, obligeant et plein d'aménité, et d'une parfaite honorabilité. De fausses spéculations avaient compromis sa fortune ; son âge ne lui permettant plus de la rétablir, il céda au découragement et se suicida en décembre 1864, en se pendant dans sa chambre à coucher. Ce n'était ni un matérialiste, ni un athée, mais un homme d'une humeur un peu légère, prenant peu de souci de la vie future. L'ayant intimement connu, nous l'évoquâmes quatre mois après sa mort, par sympathie pour sa personne.

Évocation. — Je regrette la terre ; j'y ai eu des déceptions, mais moindres qu'ici. Je rêvais des merveilles, et je suis au-dessous de la réalité idéale que j'en avais. Le monde des Esprits est bien mêlé, et pour le rendre supportable, il serait besoin d'un bon triage. Je n'en reviens pas ! Quelles esquisses de mœurs spirites on pourrait faire ici ! Balzac devrait être à la besogne ; elle serait rude. Mais je ne l'ai pas aperçu ; où se trouvent-ils donc ces grands Esprits qui ont si fort flagellé les vices de l'humanité? Ils devraient, comme moi, séjourner ici quelque temps, avant d'aller dans des régions plus élevées. C'est un pandémonium curieux qui me plaît à observer, et j'y reste.

Bien que l'Esprit déclare se trouver dans une société très mélangée, et par conséquent d'Esprits inférieurs, son langage avait lieu de nous surprendre, en raison de son genre de mort auquel il ne fait aucune allusion, car autrement c'était bien le reflet de son caractère. Cela nous laissait quelques doutes sur son identité.

D. Veuillez nous dire, je vous prie, comment vous êtes mort? — R. Comment je suis mort? Par la mort que j'ai choisie ; elle m'a plu ; j'ai assez longtemps médité sur celle que je devais choisir pour me délivrer de la vie. Et, ma foi, j'avoue que je n'y ai pas gagné grand'chose, si ce n'est d'être délivré de mes soucis matériels, mais pour en retrouver de plus graves, de plus pénibles dans ma position d'Esprit dont je ne prévois pas la fin.

D. (*Au guide du médium.*) — Est-ce bien l'Esprit de M. Félicien qui a répondu? Ce langage presque insouciant nous étonne chez un suicidé. — R. Oui ; mais par un sentiment excusable dans sa position, et que vous comprendrez, il ne voulait pas révéler son genre de mort au médium ; c'est pour cela qu'il a fait des phrases : il a fini par l'avouer, amené par votre question directe, mais il en est très affecté. Il souffre beaucoup de s'être suicidé, et écarte tant qu'il peut tout ce qui lui rappelle cette fin funeste.

D. (*A l'Esprit.*) — Votre mort nous a d'autant plus affectés que nous en prévoyions les tristes conséquences pour vous, et en raison surtout de l'estime et de l'attachement que nous vous portions. Personnellement, je n'ai point oublié combien vous avez été bon et obligeant pour moi. Je serais heureux de vous en témoigner ma reconnaissance, si je puis faire quelque chose qui vous soit utile. — R. Et pourtant je ne pouvais échapper autrement aux embarras de ma position matérielle. Maintenant je n'ai besoin que de prières; priez surtout pour que je sois délivré des horribles compagnons qui sont près de moi et qui m'obsèdent de leurs rires, de leurs cris et de leurs moqueries infernales. Ils m'appellent lâche et ils ont raison; c'est lâcheté que de quitter la vie. *Voilà quatre fois que je succombe à cette épreuve.* Je m'étais pourtant bien promis de ne pas faillir... Fatalité!... Ah! priez; quel supplice est le mien! Je suis bien malheureux! vous ferez plus pour moi en le faisant, que je n'ai fait pour vous, quand j'étais sur la terre; mais l'épreuve à laquelle j'ai si souvent failli, se dresse devant moi en traits ineffaçables; *il faut que je la subisse de nouveau dans un temps donné;* en aurai-je la force? Ah! si souvent recommencer la vie! Si longtemps lutter et être entraîné par les événements à succomber malgré soi, c'est désespérant, même ici! c'est pour cela que j'ai besoin de force. On en puise dans la prière, dit-on : priez pour moi; je veux prier aussi.

Ce cas particulier de suicide, quoique accompli dans des circonstances très vulgaires, se présente néanmoins sous une phase spéciale. Il nous montre un Esprit ayant succombé plusieurs fois à cette épreuve qui se renouvelle à chaque existence et *se renouvellera tant qu'il n'aura pas eu la force d'y résister*. C'est la confirmation de ce principe que, lorsque le but d'amélioration pour lequel nous nous sommes incarnés n'est pas atteint, nous avons souffert sans profit, car c'est pour nous à recommencer jusqu'à ce que nous sortions victorieux de la lutte.

A l'Esprit de M. Félicien. — Écoutez, je vous prie, ce que je vais vous dire, et veuillez méditer mes paroles. Ce que vous appelez fatalité n'est autre chose que votre propre faiblesse, car il n'y a pas de fatalité, autrement l'homme ne serait pas responsable de ses actes. L'homme est toujours libre, et c'est là son plus beau privilége ; Dieu n'a pas voulu en faire une machine agissant et obéissant en aveugle. Si cette liberté le rend faillible, elle le rend aussi perfectible, et ce n'est que par la perfection qu'il arrive au bonheur suprême. Son orgueil seul le porte à accuser la Destinée de ses malheurs sur la terre, tandis que le plus souvent il ne doit s'en prendre qu'à son incurie. Vous en êtes un exemple frappant dans votre dernière existence ; vous aviez tout ce qu'il faut pour être heureux selon le monde : esprit, talent, fortune, considération méritée ; vous n'aviez point de vices ruineux, et au contraire, des qualités estimables ; comment votre position s'est-elle trouvée si radicalement compromise ? Uniquement par votre imprévoyance. Convenez que si vous aviez agi avec plus de prudence, si vous aviez su vous contenter de la belle part que vous aviez, au lieu de chercher à l'accroître sans nécessité, vous ne vous seriez pas ruiné. Il n'y avait donc aucune fatalité, puisque vous pouviez éviter ce qui est arrivé.

Votre épreuve consistait dans un enchaînement de

circonstances qui devaient vous donner, *non la nécessité, mais la tentation* du suicide ; malheureusement pour vous, malgré votre esprit et votre instruction, vous n'avez pas su dominer ces circonstances, et vous portez la peine de votre faiblesse. Cette épreuve, ainsi que vous le pressentez avec raison, doit se renouveler encore ; dans votre prochaine existence, vous serez en butte à des événements qui provoqueront de nouveau la pensée du suicide, et il en sera de même jusqu'à ce que vous ayez triomphé.

Loin d'accuser le sort, qui est votre propre ouvrage, admirez la bonté de Dieu qui, au lieu de vous condamner irrémissiblement sur une première faute, vous offre sans cesse les moyens de la réparer. Vous souffrirez donc, non pas éternellement, mais aussi longtemps que la réparation n'aura pas eu lieu. Il dépend de vous de rendre à l'état d'Esprit des résolutions tellement énergiques, d'exprimer à Dieu un repentir si sincère, de solliciter avec tant d'instance l'appui des bons Esprits, que vous arriviez sur la terre cuirassé contre toutes les tentations. Une fois cette victoire remportée, vous marcherez dans la voie du bonheur avec d'autant plus de rapidité, que, sous d'autres rapports, votre avancement est déjà très grand. C'est donc encore un pas à franchir ; nous vous y aiderons par nos prières, mais elles seraient impuissantes si vous ne nous secondiez pas par vos efforts.

R. Merci, oh ! merci de vos bonnes exhortations, j'en avais bien besoin, car je suis plus malheureux *que je ne voulais le faire paraître.* Je vais les mettre à profit, je vous assure, et me préparer à ma prochaine incarnation où je ferai en sorte cette fois de ne pas succomber.

Il me tarde de sortir de l'ignoble milieu où je suis relégué ici.

Félicien.

ANTOINE BELL

Comptable dans une maison de banque au Canada; suicidé le 28 février 1865. Un de nos correspondants, docteur médecin et pharmacien dans la même ville, nous a donné sur son compte les renseignements suivants :

« Je connaissais Bell depuis plus de vingt ans. C'était un homme inoffensif et père d'une nombreuse famille. Il y a quelque temps, il s'était imaginé avoir acheté du poison chez moi et qu'il s'en était servi en empoisonnant quelqu'un. Il était bien souvent venu me supplier de lui dire à quelle époque je le lui avais vendu, et il se livrait alors à des transports terribles. Il perdait le sommeil, s'accusait, se frappait la poitrine. Sa famille était dans une anxiété continuelle, de quatre heures du soir jusqu'à neuf heures du matin, moment où il se rendait à la maison de banque où il tenait ses livres d'une manière très régulière, sans jamais commettre une seule erreur. Il avait coutume de dire qu'un être qu'il sentait en lui, lui faisait tenir sa comptabilité avec ordre et régularité. Au moment où il semblait être convaincu de l'absurdité de ses pensées, il s'écriait : « Non, non, vous « voulez me tromper... *je me souviens*... cela est vrai. »

Antoine Bell a été évoqué à Paris, le 17 avril 1865, sur la demande de son ami.

1. *Évocation.* — R. Que me voulez-vous? Me faire subir un interrogatoire? c'est inutile, j'avouerai tout.

2. Il est loin de notre pensée de vouloir vous tourmenter par d'indiscrètes questions ; nous désirons seulement savoir quelle est votre position dans le monde où vous êtes, et si nous pouvons vous être utiles. — R. Ah ! si vous le pouviez, je vous en serais bien reconnaissant ! J'ai horreur de mon crime, et je suis bien malheureux !

3. Nos prières, nous en avons l'espoir, adouciront vos peines. Vous nous paraissez, du reste, dans de bonnes conditions ; le repentir est en vous, et c'est déjà un commencement de réhabilitation. Dieu, qui est infiniment miséricordieux, a toujours pitié du pécheur repentant. Priez avec nous. (Ici, on dit la prière pour les suicidés, qui se trouve dans l'*Evangile selon le Spiritisme*.)

Maintenant, voudriez-vous nous dire de quel crime vous vous reconnaissez coupable. Il vous sera tenu compte de cet aveu fait avec humilité. — R. Laissez-moi d'abord vous remercier de l'espérance que vous venez de faire naître en mon cœur. Hélas ! il y a bien longtemps déjà, je vivais dans une ville dont la mer du Midi baignait les murailles. J'aimais une belle et jeune enfant qui répondait à mon amour ; mais j'étais pauvre, et je fus repoussé par sa famille. Elle m'annonça qu'elle allait épouser le fils d'un négociant dont le commerce s'étendait au delà des deux mers, et je fus éconduit. Fou de douleur, je résolus de m'ôter la vie, après avoir assouvi ma vengeance en assassinant mon rival abhorré. Les moyens violents me répugnaient pourtant ; je frissonnais à l'idée de ce crime, mais ma jalousie l'emporta. La veille du jour où ma bien-aimée devait être à lui, il mourut empoisonné par mes soins, trouvant ce moyen plus facile. Ainsi s'expliquent ces réminiscences du passé. Oui, j'ai déjà vécu, et il faut que je revive encore... O mon Dieu, ayez pitié de ma faiblesse et de mes larmes.

4. Nous déplorons ce malheur qui a retardé votre avancement, et nous vous plaignons sincèrement ; mais, puisque vous vous repentez, Dieu aura pitié de vous. Dites-nous, je vous prie, si vous mîtes à exécution votre projet de suicide. — R. Non ; j'avoue à ma honte que l'espoir revint dans mon cœur, je voulais jouir du prix de mon crime ; mais mes remords me trahirent ; j'expiai par le dernier supplice ce moment d'égarement : je fus pendu.

5. Aviez-vous conscience de cette mauvaise action dans votre dernière existence ? — R. Dans les dernières années de ma vie seulement, et voici comment. J'étais bon par nature ; après avoir été soumis, comme tous les Esprits homicides, au tourment de la vue continuelle de ma victime qui me poursuivait comme un remords vivant, j'en fus délivré de bien longues années après par mes prières et mon repentir. Je recommençai une autre fois la vie, la dernière, et la traversai paisible et craintif. J'avais en moi une vague intuition de ma faiblesse native et de ma faute antérieure dont j'avais conservé le souvenir latent. Mais un Esprit obsesseur et vindicatif, qui n'est autre que le père de ma victime, n'eut pas grand'peine à s'emparer de moi, et à faire revivre dans mon cœur, comme dans un miroir magique, les souvenirs du passé.

Tour à tour influencé par lui et par le guide qui me protégeait, j'étais l'empoisonneur, ou le père de famille qui gagnait le pain de ses enfants par son travail. Fasciné par ce démon obsesseur, il m'a poussé au suicide. Je suis bien coupable, il est vrai, mais moins pendant que si je l'eusse résolu moi-même. Les suicidés de ma catégorie, et qui sont trop faibles pour résister aux Esprits obsesseurs, sont moins coupables et moins punis que ceux qui s'ôtent la vie par le fait de la seule action de leur libre arbitre. Priez avec moi pour l'Esprit qui m'a influencé si fatalement, afin qu'il abdique ses sentiments de vengeance, et priez aussi pour moi, afin que j'acquière la force et l'énergie nécessaires pour ne pas faiblir à l'épreuve de suicide par libre volonté *à laquelle je serai soumis, me dit-on, dans ma prochaine incarnation.*

6. *Au guide du médium.* Un Esprit obsesseur peut-il réellement pousser au suicide ? — R. Assurément, car l'obsession qui, elle-même, est un genre d'épreuve, peut revêtir toutes les formes ; mais ce n'est pas une excuse. L'homme a toujours son libre arbitre et, par conséquent, il est libre de céder ou de résister aux suggestions auxquelles il est en butte ; lorsqu'il succombe, c'est toujours par le fait de sa volonté. L'Esprit a raison, du reste, quand il dit que celui qui fait le mal à l'instigation d'un autre est moins répréhensible et moins puni que lorsqu'il le commet de son propre mouvement ; mais il n'est pas innocenté, parce que, dès l'instant qu'il se laisse détourner du droit chemin, c'est que le bien n'est pas assez fortement enraciné en lui.

7. Comment se fait-il que, malgré la prière et le repentir qui avaient délivré cet Esprit du tourment qu'il éprouvait par la vue de sa victime, il ait encore été poursuivi par la vengeance de l'Esprit obsesseur dans sa dernière incarnation ? — R. Le repentir, vous le savez, n'est que *le préliminaire indispensable de la réha-*

bilitation, mais il ne suffit pas pour affranchir le coupable de toute peine ; Dieu ne se contente pas de promesses ; il faut prouver, par ses actes, la solidité du retour au bien ; c'est pour cela que l'Esprit est soumis à de nouvelles épreuves qui le fortifient, en même temps qu'elles lui font acquérir un mérite de plus lorsqu'il en sort victorieux. Il est en butte aux poursuites des mauvais Esprits, *jusqu'à ce que ceux-ci le sentent assez fort pour leur résister ;* alors ils le laissent en repos, parce qu'ils savent que leurs tentatives seraient inutiles.

Ces deux derniers exemples nous montrent la même épreuve se renouvelant à chaque incarnation, aussi longtemps qu'on y succombe. Antoine Bell nous montre, en outre, le fait non moins instructif d'un homme poursuivi par le souvenir d'un crime commis dans une existence antérieure, comme un remords et un avertissement. Nous voyons par là que toutes les existences sont solidaires les unes des autres ; la justice et la bonté de Dieu éclatent dans la faculté qu'il laisse à l'homme de s'améliorer graduellement, sans jamais lui fermer la porte du rachat de ses fautes ; le coupable est puni par sa faute même, et la punition, au lieu d'être une vengeance de Dieu, est le moyen employé pour le faire progresser.

CHAPITRE VI

CRIMINELS REPENTANTS

VERGER

assassin de l'archevêque de Paris.

Le 3 janvier 1857, Mgr Sibour, archevêque de Paris, en sortant de l'église de Saint-Étienne du Mont, fut frappé mortellement par un jeune prêtre nommé Verger. Le coupable fut condamné à mort et exécuté le 30 janvier. Jusqu'au dernier moment il n'a témoigné ni regret, ni repentir, ni sensibilité.

Évoqué le jour même de son exécution, il fit les réponses suivantes :

1. *Évocation.* — R. Je suis encore retenu dans mon corps.

2. Est-ce que votre âme n'est pas entièrement dégagée de votre corps? — R. Non... j'ai peur... je ne sais... Attendez que je me reconnaisse... je ne suis pas mort, n'est-ce pas?

3. Vous repentez-vous de ce que vous avez fait? — R. J'ai eu tort de tuer; mais j'y ai été poussé par mon caractère qui ne pouvait souffrir les humiliations... Vous m'évoquerez une autre fois.

4. Pourquoi voulez-vous déjà vous en aller? — R. J'aurais trop peur si je le voyais; je craindrais qu'il ne m'en fît autant.

5. Mais vous n'avez rien à craindre puisque votre âme est séparée de votre corps ; bannissez toute inquiétude: elle n'est pas raisonnable. — R. Que voulez-vous! êtes-vous toujours maître de vos impressions?... Je ne sais où je suis... je suis fou.

6. Tâchez de vous remettre. — R. Je ne puis, puisque je suis fou... Attendez!... Je vais rappeler toute ma lucidité.

7. Si vous priiez, cela pourrait vous aider à recueillir vos idées? — R. Je crains... je n'ose prier.

8. Priez, la miséricorde de Dieu est grande! Nous allons prier avec vous. — R. Oui, la miséricorde de Dieu est infinie ; je l'ai toujours cru.

9. Maintenant, vous rendez-vous mieux compte de votre position? — R. C'est si extraordinaire que je ne peux encore me rendre compte.

10. Voyez-vous votre victime? — R. Il me semble entendre une voix qui ressemble à la sienne, et qui me dit : Je ne t'en veux pas .. mais c'est un effet de mon imagination!... Je suis fou, vous dis-je, car je vois mon propre corps d'un côté et ma tête de l'autre... et cependant il me semble que je vis, mais dans l'espace, entre la terre et ce que vous appelez le ciel... Je sens même le froid d'un couteau tombant sur mon cou... mais c'est la peur que j'ai de mourir... il me semble que je vois quantité d'Esprits autour de moi, me regardant avec compassion... ils me *causent*, mais je ne les comprends pas.

11. Parmi ces Esprits y en a-t-il un dont la présence vous humilie à cause de votre crime? — R. Je vous dirai qu'il n'y en a qu'un que je redoute, c'est celui que j'ai frappé.

12. Vous rappelez-vous vos existences antérieures ? — R. Non, je suis dans le vague... je crois rêver... une autre fois ; il faut que je me reconnaisse.

13. (Trois jours plus tard.) Vous reconnaissez-vous mieux maintenant ? — R. Je sais maintenant que je ne suis plus de ce monde, et je ne le regrette pas. J'ai regret de ce que j'ai fait, mais mon Esprit est plus libre ; je sais mieux qu'il y a une série d'existences qui nous donnent les connaissances utiles pour devenir parfaits autant que la créature le peut.

14. Êtes-vous puni pour le crime que vous avez commis ? — R. Oui ; j'ai regret de ce que j'ai fait et j'en souffre.

15. De quelle manière êtes-vous puni ? — R. J'en suis puni, car je reconnais ma faute et j'en demande pardon à Dieu ; j'en suis puni par la conscience de mon manque de foi en Dieu, et parce que je sais maintenant que nous ne devons point trancher les jours de nos frères ; j'en suis puni par le remords d'avoir retardé mon avancement en faisant fausse route, et n'ayant point écouté le cri de ma conscience qui me disait que ce n'était point en tuant que j'arriverais à mon but ; mais je me suis laissé dominer par l'orgueil et la jalousie ; je me suis trompé et je m'en repens, car l'homme doit toujours faire des efforts pour maîtriser ses mauvaises passions, et je ne l'ai point fait.

16. Quel sentiment éprouvez-vous quand nous vous évoquons ? — R. Un plaisir et une crainte, car je ne suis pas méchant.

17. En quoi consistent ce plaisir et cette crainte ? — R. Un plaisir de m'entretenir avec les hommes, et de pouvoir en partie réparer ma faute en l'avouant. Une

crainte que je ne saurais définir, une sorte de honte d'avoir été meurtrier.

18. Voudriez-vous être réincarné sur cette terre? — R. Oui, je le demande, et je désire me trouver constamment en butte d'être tué et d'en avoir peur.

Mgr Sibour étant évoqué, dit qu'il pardonnait à son meurtrier et priait pour son retour au bien. Il ajouta que, quoique présent, il ne s'était point montré à lui pour ne pas augmenter sa souffrance; la crainte de le voir, qui était un signe de remords, étant déjà un châtiment.

D. L'homme qui commet un meurtre sait-il, en choisissant son existence, qu'il deviendra assassin? — R. Non; il sait que, choisissant une vie de lutte, il y a *chance* pour lui de tuer un de ses semblables; mais il ignore s'il le fera, car il y a presque toujours eu lutte en lui.

La situation de Verger, au moment de sa mort, est celle de presque tous ceux qui périssent de mort violente. La séparation de l'âme ne s'opérant point d'une manière brusque, ils sont comme étourdis et ne savent s'ils sont morts ou vivants. La vue de l'archevêque lui est épargnée, parce qu'elle n'était pas nécessaire pour exciter en lui le remords, tandis que d'autres, au contraire, sont incessamment poursuivis par les regards de leurs victimes.

A l'énormité de son crime, Verger avait ajouté de ne s'en être point repenti avant de mourir; il était donc dans toutes les conditions voulues pour encourir la condamnation éternelle. Cependant, à peine a-t-il quitté la terre que le repentir pénètre son âme; il répudie son passé et demande sincèrement à le réparer. Ce n'est pas l'excès des souffrances qui l'y pousse, puisqu'il n'a pas eu le temps de souffrir; c'est donc le seul cri de sa conscience qu'il n'a pas écouté pendant sa vie et qu'il entend maintenant. Pourquoi donc ne lui en serait-il pas tenu compte? Pourquoi, à quelques jours de distance, ce qui l'eût sauvé de l'enfer ne le pourrait-il plus? Pourquoi Dieu, qui eût été miséricordieux avant la mort, serait-il sans pitié quelques heures plus tard?

On pourrait s'étonner de la rapidité du changement qui s'opère parfois dans les idées d'un criminel endurci jusqu'au dernier moment, et chez qui le passage dans l'autre vie suffit pour lui faire comprendre l'iniquité de sa conduite. Cet effet est loin d'être général, sans cela il n'y aurait point de mauvais Esprits; le repentir est souvent très tardif, aussi la peine est-elle prolongée en conséquence.

L'obstination dans le mal pendant la vie est parfois une suite de l'orgueil qui refuse de plier et d'avouer ses torts; puis l'homme est sous l'influence de la matière qui jette un voile sur ses perceptions spirituelles, et le fascine. Ce voile tombé, une lumière subite l'éclaire, et il se trouve comme *dégrisé*. Le prompt retour à de meilleurs sentiments est toujours l'indice d'un certain progrès moral accompli qui ne demande qu'une circonstance favorable pour se révéler, tandis que celui qui persiste dans le mal plus ou moins longtemps après la mort, est incontestablement un Esprit plus arriéré, en qui l'instinct matériel étouffe le germe du bien, et à qui il faudra encore de nouvelles épreuves pour s'amender.

—

LEMAIRE

condamné à la peine de mort par la cour d'assises de l'Aisne, et exécuté le 31 décembre 1857; évoqué le 29 janvier 1858.

1. *Évocation.* — R. Je suis là.

2. Quel sentiment éprouvez-vous à notre vue? — R. La honte.

3. Avez-vous conservé votre connaissance jusqu'au dernier moment? — R. Oui.

4. Immédiatement après votre exécution, avez-vous eu connaissance de votre nouvelle existence? — R. J'é-

tais plongé dans un trouble immense dont je ne suis pas encore sorti. J'ai senti une immense douleur, et il m'a semblé que mon cœur la souffrait. J'ai vu rouler je ne sais quoi au pied de l'échafaud ; j'ai vu du sang couler, et ma douleur n'en est devenue que plus poignante. — Était-ce une douleur purement physique, analogue à celle qui serait causée par une grave blessure, par l'amputation d'un membre, par exemple ? — R. Non ; figurez-vous un remords, une grande douleur morale. — D. Quand avez-vous commencé à ressentir cette douleur ? — R. Dès que j'ai été libre.

5. La douleur physique causée par le supplice était-elle ressentie par le corps ou par l'Esprit ? — R. La douleur morale était dans mon esprit ; le corps a ressenti la douleur physique ; *mais l'Esprit séparé s'en ressentait encore.*

6. Avez-vous vu votre corps mutilé ? — R. J'ai vu je ne sais quoi d'informe qu'il me semblait n'avoir pas quitté ; cependant, je me sentais encore entier : j'étais moi-même. — D. Quelle impression cette vue a-t-elle faite sur vous ? — R. Je sentais trop ma douleur ; *j'étais perdu en elle.*

7. Est-il vrai que le corps vive encore quelques instants après la décapitation, et que le supplicié ait conscience de ses idées ? — R. L'Esprit se retire peu à peu ; plus les liens de la matière l'enlacent, moins la séparation est prompte.

8. On dit avoir remarqué sur la figure de certains suppliciés l'expression de la colère et des mouvements comme s'ils voulaient parler ; est-ce l'effet d'une contraction nerveuse ou d'un acte de la volonté ? — R. La volonté ; car l'Esprit ne s'en était pas encore retiré.

9. Quel est le premier sentiment que vous avez éprouvé en entrant dans votre nouvelle existence? — R. Une intolérable souffrance; une sorte de remords poignant dont j'ignorais la cause.

10. Vous êtes-vous trouvé réuni à vos complices exécutés en même temps que vous? — R. Pour notre malheur; notre vue est un supplice continuel; chacun de nous reproche à l'autre son crime.

11. Rencontrez-vous vos victimes? — R. Je les vois... elles sont heureuses... leur regard me poursuit... je le sens qui plonge jusqu'au fond de mon être... en vain je veux le fuir. — Quel sentiment éprouvez-vous à leur vue? — R. La honte et le remords. *Je les ai élevées de mes propres mains*, et je les hais encore. — Quel sentiment éprouvent-elles à votre vue? — R. La pitié.

12. Ont-elles de la haine et le désir de la vengeance? — R. Non; leurs vœux appellent sur moi l'expiation. *Vous ne sauriez sentir quel horrible supplice de tout devoir à qui l'on hait.*

13. Regrettez-vous la vie terrestre? — R. Je ne regrette que mes crimes. Si l'événement était encore entre mes mains, je ne succomberais plus.

14. Le penchant au mal était-il dans votre nature, ou bien avez-vous été entraîné par le milieu où vous avez vécu? — R. Le penchant au crime était dans ma nature, car je n'étais qu'un Esprit inférieur. J'ai voulu m'élever promptement; mais j'ai demandé plus que mes forces. Je me suis cru fort, j'ai choisi une rude épreuve; j'ai cédé aux tentations du mal.

15. Si vous aviez reçu de bons principes d'éducation, auriez-vous pu être détourné de la vie criminelle? — R. Oui; mais j'ai choisi la position où je suis né. — Au-

riez-vous pu faire un homme de bien? — R. Un homme faible, incapable du bien comme du mal. Je pouvais corriger le mal de ma nature pendant mon existence, mais je ne pouvais m'élever jusqu'à faire le bien.

16. De votre vivant, croyiez-vous en Dieu? — R. Non. — On dit cependant qu'au moment de mourir vous vous êtes repenti; est-ce vrai? — R. J'ai cru à un Dieu vengeur... j'ai eu peur de sa justice. — En ce moment, votre repentir est-il plus sincère? — R. Hélas! je vois ce que j'ai fait. — Que pensez-vous de Dieu maintenant? — R. Je le sens et ne le comprends pas.

17. Trouvez-vous juste le châtiment qui vous a été infligé sur la terre? — R. Oui.

18. Espérez-vous obtenir le pardon de vos crimes? — R. Je ne sais. — Comment espérez-vous les racheter? — R. Par de nouvelles épreuves; mais il me semble que l'éternité est entre elles et moi.

19. Où êtes-vous maintenant? — R. Je suis dans ma souffrance. — Nous vous demandons à quelle place vous êtes? — R. Près du médium.

20. Puisque vous êtes ici, si nous pouvions vous voir, sous quelle forme nous apparaîtriez-vous? — R. Sous ma forme corporelle: la tête séparée du tronc. — Pourriez-vous nous apparaître? — R. Non; laissez-moi.

21. Voudriez-vous nous dire comment vous vous êtes évadé de la prison de Montdidier? — R. Je ne sais plus... ma souffrance est si grande, que je n'ai plus que le souvenir du crime... Laissez-moi.

22. Pourrions-nous apporter quelque soulagement à vos souffrances? — R. Faites des vœux pour que l'expiation arrive.

BENOIST

(Bordeaux, mars 1862.)

Un Esprit se présente spontanément au médium, sous le nom de *Benoist*, dit être mort en 1704 et endurer d'horribles souffrances.

1. Qu'étiez-vous de votre vivant? — R. Moine sans foi.

2. Le manque de croyance est-il votre seule faute? — R. Il suffit pour entraîner les autres.

3. Pouvez-vous nous donner quelques détails sur votre vie? La sincérité de vos aveux vous sera comptée. — R. Sans fortune et paresseux, j'ai pris les ordres, non par vocation, mais pour avoir une position. Intelligent, je me suis fait une place; influent, j'ai abusé du pouvoir; vicieux, j'ai entraîné dans les désordres ceux que j'avais mission de sauver; dur, j'ai persécuté ceux qui avaient l'air de blâmer mes excès; les *in pace* ont été remplis par mes soins. La faim a torturé bien des victimes; leurs cris se sont souvent éteints sous la violence. Depuis, j'expie et je souffre toutes les tortures de l'enfer; mes victimes attisent le feu qui me dévore. La luxure et la faim inassouvies me poursuivent; la soif irrite mes lèvres brûlantes sans jamais y laisser tomber une goutte rafraîchissante; tous les éléments s'acharnent après moi. Priez pour moi.

4. Les prières que l'on fait pour les trépassés vous doivent être attribuées comme aux autres? — R. Croyez-vous qu'elles soient bien édifiantes. *Elles ont pour moi la valeur de celles que j'avais l'air de faire.* Je n'ai pas accompli ma tâche, je n'en trouve pas le salaire.

5. Ne vous êtes-vous jamais repenti? — R. Il y a longtemps; mais *il n'est venu qu'après la souffrance*. Comme j'ai été sourd aux cris de victimes innocentes, le Maître est sourd à mes cris. Justice !

6. Vous reconnaissez la justice du Seigneur; confiez-vous à sa bonté et appelez-le à votre aide. — R. Les démons hurlent plus fort que moi; les cris étouffent dans ma gorge; ils remplissent ma bouche de poix bouillante!... Je l'ai fait, grand... (L'Esprit ne peut écrire le mot Dieu.)

7. N'êtes-vous donc pas encore assez séparé des idées terrestres pour comprendre que les tortures que vous endurez sont toutes morales? — R. Je les endure, je les sens, je vois mes bourreaux; ils ont tous une figure connue; ils ont tous un nom qui retentit dans mon cerveau.

8. Qu'est-ce qui pouvait vous pousser à toutes ces infamies? — R. Les vices dont j'étais imbu; la brutalité des passions.

9. N'avez-vous jamais imploré l'assistance des bons Esprits pour vous aider à sortir de cette position ? — R. Je ne vois que les démons de l'enfer.

10. En aviez-vous peur de votre vivant? — R. Non, rien; le néant, c'était ma foi; les plaisirs à tout prix, c'était mon culte. Divinités de l'enfer, elles ne m'ont point abandonné; je leur ai consacré ma vie, elles ne me quitteront plus !

11. N'entrevoyez-vous pas un terme à vos souffrances? — R. L'infini n'a pas de terme.

12. Dieu est infini dans sa miséricorde; tout peut avoir une fin quand il le veut. — R. S'il pouvait vouloir !

13. Pourquoi êtes-vous venu vous inscrire ici? —

R. Je ne sais pas comment; mais j'ai voulu parler, comme je voudrais crier pour me soulager.

14. Vos démons ne vous empêchent-ils pas d'écrire? — R. Non, mais ils sont devant moi, ils m'entendent: c'est pourquoi je ne voudrais pas finir.

15. Est-ce la première fois que vous écrivez ainsi? — R. Oui. — Saviez-vous que les Esprits pussent s'approcher ainsi des hommes? — R. Non. — Comment donc avez-vous pu le comprendre? — R. Je ne sais pas.

16. Qu'avez-vous éprouvé pour venir près de moi? — R. Un engourdissement dans mes terreurs.

17. Comment vous êtes-vous aperçu que vous étiez ici? — R. Comme on se réveille.

18. Comment avez-vous fait pour vous mettre en rapport avec moi? — R. Je ne comprends pas; n'as-tu pas senti, toi?

19. Il ne s'agit pas de moi, mais de vous; tâchez de vous rendre compte de ce que vous faites en ce moment quand j'écris. — R. Tu es ma pensée, voilà tout.

20. Vous n'avez donc pas eu la volonté de me faire écrire? — R. Non, c'est moi qui écris, tu penses par moi.

21. Tâchez de vous rendre compte; les bons Esprits qui nous entourent vous y aideront. — R. Non, les anges ne viennent pas en enfer. Tu n'es pas seule? — Voyez autour de vous. — R. Je sens qu'on m'aide à penser en toi... ta main m'obéit... je ne te touche pas, et je te tiens... je ne comprends pas.

22. Demandez l'assistance de vos protecteurs; nous allons prier ensemble. — R. Tu veux me quitter? Reste avec moi; ils vont me reprendre. Je t'en prie, reste! reste!

23. *Je ne peux pas rester plus longtemps. Revenez tous les jours ; nous prierons ensemble et les bons Esprits vous aideront.* — R. Oui, je voudrais ma grâce. Demandez pour moi ; moi, je ne peux pas.

Le guide du médium. Courage, mon enfant ; il lui sera accordé ce que tu demandes, mais l'expiation est encore loin d'être terminée. Les atrocités qu'il a commises sont sans nom et sans nombre, et il est d'autant plus coupable qu'il avait l'intelligence, l'instruction et la lumière pour se guider. Il a donc failli en connaissance de cause ; aussi ses souffrances sont terribles ; mais avec le secours et l'exemple de la prière elles s'adouciront, parce qu'il en verra le terme possible, et l'espoir le soutiendra. Dieu le voit sur la route du repentir, et il lui a fait la grâce de *pouvoir se communiquer afin qu'il soit encouragé et soutenu*. Pense donc souvent à lui ; nous te le laissons pour le fortifier dans les bonnes résolutions qu'il pourra prendre, aidé de tes conseils. Au repentir succédera en lui le désir de la réparation ; c'est alors qu'il demandera lui-même une nouvelle existence sur terre pour pratiquer le bien au lieu du mal qu'il a fait, et lorsque Dieu sera satisfait de lui, et le verra bien affermi, il lui fera entrevoir les divines clartés qui le conduiront au port du salut, et le recevra dans son sein comme l'enfant prodigue. Aie confiance, nous t'aiderons à accomplir ton œuvre.

PAULIN.

Nous avons placé cet Esprit parmi les criminels, bien qu'il n'ait pas été frappé par la justice humaine, parce que le crime consiste dans les actes, et non dans le châtiment infligé par les hommes. Il en est de même du suivant.

L'ESPRIT DE CASTELNAUDARY

Dans une petite maison, près de Castelnaudary avaient lieu des bruits étranges et diverses manifestations qui la faisaient regarder comme hantée par quelque mauvais génie. Pour ce fait, elle fut exorcisée en 1848, sans résultat. Le propriétaire, M. D..., ayant voulu l'habiter, y mourut subitement quelques années après ; son fils, qui voulut l'habiter ensuite, reçut un jour, en entrant dans un appartement, un vigoureux soufflet donné par une main inconnue ; comme il était parfaitement seul, il ne put douter qu'il ne lui vînt d'une source occulte, c'est pourquoi il résolut de la quitter définitivement. Il y a, dans le pays, une tradition selon laquelle un grand crime aurait été commis dans cette maison.

L'Esprit qui avait donné le soufflet ayant été évoqué à la Société de Paris, en 1859, se manifesta par des signes de violence ; tous les efforts pour le calmer furent impuissants. Saint Louis, interrogé à son sujet, répondit : « C'est un Esprit de la pire espèce, un véritable monstre ; nous l'avons fait venir, mais nous n'avons pu le contraindre à écrire, malgré tout ce qui lui a été dit ; il a son libre arbitre : le malheureux en fait un triste usage. »

D. Cet Esprit est-il susceptible d'amélioration ? — R. Pourquoi non ? *Ne le sont-ils pas tous*, celui-là comme les autres ? Il faut cependant s'attendre à trouver des difficultés ; mais, quelque pervers qu'il soit, le bien, rendu pour le mal finira par le toucher. Que l'on prie d'abord, et qu'on l'évoque dans un mois, vous pourrez juger du changement qui se sera opéré en lui.

L'Esprit évoqué de nouveau plus tard se montre plus traitable, puis peu à peu soumis et repentant. Des explications fournies par lui et par d'autres Esprits, il résulte qu'en 1608 il habitait cette maison, où il avait assassiné son frère par soupçon de jalouse rivalité en le frappant à la gorge pendant qu'il dormait, et quelques années après, celle dont il avait fait sa femme, après la mort de son frère. Il mourut en 1659 à l'âge de quatre-vingts ans, sans avoir été poursuivi pour ces meurtres, auxquels on faisait peu d'attention dans ces temps de confusion. Depuis sa mort, il n'avait cessé de chercher à faire le mal, et avait provoqué plusieurs des accidents arrivés dans cette maison. Un médium voyant qui assistait à la première évocation, le vit au moment où on a voulu le faire écrire ; il secouait fortement le bras du médium : son aspect était effrayant ; il était vêtu d'une chemise couverte de sang, et tenait un poignard.

1. D. *A saint Louis.* Veuillez nous décrire le genre de supplice de cet Esprit. — R. Il est atroce pour lui ; il a été condamné au séjour de la maison où le crime a été commis, sans pouvoir diriger sa pensée sur autre chose que sur ce crime, toujours devant ses yeux, et il se croit condamné à cette torture pour l'éternité. Il se voit constamment au moment où il a commis son crime ; tout autre souvenir lui est retiré, et toute communication avec un autre Esprit, interdite ; il ne peut, sur terre, se tenir que dans cette maison, et s'il est dans l'espace, il y est dans les ténèbres et dans la solitude.

2. Y aurait-il un moyen de le faire déloger de cette maison, et quel serait-il ? — R. Si l'on veut se débarrasser des obsessions de semblables Esprits, cela est

facile en priant pour eux : c'est ce qu'on néglige toujours de faire. On préfère les effrayer par des formules d'exorcisme qui les divertissent beaucoup.

3. En donnant aux personnes intéressées l'idée de prier pour lui, et en priant nous-mêmes, le ferait-on déloger ? — R. Oui, mais remarquez que j'ai dit de prier, et *non de faire prier*.

4. Voilà deux siècles qu'il est dans cette situation ; apprécie-t-il ce temps comme il l'eût fait de son vivant ; c'est-à-dire le temps lui paraît-il aussi long ou moins long que s'il était vivant ? — R. Il lui paraît plus long : *le sommeil n'existe pas pour lui*.

5. Il nous a été dit que pour les Esprits, le temps n'existe pas, et que, pour eux, un siècle est un point dans l'éternité ; il n'en est donc pas de même pour tous ? — R. Non, certes, il n'en est ainsi que pour les Esprits arrivés à un degré très élevé d'avancement ; mais pour les Esprits inférieurs, le temps est quelquefois bien long, surtout quand ils souffrent.

6. D'où venait cet Esprit avant son incarnation ? — R. Il avait eu une existence parmi les peuplades les plus féroces et les plus sauvages, et précédemment il venait d'une planète inférieure à la terre.

7. Cet Esprit est puni bien sévèrement pour le crime qu'il a commis ; s'il a vécu parmi des peuplades barbares, il a dû y commettre des actes non moins atroces que le dernier ; en a-t-il été puni de même ? — R. Il en a été moins puni, parce que, plus ignorant, il en comprenait moins la portée.

8. L'état où se trouve cet Esprit est-il celui des êtres vulgairement appelés *damnés* ? — R. Absolument ; et il y en a de bien plus affreux encore. Les souffrances sont

loin d'être les mêmes pour tous, même pour des crimes semblables, car elles varient selon que le coupable est plus ou moins *accessible* au repentir. Pour celui-ci, la maison où il a commis son crime est son enfer ; d'autres le portent en eux, par les passions qui les tourmentent et qu'ils ne peuvent assouvir.

9. Cet Esprit, malgré son infériorité, ressent les bons effets de la prière ; nous avons vu la même chose pour d'autres Esprits également pervers et de la nature la plus brute ; comment se fait-il que des Esprits plus éclairés, d'une intelligence plus développée, montrent une absence complète de bons sentiments ; qu'ils se rient de tout ce qu'il y a de plus sacré ; en un mot, que rien ne les touche, et qu'il n'y a aucune trêve dans leur cynisme ? — R. La prière n'a d'effet qu'en faveur de l'Esprit qui se repent ; celui qui, poussé par l'orgueil, se révolte contre Dieu et persiste dans ses égarements en les exagérant encore, comme le font de malheureux Esprits, sur ceux-là la prière ne peut rien, et ne pourra rien que du jour où une lueur de repentir se sera manifestée chez eux. L'inefficacité de la prière est encore pour eux un châtiment ; elle ne soulage que ceux qui ne sont pas tout à fait endurcis.

10. Lorsqu'on voit un Esprit inaccessible aux bons effets de la prière, est-ce une raison pour s'abstenir de prier pour lui ? — R. Non, sans doute, car tôt ou tard elle pourra triompher de son endurcissement et faire germer en lui des pensées salutaires.

Il en est de même de certains malades sur lesquels les remèdes n'agissent qu'à la longue ; l'effet n'en est pas appréciable sur le moment ; sur d'autres, au contraire, ils opèrent promptement. Si l'on se pénètre de cette vérité que tous les Esprits sont perfectibles, et qu'aucun n'est éternellement et fatalement voué au mal, on comprendra que, tôt ou tard, la prière aura son effet, et que celle qui paraît inefficace au premier abord n'en dépose pas moins des germes salutaires qui prédisposent l'Esprit au bien, si elle ne le touche pas immédiatement. Ce serait donc un tort de se décourager, parce qu'on ne réussit pas tout de suite.

11. Si cet Esprit se réincarnait, dans quelle catégorie d'individus se trouverait-il? — R. Cela dépendra de lui et du repentir qu'il éprouvera.

Plusieurs entretiens avec cet Esprit amenèrent chez lui un notable changement dans son état moral. Voici quelques-unes de ses réponses.

12. *A l'Esprit.* Pourquoi n'avez-vous pas pu écrire la première fois que nous vous avons appelé? — R. Je ne le voulais pas.

Pourquoi ne le vouliez-vous pas? — R. Ignorance et abrutissement.

13. Vous pouvez donc quitter maintenant quand vous voulez la maison de Castelnaudary? — R. On me le permet, parce que je profite de vos bons conseils.

En éprouvez-vous du soulagement? — R. Je commence à espérer.

14. Si nous pouvions vous voir, sous quelle apparence vous verrions-nous? — R. Vous me verriez en chemise, sans poignard. — D. Pourquoi n'auriez-vous plus votre poignard ; qu'en avez-vous fait? — Je le maudis; *Dieu m'en épargne la vue.*

15. Si M. D... fils (celui qui avait reçu le soufflet) retournait dans la maison, lui feriez-vous du mal? — R. Non, car je suis repentant. — D. Et s'il voulait encore vous braver? — R. Oh! ne me demandez pas ça!

je ne pourrais me dominer, ce serait au-dessus de mes forces... car je ne suis qu'un misérable.

16. Entrevoyez-vous la fin de vos peines ? — R. Oh ! pas encore ; c'est déjà beaucoup plus que je ne mérite de savoir, grâce à votre intercession, qu'elles ne dureront pas toujours.

17. Veuillez nous décrire la situation où vous étiez avant que nous ne vous ayons appelé pour la première fois. Vous comprenez que nous vous demandons cela pour avoir un moyen de vous être utile, et non par un motif de curiosité. — R. Je vous l'ai dit, je n'avais conscience de rien au monde que de mon crime, et ne pouvais quitter la maison où je l'ai commis que pour m'élever dans l'espace où tout autour de moi était solitude et obscurité ; je ne saurais vous donner une idée de ce que c'est, je n'y ai jamais rien compris ; dès que je m'élevais au-dessus de l'air, c'était noir, c'était vide ; je ne sais ce que c'était. Aujourd'hui j'éprouve beaucoup plus de remords, et je ne suis plus contraint de rester dans cette maison fatale ; il m'est permis d'errer sur terre, et de chercher à m'éclairer par mes observations ; mais alors je n'en comprends que mieux l'énormité de mes forfaits ; et si je souffre moins d'un côté, mes tortures augmentent de l'autre par le remords ; mais au moins j'ai l'espérance.

18. Si vous deviez reprendre une existence corporelle, laquelle choisiriez-vous ? — R. Je n'ai pas encore assez vu et assez réfléchi pour le savoir.

19. Pendant votre long isolement, et l'on peut dire votre captivité, avez-vous eu des remords ? — R. Pas le moindre, et c'est pour cela que j'ai si longtemps souffert ; c'est seulement quand j'ai commencé à en éprouver qu'ont été

provoquées, à mon insu, les circonstances qui ont amené mon évocation à laquelle je dois le commencement de ma délivrance. Merci donc à vous qui avez eu pitié de moi et m'avez éclairé.

Nous avons vu en effet des avares souffrir de la vue de l'or, qui pour eux était devenu une véritable chimère; des orgueilleux tourmentés par la jalousie des honneurs qu'ils voyaient rendre, et qui ne s'adressaient pas à eux; des hommes qui avaient commandé sur la terre, humiliés par la puissance invisible qui les contraignait d'obéir, et par la vue de leurs subordonnés qui ne pliaient plus devant eux; les athées subir les angoisses de l'incertitude, et se trouver dans un isolement absolu au milieu de l'immensité, sans rencontrer aucun être qui pût les éclairer. Dans le monde des Esprits, s'il y a des joies pour toutes les vertus, il y a des peines pour toutes les fautes; et celles que n'atteint pas la loi des hommes sont toujours frappées par la loi de Dieu.

Il est en outre à remarquer que les mêmes fautes, quoique commises dans des conditions identiques, sont punies par des châtiments quelquefois fort différents, selon le degré d'avancement intellectuel de l'Esprit. Aux Esprits les plus arriérés, et d'une nature brute comme celui dont il s'agit ici, sont infligées des peines en quelque sorte plus matérielles que morales, tandis que c'est le contraire pour ceux dont l'intelligence et la sensibilité sont plus développées. Il faut aux premiers des châtiments appropriés à la rudesse de leur écorce pour leur faire comprendre les désagréments de leur position, et leur inspirer le désir d'en sortir; c'est ainsi que la seule honte, par exemple, qui ne ferait que peu ou point d'impression sur eux, sera intolérable pour les autres.

Dans ce code pénal divin, la sagesse, la bonté et la prévoyance de Dieu pour ses créatures se révèlent jusque dans les plus petites choses; tout est proportionné; tout est combiné avec une admirable sollicitude pour faciliter aux coupables les moyens de se réhabiliter; il leur est tenu compte des moindres bonnes aspirations de l'âme. Selon les dogmes des peines éternelles, au contraire, dans l'enfer sont confondus les grands et les petits coupables, les coupables d'un jour et les cent fois récidivistes, les endurcis et les repentants ; tout est calculé pour les maintenir au fond de l'abîme ; aucune planche de salut ne leur est offerte ; une seule faute peut y précipiter à jamais, sans qu'il soit tenu compte du bien qu'on a fait. De quel côté trouve-t-on la véritable justice et la véritable bonté ?

Cette évocation n'est donc point le fait du hasard ; comme elle devait être utile à ce malheureux, les Esprits qui veillaient sur lui, voyant qu'il commençait à comprendre l'énormité de ses crimes, ont jugé que le moment était venu de lui donner un secours efficace, et c'est alors qu'ils ont amené les circonstances propices. C'est un fait que nous avons vu se produire bien des fois.

On a demandé, à ce sujet, ce qu'il serait advenu de lui s'il n'avait pu être évoqué, et ce qu'il en est de tous les Esprits souffrants qui ne peuvent pas l'être ou auxquels on ne songe pas. A cela il est répondu que les voies de Dieu, pour le salut de ses créatures, sont innombrables ; l'évocation est un moyen de les assister, mais ce n'est certainement pas le seul, et Dieu n'en laisse aucune dans l'oubli. D'ailleurs, les prières collectives doivent avoir sur les Esprits, accessibles au repentir, leur part d'influence.

Dieu ne pouvait subordonner le sort des Esprits souffrants aux connaissances et à la bonne volonté des hommes. Dès que ceux-ci purent établir des rapports réguliers avec le monde invisible, un des premiers résultats du Spiritisme fut de leur apprendre les services qu'à l'aide de ces rapports ils pouvaient rendre à leurs frères désincarnés. Dieu a voulu, par ce moyen, leur prouver la solidarité qui existe entre tous les êtres de l'univers, et donner une loi de nature pour base au principe de la fraternité. En ouvrant ce champ nouveau à l'exercice de la charité, il leur montre le côté vraiment utile et sérieux des évocations, détournées jusqu'alors de leur but providentiel par l'ignorance et la superstition. Les Esprits souffrants n'ont donc, à aucune époque, manqué de secours, et si les évocations leur ouvrent une nouvelle voie de salut, les incarnés y gagnent peut-être plus encore, en ce qu'elles sont pour eux de nouvelles occasions de faire le bien, tout en s'instruisant sur le véritable état de la vie future.

JACQUES LATOUR

assassin, condamné par la cour d'assises de Foix, et exécuté en septembre 1864.

Dans une réunion spirite intime de sept à huit personnes, qui eut lieu à Bruxelles, le 13 septembre 1864, et à laquelle nous assistions, une dame médium fut priée d'écrire ; aucune évocation spéciale n'étant faite, elle trace avec une agitation extraordinaire, en très-gros caractères, et après avoir violemment raturé le papier, ces mots :

« Je me repens ! je me repens ! Latour. »

Surpris de cette communication inattendue, que rien n'avait provoquée, car nul ne songeait à ce malheureux dont la plupart même des assistants ignoraient la mort, on adresse à l'Esprit quelques paroles de commisération et d'encouragement ; puis on lui fait cette question :

Quel motif a pu vous engager à venir parmi nous plutôt qu'ailleurs, puisque nous ne vous avons pas appelé ?

Le médium, qui est aussi médium parlant, répond de vive voix :

« J'ai vu que vous étiez des âmes compatissantes et que vous prendriez pitié de moi, tandis que d'autres m'évoquent plus par curiosité que par véritable charité, ou bien s'éloignent de moi avec horreur. »

Alors a commencé une scène indescriptible qui n'a pas duré moins d'une demi-heure. Le médium joignant à la parole, les gestes et l'expression de la physionomie, il est évident que l'Esprit s'est identifié avec sa personne ; parfois ses accents de désespoir sont si déchirants, il peint ses angoisses et ses souffrances avec un ton si navrant, ses supplications sont si véhémentes, que tous les assistants en sont profondément émus.

Quelques-uns même étaient effrayés de la surexcitation du médium, mais nous pensions que la communication d'un Esprit qui se repent et qui implore la pitié n'offrait aucun danger. S'il a emprunté les organes du médium, c'est pour mieux dépeindre sa situation et intéresser davantage à son sort, mais non, comme les Esprits obsesseurs et possesseurs, en vue de s'emparer de lui pour le dominer. Cela lui a sans doute été permis dans son propre intérêt, et peut-être aussi pour l'instruction des personnes présentes.

Il s'écrie :

« Oh ! oui, de la pitié ! j'en ai bien besoin, car vous ne savez pas ce que je souffre !... non, vous ne le savez pas ; vous ne pouvez pas le comprendre... c'est horrible !... La guillotine !... qu'est-ce que cela, à côté de ce que j'endure maintenant ? Ce n'est rien ; c'est un instant. Mais ce feu qui me dévore, c'est pire, c'est une mort continuelle ; c'est une souffrance qui ne laisse ni trêve ni repos... qui n'a point de fin !

« Et mes victimes qui sont là, autour de moi... qui me montrent leurs plaies..., qui me poursuivent de leurs regards !... Elles sont là, devant moi..., je les vois toutes... oui, toutes..., je les vois toutes ; je ne puis les éviter !... Et cette mare de sang !... et cet or souillé de sang !... tout est là ! toujours devant moi ?... Sentez-vous l'odeur du sang ?... Du sang, toujours du sang !... Les voilà, ces pauvres victimes ; elles m'implorent.... et moi, sans pitié, je frappe... je frappe... je frappe toujours !... Le sang m'enivre !

« Je croyais qu'après ma mort tout serait fini ; c'est

pourquoi j'ai bravé le supplice; j'ai bravé Dieu, je l'ai renié!... Et voilà que, quand je me croyais anéanti pour toujours, un réveil terrible se fait...; oh! oui, terrible!... je suis entouré de cadavres, de figures menaçantes... je marche dans le sang... Je croyais être mort, et je vis!... C'est affreux!... c'est horrible! plus horrible que tous les supplices de la terre!

« Oh! si tous les hommes pouvaient savoir ce qu'il y a au delà de la vie! ils sauraient ce qu'il en coûte de faire le mal; il n'y aurait plus d'assassins, plus de criminels, plus de malfaiteurs! Je voudrais que tous les assassins puissent voir ce que je vois et ce que j'endure.... Oh! non, il n'y en aurait plus... c'est trop affreux de souffrir ce que je souffre!

« Je sais bien que je l'ai mérité, ô mon Dieu! car je n'ai point eu pitié de mes victimes; j'ai repoussé leurs mains suppliantes quand elles me demandaient de les épargner. Oui, j'ai moi-même été cruel; je les ai lâchement tuées pour avoir leur or!... J'ai été impie; je vous ai renié; j'ai blasphémé votre saint nom.. *J'ai voulu m'étourdir; c'est pourquoi je voulais me persuader que vous n'existiez pas*... O mon Dieu! je suis un grand criminel! Je le comprends maintenant. Mais n'aurez-vous pas pitié de moi?... Vous êtes Dieu, c'est-à-dire la bonté, la miséricorde! Vous êtes tout-puissant!

« Pitié, Seigneur! oh! pitié! pitié! Je vous en prie, ne soyez pas inflexible; délivrez-moi de cette vue odieuse, de ces images horribles..., de ce sang..., de mes victimes dont *les regards me percent jusqu'au cœur comme des coups de poignard.*

« Vous qui êtes ici, qui m'écoutez, vous êtes de bonnes âmes, des âmes charitables; oui, je le vois, vous aurez pitié de moi, n'est-ce pas? Vous prierez pour moi... Oh! je vous en supplie! ne me repoussez pas. Vous demanderez à Dieu de m'ôter cet horrible spectacle de devant les yeux; il vous écoutera, parce que vous êtes bons... Je vous en prie, ne me repoussez pas comme j'ai repoussé les autres... Priez pour moi. »

Les assistants, touchés de ses regrets, lui adressèrent des paroles d'encouragement et de consolation. Dieu, lui dit-on, n'est point inflexible; ce qu'il demande au coupable, c'est un repentir sincère et le désir de réparer le mal qu'il a fait. Puisque votre cœur n'est point endurci, et que vous lui demandez pardon de vos crimes, il étendra sur vous sa miséricorde, si vous persévérez dans vos bonnes résolutions pour réparer le mal que vous avez fait. Vous ne pouvez sans doute pas rendre à vos victimes la vie que vous leur avez ôtée, mais, si vous le demandez avec ferveur, Dieu vous accordera de vous retrouver avec elles dans une nouvelle existence, où vous pourrez leur montrer autant de dévoûment que vous avez été cruel; et quand il jugera la réparation suffisante, vous rentrerez en grâce auprès de lui. La durée de votre châtiment est ainsi entre vos mains; il dépend de vous de l'abréger; nous vous promettons de vous aider de nos prières, et d'appeler sur vous l'assistance des bons Esprits. Nous allons dire à votre intention la prière contenue dans l'*Evangile selon le Spiritisme* pour les Esprits souffrants et repentants. Nous ne dirons pas celle pour les mauvais Esprits, parce que, dès lors que vous vous repentez, que vous implorez Dieu, et renoncez à faire le mal, vous n'êtes plus à nos yeux qu'un Esprit malheureux, et non mauvais.

Cette prière dite, et après quelques instants de calme, l'Esprit reprend :

« Merci, mon Dieu !... oh ! merci ! vous avez eu pitié de moi ; ces horribles images s'éloignent... Ne m'abandonnez pas... envoyez-moi vos bons Esprits pour me soutenir... Merci. »

Après cette scène, le médium est, pendant quelque temps, brisé et anéanti ; ses membres sont courbaturés. Il a le souvenir, d'abord confus, de ce qui vient de se passer ; puis, peu à peu il se rappelle quelques-unes des paroles qu'il a prononcées, et qu'il disait malgré lui ; il sentait que ce n'était pas lui qui parlait.

Le lendemain, dans une nouvelle réunion, l'Esprit se manifeste encore, et recommence, pendant quelques minutes seulement, la scène de la veille, avec la même pantomime expressive, mais moins violente ; puis il écrit, par le même médium, avec une agitation fébrile, les paroles suivantes :

« Merci de vos prières ; déjà une amélioration sensible se produit en moi. J'ai prié Dieu avec tant de ferveur, qu'il a permis que, pour un moment, mes souffrances soient soulagées ; mais je les verrai encore, mes victimes... Les voilà ! les voilà !... Voyez-vous ce sang ?... »

(La prière de la veille est répétée. L'Esprit continue, en s'adressant au médium :)

« Pardon de m'emparer de vous. Merci du soulagement que vous apportez à mes souffrances ; pardon à vous de tout le mal que je vous ai occasionné ; mais j'ai besoin de me manifester ; vous seule pouvez...

« Merci ! merci ! un peu de soulagement se produit ; mais je ne suis pas au bout de mes épreuves. Bientôt encore mes victimes reviendront. Voilà la puni-

tion ; je l'ai méritée; mon Dieu, mais soyez indulgent.
« Vous tous, priez pour moi ; ayez pitié de moi. »

LATOUR.

Un membre de la Société spirite de Paris, qui avait prié pour ce malheureux Esprit et l'avait évoqué, en obtint les communications suivantes, à différents intervalles :

I

J'ai été évoqué presque aussitôt après ma mort, et je n'ai pu me communiquer de suite, mais beaucoup d'Esprits légers ont pris mon nom et ma place. J'ai profité de la présence à Bruxelles du président de la Société de Paris, et avec la permission des Esprits supérieurs, je me suis communiqué.

Je viendrai me communiquer à la Société, et je ferai des révélations qui seront un commencement de réparation de mes fautes, et qui pourront servir d'enseignement à tous les criminels qui me liront et qui réfléchiront au récit de mes souffrances.

Les discours sur les peines de l'enfer font peu d'effet sur l'esprit des coupables, qui ne croient pas à toutes ces images, effrayantes pour les enfants et les hommes faibles. Or, un grand malfaiteur n'est pas un Esprit pusillanime, et la crainte des gendarmes agit plus sur lui que le récit des tourments de l'enfer. Voilà pourquoi tous ceux qui me liront seront frappés de mes paroles, de mes souffrances, qui ne sont pas des suppositions. Il n'y a pas un seul prêtre qui puisse dire : « J'ai vu ce que je vous dis, j'ai assisté aux tortures des damnés.» Mais, lorsque je viendrai dire : « Voilà ce qui s'est passé après la mort de mon corps ; voilà quel a été mon désenchantement, en reconnaissant que je n'étais pas mort, comme je l'avais espéré, et que ce que j'avais pris pour la fin de mes souffrances était le commencement de tortures impossibles à décrire ! » alors, plus d'un s'arrêtera sur le bord du précipice où il allait tomber, chaque malheureux que j'arrêterai ainsi dans la voie du crime servira à racheter une de mes fautes. C'est ainsi que le bien sort du mal, et que la bonté de Dieu se manifeste partout, sur la terre comme dans l'espace.

Il m'a été permis d'être affranchi de la vue de mes victimes, qui sont devenues mes bourreaux, afin de me communiquer à vous ; mais en vous quittant je les reverrai, et cette seule pensée me fait souffrir plus que je ne peux dire. Je suis heureux lorsqu'on m'évoque, car alors je quitte mon enfer pour quelques instants. Priez toujours pour moi ; priez le Seigneur pour qu'il me délivre de la vue de mes victimes.

Oui, prions ensemble, la prière fait tant de bien !... Je suis plus allégé ; je ne sens plus autant la pesanteur du fardeau qui m'accable. Je vois une lueur d'espérance qui luit à mes yeux, et plein de repentir, je m'écrie : Bénie soit la main de Dieu ; que sa volonté soit faite ?

II

Le médium. — Au lieu de demander à Dieu de vous délivrer de la vue de vos victimes, je vous engage à prier avec moi pour lui demander la force de supporter cette torture expiatrice.

Latour. — J'aurais préféré être délivré de la vue de

mes victimes. Si vous saviez ce que je souffre? L'homme le plus insensible serait ému s'il pouvait voir, imprimées sur ma figure comme avec le feu, les souffrances de mon âme. Je ferai ce que vous me conseillez. Je comprends que c'est un moyen un peu plus prompt d'expier mes fautes. C'est comme une opération douloureuse qui doit rendre la santé à mon corps bien malade.

Ah! si les coupables de la terre pouvaient me voir, qu'ils seraient effrayés des conséquences de leurs crimes qui, cachés aux yeux des hommes, sont vus par les Esprits! Que l'ignorance est fatale à tant de pauvres gens!

Quelle responsabilité assument ceux qui refusent l'instruction aux classes pauvres de la société! Ils croient qu'avec les gendarmes et la police, ils peuvent prévenir les crimes. Comme ils sont dans l'erreur!

III

Les souffrances que j'endure sont horribles, mais depuis vos prières, je me sens assisté par de bons Esprits qui me disent d'espérer. Je comprends l'efficacité du remède héroïque que vous m'avez conseillé, et je prie le Seigneur de m'accorder la force de supporter cette dure expiation. Elle est égale, je puis le dire, au mal que j'ai fait. Je ne veux pas chercher à excuser mes forfaits; mais du moins, sauf les quelques instants de terreur qui ont précédé, pour chacune de mes victimes, le moment de la mort, la douleur, une fois le crime commis, a cessé pour elles, et celles qui avaient terminé leurs épreuves terrestres sont allées recevoir la récompense qui les attendait. Mais, depuis mon retour dans le monde des Esprits, je n'ai pas cessé, excepté dans les moments bien courts où je me suis communiqué, de souffrir les douleurs de l'enfer.

Les prêtres, malgré leur tableau effrayant des peines que ressentent les réprouvés, n'ont qu'une idée bien faible des véritables souffrances que la justice de Dieu inflige à ses enfants qui ont violé sa loi d'amour et de charité. Comment faire croire à des gens raisonnables qu'une âme, c'est-à-dire quelque chose qui n'est pas matériel, puisse souffrir au contact du feu matériel ? C'est absurde, et voilà pourquoi tant de criminels se rient de ces peintures fantastiques de l'enfer. Mais il n'en est pas de même de la douleur morale qu'endure le condamné, après la mort physique.

Priez pour moi, pour que le désespoir ne s'empare pas de moi.

IV

Je vous remercie du but que vous me faites entrevoir, but glorieux auquel je sais que je parviendrai lorsque je me serai purifié. Je souffre beaucoup, et cependant il me semble que mes souffrances diminuent. Je ne puis croire que, dans le monde des Esprits, la douleur diminue parce qu'on s'y habitue peu à peu. Non. Je comprends que vos bonnes prières ont accru mes forces, et *si mes douleurs sont les mêmes, ma force étant plus grande, je souffre moins.*

Ma pensée se reporte sur ma dernière existence, sur les fautes que j'aurais pu éviter si j'avais su prier. Je comprends aujourd'hui l'efficacité de la prière ; je comprends la force de ces femmes honnêtes et pieuses, faibles selon la chair, mais fortes par leur foi ; je comprends ce mystère que ne comprennent pas les faux savants de la terre. Prière ! ce mot seul excite la risée des esprits forts. Je les attends dans le monde des Esprits, et lorsque le voile qui leur dérobe la vérité se déchirera pour eux, à leur tour ils viendront se prosterner aux pieds de l'Éternel qu'ils ont méconnu, et ils seront heureux de s'humilier pour se relever de leurs péchés et de leurs forfaits ! Ils comprendront la vertu de la prière.

Prier, c'est aimer ; aimer, c'est prier ! Alors, ils aimeront le Seigneur et lui adresseront leurs prières d'amour et de reconnaissance, et, régénérés par la souffrance, car ils devront souffrir, ils prieront comme moi pour avoir la force d'expier et de souffrir, et lorsqu'ils auront cessé de souffrir, ils prieront pour remercier le Seigneur du pardon qu'ils auront mérité par leur soumission et leur résignation. Prions, frère, pour me fortifier davantage........

Oh ! merci, frère, de ta charité, car je suis pardonné. Dieu me délivre de la vue de mes victimes. Oh ! mon Dieu, soyez béni pendant l'éternité pour la grâce que vous m'accordez ! O mon Dieu ! je sens l'énormité de mes crimes, et je m'abîme devant votre toute-puissance. Seigneur ! je vous aime de tout mon cœur, et je vous demande la grâce de me permettre, lorsque votre volonté m'enverra subir sur la terre de nouvelles épreuves, d'y venir, missionnaire de paix et de charité, apprendre aux enfants à prononcer votre nom avec respect. Je vous demande de pouvoir leur apprendre à vous aimer, vous le Père de toutes les créatures. Oh ! merci, mon Dieu ! Je suis un Esprit repentant, et mon repentir est sincère. Je vous aime, autant que mon cœur si impur peut comprendre ce sentiment, pure émanation de votre divinité. Frère, prions, car mon cœur déborde de reconnaissance. Je suis libre, j'ai brisé mes fers, je ne suis plus un réprouvé, je suis un Esprit souffrant, mais repentant, et je voudrais que mon exemple pût retenir sur le seuil du crime toutes ces mains criminelles que je vois prêtes à se lever. Oh! arrêtez, frères, arrêtez! car les tortures que vous vous préparez seront atroces. Ne croyez pas que le Seigneur se laissera toujours aussi promptement fléchir par la prière de ses enfants. Ce sont des siècles de torture qui vous attendent.

Le guide du médium. Tu ne comprends pas, dis-tu, les paroles de l'Esprit. Rends-toi compte de son émotion et de sa reconnaissance envers le Seigneur; il ne croit pas pouvoir mieux l'exprimer et la témoigner qu'en essayant d'arrêter tous ces criminels qu'il voit et que tu ne peux voir. Il voudrait que ses paroles arrivassent jusqu'à eux, et ce qu'il ne t'a pas dit, parce qu'il l'ignore encore, c'est qu'il lui sera permis de commencer des missions réparatrices. Il ira près de ses complices chercher à leur inspirer le repentir, et à introduire dans leurs cœurs le germe du remords. Quelquefois l'on voit sur la terre des personnes que l'on croyait honnêtes, venir aux pieds d'un prêtre s'accuser d'un crime. C'est le remords qui leur dicte l'aveu de leur faute. Et si le voile qui te sépare du monde invisible se soulevait, tu verrais souvent un Esprit qui fut le complice ou l'instigateur du crime, venir, comme le fera Jacques Latour, chercher à réparer sa faute, en inspirant le remords à l'Esprit incarné.

Ton guide protecteur.

Le médium de Bruxelles, qui avait eu la première manifestation de Latour, en reçut plus tard la communication suivante :

« Ne craignez plus rien de moi ; je suis plus tranquille, mais je souffre encore cependant. Dieu a eu pitié de moi, car il a vu mon repentir. Maintenant, *je souffre de ce repentir qui me montre l'énormité de mes fautes.*

« Si j'avais été bien guidé dans la vie, je n'aurais pas fait tout le mal que j'ai fait ; mais mes instincts n'ont pas été réprimés, et j'y ai obéi, n'ayant connu aucun frein. Si tous les hommes pensaient davantage à Dieu, ou du moins si tous les hommes y croyaient, de pareils forfaits ne se commettraient plus.

« Mais la justice des hommes est mal entendue ; pour une faute, quelquefois légère, un homme est enfermé dans une prison qui, toujours, est un lieu de perdition et de perversion. Il en sort complétement perdu par les mauvais conseils et les mauvais exemples qu'il y a puisés. Si cependant sa nature est assez bonne et assez forte pour résister au mauvais exemple, en sortant de prison toutes les portes lui sont fermées, toutes les mains se retirent devant lui, tous les cœurs honnêtes le repoussent. Que lui reste-t-il ? Le mépris et la misère ; l'abandon, le désespoir, s'il sent en lui de bonnes résolutions pour revenir au bien ; la misère le pousse à tout. Lui aussi alors méprise son semblable, le hait, et perd toute conscience du bien et du mal, puisqu'il se voit repoussé, lui qui cependant avait pris la résolution de devenir honnête homme. Pour se procurer le nécessaire, il vole, il tue parfois ; puis on le guillotine !

« Mon Dieu, au moment où mes hallucinations vont me reprendre, je sens votre main qui s'étend vers moi ;

je sens votre bonté qui m'enveloppe et me protège. Merci, mon Dieu ! dans ma prochaine existence, j'emploierai mon intelligence, mon bien à secourir les malheureux qui ont succombé et à les préserver de la chute.

« Merci, vous qui ne répugnez pas à communiquer avec moi ; soyez sans crainte ; vous voyez que je ne suis pas mauvais. Quand vous pensez à moi, ne vous représentez pas le portrait que vous avez vu de moi, mais représentez-vous une pauvre âme désolée qui vous remercie de votre indulgence.

« Adieu ; évoquez-moi encore, et priez Dieu pour moi. »   LATOUR.

Étude sur l'Esprit de Jacques Latour.

On ne peut méconnaître la profondeur et la haute portée de quelques-unes des paroles que renferme cette communication ; elle offre en outre un des aspects du monde des Esprits châtiés, au-dessus duquel cependant on entrevoit la miséricorde de Dieu. L'allégorie mythologique des Euménides n'est pas aussi ridicule qu'on le croit, et les démons, bourreaux officiels du monde invisible, qui les remplacent dans la croyance moderne, sont moins rationnels, avec leurs cornes et leurs fourches, que ces victimes servant elles-mêmes au châtiment du coupable.

En admettant l'identité de cet Esprit, on s'étonnera peut-être d'un changement aussi prompt dans son état moral ; c'est, ainsi que nous l'avons fait remarquer dans une autre occasion, qu'il y a souvent plus de ressources chez un Esprit brutalement mauvais, que chez celui qui est dominé par l'orgueil, ou qui cache ses vices sous le manteau de l'hypocrisie. Ce prompt retour à de meilleurs sentiments indique une nature plus sauvage que perverse, à laquelle il n'a manqué qu'une bonne direction. En comparant son langage à celui d'un autre criminel mentionné ci-après, sous le titre de : *Châtiment par la lumière*, il est aisé de voir celui des deux qui est le plus avancé moralement, malgré la différence de leur instruction et de leur position sociale ;

l'un obéissait à un instinct naturel de férocité, à une sorte de surexcitation, tandis que l'autre apportait dans la perpétration de ses crimes, le calme et le sang-froid d'une lente et persévérante combinaison, et après sa mort bravait encore le châtiment par orgueil; il souffre, mais ne veut pas en convenir; l'autre est dompté immédiatement. On peut ainsi prévoir lequel des deux souffrira le plus longtemps.

« Je souffre, dit l'Esprit de Latour, de ce repentir qui me montre l'énormité de mes fautes. » Il y a là une pensée profonde. L'Esprit ne comprend réellement la gravité de ses méfaits que lorsqu'il se repent; le repentir amène le regret, le remords, sentiment douloureux qui est la transition du mal au bien, de la maladie morale à la santé morale. C'est pour y échapper que les Esprits pervers se raidissent contre la voix de leur conscience, comme ces malades qui repoussent le remède qui doit les guérir; ils cherchent à se faire illusion, à s'étourdir en persistant dans le mal. Latour est arrivé à cette période où l'endurcissement finit par céder; le remords est entré dans son cœur; le repentir s'en est suivi; il comprend l'étendue du mal qu'il a fait; il voit son abjection, et il en souffre; voilà pourquoi il dit: « Je souffre de ce repentir. » Dans sa précédente existence, il a dû être pire que dans celle-ci, car s'il se fût repenti comme il le fait aujourd'hui, sa vie eût été meilleure. Les résolutions qu'il prend maintenant influeront sur son existence terrestre future; celle qu'il vient de quitter, toute criminelle qu'elle ait été, a marqué pour lui une étape de progrès. Il est plus que probable qu'avant de la commencer, il était, dans l'erraticité, un de ces mauvais Esprits rebelles, obstinés dans le mal, comme on en voit tant.

Beaucoup de personnes ont demandé quel profit on pouvait tirer des existences passées, puisqu'on ne se souvient ni de ce que l'on a été ni de ce que l'on a fait.

Cette question est complétement résolue par le fait que, si le mal que nous avons commis est effacé, et s'il n'en reste aucune trace dans notre cœur, le souvenir en serait inutile, puisque nous n'avons pas à nous en préoccuper. Quant à celui dont nous ne nous sommes pas entièrement corrigés, nous le connaissons par nos tendances actuelles; c'est sur celles-ci que nous devons porter toute notre attention. Il suffit de savoir ce que nous sommes, sans qu'il soit nécessaire de savoir ce que nous avons été.

Quand on considère la difficulté, pendant la vie, de la réhabilitation du coupable le plus repentant, la réprobation dont il est l'objet, on doit bénir Dieu d'avoir jeté un voile sur le passé. Si Latour eût été condamné à temps, et même s'il eût été acquitté, ses antécédents l'eussent fait rejeter de la société. Qui aurait voulu, malgré son repentir, l'admettre dans son intimité? Les sentiments qu'il manifeste aujourd'hui comme Esprit nous donnent l'espoir que, dans sa prochaine existence terrestre, il sera un honnête homme, estimé et considéré ; mais supposez qu'on sache qu'il a été Latour, la réprobation le poursuivra encore. Le voile jeté sur son passé lui ouvre la porte de la réhabilitation ; il pourra s'asseoir sans crainte et sans honte parmi les plus honnêtes gens. Combien en est-il qui voudraient à tout prix pouvoir effacer de la mémoire des hommes certaines années de leur existence !

Que l'on trouve une doctrine qui se concilie mieux que celle-ci avec la justice et la bonté de Dieu ! Au reste, cette doctrine n'est pas une théorie, mais un résultat d'observations. Ce ne sont point les spirites qui l'ont imaginée ; ils ont vu et observé les différentes situations dans lesquelles se présentent les Esprits ; ils ont cherché à se les expliquer, et de cette explication est sortie la doctrine. S'ils l'ont acceptée, c'est parce qu'elle résulte des faits, et qu'elle leur a paru plus rationnelle que toutes celles émises jusqu'à ce jour sur l'avenir de l'âme.

On ne peut refuser à ces communications un haut enseignement moral ? L'Esprit a pu être, a même dû être aidé dans ses réflexions et surtout dans le choix de ses expressions, par des Esprits plus avancés ; mais, en pareil cas, ces derniers n'assistent que dans la forme et non dans le fond, et ne mettent jamais l'Esprit inférieur en contradiction avec lui-même. Ils ont pu poétiser chez Latour la forme du repentir, mais ils ne lui auraient point fait exprimer le repentir contre son gré, parce que l'Esprit a son libre arbitre ; ils voyaient en lui le germe de bons sentiments, c'est pourquoi ils l'ont aidé à s'exprimer, et par là ils ont contribué à les développer en même temps qu'ils ont appelé sur lui la commisération.

Est-il rien de plus saisissant, de plus moral, de nature à impressionner plus vivement que le tableau de ce grand criminel repentant, exhalant son désespoir et ses remords ; qui, au milieu de ses tortures, poursuivi par le regard incessant de ses victimes, élève sa pensée vers Dieu pour implorer sa miséricorde ? N'est-ce pas là un salutaire exemple pour les coupables ? On comprend la nature de ses angoisses ; elles sont rationnelles, terribles, quoique simples et sans mise en scène fantasmagorique.

On pourrait s'étonner peut-être d'un si grand changement dans un homme comme Latour ; mais pourquoi n'aurait-il pas eu de repentir ? Pourquoi n'y aurait-il pas en lui une corde sensible vibrante ? Le coupable serait-il donc à jamais voué au mal ? N'arrive-t-il pas un moment où la lumière se fait dans son âme ? Ce moment était arrivé pour Latour. C'est précisément là le côté moral de ses communications ; c'est l'intelligence qu'il a de sa situation ; ce sont ses regrets, ses projets de réparation qui sont éminemment instructifs. Qu'eût-on trouvé d'extraordinaire à ce qu'il se repentît sincèrement avant de mourir ; qu'il eût dit avant ce qu'il a dit après ? N'en a-t-on pas de nombreux exemples ?

Un retour au bien avant sa mort eût passé aux yeux de la plupart de ses pareils pour de la faiblesse ; sa voix d'outre-tombe est la révélation de l'avenir qui les attend. Il est dans le vrai absolu quand il dit que son exemple est plus propre à ramener les coupables que la perspective des flammes de l'enfer et même de l'échafaud. Pourquoi donc ne le leur donnerait-on pas dans les prisons ? Cela en ferait réfléchir plus d'un, ainsi que nous en avons déjà plusieurs exemples. Mais comment croire à l'efficacité des paroles d'un mort, quand on croit soi-même que quand on est mort tout est fini ? Un jour cependant viendra où l'on reconnaîtra cette vérité que les morts peuvent venir instruire les vivants.

Il y a plusieurs autres instructions importantes à tirer de ces communications ; c'est d'abord la confirmation de ce principe d'éternelle justice, que le repentir ne suffit pas pour placer le coupable au rang des élus. Le repentir est le premier pas vers la réhabilitation qui appelle la miséricorde de Dieu ; c'est le prélude du pardon et de l'abrégement des souffrances ; mais Dieu n'absout pas sans condition ; il faut l'expiation et surtout la réparation ; c'est ce que comprend Latour, et c'est à quoi il se prépare.

En second lieu, si l'on compare ce criminel à celui de Castelnaudary, on trouve une grande différence dans le châtiment qui leur est infligé. Chez ce dernier, le repentir a été tardif et par conséquent la peine plus longue. Cette peine est en outre presque matérielle, tandis que chez Latour la souffrance est plutôt morale ; c'est que, comme nous l'avons dit plus haut, chez l'un l'intelligence était bien moins développée que chez l'autre ; il fallait quelque chose qui pût frapper ses sens obtus ; mais les peines morales n'en sont pas moins cuisantes pour celui qui est arrivé au degré voulu pour les comprendre ; on en peut juger par les plaintes qu'exhale Latour ; ce n'est pas la colère, c'est l'expression des remords bientôt suivie du repentir et du désir de réparer, afin de s'avancer.

CHAPITRE VII

ESPRITS ENDURCIS

LAPOMMERAY

Châtiment par la lumière.

Dans une des séances de la société de Paris où l'on avait discuté la question du trouble qui suit généralement la mort, un Esprit auquel personne n'avait fait allusion et que l'on ne songeait point à évoquer, se manifeste spontanément par la communication suivante; quoiqu'elle ne fût pas signée, on y reconnut sans peine un grand criminel que la justice humaine venait de frapper.

« Que parlez-vous du trouble? pourquoi ces vaines paroles? Vous êtes des rêveurs et des utopistes. Vous ignorez parfaitement les choses dont vous prétendez vous occuper. Non, messieurs, le trouble n'existe pas, sauf peut-être dans vos cervelles. Je suis aussi franchement mort que possible, et je vois clair en moi, autour de moi, partout!... La vie est une lugubre comédie! Maladroits, ceux qui se font renvoyer de la scène, avant la chute du rideau!... La mort est une terreur, un châtiment, un désir, selon la faiblesse ou la force de ceux qui la craignent, la bravent ou l'implorent. Pour tous, elle est une amère dérision!... *La lumière m'é-*

blouit, et pénètre, comme une flèche aiguë, la subtilité de mon être... On m'a châtié par les ténèbres de la prison, et on a cru me châtier par les ténèbres du tombeau, ou celles rêvées par les superstitions catholiques. Eh bien, c'est vous, messieurs, qui subissez l'obscurité, et moi, le dégradé social, je plane au-dessus de vous... Je veux rester, moi !... Fort par la pensée, je dédaigne les avertissements qui résonnent autour de moi... Je vois clair... Un crime ! c'est un mot ! Le crime existe partout. Quand il est exécuté par des masses d'hommes on le glorifie ; dans le particulier, il est honni. Absurdité !

« Je ne veux pas être plaint... je ne demande rien... je me suffis et je saurai bien lutter contre *cette odieuse lumière.*

« *Celui qui était hier un homme.* »

Cette communication ayant été analysée dans la séance suivante, on reconnut, dans le cynisme même du langage, un grave enseignement, et l'on vit dans la situation de ce malheureux une nouvelle phase du châtiment qui attend le coupable. En effet, tandis que les uns sont plongés dans les ténèbres ou dans un isolement absolu, d'autres endurent, pendant de longues années, les angoisses de leur dernière heure, ou se croient encore dans ce monde, la lumière brille pour celui-ci ; son Esprit jouit de la plénitude de ses facultés ; il sait parfaitement qu'il est mort, et ne se plaint de rien ; il ne demande aucune assistance, et brave encore les lois divines et humaines. Est-ce donc qu'il échapperait à la punition ? Non, mais c'est que la justice de Dieu s'accomplit sous toutes les formes, et ce qui fait la joie des uns est pour d'autres un tourment ; cette lumière fait son supplice contre lequel il se roidit, et malgré son orgueil, il l'avoue quand il dit : « Je me suffis et je saurai bien lutter contre cette odieuse lumière ; » et dans cette autre phrase : « La lumière m'éblouit et pénètre, comme une flèche aiguë, la subtilité de mon être. » Ces mots : *subtilité de mon être*, sont caractéristiques ; il reconnaît que son corps est fluidique et pénétrable à la lumière à laquelle il ne peut échapper, et cette lumière le transperce comme une flèche aiguë.

Cet Esprit est placé ici parmi les endurcis, parce qu'il fut longtemps à manifester le moindre repentir. C'est un exemple de cette vérité que le progrès moral ne suit pas toujours le progrès intellectuel. Peu à peu, cependant, il s'est amendé, et plus tard il a donné des communications sagement raisonnées et instructives. Aujourd'hui il peut être rangé parmi les Esprits repentants.

Nos guides spirituels, priés de donner leur appréciation sur ce sujet, dictèrent les trois communications ci-après, et qui méritent une attention sérieuse.

I

Les Esprits dans l'erraticité sont évidemment, au point de vue des existences, inactifs et dans l'attente ; mais cependant ils peuvent expier, pourvu que leur orgueil, la ténacité formidable et rétive de leurs erreurs ne les retiennent pas, au moment de leur ascension progressive. Vous en avez un exemple terrible dans la dernière communication de ce criminel endurci se débattant contre la justice divine qui l'étreint après celle des hommes. Alors, dans ce cas, l'expiation, ou plutôt la souffrance fatale qui les oppresse, au lieu de leur profiter et de leur faire sentir la profonde signification de leurs peines, les exalte dans la révolte, et leur fait pousser ces murmures que l'Écriture, dans sa poétique éloquence, appelle *grincements de dents;* image par excellence! signe de la souffrance abattue, mais insoumise! perdue dans la douleur, mais dont la révolte est encore assez grande pour refuser de reconnaître la vérité de la peine et la vérité de la récompense!

Les grandes erreurs se continuent souvent, et même presque toujours, dans le monde des Esprits; de même les grandes consciences criminelles. Être soi malgré tout, et parader devant l'Infini, ressemble à cet aveuglement de l'homme qui contemple les étoiles et qui les prend pour les arabesques d'un plafond, tel que le craignaient les Gaulois du temps d'Alexandre.

Il y a l'infini moral! Misérable, infime est celui qui, sous prétexte de continuer les luttes et les forfanteries abjectes de la terre, n'y voit pas plus loin dans l'autre monde qu'ici-bas! A celui-là l'aveuglement, le mépris des autres, l'égoïste et mesquine personnalité et l'arrêt du progrès! Il n'est que trop vrai, ô hommes, qu'il y a un accord secret entre l'immortalité d'un nom pur laissé sur la terre, et l'immortalité que gardent réellement les Esprits dans leurs épreuves successives.

LAMENNAIS.

II

Précipiter un homme dans les ténèbres ou dans les flots de clarté: le résultat n'est-il pas le même? Dans l'un et l'autre cas, il ne voit rien de ce qui l'entoure, et s'habituera même plus rapidement à l'ombre qu'à la triste clarté électrique dans laquelle il peut être immergé. Donc, l'Esprit qui s'est communiqué à la dernière séance exprime bien la vérité de sa situation, lorsqu'il s'écrie : « Oh ! je me délivrerai bien de cette odieuse lumière ! » En effet, cette lumière est d'autant plus terrible, d'autant plus effroyable, qu'elle le transperce complétement, et qu'elle rend visibles et apparentes ses plus secrètes pensées. C'est là un des côtés les plus rudes de son châtiment spirituel. Il se trouve, pour ainsi dire, interné dans la maison de verre que demandait Socrate, et c'est là encore un enseignement, car ce qui eût été la joie et la consolation du sage, devient la punition infamante et continue du méchant, du criminel, du parricide, effaré dans sa propre personnalité.

Comprenez-vous, mes fils, la douleur et la terreur qui doivent étreindre celui qui, pendant une existence sinistre, se complaisait à combiner, à machiner les plus tristes forfaits dans le fond de son être, où il se réfugiait comme une bête fauve en sa caverne, et qui, aujourd'hui, se trouve chassé de ce repaire intime, où il se dérobait aux regards et à l'investigation de ses contemporains? Maintenant son masque d'impassibilité lui est arraché, et chacune de ses pensées se reflète successivement sur son front!

Oui, désormais, nul repos, nul asile pour ce formidable criminel. Chaque mauvaise pensée, et Dieu sait si son âme en exprime, se trahit au dehors et au dedans de lui, comme à un choc électrique supérieur. Il veut se dérober à la foule, et la lumière odieuse le perce continuellement à jour. Il veut fuir, il fuit d'une course haletante et désespérée à travers les espaces incommensurables, et partout la lumière ! partout les regards qui plongent en lui ! et il se précipite de nouveau à la poursuite de l'ombre, à la recherche de la nuit, et l'ombre et la nuit ne sont plus pour lui. Il appelle la mort à son aide ; mais la mort n'est qu'un mot vide de sens. L'infortuné fuit toujours ! *Il marche à la folie spirituelle*, châtiment terrible ! douleur affreuse ! où il se débattra avec lui-même pour se débarrasser de lui-même. Car telle est la loi suprême par delà la terre : c'est le coupable qui devient pour lui-même son plus inexorable châtiment.

Combien de temps cela durera-t-il ? Jusqu'à l'heure où sa volonté, enfin vaincue, se courbera sous l'étreinte poignante du remords, et où son front superbe s'humiliera devant ses victimes apaisées et devant les Esprits de justice. Et remarquez la haute logique des lois immuables, en cela encore il accomplira ce qu'il écrivait dans cette hautaine communication, si nette, si lucide et si tristement pleine de lui-même, qu'il a donnée vendredi dernier, en se délivrant par un acte de sa propre volonté.

ÉRASTE.

III

La justice humaine ne fait pas acception de l'individualité des êtres qu'elle châtie ; mesurant le crime au crime lui-même, elle frappe indistinctement ceux qui l'ont commis, et la même peine atteint le coupable sans distinction de sexe, et quelle que soit son éducation. La justice divine procède autrement ; *les punitions cor-*

respondent au degré d'avancement des êtres auxquels elles sont infligées; l'égalité du crime ne constitue pas l'égalité entre les individus; deux hommes coupables au même chef peuvent être séparés par la distance des épreuves qui plongent l'un dans l'opacité intellectuelle des premiers cercles initiateurs, tandis que l'autre, les ayant dépassés, possède la lucidité qui affranchit l'Esprit du trouble. Ce ne sont plus alors les ténèbres qui châtient, mais l'acuité de la lumière spirituelle; elle transperce l'intelligence terrestre, et lui fait éprouver l'angoisse d'une plaie mise à vif.

Les êtres désincarnés que poursuit la représentation matérielle de leur crime, subissent le choc de l'électricité physique : ils souffrent par les sens; ceux qui sont déjà dématérialisés par l'Esprit ressentent une douleur très supérieure qui anéantit, dans ses flots amers, le ressouvenir des faits, pour ne laisser subsister que la science de leurs causes.

L'homme peut donc, malgré la criminalité de ses actions, posséder un avancement intérieur, et, tandis que les passions le faisaient agir comme une brute, ses facultés aiguisées l'élèvent au-dessus de l'épaisse atmosphère des couches inférieures. L'absence de pondération, d'équilibre entre le progrès moral et le progrès intellectuel, produit les anomalies très fréquentes aux époques de matérialisme et de transition.

La lumière qui torture l'Esprit coupable est donc bien le rayon spirituel inondant de clarté les retraites secrètes de son orgueil, et lui découvrant l'inanité de son être fragmentaire. Ce sont là les premiers symptômes et les premières angoisses de l'agonie spirituelle qui annoncent la séparation ou dissolution des éléments intellectuels, matériels, qui composent la primitive dualité humaine, et doivent disparaître dans la grande unité de l'être achevé.

JEAN REYNAUD.

Ces trois communications obtenues simultanément se complètent l'une par l'autre, et présentent le châtiment sous un nouvel aspect éminemment philosophique et rationnel. Il est probable que les Esprits, voulant traiter cette question d'après un exemple, auront provoqué, dans ce but, la communication spontanée de l'Esprit coupable.

A côté de ce tableau pris sur le fait, voici, pour établir un parallèle, celui qu'un prédicateur, prêchant le carême à Montreuil-sur-Mer, en 1864, traçait de l'enfer :

« Le feu de l'enfer est des millions de fois plus in-
« tense que celui de la terre, et si l'un des corps qui y
« brûlent sans se consumer venait à être rejeté sur
« notre planète, il l'empesterait depuis un bout jus-
« qu'à l'autre ! L'enfer est une vaste et sombre caverne,
« hérissée de clous pointus, de lames d'épées bien
« acérées, de lames de rasoirs bien affilées, dans la-
« quelle sont précipitées les âmes des damnés. »
(Voir la *Revue spirite*, juillet 1864, page 199.)

ANGÈLE, nullité sur la terre.

(Bordeaux, 1862.)

Un Esprit se présente spontanément au médium sous le nom d'Angèle.

1. Vous repentez-vous de vos fautes ? — R. Non. — Alors pourquoi venez-vous vers moi ? — R. Pour essayer.

— Vous n'êtes donc pas heureuse ? — R. Non. — Souffrez-vous ? — R. Non. — Qu'est-ce donc qui vous manque ? — R. La paix.

Certains Esprits ne considèrent comme souffrances que celles qui leur rappellent les douleurs physiques, tout en convenant que leur état moral est intolérable.

2. Comment la paix peut-elle vous manquer dans la vie spirituelle ? — R. Un regret du passé. — Le regret du passé est un remords ; vous vous repentez donc ? — R. Non ; c'est par crainte de l'avenir. — Que redoutez-vous ? — R. L'inconnu.

3. Voulez-vous me dire ce que vous avez fait dans votre dernière existence ? Cela m'aidera peut-être à vous éclairer. — R. Rien.

4. Dans quelle position sociale étiez-vous ? — R. Moyenne. — Avez-vous été mariée ? — R. Mariée et mère. — Avez-vous rempli avec zèle les devoirs de cette double position ? — R. Non ; mon mari m'ennuyait, mes enfants aussi.

5. Comment s'est passée votre vie ? — R. A m'amuser jeune fille, à m'ennuyer jeune femme. — Quelles étaient vos occupations ? — R. Aucune. — Qui donc soignait votre maison ? — R. La domestique.

6. N'est-ce pas dans cette inutilité qu'il faut chercher la cause de vos regrets et de vos craintes ? — R. Tu as peut-être raison. — Il ne suffit pas d'en convenir. Voulez-vous, pour réparer cette existence inutile, aider les Esprits coupables qui souffrent autour de nous ? — R. Comment ? — En les aidant à s'améliorer par vos conseils et vos prières. — R. Je ne sais pas prier. — Nous le ferons ensemble, vous l'apprendrez ; le voulez-vous ? — R. Non. — Pourquoi ? — R. La fatigue.

Instruction du guide du médium.

Nous te donnons des instructions en te mettant sous les yeux les divers degrés de souffrance et de position des Esprits condamnés à l'expiation par suite de leurs fautes.

Angèle était une de ces créatures sans initiative, dont la vie est aussi inutile aux autres qu'à elles-mêmes. N'aimant que le plaisir, incapable de chercher dans l'étude, dans l'accomplissement des devoirs de la famille et de la société, ces satisfactions du cœur qui seules peuvent donner du charme à la vie, parce qu'elles sont de tout âge, elle n'a pu employer ses jeunes années qu'à des distractions frivoles; puis, quand les devoirs sérieux sont arrivés, *le monde avait fait le vide autour d'elle, parce qu'elle avait fait le vide dans son cœur.* Sans défauts sérieux, mais sans qualités, elle a fait le malheur de son mari, perdu l'avenir de ses enfants, ruiné leur bien-être par son incurie et sa nonchalance. Elle a faussé leur jugement et leur cœur, par son exemple d'abord, et en les abandonnant aux soins des domestiques qu'elle ne prenait même pas la peine de choisir. Sa vie a été inutile au bien et par cela même coupable, car *le mal naît du bien négligé*. Comprenez bien tous qu'il ne suffit pas de vous abstenir des fautes : il faut pratiquer les vertus qui leur sont opposées. Étudiez les commandements du Seigneur, méditez-les, et comprenez que, s'ils vous posent une barrière qui vous arrête au bord de la mauvaise voie, ils vous forcent en même temps à retourner en arrière pour prendre la route opposée qui mène au bien. Le mal est opposé au bien; donc celui qui veut l'éviter doit entrer dans la voie opposée, sans quoi sa vie est nulle; ses œuvres sont mortes et Dieu notre père n'est pas le Dieu des morts, mais le Dieu des vivants.

D. Puis-je vous demander quelle avait été l'existence antérieure d'Angèle? La dernière devait en être la conséquence.

R. Elle avait vécu dans la paresse béate et l'inutilité de la vie monastique. Paresseuse et égoïste par goût, elle a voulu essayer de la vie de famille, mais l'Esprit a fort peu progressé. Elle a toujours repoussé la voix intime qui lui montrait le danger; la pente était douce, elle a mieux aimé s'y abandonner que de faire un effort pour s'arrêter au début. Aujourd'hui encore elle comprend le danger qu'il y a à se maintenir dans cette neutralité, mais ne se sent pas la force de tenter le moindre effort pour en sortir. Priez pour elle, éveillez-la; forcez ses yeux à s'ouvrir à la lumière: c'est un devoir, n'en négligez aucun.

L'homme a été créé pour l'activité: activité d'esprit, c'est son essence; activité du corps, c'est un besoin. Remplissez donc les conditions de votre existence, comme Esprit destiné à la paix éternelle. Comme corps destiné au service de l'Esprit, votre corps n'est qu'une machine soumise à votre intelligence; travaillez, cultivez donc l'intelligence, afin qu'elle donne une impulsion salutaire à l'instrument qui doit l'aider à accomplir sa tâche; ne lui laissez ni repos ni trêve, et souvenez-vous que la paix à laquelle vous aspirez ne vous sera donnée qu'après le travail; donc, aussi longtemps que vous aurez négligé le travail, aussi longtemps durera pour vous l'anxiété de l'attente.

Travaillez, travaillez sans cesse ; remplissez tous vos devoirs sans exception ; remplissez-les avec zèle, avec courage, avec persévérance, et votre foi vous soutiendra. Celui qui accomplit avec conscience la tâche la plus ingrate, la plus vile dans votre société, est cent fois plus élevé aux yeux du Très-Haut, que celui qui impose cette tâche aux autres et néglige la sienne. Tout est échelons pour monter au ciel : ne les brisez donc pas sous vos pieds, et comptez que vous êtes entourés d'amis qui vous tendent la main, et soutiennent ceux qui mettent leur force dans le Seigneur.

Monod.

UN ESPRIT ENNUYÉ
(Bordeaux, 1862.)

Cet Esprit se présente spontanément au médium, et réclame des prières.

1. Qu'est-ce qui vous engage à demander des prières ? — R. Je suis las d'errer sans but. — Y a-t-il longtemps que vous êtes dans cette position ? — R. Cent quatre-vingts ans à peu près. — Qu'avez-vous fait sur la terre ? — R. Rien de bon.

2. Quelle est votre position parmi les Esprits ? — R. Je suis parmi les ennuyés. — Ceci ne forme pas une catégorie. — R. Tout forme catégorie parmi nous. Chaque sensation rencontre ou ses semblables, ou ses sympathiques qui se réunissent.

3. Pourquoi, si vous n'étiez pas condamné à la souffrance, êtes-vous resté si longtemps sans vous avancer ? — R. J'étais condamné à l'ennui, c'est une souffrance parmi nous; tout ce qui n'est pas joie est douleur. —

Vous avez donc été forcé de rester errant malgré vous?
— R. Ce sont des causes trop subtiles pour votre intelligence matérielle. — Essayez de me les faire comprendre ; ce sera un commencement d'utilité pour vous.
— R. Je ne pourrais pas, n'ayant pas de terme de comparaison. Une vie éteinte sur terre laisse à l'Esprit qui n'en a pas profité, ce que le feu laisse au papier qu'il a consumé : des étincelles, qui rappellent aux cendres encore unies entre elles ce qu'elles ont été et la cause de leur naissance, ou si tu veux, de la destruction du papier. Ces étincelles sont le souvenir des liens terrestres qui sillonnent l'Esprit jusqu'à ce qu'il ait dispersé les cendres de son corps. Alors seulement il se retrouve, essence éthérée, et désire le progrès.

4. Qui peut vous occasionner l'ennui dont vous vous plaignez? — R. Suite de l'existence. L'ennui est le fils du désœuvrement; je n'ai pas su employer les longues années que j'ai passées sur terre, leur conséquence s'est fait sentir dans notre monde.

5. Les Esprits qui, comme vous, errent en proie à l'ennui, ne peuvent-ils faire cesser cet état quand ils le veulent? — R. Non, ils ne le peuvent pas toujours, parce que l'ennui paralyse leur volonté. Ils subissent les conséquences de leur existence; ils ont été inutiles, n'ont eu aucune initiative, ils ne trouvent aucun concours entre eux. Ils sont abandonnés à eux-mêmes jusqu'à ce que la lassitude de cet état neutre leur fasse désirer d'en changer ; alors, à la moindre volonté qui s'éveille en eux, ils trouvent de l'appui et de bons conseils pour aider leurs efforts et persévérer.

6. Pouvez-vous me dire quelque chose sur votre vie terrestre? — R. Hélas! bien peu de chose, tu dois le

comprendre. L'ennui, l'inutilité, le désœuvrement proviennent de la paresse ; la paresse est mère de l'ignorance.

7. Vos existences antérieures ne vous ont-elles pas avancé? — R. Si, toutes, mais bien faiblement, car toutes ont été le reflet les unes des autres. Il y a toujours progrès, mais si peu sensible, qu'il est inappréciable pour nous.

8. En attendant que vous recommenciez une autre existence, voudrez-vous venir plus souvent près de moi? — R. Appelle-moi pour m'y contraindre ; tu me rendras service.

9. Pouvez-vous me dire pourquoi votre écriture change souvent? — R. Parce que tu questionnes beaucoup ; cela me fatigue, et j'ai besoin d'aide.

Le guide du médium. C'est le travail de l'intelligence qui le fatigue et qui nous oblige à lui prêter notre concours pour qu'il puisse répondre à tes questions. C'est un désœuvré du monde des Esprits comme il l'a été du monde terrestre. Nous te l'avons amené pour essayer de le tirer de l'apathie de cet ennui qui est une véritable souffrance, plus pénible parfois que les souffrances aiguës, car elle peut se prolonger indéfiniment. Te figures-tu la torture de la perspective d'un ennui sans terme ? Ce sont la plupart des Esprits de cette catégorie qui ne *recherchent une existence terrestre que comme distraction*, et pour rompre l'insupportable monotonie de leur existence spirituelle ; aussi y arrivent-ils souvent sans résolutions arrêtées pour le bien ; c'est pourquoi c'est à recommencer pour eux jusqu'à ce qu'enfin le progrès réel se fasse sentir en eux.

CHAPITRE VII

LA REINE D'OUDE
morte en France en 1858.

1. Quelle sensation avez-vous éprouvée en quittant la vie terrestre? — R. Je ne saurais le dire; j'éprouve encore du trouble. — Êtes-vous heureuse? — Je regrette la vie... je ne sais... j'éprouve une poignante douleur; la vie m'en aurait délivrée... je voudrais que mon corps se levât du sépulcre.

2. Regrettez-vous de n'avoir pas été ensevelie dans votre pays et de l'être parmi les chrétiens? — R. Oui, la terre indienne pèserait moins sur mon corps. — Que pensez-vous des honneurs funèbres rendus à votre dépouille? — R. Ils ont été bien peu de chose; j'étais reine, et tous n'ont pas ployé les genoux devant moi... Laissez-moi... on me force à parler... je ne veux pas que vous sachiez ce que je suis maintenant... j'ai été reine, sachez-le bien.

3. Nous respectons votre rang, et nous vous prions de vouloir bien nous répondre pour notre instruction. Pensez-vous que votre fils recouvrera un jour les États de son père? — R. Certes, mon sang régnera; il en est digne. — Attachez-vous à la réintégration de votre fils la même importance que de votre vivant? — R. Mon sang ne peut être confondu dans la foule.

4. On n'a pu inscrire sur votre acte de décès le lieu de votre naissance; pourriez-vous le dire maintenant? — R. Je suis née du plus noble sang de l'Inde. Je crois que je suis née à Delhy.

5. Vous qui avez vécu dans les splendeurs du luxe, et qui avez été entourée d'honneurs, qu'en pensez-vous maintenant? — R. Ils m'étaient dus. — Le rang que vous

avez occupé sur la terre vous en donne-t-il un plus élevé dans le monde où vous êtes aujourd'hui? — R. Je suis toujours reine... qu'on m'envoie des esclaves pour me servir!... Je ne sais : on ne semble pas se soucier de moi ici... pourtant je suis toujours moi.

6. Apparteniez-vous à la religion musulmane, ou à une religion indoue? — R. Musulmane ; mais j'étais trop grande pour m'occuper de Dieu. — Quelle différence faites-vous entre la religion que vous professiez et la religion chrétienne, pour le bonheur de l'humanité. — R. La religion chrétienne est absurde; elle dit que tous sont frères. — Quelle est votre opinion sur Mahomet? — R. Il n'était pas fils de roi. — Croyez-vous qu'il eût une mission divine? — R. Que m'importe cela! — Quelle est votre opinion sur le Christ? — R. Le fils du charpentier n'est pas digne d'occuper ma pensée.

7. Que pensez-vous de l'usage qui soustrait les femmes musulmanes aux regards des hommes? — R. Je pense que les femmes sont faites pour dominer : moi j'étais femme. — Avez-vous quelquefois envié la liberté dont jouissent les femmes en Europe? — R. Non; que m'importait leur liberté! les sert-on à genoux?

8. Vous rappelez-vous avoir eu d'autres existences sur la terre avant celle que vous venez de quitter? — R. J'ai dû toujours être reine.

9. Pourquoi êtes-vous venue si promptement à notre appel? — R. Je ne l'ai pas voulu; on m'y a forcée... Penses-tu donc que j'eusse daigné répondre? Qu'êtes-vous donc près de moi? — Qui vous a forcée de venir? — R. Je ne le sais pas... cependant il ne doit pas y en avoir de plus grand que moi.

10. Sous quelle forme êtes-vous ici? — R. Je suis tou-

jours reine... penses-tu donc que j'aie cessé de l'être?... Vous êtes peu respectueux... sachez qu'on parle autrement à des reines.

11. *Si nous pouvions vous voir, est-ce que nous vous verrions avec vos parures, vos bijoux?* — R. Certes ! — *Comment se fait-il qu'ayant quitté tout cela, votre Esprit en ait conservé l'apparence, surtout de vos parures?* — R. Elles ne m'ont pas quittée... Je suis toujours aussi belle que j'étais... je ne sais quelle idée vous vous faites de moi! Il est vrai que vous ne m'avez jamais vue.

12. *Quelle impression éprouvez-vous de vous trouver au milieu de nous?* — R. Si je le pouvais, je n'y serais pas ; vous me traitez avec si peu de respect!

Saint Louis. Laissez-la, la pauvre égarée ; ayez pitié de son aveuglement; qu'elle vous serve d'exemple, vous ne savez pas combien souffre son orgueil.

En évoquant cette grandeur déchue, maintenant dans la tombe, nous n'espérions pas des réponses d'une grande profondeur, vu le genre d'éducation des femmes de ce pays; mais nous pensions trouver en cet Esprit, sinon de la philosophie, du moins un sentiment plus vrai de la réalité, et des idées plus saines sur les vanités et les grandeurs d'ici-bas. Loin de là : chez lui les idées terrestres ont conservé toute leur force ; c'est l'orgueil qui n'a rien perdu de ses illusions, qui lutte contre sa propre faiblesse, et qui doit en effet bien souffrir de son impuissance.

—

XUMÈNE
(Bordeaux, 1862.)

Sous ce nom, un Esprit se présente spontanément au médium habitué à ce genre de manifestations, car sa mission paraît être d'assister les Esprits inférieurs que lui amène son guide spirituel, dans le double but de sa propre instruction et de leur avancement

D. Qui êtes-vous ? Ce nom est-il celui d'un homme ou d'une femme ? — R. Homme, et aussi malheureux que possible. Je souffre tous les tourments de l'enfer.

D. Si l'enfer n'existe pas, comment pouvez-vous en éprouver les tourments ? — R. Question inutile. — Si je m'en rends compte, d'autres peuvent avoir besoin d'explications. — R. Je ne m'en inquiète pas.

D. L'égoïsme n'est-il pas au nombre des causes de vos souffrances ? — R. Peut-être.

D. Si vous voulez être soulagé, commencez par répudier vos mauvais penchants. — R. Ne t'inquiète pas de ça, ce n'est pas ton affaire ; commence par prier pour moi comme pour les autres, on verra après. — Si vous ne m'aidez pas par votre repentir, la prière sera peu efficace. — R. Si tu parles au lieu de prier, tu m'avanceras peu.

D. Désirez-vous donc avancer ? — R. Peut-être ; on ne sait pas. Voyons si la prière soulage les souffrances ; c'est l'essentiel. — Alors joignez-vous à moi avec la volonté ferme d'en obtenir du soulagement. — R. Va toujours.

D. (Après une prière du médium.) Êtes-vous satisfait ? — R. Pas comme je voudrais. — Un remède appliqué pour la première fois ne peut pas guérir immédiatement une maladie ancienne. — R. C'est possible. — Voudrez-vous revenir ? — R. Oui, si tu m'appelles.

Le guide du médium. Ma fille, tu auras de la peine avec cet Esprit endurci, mais il n'y aurait guère de mérite à sauver ceux qui ne se sont pas perdus. Courage ! persévère, et tu parviendras. Il n'en est pas de si coupables qu'on ne puisse les ramener par la persuasion et l'exemple, car les Esprits les plus pervers finissent par s'amender à la longue ; si l'on ne réussit pas tout de suite à les amener à de bons sentiments, ce qui souvent est impossible, la peine qu'on a prise n'est pas perdue. Les idées qu'on a jetées en eux les agitent et les font réfléchir malgré eux ; ce sont des semences qui tôt ou tard porteront leurs fruits. On n'abat pas un roc du premier coup de pioche.

Ce que je te dis là, ma fille, s'applique aussi aux incarnés, et tu dois comprendre pourquoi le Spiritisme, même chez de fermes croyants, ne fait pas immédiatement des hommes parfaits. La croyance est un premier pas ; la foi vient ensuite, et la transformation aura son tour ; mais pour beaucoup il leur faudra venir se retremper dans le monde des Esprits.

Parmi les endurcis, il n'y a pas que des Esprits pervers et méchants. Le nombre est grand de ceux qui, sans chercher à faire le mal, restent en arrière par orgueil, indifférence ou apathie. Ils n'en sont pas moins malheureux, car ils souffrent d'autant plus de leur inertie qu'ils n'ont pas pour compensation, les distractions du monde ; la perspective de l'infini rend leur position intolérable, et cependant ils n'ont ni la force, ni la volonté d'en sortir. Ce sont ceux qui, dans l'incarnation, mènent ces existences désœuvrées, inutiles pour eux-mêmes et pour les autres, et qui souvent finissent par se suicider, sans motifs sérieux, par dégoût de la vie.

Ces Esprits sont en général plus difficiles à ramener au bien que ceux qui sont franchement mauvais, parce que, chez ces derniers, il y a de l'énergie ; une fois éclairés, ils sont aussi ardents pour le bien qu'ils l'ont été pour le mal. Il faudra sans doute aux autres bien des existences pour progresser sensiblement ; mais petit à petit, vaincus par l'ennui, comme d'autres par la souffrance, ils chercheront une distraction dans une occupation quelconque qui, plus tard, deviendra pour eux un besoin.

CHAPITRE VIII

EXPIATIONS TERRESTRES

MARCEL, l'enfant du n° 4

Dans un hospice de province était un enfant de huit à dix ans environ, dans un état difficile à décrire ; il n'y était désigné que sous le n° 4. Entièrement contrefait, soit par difformité naturelle, soit par suite de la maladie, ses jambes contournées touchaient à son cou ; sa maigreur était telle que la peau se déchirait sous la saillie des os ; son corps n'était qu'une plaie et ses souffrances atroces. Il appartenait à une pauvre famille israélite, et cette triste position durait depuis quatre ans. Son intelligence était remarquable pour son âge ; sa douceur, sa patience et sa résignation étaient édifiantes. Le médecin dans le service duquel il se trouvait, touché de compassion pour ce pauvre être en quelque sorte délaissé, car il ne paraissait pas que ses parents vinssent le voir souvent, y prit intérêt, et se plaisait à causer avec lui, charmé de sa raison précoce. Non-seulement il le traitait avec bonté, mais, quand ses occupations le lui permettaient, il venait lui faire la lecture, et s'étonnait de la rectitude de son jugement sur des choses qui paraissaient au-dessus de son âge.

Un jour, l'enfant lui dit : « Docteur, ayez donc la bonté de me donner encore des pilules, comme les dernières que vous m'avez ordonnées. — Et pourquoi cela, mon enfant? dit le médecin; je t'en ai donné suffisamment, et je craindrais qu'une plus grande quantité ne te fît du mal. — C'est que, voyez-vous, reprit l'enfant, je souffre tellement que j'ai beau me contraindre pour ne pas crier, et prier Dieu de me donner la force de ne pas déranger les autres malades qui sont à côté de moi, j'ai souvent bien de la peine à m'en empêcher; ces pilules m'endorment, et pendant ce temps au moins je ne trouble personne. »

Ces paroles suffisent pour montrer l'élévation de l'âme que renfermait ce corps difforme. Où cet enfant avait-il puisé de pareils sentiments? Ce ne pouvait être dans le milieu où il avait été élevé, et d'ailleurs, à l'âge où il commença à souffrir, il ne pouvait encore comprendre aucun raisonnement; ils étaient donc innés en lui; mais alors, avec de si nobles instincts, pourquoi Dieu le condamnait-il à une vie si misérable et si douloureuse, en admettant qu'il eût créé cette âme en même temps que ce corps, instrument de si cruelles souffrances? Ou il faut dénier la bonté de Dieu, ou il faut admettre une cause antérieure, c'est-à-dire la préexistence de l'âme et la pluralité des existences. Cet enfant est mort, et ses dernières pensées furent pour Dieu et pour le médecin charitable qui avait eu pitié de lui.

A quelque temps de là il fut évoqué dans la Société de Paris, où il donna la communication suivante. (1863.)

« Vous m'avez appelé; je suis venu faire que ma

voix s'entende au delà de cette enceinte pour frapper à tous les cœurs; que l'écho qu'elle fera vibrer s'entende jusque dans leur solitude; elle leur rappellera que l'agonie de la terre prépare les joies du ciel, et que la souffrance n'est que l'écorce amère d'un fruit délectable qui donne le courage et la résignation. Elle leur dira que sur le grabat où gît la misère, sont des envoyés de Dieu, dont la mission est d'apprendre à l'humanité qu'il n'est point de douleur qu'on ne puisse endurer avec l'aide du Tout-Puissant et des bons Esprits. Elle leur dira encore d'écouter les plaintes se mêlant aux prières, et d'en comprendre l'harmonie pieuse, si différente des accents coupables de la plainte se mêlant aux blasphèmes.

« Un de vos bons Esprits, grand apôtre du Spiritisme, a bien voulu me laisser cette place ce soir[1]; aussi dois-je vous dire à mon tour quelques mots du progrès de votre doctrine. Elle doit aider dans leur mission ceux qui s'incarnent parmi vous pour apprendre à souffrir. Le Spiritisme sera le poteau indicateur; ils auront l'exemple et la voix; c'est alors que les plaintes seront changées en cris d'allégresse et en pleurs de joie. »

D. Il paraît, d'après ce que vous venez de dire, que vos souffrances n'étaient point l'expiation de fautes antérieures?

R. Elles n'étaient point une expiation directe, mais soyez assurés que toute douleur a sa cause juste. Celui que vous avez connu si misérable a été beau, grand, riche et adulé; j'avais des flatteurs et des courtisans :

---

[1] Saint Augustin, par le médium auquel il se communique d'habitude à la Société.

j'en ai été vain et orgueilleux. Jadis je fus bien coupable; j'ai renié Dieu et j'ai fait le mal à mon prochain; mais je l'ai cruellement expié, d'abord dans le monde des Esprits, et ensuite sur la terre. Ce que j'ai enduré pendant quelques années seulement dans cette dernière et très courte existence, je l'ai souffert pendant une vie tout entière jusqu'à l'extrême vieillesse. Par mon repentir, je suis rentré en grâce devant le Seigneur, qui a daigné me confier plusieurs missions, dont la dernière vous est connue. Je l'ai sollicitée pour achever mon épuration.

Adieu, mes amis, je reviendrai quelquefois parmi vous. Ma mission est de consoler et non d'instruire; mais il en est tant ici dont les blessures sont cachées qu'ils seront contents de ma venue.

MARCEL.

Instruction du guide du médium.

Pauvre petit être souffrant, chétif, ulcéreux et difforme! que de gémissements il faisait entendre dans cet asile de la misère et des larmes! Et malgré son jeune âge, comme il était résigné, et combien son âme comprenait déjà le but des souffrances! Il sentait bien qu'au delà de la tombe l'attendait une récompense pour tant de plaintes étouffées! Aussi, comme il priait pour ceux qui n'avaient point, comme lui, le courage de supporter leurs maux, pour ceux surtout qui jetaient au ciel des blasphèmes au lieu de prières!

Si l'agonie a été longue, l'heure de la mort n'a point été terrible; les membres convulsionnés se tordaient sans doute, et montraient aux assistants un corps déformé se révoltant contre la mort, la loi de la chair qui veut vivre quand même ; mais un ange planait au-dessus du lit du moribond et cicatrisait son cœur ; puis il emporta sur ses ailes blanches cette âme si belle qui s'échappait de ce corps informe en prononçant ces mots : Gloire vous soit rendue, ô mon Dieu ! Et cette âme montée vers le Tout-Puissant, heureuse, elle s'est écriée : Me voici, Seigneur ; vous m'aviez donné pour mission d'apprendre à souffrir ; ai-je supporté dignement l'épreuve ?

Et maintenant l'Esprit du pauvre enfant a repris ses proportions ; il plane dans l'espace, allant du faible au petit, disant à tous : Espérance et courage. Dégagé de toute matière et de toute souillure, il est là près de vous, vous parle, non plus avec sa voix souffreteuse et plaintive, mais avec de mâles accents ; il vous a dit : Ceux qui m'ont vu, ont regardé l'enfant qui ne murmurait pas ; ils y ont puisé le calme pour leurs maux, et leurs cœurs se sont raffermis dans la douce confiance en Dieu ; voilà le but de mon court passage sur la terre.

Saint Augustin.

SZYMEL SLIZGOL

C'était un pauvre Israélite de Vilna, mort en mai 1865. Pendant trente ans il avait mendié, une sébile à la main. Partout, dans la ville, on connaissait son cri : « Souvenez-vous des pauvres, des veuves et des orphelins ! » Pendant ce temps, Slizgol avait réuni 90,000 roubles. Mais il ne garda pas un kopek pour lui. Il soulageait les malades, qu'il soignait lui-même ; il payait l'enseignement des pauvres enfants, il distribuait aux nécessiteux les comestibles qu'on lui donnait. Le soir était consacré à la préparation de tabac à priser que le mendiant vendait pour subvenir à ses propres besoins. Ce qui lui restait appartenait aux pauvres. Szymel était seul au monde. Le jour de son enterrement, une grande partie de la population de la ville suivit son convoi, et les magasins furent fermés.

(Société spirite de Paris, 15 juin 1865.)

Évocation. — Trop heureux, et enfin parvenu à la plénitude de mon ambition, que j'ai payée bien cher, je suis là, au milieu de vous depuis le commencement de cette soirée. Je vous remercie de vous occuper de l'Esprit du pauvre mendiant qui, avec joie, va tâcher de répondre à vos questions.

D. Une lettre de Vilna nous a fait connaître les particularités les plus remarquables de votre existence. C'est par la sympathie qu'elles nous inspirent que nous avons eu le désir de nous entretenir avec vous. Nous vous remercions d'être venu à notre appel, et puisque vous voulez bien nous répondre, nous serons heureux, pour notre instruction, de connaître votre situation comme Esprit, et les causes qui ont motivé le genre de votre dernière existence.

R. Tout d'abord, accordez à mon Esprit, qui comprend sa vraie position, la faveur de vous dire son opinion sur une pensée qui vous est venue à mon sujet; je réclame vos conseils si elle est fausse.

Vous trouvez singulier que la manifestation publique ait pris un tel développement pour rendre hommage à l'homme de rien qui a su, par sa charité, s'attirer une telle sympathie. — Je ne dis pas cela pour vous, cher maître, ni pour toi, cher médium, ni pour vous tous, spirites vrais et sincères, mais je parle pour les personnes indifférentes à la croyance. — Il n'y a là rien d'étonnant. La force de pression morale qu'exerce la pratique du bien sur l'humanité est telle que, si matériel que l'on soit, on s'incline toujours ; on salue le bien, en dépit de la tendance que l'on a pour le mal.

Maintenant, j'arrive à vos questions qui, de votre part, ne sont pas dictées par la curiosité, mais formulées simplement en vue de l'instruction générale. Je vais donc, puisque j'en ai la liberté, vous dire, avec le plus de brièveté possible, quelles sont les causes qui ont motivé et déterminé ma dernière existence.

Il y a de cela plusieurs siècles, je vivais avec le titre de roi, ou tout au moins de prince souverain. Dans le cercle de ma puissance, relativement étroit à côté de vos États actuels, j'étais le maître absolu de la destinée de mes sujets ; j'agissais en tyran, disons le mot : en bourreau. D'un caractère impérieux, violent, avare et sensuel, vous voyez d'ici quel devait être le sort des pauvres êtres qui vivaient sous mes lois. J'abusais de mon pouvoir pour opprimer le faible, pour mettre à contribution toute espèce de métiers, de travaux, de passions et de douleurs, pour le service de mes propres passions. Ainsi, je frappais d'une redevance le produit de la mendicité ; nul ne pouvait mendier, sans qu'au préalable j'eusse pris ma large part de ce que la pitié humaine laissait tomber dans l'escarcelle de la misère. Plus que cela : afin de ne pas diminuer le nombre des mendiants parmi mes sujets, je défendis aux malheureux de donner à leurs amis, à leurs parents, à leurs proches, la faible part qui restait à ces pauvres êtres,

En un mot, je fus tout ce qu'il y a de plus impitoyable envers la souffrance et la misère.

Je perdis enfin ce que vous appelez la vie dans des tourments et des souffrances horribles ; ma mort fut un modèle de terreur pour tous ceux qui, comme moi, mais sur une moins grande échelle, partageaient ma manière de voir. Je demeurai à l'état d'Esprit errant pendant trois siècles et demi, et lorsqu'au bout de ce laps de temps, je compris que le but de l'incarnation était tout autre que celui que mes sens grossiers et obtus m'avaient fait poursuivre, j'obtins, à force de prières, de résignation et de regrets, la permission de prendre la tâche matérielle de supporter les mêmes souffrances, et plus encore, que j'avais fait endurer. J'obtins cette permission, et Dieu me laissa le droit, par mon libre arbitre, d'amplifier mes souffrances morales et physiques. Grâce au secours des bons Esprits qui m'assistaient, je persistai dans ma résolution de pratiquer le bien, et je les en remercie, car ils m'ont empêché de succomber sous la tâche que j'avais prise.

J'ai enfin accompli une existence qui a racheté, par son abnégation et sa charité, ce que l'autre avait eu de cruel et d'injuste. Je suis né de parents pauvres ; orphelin de bonne heure, j'ai appris à me suffire à moi-même à l'âge où l'on est encore considéré comme incapable de comprendre. J'ai vécu seul, sans amour, sans affections, et même, au commencement de ma vie, j'ai supporté la brutalité que j'avais exercée sur les autres. On dit que les sommes recueillies par moi ont toutes été consacrées au soulagement de mes semblables; c'est un fait exact, et sans emphase comme sans orgueil, j'ajoute que bien souvent, au prix de privations relativement fortes, très fortes, j'ai augmenté le bien que me permettait de faire la charité publique.

Je suis mort avec calme, confiant dans le prix qu'avait obtenu la réparation faite par ma dernière existence, et je suis récompensé au delà de mes secrètes aspirations. Je suis aujourd'hui heureux, bien heureux de pouvoir vous dire que quiconque s'élève sera abaissé, et que celui qui s'humilie sera élevé.

D. Veuillez nous dire, je vous prie, en quoi a consisté votre expiation dans le monde des Esprits, et combien de temps elle a duré depuis votre mort jusqu'au moment où votre sort a été adouci par l'effet du repentir et des bonnes résolutions que vous avez prises. Dites-nous aussi ce qui a provoqué en vous ce changement dans vos idées à l'état d'Esprit.

R. Vous me remettez en mémoire de bien douloureux souvenirs ! Que j'ai souffert... Mais je ne me plains pas : je me souviens !... Vous voulez savoir de quelle nature a été mon expiation ; la voici dans toute sa terrible horreur.

Bourreau, comme je vous l'ai dit, de toute espèce de bons sentiments, je demeurai longtemps, bien longtemps, attaché par mon périsprit à mon corps en décomposition. Je me sentis, jusqu'à sa complète putréfaction, rongé par les vers qui me faisaient bien souffrir ! Lorsque je fus débarrassé des liens qui m'attachaient à l'instrument de mon supplice, j'en subis un encore plus cruel. Après la souffrance physique, vint la souffrance morale, et celle-ci a duré bien plus longtemps encore que la première. J'ai été mis en présence de toutes les victimes que j'avais torturées. Périodiquement, et par une force plus grande que la mienne, j'étais ramené en face de mes coupables actions. Je voyais physiquement et moralement toutes les douleurs que j'avais fait endurer Oh ! mes amis, combien est terrible la vue constante de ceux à qui l'on a fait du mal ! Vous en avez un faible exemple parmi vous dans la confrontation de l'accusé avec sa victime.

Voilà, en abrégé, ce que j'ai souffert pendant deux siècles et demi, jusqu'à ce que Dieu, touché de ma douleur et de mon repentir, sollicité par les guides qui m'assistaient, permît que je prisse la vie d'expiation que vous connaissez.

D. Un motif particulier vous a-t-il engagé à choisir votre dernière existence dans la religion israélite ? — R. Non pas choisie par moi, mais que j'ai acceptée d'après le conseil de mes guides. La religion israélite ajoutait une petite humiliation de plus à ma vie d'expiation ; car, dans certains pays surtout, la majorité des incarnés méprise les Israélites, et particulièrement les Juifs mendiants.

D. Dans votre dernière existence, à quel âge avez-vous commencé à mettre à exécution les résolutions que vous aviez prises ? Comment cette pensée vous est-elle venue ? Pendant que vous exerciez ainsi la charité avec tant d'abnégation, aviez-vous une intuition quelconque de la cause qui vous y poussait ?

R. Je naquis de parents pauvres, mais intelligents et avares. Jeune encore, je fus privé de l'affection et des caresses de ma mère. Je ressentis de sa perte un chagrin d'autant plus vif que mon père, dominé par la passion du gain, me délaissait entièrement. Mes frères et mes sœurs, tous plus âgés que moi, ne semblaient pas s'apercevoir de mes souffrances. Un autre Juif, mû par une pensée plus égoïste que charitable, me recueillit et me fit apprendre à travailler. Il recouvra largement, par le produit de mes travaux qui souvent dépassaient mes forces, ce que j'avais pu lui coûter. Plus tard, je m'affranchis de ce joug et je travaillai pour moi. Mais partout, dans l'activité comme dans le repos, j'étais poursuivi par le souvenir des caresses de ma mère, et à mesure que j'avançais en âge, son souvenir se gravait plus profondément dans ma mémoire, et je regrettais davantage ses soins et son amour.

Bientôt je demeurai seul de mon nom ; la mort, en quelques mois, enleva toute ma famille. C'est alors que commença à se révéler la manière dont je devais passer le reste de mon existence. Deux de mes frères avaient laissé des orphelins. Ému par le souvenir de ce que j'avais souffert, je voulus préserver ces pauvres petits êtres d'une jeunesse semblable à la mienne, et mon travail ne pouvant suffire à nous faire subsister tous, je commençai à tendre la main, non pour moi, mais pour les autres. Dieu ne devait pas me laisser la consolation de jouir de mes efforts ; les pauvres petits me quittèrent pour toujours. Je voyais bien ce qui leur avait manqué : c'était leur mère. Je résolus alors de demander la charité pour les veuves malheureuses qui, ne pouvant se suffire à elles et à leurs enfants, s'imposaient des privations qui les conduisaient à la tombe, laissant de pauvres orphelins qui demeuraient ainsi abandonnés et voués aux tourments que j'avais moi-même endurés.

J'avais trente ans lorsque, plein de force et de santé, on me vit mendier pour la veuve et l'orphelin. Les commencements furent pénibles, et je dus supporter plus d'une humiliante parole. Mais, lorsqu'on vit que je distribuais réellement tout ce que je recevais au nom de mes pauvres ; lorsqu'on me vit y ajouter encore le surplus de mon travail, j'acquis une espèce de considération qui n'était pas sans charme pour moi.

J'ai vécu soixante et quelques années, et jamais je n'ai manqué à la tâche que je m'étais imposée. Jamais, non plus, un avertissement de la conscience n'est venu me faire supposer qu'un motif antérieur à mon existence fût le mobile de ma manière d'agir. Seulement, un jour avant de commencer à tendre la main, j'entendis ces paroles : « Ne faites pas aux autres ce que vous ne voudriez pas qu'on vous fît. » Je demeurai frappé de la moralité générale contenue dans ces quelques mots, et bien souvent je me surprenais à y ajouter celles-ci : « Mais faites-leur au contraire ce que vous voudriez qui vous fût fait. » Le souvenir de ma mère et celui de mes souffrances aidant, je continuai à marcher dans une carrière que ma conscience me disait bonne.

Je vais finir cette longue communication en vous disant merci ! Je ne suis pas encore parfait, mais sachant que le mal ne mène qu'au mal, je ferai de nouveau, comme je l'ai fait, le bien pour recueillir du bonheur.

SZYMEL SLIZGOL.

JULIENNE-MARIE, la pauvresse

Dans la commune de la Villate, près de Nozai (Loire-Inférieure), était une pauvre femme, nommée Julienne-Marie, vieille, infirme, et qui vivait de la charité publique. Un jour, elle tomba dans un étang, d'où elle fut retirée par un habitant du pays, M. A...., qui lui donnait habituellement des secours. Transportée à son domicile, elle mourut peu de temps après des suites de l'accident. L'opinion générale fut qu'elle avait voulu se suicider. Le jour même de son décès, celui qui l'avait sauvée, qui est spirite et médium, ressentit sur toute sa personne comme le frôlement de quelqu'un qui serait auprès de lui, sans toutefois s'en expliquer la cause; lorsqu'il apprit la mort de Jeanne-Marie, la pensée lui vint que peut-être son Esprit était venu le visiter.

D'après l'avis d'un de ses amis, membre de la Société spirite de Paris, à qui il avait rendu compte de ce qui s'était passé, il fit l'évocation de cette femme, dans le but de lui être utile; mais, préalablement, il demanda conseil à ses guides protecteurs, dont il reçut la réponse suivante :

« Tu le peux, et cela lui fera plaisir, quoique le service que tu te proposes de lui rendre lui soit inutile; elle est heureuse et toute dévouée à ceux qui lui ont été compatissants. Tu es un de ses bons amis; elle ne te quitte guère et s'entretient souvent avec toi à ton insu. Tôt ou tard les services rendus sont récompensés, si ce n'est par l'obligé, c'est par ceux qui s'intéressent à lui, avant sa mort comme après; quand l'Esprit n'a pas eu le temps de se reconnaître, ce sont d'autres Esprits sympathiques qui témoignent en son nom toute sa reconnaissance. Voilà ce qui t'explique ce que tu as éprouvé le jour de son décès. Maintenant c'est elle qui t'aide dans le bien que tu veux faire. Rappelle-toi ce que Jésus a dit : « Celui qui a été abaissé sera élevé; » tu auras la mesure des services qu'elle peut te rendre, si toutefois tu ne lui demandes assistance que pour être utile à ton prochain. »

Évocation. Bonne Julienne-Marie, vous êtes heureuse,

c'est tout ce que je voulais savoir ; cela ne m'empêchera pas de penser souvent à vous, et de ne jamais vous oublier dans mes prières.

R. Aie confiance en Dieu ; inspire à tes malades une foi sincère, et tu réussiras presque toujours. Ne t'occupe jamais de la récompense qui en adviendra, elle sera au delà de ton attente. Dieu sait toujours récompenser comme il le mérite, celui qui se dévoue au soulagement de ses semblables, et *apporte dans ses actions un désintéressement complet;* sans cela tout n'est qu'illusion et chimère ; il faut la foi avant tout ; autrement, rien. Rappelle-toi cette maxime, et tu seras étonné des résultats que tu obtiendras. Les deux malades que tu as guéris en sont la preuve ; dans les circonstances où ils se trouvaient, avec les simples remèdes, tu aurais échoué.

Quand tu demanderas à Dieu de permettre aux bons Esprits de déverser sur toi leur fluide bienfaisant, si cette demande ne te fait pas ressentir un tressaillement involontaire, c'est que ta prière n'est pas assez fervente pour être écoutée ; elle ne l'est que dans les conditions que je te signale. C'est ce que tu as éprouvé quand tu as dit du fond du cœur : « Dieu tout-puissant, Dieu miséricordieux, Dieu de bonté sans limite, exaucez ma prière, et permettez aux bons Esprits de m'assister dans la guérison de... ; ayez pitié de lui, mon Dieu, et rendez-lui la santé ; sans vous, je ne puis rien. Que votre volonté soit faite. »

Tu as bien fait de ne pas dédaigner les humbles ; la voix de celui qui a souffert et supporté avec résignation les misères de ce monde est toujours écoutée ; et comme tu le vois, un service rendu reçoit toujours sa récompense.

Maintenant, un mot sur moi, et cela te confirmera ce qui a été dit ci-dessus.

Le Spiritisme t'explique mon langage comme Esprit : je n'ai pas besoin d'entrer dans des détails à ce sujet. Je crois aussi inutile de te faire part de mon existence précédente. La position où tu m'as connue sur cette terre doit te faire comprendre et apprécier mes autres existences, qui n'ont pas toujours été sans reproches. Vouée à une vie de misère, infirme et ne pouvant travailler, j'ai mendié toute ma vie. Je n'ai point thésaurisé ; sur mes vieux jours, mes petites économies se bornaient à une centaine de francs, que je réservais pour quand mes jambes ne pourraient plus me porter. Dieu a jugé mon épreuve et mon expiation suffisantes, et y a mis un terme en me délivrant sans souffrance de la vie terrestre ; car je ne me suis point suicidée comme on l'a cru d'abord. Je suis morte subitement sur le bord de l'étang, au moment où j'adressais ma dernière prière à Dieu ; la pente du terrain est la cause de la présence de mon corps dans l'eau.

Je n'ai pas souffert ; je suis heureuse d'avoir pu accomplir ma mission sans entraves et avec résignation. Je me suis rendue utile, dans la mesure de mes forces et de mes moyens, et j'ai évité de faire du tort à mon prochain. Aujourd'hui j'en reçois la récompense, et j'en rends grâce à Dieu, notre divin Maître, qui adoucit l'amertume des épreuves en nous faisant oublier, pendant la vie, nos anciennes existences, et met sur notre chemin des âmes charitables, pour nous aider à supporter le fardeau de nos fautes passées.

Persévère aussi, toi, et comme moi tu en seras récompensé. Je te remercie de tes bonnes prières et du service que tu m'as rendu ; je ne l'oublierai jamais. Un jour nous nous reverrons, et bien des choses te seront expliquées; pour le moment, ce serait superflu. Sache seulement que je te suis toute dévouée, et que je serai toujours près de toi quand tu auras besoin de moi pour soulager celui qui souffre.

La pauvre bonne femme, JULIENNE-MARIE.

L'Esprit de Julienne-Marie ayant été évoqué à la Société de Paris, le 10 juin 1861, dicta la communication ci-après.

« Merci d'avoir bien voulu m'admettre dans votre milieu, cher président; vous avez bien senti que mes existences antérieures étaient plus élevées comme position sociale; si je suis revenue subir cette épreuve de la pauvreté, c'était pour me punir d'un vain orgueil qui m'avait fait repousser ce qui était pauvre et misérable. Alors j'ai subi cette loi juste du talion, qui m'a rendue la plus affreuse pauvresse de cette contrée; et, comme pour me prouver la bonté de Dieu, je n'étais pas repoussée de tous : c'était toute ma crainte; aussi ai-je supporté mon épreuve sans murmurer, pressentant une vie meilleure d'où je ne devais plus revenir sur cette terre d'exil et de calamité.

« Quel bonheur, le jour où notre âme, jeune encore, peut rentrer dans la vie spirituelle pour revoir les êtres aimés! car, moi aussi, j'ai aimé et suis heureuse d'avoir retrouvé ceux qui m'ont précédée. Merci à ce bon M. A... qui m'a ouvert la porte de la reconnaissance; sans sa médianimité, je n'eusse pu le remercier, lui prouver que mon âme n'oublie pas les heureuses influences de son bon cœur, et lui recommander de propager sa divine croyance. Il est appelé à ramener des âmes égarées ; qu'il se persuade bien de mon appui. Oui, je puis lui rendre au centuple ce qu'il m'a fait, en l'instruisant dans la voie que vous suivez. Remerciez le Seigneur d'avoir permis que les Esprits pussent vous donner des instructions pour encourager le pauvre dans ses peines et arrêter le riche dans son orgueil. Sachez comprendre la honte qu'il y a à repousser un malheureux ; que je vous serve d'exemple, afin d'éviter de venir comme moi expier vos fautes par ces douloureuses positions sociales qui vous placent si bas, et font de vous le rebut de la société. »

JULIENNE-MARIE.

Cette communication ayant été transmise à M. A..., il obtint de son côté celle qui suit, et qui en est la confirmation :

D. Bonne Julienne-Marie, puisque vous voulez bien m'aider de vos bons avis, afin de me faire progresser dans la voie de notre divine doctrine, veuillez vous communiquer à moi ; je ferai **tous** mes efforts pour mettre à profit vos enseignements.

R. Souviens-toi de la recommandation que je vais te faire, et ne t'en écarte jamais. Sois toujours charitable dans la mesure de tes moyens ; tu comprends assez la charité telle qu'on doit la pratiquer dans toutes les positions de la vie terrestre. Je n'ai donc pas besoin de venir te donner un enseignement à ce sujet, tu seras toi-même le meilleur juge, en suivant, toutefois, la voix de ta conscience qui ne te trompera jamais, quand tu l'écouteras sincèrement.

Ne t'abuse point sur les missions que vous avez à accomplir; petits et grands ont la leur; la mienne a été pénible, mais je méritais une semblable punition pour mes existences précédentes, comme je suis venue m'en confesser au bon président de la Société mère de Paris, à laquelle vous vous rallierez tous un jour. Ce jour n'est pas aussi éloigné que tu le penses; le Spiritisme marche à pas de géant, malgré tout ce que l'on fait pour l'entraver. Marchez donc tous sans crainte, fervents adeptes de la doctrine, et vos efforts seront couronnés de succès. Que vous importe ce que l'on dira de vous ! mettez-vous au-dessus d'une critique dérisoire qui retombera sur les adversaires du Spiritisme.

Les orgueilleux! ils se croient forts et pensent facilement vous abattre; vous, mes bons amis, soyez tranquilles, et ne craignez pas de vous mesurer avec eux; ils sont plus faciles à vaincre que vous ne croyez; beaucoup d'entre eux ont peur et redoutent que la vérité ne vienne enfin leur éblouir les yeux; attendez, et ils viendront à leur tour aider au couronnement de l'édifice.

JULIENNE-MARIE.

Ce fait est plein d'enseignements pour quiconque méditera les paroles de cet Esprit dans ces trois communications; tous les grands principes du Spiritisme s'y trouvent réunis. Dès la première, l'Esprit montre sa supériorité par son langage; semblable à une fée bienfaisante, cette femme, resplendissante aujourd'hui, et comme métamorphosée, vient protéger celui qui ne l'a pas rebutée sous les haillons de la misère. C'est une application de ces maximes de l'Évangile : « Les grands seront abaissés et les petits seront élevés; bienheureux les humbles; bienheureux les affligés, car ils seront consolés; ne méprisez pas les petits, car celui qui est petit en ce monde peut être plus grand que vous ne croyez. »

MAX, le mendiant

Dans un village de Bavière mourut, vers l'année 1850, un vieillard presque centenaire, connu sous le nom de père Max. Personne ne connaissait au juste son origine, car il n'avait point de famille. Depuis près d'un demi-siècle, accablé d'infirmités qui le mettaient hors d'état de gagner sa vie par le travail, il n'avait d'autres ressources que la charité publique qu'il dissimulait en allant vendre dans les fermes et les châteaux des almanachs et de menus objets. On lui avait donné le sobriquet de comte Max, et les enfants ne l'appelaient jamais que monsieur le comte, ce dont il souriait sans se formaliser. Pourquoi ce titre? Nul n'aurait pu le dire; il était passé en habitude. C'était peut-être à cause de sa physionomie et de ses manières dont la distinction contrastait avec ses haillons. Plusieurs années après sa mort, il apparut en songe à la fille du propriétaire d'un des châteaux où il recevait l'hospitalité à l'écurie, car il n'avait point de domicile à lui. Il lui dit : « Merci à vous de vous être souvenue du pauvre Max dans vos prières, car elles ont été entendues du Seigneur. Vous désirez savoir qui je suis, âme charitable qui vous êtes intéressée au malheureux mendiant; je vais vous satisfaire; ce sera pour tous une grande instruction. »

Il lui fit alors le récit suivant à peu près en ces termes :

« Il y a un siècle et demi environ, j'étais un riche et puissant seigneur de cette contrée, mais vain, orgueilleux et infatué de ma noblesse. Mon immense fortune n'a jamais servi qu'à mes plaisirs, et elle y suffisait à peine, car j'étais joueur, débauché et passais ma vie dans les orgies. Mes vassaux, que je croyais créés à mon usage comme les animaux des fermes, étaient pressurés et maltraités pour subvenir à mes prodigalités. Je restais sourd à leurs plaintes comme à celles de tous les malheureux, et, selon moi, ils devaient s'estimer trop honorés de servir mes caprices. Je suis mort dans un âge peu avancé, épuisé par les excès, mais sans avoir éprouvé aucun malheur véritable; tout semblait au contraire me sourire, de sorte que j'étais aux yeux de tous un des heureux du monde: mon rang me valut de somptueuses funérailles, les viveurs regrettèrent en moi le fastueux seigneur, mais pas une larme ne fut versée sur ma tombe, pas une prière du cœur ne fut adressée à Dieu pour moi, et ma mémoire fut maudite de tous ceux dont j'avais accru la misère. Ah! quelle est terrible la malédiction des malheureux qu'on a faits! elle n'a pas cessé de retentir à mes oreilles pendant de longues années qui m'ont paru une éternité! Et à la mort de chacune de mes victimes, c'était une nouvelle figure menaçante ou ironique qui se dressait devant moi et me poursuivait sans relâche, sans que je pusse trouver un coin obscur pour me soustraire à sa vue! Pas un regard ami! mes anciens compagnons de débauche, malheureux comme moi, me fuyaient et semblaient me dire avec dédain: « Tu ne peux plus payer nos plaisirs. » Oh! qu'alors j'aurais payé chèrement un instant de repos, un verre d'eau pour étancher la soif brûlante qui me dévorait! mais je ne possédais plus rien, et *tout l'or que j'avais semé à pleines mains sur la terre n'avait pas produit une seule bénédiction*, pas une seule entendez-vous, mon enfant!

« Enfin, accablé de fatigue, épuisé comme un voyageur harassé qui ne voit pas le terme de sa route, je m'écriai : « Mon Dieu, ayez pitié de moi ! Quand donc « finira cette horrible situation ? » Alors une voix, la première que j'entendais depuis que j'avais quitté la terre, me dit : « *Quand tu voudras.* — Que faut-il faire, « grand Dieu ? répondis-je ; dites : je me soumets à « tout. — Il faut te repentir ; *t'humilier devant ceux que* « *tu as humiliés* ; les prier d'intercéder pour toi, car « *la prière de l'offensé qui pardonne est toujours agréable* « *au Seigneur.* » Je m'humiliai, je priai mes vassaux, mes serviteurs, qui étaient là devant moi, et dont les figures, de plus en plus bienveillantes, finirent par disparaître. Ce fut alors pour moi comme une nouvelle vie ; l'espérance remplaça le désespoir et je remerciai Dieu de toutes les forces de mon âme. La voix me dit ensuite : « Prince ! » et je répondis : « Il n'y a ici « d'autre prince que le Dieu tout-puissant qui humilie « les superbes. Pardonnez-moi, Seigneur, car j'ai pé-« ché ; faites de moi le serviteur de mes serviteurs, si « telle est votre volonté. »

« Quelques années plus tard, je naquis derechef, mais cette fois d'une famille de pauvres villageois. Mes parents moururent que j'étais encore enfant, et je restai seul au monde et sans appui. Je gagnai ma vie comme je pus, tantôt comme manœuvre, tantôt comme garçon de ferme, mais toujours honnêtement, car je croyais en Dieu cette fois. A l'âge de quarante ans, une maladie me rendit perclus de tous mes membres, et il me fallut mendier pendant plus de cinquante ans sur ces mêmes terres dont j'avais été le maître absolu ; recevoir un morceau de pain dans les fermes que j'avais possédées, et où, par une amère dérision, on m'avait surnommé monsieur le comte, trop heureux souvent de trouver un abri dans l'écurie du château qui avait été le mien. Dans mon sommeil, je me plaisais à parcourir ce même château où j'avais trôné en despote; que de fois, dans mes rêves, je m'y suis revu au milieu de mon ancienne fortune! Ces visions me laissaient au réveil un indéfinissable sentiment d'amertume et de regrets; mais jamais une plainte ne s'est échappée de ma bouche; et quand il a plu à Dieu de me rappeler à lui, je l'ai béni de m'avoir donné le courage de subir sans murmure cette longue et pénible épreuve dont je reçois aujourd'hui la récompense : et vous, ma fille, je vous bénis d'avoir prié pour moi. »

Nous recommandons ce fait à ceux qui prétendent que les hommes n'auraient plus de frein s'ils n'avaient pas devant eux l'épouvantail des peines éternelles, et nous demandons si la perspective d'un châtiment comme celui du père Max est moins faite pour arrêter dans la voie du mal que celle de tortures sans fin auxquelles on ne croit plus.

HISTOIRE D'UN DOMESTIQUE

Dans une famille de haut rang, était un tout jeune domestique dont la figure intelligente et fine nous frappa par son air de distinction; rien, dans ses manières, ne sentait la bassesse; son empressement pour le service de ses maîtres n'avait rien de cette obséquiosité servile propre aux gens de cette condition. L'année suivante, étant retourné dans cette famille, nous n'y vîmes plus ce garçon et nous demandâmes si on l'avait renvoyé. « Non, nous fut-il répondu : il était allé passer quelques jours dans son pays, et il y est mort. Nous le regrettons beaucoup, car c'était un excellent sujet, et qui avait des sentiments *vraiment au-dessus de sa position.* Il nous était très attaché, et nous a donné des preuves du plus grand dévoûment. »

Plus tard, la pensée nous vint d'évoquer ce jeune homme, et voici ce qu'il nous dit :

« Dans mon avant-dernière incarnation, j'étais, comme on le dit sur terre, d'une très-bonne famille, mais ruinée par les prodigalités de mon père. Je suis resté orphelin très jeune et sans ressources. Un ami de mon père m'a recueilli; il m'a élevé comme son fils et m'a fait donner une belle éducation dont j'ai tiré un peu trop de vanité. Cet ami est aujourd'hui M. de G..., au service duquel vous m'avez vu. J'ai voulu, dans ma dernière existence, expier mon orgueil en naissant dans une condition servile, et j'y ai trouvé l'occasion de prouver mon dévoûment à mon bienfaiteur. Je lui ai même sauvé la vie sans qu'il s'en soit jamais douté. C'était en même temps une épreuve dont je suis sorti à mon avantage, puisque j'ai eu assez de force pour ne pas me laisser corrompre par le contact d'un entourage presque toujours vicieux; malgré les mauvais exemples, je suis resté pur, et j'en remercie Dieu, car j'en suis récompensé par le bonheur dont je jouis. »

D. Dans quelles circonstances avez-vous sauvé la vie à M. de G... ? — R. Dans une promenade à cheval où je le suivais seul, j'aperçus un gros arbre qui tombait de son côté et qu'il ne voyait pas; je l'appelle en poussant un cri terrible; il se retourne vivement, et pendant ce temps l'arbre tombe à ses pieds; sans le mouvement que j'ai provoqué, il était écrasé.

M. de G..., auquel le fait fut rapporté, se l'est parfaitement rappelé.

D. Pourquoi êtes-vous mort si jeune? — R. Dieu avait jugé mon épreuve suffisante.

D. Comment avez-vous pu profiter de cette épreuve, puisque vous n'aviez pas souvenir de la cause qui l'avait motivée? — Dans mon humble position, il me restait un instinct d'orgueil que j'ai été assez heureux de pouvoir maîtriser, ce qui a fait que l'épreuve m'a été profitable, sans cela j'aurais encore à la recommencer. Mon Esprit se souvenait dans ses moments de liberté, et il m'en restait au réveil un désir intuitif de résister à mes tendances que je sentais être mauvaises. J'ai eu plus de mérite à lutter ainsi que si je m'étais clairement souvenu du passé. Le souvenir de mon ancienne position aurait exalté mon orgueil et m'aurait troublé, tandis que je n'ai eu à combattre que les entraînements de ma nouvelle position.

D. Vous avez reçu une brillante éducation, à quoi cela vous a-t-il servi dans votre dernière existence, puisque vous ne vous souveniez pas des connaissances que vous aviez acquises? — R. Ces connaissances auraient été inutiles, un contre-sens même dans ma nouvelle position; elles sont restées latentes, et aujourd'hui je les retrouve. Cependant elles ne m'ont pas été inutiles, car elles ont développé mon intelligence; j'avais instinctivement le goût des choses élevées, ce qui m'inspirait de la répulsion pour les exemples bas et ignobles que j'avais sous les yeux; sans cette éducation, *je n'aurais été qu'un valet.*

D. Les exemples des serviteurs dévoués à leurs maîtres jusqu'à l'abnégation ont-ils pour cause des relations antérieures? — R. N'en doutez pas; c'est du moins le cas le plus ordinaire. Ces serviteurs sont quelquefois des membres mêmes de la famille, ou, comme moi, des obligés qui payent une dette de reconnaissance, et que leur dévoûment aide à s'avancer. Vous ne savez pas tous les effets de sympathie ou d'antipathie que ces relations antérieures produisent dans le monde. Non, la mort n'interrompt pas ces relations, qui se perpétuent souvent de siècle en siècle.

D. Pourquoi ces exemples de dévoûment de serviteurs sont-ils si rares aujourd'hui ? — R. Il faut en accuser l'esprit d'égoïsme et d'orgueil de votre siècle, développé par l'incrédulité et les idées matérialistes. La foi vraie s'en va par la cupidité et le désir du gain, et avec elles les dévoûments. Le Spiritisme, en ramenant les hommes au sentiment du vrai, fera renaître les vertus oubliées.

Rien ne peut mieux que cet exemple faire ressortir le bienfait de l'oubli des existences antérieures. Si M. de G... s'était souvenu de ce qu'avait été son jeune domestique, il eût été très-gêné avec lui, et ne l'aurait même pas gardé dans cette condition ; il aurait ainsi entravé l'épreuve qui a été profitable à tous les deux.

—

ANTONIO B...

Enterré vivant. — La peine du talion.

M. Antonio B..., écrivain de mérite, estimé de ses concitoyens, ayant rempli avec distinction et intégrité des fonctions publiques en Lombardie, tomba, vers 1850, à la suite d'une attaque d'apoplexie, dans un état de mort apparente qu'on prit malheureusement, comme cela arrive quelquefois, pour la mort réelle. L'erreur était d'autant plus facile qu'on avait cru apercevoir sur le corps des signes de décomposition. Quinze jours après l'enterrement, une circonstance fortuite détermina la famille à demander l'exhumation; il s'agissait d'un médaillon oublié par mégarde dans le cercueil; mais la stupeur des assistants fut grande quand, à l'ouverture, on reconnut que le corps avait changé de position, qu'il s'était retourné, et, chose horrible! qu'une des mains était en partie mangée par le défunt. Il fut alors manifeste que le malheureux Antonio B... avait été enterré vivant; il avait dû succomber sous les étreintes du désespoir et de la faim.

M. Antonio B... ayant été évoqué à la Société de Paris, en août 1861, sur la demande de l'un de ses parents, donna les explications suivantes :

1. *Évocation*. — Que me voulez-vous?

2. Un de vos parents nous a priés de vous évoquer; nous le faisons avec plaisir, et nous serons heureux si vous voulez bien nous répondre. — R. Oui, je veux bien vous répondre.

3. Vous rappelez-vous les circonstances de votre mort? — R. Ah! certes oui! je me les rappelle; pourquoi réveiller ce souvenir de châtiment?

4. Est-il certain que vous avez été enterré vivant par méprise? — R. Cela devait être ainsi, car la mort apparente a eu tous les caractères d'une mort réelle; j'étais presque exsangue[1]. On ne doit imputer à personne un fait prévu dès avant ma naissance.

5. Si ces questions sont de nature à vous causer de la peine, faut-il les cesser? — R. Non, continuez.

---

[1] Privé de sang. Décoloration de la peau par la privation de sang.

6. *Nous voudrions vous savoir heureux, car vous avez laissé la réputation d'un honnête homme.* — R. Je vous remercie bien ; je sais que vous prierez pour moi. Je vais tâcher de répondre, mais si j'échoue, un de vos guides y suppléera.

7. *Pouvez-vous décrire les sensations que vous avez éprouvées dans ce terrible moment ?* — R. Oh ! quelle douloureuse épreuve! se sentir enfermé entre quatre planches, de manière à ne pouvoir remuer ni bouger ! Ne pouvoir appeler ; la voix ne résonnant plus, dans un milieu privé d'air. Oh ! quelle torture que celle d'un malheureux qui s'efforce en vain d'aspirer dans une atmosphère insuffisante et dépourvue de la partie respirable ! Hélas ! j'étais comme un condamné à la gueule d'un four, sauf la chaleur. Oh ! je ne souhaite à personne de pareilles tortures. Non, je ne souhaite à personne une fin comme la mienne! Hélas ! cruelle punition d'une cruelle et féroce existence! Ne me demandez pas à quoi je pensais, mais je plongeais dans le passé et j'entrevoyais vaguement l'avenir.

8. *Vous dites : cruelle punition d'une féroce existence; mais votre réputation, jusqu'à ce jour intacte, ne faisait rien supposer de pareil. Pouvez-vous nous expliquer cela?* — R. Qu'est-ce que la durée de l'existence dans l'éternité ! Certes, j'ai tâché de bien agir dans ma dernière incarnation ; mais cette fin avait été acceptée par moi avant de rentrer dans l'humanité. Ah ! pourquoi m'interroger sur ce passé douloureux que seul je connaissais, ainsi que les Esprits, ministres du Tout-Puissant? Sachez donc, puisqu'il faut vous le dire, que dans une existence antérieure, j'avais muré une femme, la mienne! toute vivante dans un caveau ! C'est la peine

30

du talion que j'ai dû m'appliquer. Dent pour dent, œil pour œil.

9. Nous vous remercions d'avoir bien voulu répondre à nos questions, et nous prions Dieu de vous pardonner le passé en faveur du mérite de votre dernière existence. — R. Je reviendrai plus tard ; du reste, l'Esprit d'Éraste voudra bien compléter.

Instruction du guide du médium.

Ce que vous devez retirer de cet enseignement, c'est que toutes vos existences se tiennent, et que nulle n'est indépendante des autres; les soucis, les tracas, comme les grandes douleurs qui frappent les hommes, sont toujours les conséquences d'une vie antérieure criminelle ou mal employée. Cependant, je dois vous le dire, les fins pareilles à celle d'Antonio B... sont rares, et si cet homme, dont la dernière existence a été exempte de blâme, a fini de cette façon, c'est qu'il avait sollicité lui-même une mort pareille, afin d'abréger le temps de son erraticité et atteindre plus rapidement les sphères élevées. En effet, après une période de trouble et de souffrance morale pour expier encore son crime épouvantable, il lui sera pardonné et il s'élèvera vers un monde meilleur où il retrouvera sa victime, qui l'attend, et qui lui a déjà depuis longtemps pardonné. Sachez donc faire votre profit de cet exemple cruel, pour supporter avec patience, ô mes chers spirites, les souffrances corporelles, les souffrances morales, et toutes les petites misères de la vie.

D. Quel profit peut retirer l'humanité de pareilles punitions? — R. Les châtiments ne sont pas faits pour développer l'humanité, mais pour châtier l'individu coupable. En effet, l'humanité n'a nul intérêt à voir souffrir un des siens. Ici la punition a été appropriée à la faute. Pourquoi des fous? pourquoi des crétins? pourquoi des gens paralysés? pourquoi ceux qui meurent dans le feu? pourquoi ceux qui vivent des années dans les tortures d'une longue agonie, ne pouvant ni vivre ni mourir? Ah! croyez-moi, respectez la volonté souveraine et ne cherchez pas à sonder la raison des décrets providentiels; sachez-le! Dieu est juste et fait bien ce qu'il fait.

ÉRASTE.

N'y a-t-il pas dans ce fait un grand et terrible enseignement? Ainsi la justice de Dieu atteint toujours le coupable, et pour être quelquefois tardive, elle n'en suit pas moins son cours. N'est-il pas éminemment moral de savoir que, si de grands coupables achèvent leur existence paisiblement, et souvent dans l'abondance des biens terrestres, l'heure de l'expiation sonnera tôt ou tard? Des peines de cette nature se comprennent, non-seulement parce qu'elles sont en quelque sorte sous nos yeux, mais parce qu'elles sont logiques; on y croit, parce que la raison les admet.

Une existence honorable n'exempte donc pas des épreuves de la vie, parce qu'on les a choisies ou acceptées comme complément d'expiation; c'est l'appoint d'une dette que l'on acquitte avant de recevoir le prix du progrès accompli.

Si l'on considère combien, dans les siècles passés, étaient fréquents, même dans les classes les plus élevées et les plus éclairées, les actes de barbarie qui nous révoltent tant aujourd'hui; combien de meurtres étaient commis à ces époques où l'on se jouait de la vie de son semblable, où le puissant écrasait le faible sans scrupule, on comprendra combien, parmi les hommes de nos jours, il doit y en avoir qui ont à laver leur passé; on ne s'étonnera plus du nombre si considérable des gens qui meurent victimes d'accidents isolés ou de catastrophes générales. Le despotisme, le fanatisme, l'ignorance et les préjugés du moyen âge et des siècles qui l'ont suivi, ont légué aux générations futures une dette immense, qui n'est point encore liquidée. Bien des malheurs ne nous semblent immérités que parce que nous ne voyons que le moment actuel.

—

M. LETIL

M. Letil, fabricant près de Paris, est mort en avril 1864, d'une manière affreuse. Une chaudière de vernis en ébullition ayant pris feu et s'étant renversée sur lui, il fut en un clin d'œil couvert d'une matière embrasée, et comprit tout de suite qu'il était perdu. Seul en ce moment dans l'atelier, avec un jeune apprenti, il eut le courage de se rendre à son domicile, distant de plus de deux cents mètres. Lorsqu'on put lui donner les premiers secours, les chairs étaient brûlées et s'en allaient par lambeaux; les os d'une partie du corps et de la face étaient à nu. Il vécut ainsi douze heures dans les plus horribles souffrances, conservant malgré cela toute sa présence d'esprit jusqu'au dernier moment, et mettant ordre à ses affaires avec une parfaite lucidité. Pendant cette cruelle agonie, il ne fit entendre aucune plainte, aucun murmure, et mourut en priant Dieu. C'était un homme très-honorable, d'un caractère doux et bienveillant, aimé et estimé de tous ceux qui l'ont connu. Il avait embrassé les idées spirites avec enthousiasme, mais pas assez de réflexion, et fut, par cette raison, étant un peu médium lui-même, le jouet de nombreuses mystifications qui, cependant, n'ébranlèrent pas sa foi. Sa confiance à ce que lui disaient les Esprits était poussée, dans certaines circonstances, jusqu'à la naïveté.

Évoqué à la Société de Paris, le 29 avril 1864, peu de jours après sa mort, et encore sous l'impression de la terrible scène dont il avait été victime, il donna la communication suivante :

« Une tristesse profonde m'accable ! Tout épouvanté encore de ma mort tragique, je me crois sous le fer d'un bourreau. Que j'ai donc souffert ! Oh ! que j'ai souffert ! J'en suis tout tremblant. Il me semble que je sens encore l'odeur fétide que mes chairs brûlées jetaient autour de moi. Agonie de douze heures, que tu as éprouvé le coupable Esprit ! Il a souffert sans murmurer, aussi Dieu va lui donner son pardon.

« O ma bien-aimée ! ne pleure plus sur moi, mes douleurs vont se calmer. Je ne souffre plus réellement, mais le souvenir équivaut à la réalité. Ma connaissance du Spiritisme m'aide beaucoup ; je vois maintenant que, sans cette douce croyance, je serais resté dans le délire où j'ai été jeté par cette mort affreuse.

« Mais j'ai un consolateur qui ne m'a pas quitté depuis mon dernier soupir ; je parlais encore que je le voyais déjà près de moi ; il me semblait que c'était un reflet de mes douleurs qui me donnait le vertige, et me montrait des fantômes... non : c'était mon ange protecteur qui, silencieux et muet, me consolait par le cœur. Dès que j'eus dit adieu à la terre, il me dit : « Viens, mon fils, et revois le jour. » Je respirai plus librement, croyant sortir d'un songe effroyable ; je parlai de ma bien-aimée épouse, du courageux enfant qui s'était dévoué pour moi. « Tous sont sur la terre, me dit-« il ; toi, ô mon fils, tu es parmi nous. » Je cherchai ma maison ; l'ange m'y laissa rentrer, tout en m'y accompagnant. Je vis tout le monde en larmes ; tout était triste et en deuil dans cette paisible demeure d'autrefois. Je ne pus soutenir plus longtemps la vue de ce douloureux spectacle; trop ému, je dis à mon guide : « O mon bon ange, sortons d'ici ! — Oui, sortons, dit « l'ange, et cherchons le repos. »

« Depuis, je souffre moins; si je ne voyais mon épouse inconsolable, mes amis si tristes, je serais presque heureux.

« Mon bon guide, mon cher ange, a bien voulu me dire pourquoi j'ai eu une mort si douloureuse, et pour votre enseignement, mes enfants, je vais vous faire un aveu.

« Il y a deux siècles, je fis étendre sur un bûcher une jeune fille, innocente comme on l'est à son âge, elle avait 12 à 14 ans à peu près. De quoi l'accusait-on? Hélas! d'avoir été la complice d'une menée contre la politique sacerdotale. J'étais Italien, et juge inquisiteur; les bourreaux n'osaient pas toucher le corps de la jeune enfant : moi-même je fus le juge et le bourreau. O justice, justice de Dieu, tu es grande ! Je m'y suis soumis ; j'avais tant promis de ne pas chanceler au jour du combat que j'ai eu la force de tenir parole ; je n'ai pas murmuré, et vous m'avez pardonné, ô mon Dieu ! Quand donc le souvenir de ma pauvre et innocente victime s'effacera-t-il de ma mémoire? C'est là ce qui me fait souffrir? Il faut aussi qu'elle me pardonne.

« O vous, enfants de la nouvelle doctrine, vous dites parfois: Nous ne nous souvenons pas de ce que nous avons fait précédemment, c'est pourquoi nous ne pouvons éviter les maux auxquels nous nous exposons par l'oubli du passé. O mes frères ! bénissez Dieu ; s'il vous en a laissé le souvenir, il n'y aurait pour vous aucun repos sur la terre. Sans cesse poursuivis par le remords et la honte, pourriez-vous avoir un seul instant de paix ?

« L'oubli est un bienfait ; le souvenir ici est une torture. Encore quelques jours, et pour récompense de la patience avec laquelle j'ai supporté mes douleurs, Dieu va me donner l'oubli de ma faute. Voici la promesse qui vient de m'être faite par mon bon ange. »

Le caractère de M. Letil, dans sa dernière existence, prouve combien son Esprit s'était amélioré. Sa conduite a été le résultat de son repentir et des résolutions qu'il avait prises ; mais cela ne suffisait pas ; il lui fallait sceller ses résolutions par une grande expiation ; il lui fallait endurer comme homme ce qu'il avait fait endurer aux autres ; la résignation, en cette terrible circonstance, était pour lui la plus grande épreuve, et, heureusement pour lui, il n'y a pas failli. La connaissance du Spiritisme a sans doute beaucoup contribué à soutenir son courage par la foi sincère qu'elle lui avait donnée en l'avenir ; il savait que les douleurs de la vie sont des épreuves et des expiations, et il s'y était soumis sans murmurer, disant : Dieu est juste ; je l'ai sans doute mérité.

—

UN SAVANT AMBITIEUX

Madame B..., de Bordeaux, n'a pas éprouvé les poignantes angoisses de la misère, mais elle a été toute sa vie un martyr de douleurs physiques par les innombrables maladies graves dont elle a été atteinte, pendant soixante-dix ans, depuis l'âge de cinq mois, et qui, presque chaque année, l'ont mise à la porte du tombeau. Trois fois elle fut empoisonnée par les essais que la science incertaine fit sur elle, et son tempérament, ruiné par les remèdes autant que par les maladies, l'a laissée jusqu'à la fin de ses jours en proie à d'intolérables souffrances que rien ne pouvait calmer. Sa fille, spirite chrétienne et médium, demandait à Dieu, dans ses prières, d'adoucir ses cruelles épreuves, mais son guide spirituel lui dit de demander simplement pour elle la force de les supporter avec patience et résignation, et lui dicta les instructions suivantes :

« Tout a sa raison d'être dans l'existence humaine ; il n'est pas une des souffrances *que vous avez causées qui ne trouve un écho dans les souffrances que vous endurez ;* pas un de vos excès qui ne trouve un contre-poids dans une de vos privations ; pas une larme ne tombe de vos yeux sans avoir à laver une faute, un crime quelquefois. Subissez donc avec patience et résignation vos douleurs physiques ou morales, quelque cruelles qu'elles vous semblent, et pensez au laboureur dont la fatigue brise les membres, mais qui continue son œuvre sans s'arrêter, car il a toujours devant lui les épis dorés qui seront les fruits de sa persévérance. Tel est le sort du malheureux qui souffre sur votre terre ; l'aspiration vers le bonheur qui doit être le fruit de sa patience, le rendra fort contre les douleurs passagères de l'humanité.

« Ainsi en est-il de ta mère ; chaque douleur qu'elle accepte comme une expiation est une tache effacée de son passé, et plus tôt toutes les taches seront effacées, plus tôt elle sera heureuse. *Le manque de résignation rend seul la souffrance stérile,* car alors les épreuves sont à recommencer. Ce qui est donc le plus utile pour elle, c'est le courage et la soumission ; c'est ce qu'il faut prier Dieu et les bons Esprits de lui accorder.

« Ta mère fut jadis un bon médecin, répandu dans une classe où rien ne coûte pour s'assurer le bien-être, et où il fut comblé de dons et d'honneurs. Ambitieux de gloire et de richesses, voulant atteindre l'apogée de la science, non pas en vue de soulager ses frères, car il n'était pas philanthrope, mais en vue d'augmenter sa réputation, et par suite sa clientèle, rien ne lui a coûté pour mener à bonne fin ses études. La mère était martyrisée sur son lit de souffrance, parce qu'il prévoyait une étude dans les convulsions qu'il provoquait ; l'enfant était soumis aux expériences qui devaient lui donner la clef de certains phénomènes ; le vieillard voyait hâter sa fin ; l'homme vigoureux se sentait affaibli par les essais qui devaient constater l'action de tel ou tel breuvage, et toutes ces expériences étaient tentées sur le malheureux sans défiance. La satisfaction de la cupidité et de l'orgueil, la soif de l'or et de la renommée, tels furent les mobiles de sa conduite. Il a fallu des siècles et de terribles épreuves pour dompter cet Esprit orgueilleux et ambitieux ; puis le repentir a commencé son œuvre de régénération, et la réparation s'achève, car les épreuves de cette dernière existence sont douces auprès de celles qu'il a endurées. Courage donc, si la peine a été longue et cruelle, la récompense accordée à la patience, à la résignation et à l'humilité sera grande.

« Courage, vous tous qui souffrez ; pensez au peu de temps que dure votre existence matérielle ; pensez aux joies de l'éternité ; appelez à vous l'espérance, cette amie dévouée de tout cœur souffrant ; appelez à vous la foi, sœur de l'espérance; la foi qui vous montre le ciel où l'espérance vous fait pénétrer avant le temps. Appelez aussi à vous ces amis que le Seigneur vous donne, qui vous entourent, vous soutiennent et vous aiment, et dont la constante sollicitude vous ramène à celui que vous aviez offensé en transgressant ses lois. »

Après sa mort, madame B... a donné, soit à sa fille, soit à la Société spirite de Paris, des communications où se reflètent les plus éminentes qualités, et où elle confirme ce qui avait été dit de ses antécédents.

CHARLES DE SAINT-G..., idiot

(Société spirite de Paris, 1860.)

Charles de Saint-G... était un jeune idiot âgé de treize ans, vivant, et dont les facultés intellectuelles étaient d'une telle nullité, qu'il ne connaissait pas ses parents et pouvait à peine prendre sa nourriture. Il y avait chez lui arrêt complet de développement dans tout le système organique.

1. *A saint Louis.* Voudriez-vous nous dire si nous pouvons faire l'évocation de l'Esprit de cet enfant? — R. Vous pouvez l'évoquer comme si vous évoquiez l'Esprit d'un mort.

2. Votre réponse nous ferait supposer que l'évocation pourrait se faire à tout moment quelconque — R. Oui; son âme tient à son corps par des liens matériels, mais non par des liens spirituels; elle peut toujours se dégager.

3. *Evocation de Ch. de Saint-G....* — Je suis un pauvre Esprit attaché à la terre comme un oiseau par une patte.

4. Dans votre état actuel, comme Esprit, avez-vous la conscience de votre nullité en ce monde? — Certainement; je sens bien ma captivité.

5. Quand votre corps dort, et que votre Esprit se dégage, avez-vous les idées aussi lucides que si vous étiez dans un état normal? — R. Quand mon malheureux corps repose, je suis un peu plus libre de m'élever vers le ciel où j'aspire.

6. Éprouvez-vous, comme Esprit, un sentiment pénible de votre état corporel? — R. Oui, puisque c'est une punition.

7. Vous rappelez-vous votre existence précédente?— R. Oh! oui; elle est la cause de mon exil d'à présent.

8. Quelle était cette existence? — R. Un jeune libertin sous Henri III.

9. Vous dites que votre condition actuelle est une punition; vous ne l'avez donc pas choisie? — Non.

10. Comment votre existence actuelle peut-elle servir à votre avancement dans l'état de nullité où vous êtes? — R. Elle n'est pas nulle pour moi devant Dieu qui me l'a imposée.

11. Prévoyez-vous la durée de votre existence actuelle? — R. Non; encore quelques années, et je rentrerai dans ma patrie.

12. Depuis votre précédente existence jusqu'à votre incarnation actuelle, qu'avez-vous fait comme Esprit? — R. C'est parce que j'étais un Esprit léger que Dieu m'a emprisonné.

13. Dans votre état de veille, avez-vous conscience de ce qui se passe autour de vous, et cela malgré l'imperfection de vos organes? — R. Je vois, j'entends, mais mon corps ne comprend ni ne voit rien.

14. Pouvons-nous faire quelque chose qui vous soit utile? — R. Rien.

15. *A saint Louis.* Les prières pour un Esprit réincarné peuvent-elles avoir la même efficacité que pour un Esprit errant? — R. Les prières sont toujours bonnes et agréables à Dieu; dans la position de ce pauvre Esprit, elles ne peuvent lui servir à rien; elles lui serviront plus tard, car Dieu en tiendra compte.

Cette évocation confirme ce qui a toujours été dit sur les idiots. Leur nullité morale ne tient point à la nullité de leur Esprit, qui, abstraction faite des organes, jouit de toutes ses facultés. L'imperfection des organes n'est qu'un *obstacle* à la libre manifestation des pensées: elle ne les annihile point. C'est le cas d'un homme vigoureux dont les membres seraient comprimés par des liens.

Instruction d'un Esprit sur les idiots et les crétins donnée à la Société de Paris.

Les crétins sont des êtres punis sur la terre pour le mauvais usage qu'ils ont fait de puissantes facultés; leur âme est emprisonnée dans un corps dont les organes impuissants ne peuvent exprimer leurs pensées; ce mutisme moral et physique est une des plus cruelles punitions terrestres; souvent elle est choisie par les Esprits repentants qui veulent racheter leurs fautes. Cette épreuve n'est point stérile, car l'Esprit ne reste pas stationnaire dans sa prison de chair; ces yeux hébétés voient, ce cerveau déprimé conçoit, mais rien ne peut se traduire ni par la parole ni par le regard, et, sauf le mouvement, ils sont moralement dans l'état des léthargiques et des cataleptiques qui voient et entendent ce qui se passe autour d'eux sans pouvoir l'exprimer. Quand vous avez en rêve ces terribles cauchemars où vous voulez fuir un danger, que vous poussez des cris pour appeler au secours, tandis que votre langue reste attachée au palais et vos pieds au sol, vous éprouvez un instant ce que le crétin éprouve toujours : *paralysie du corps jointe à la vie de l'Esprit.*

Presque toutes les infirmités ont ainsi leur raison d'être ; rien ne se fait sans cause, et ce que vous appelez l'injustice du sort est l'application de la plus haute justice. La folie est aussi une punition de l'abus de hautes facultés ; le fou a deux personnalités : celle qui extravague et celle qui a la conscience de ses actes, sans pouvoir les diriger. Quant aux crétins, la vie contemplative et isolée de leur âme, qui n'a pas les distractions du corps, peut être aussi agitée que les existences les plus compliquées par les événements ; quelques-uns se révoltent contre leur supplice volontaire ; ils regrettent de l'avoir choisi et éprouvent un désir furieux de revenir à une autre vie, désir qui leur fait oublier la résignation à la vie présente, et le remords de la vie passée dont ils ont la conscience, car les crétins et les fous savent plus que vous, et sous leur impuissance physique se cache une puissance morale dont vous n'avez nulle idée. Les actes de fureur ou d'imbécillité auxquels leur corps se livre sont jugés par l'être intérieur qui en souffre et qui en rougit. Ainsi, les bafouer, les injurier, les maltraiter même, comme on le fait quelquefois, c'est augmenter leurs souffrances, car c'est leur faire sentir plus durement leur faiblesse et leur abjection, et s'ils le pouvaient, ils accuseraient de lâcheté ceux qui n'agissent de cette façon que parce qu'ils savent que leur victime ne peut se défendre.

Le crétinisme n'est pas une des lois de Dieu, et la

science peut le faire disparaître, car il est le résultat matériel de l'ignorance, de la misère et de la malpropreté. Les nouveaux moyens d'hygiène que la science, devenue plus pratique, a mis à la portée de tous, tendent à le détruire. Le progrès étant la condition expresse de l'humanité, les épreuves imposées se modifieront et suivront la marche des siècles ; elles deviendront toutes morales, et lorsque votre terre, jeune encore, aura accompli toutes les phases de son existence, elle deviendra un séjour de félicité comme d'autres planètes plus avancées.

Pierre JOURY, *père du médium.*

Il fut un temps où l'on avait mis en question l'âme des crétins, et l'on se demandait s'ils appartenaient véritablement à l'espèce humaine. La manière dont le Spiritisme les fait envisager n'est-elle pas d'une haute moralité et d'un grand enseignement ? N'y a-t-il pas matière à sérieuses réflexions en songeant que ces corps disgraciés renferment des âmes qui ont peut-être brillé dans le monde, qui sont aussi lucides et aussi pensantes que les nôtres, sous l'épaisse enveloppe qui en étouffe les manifestations, et qu'il peut en être de même un jour de nous, si nous abusons des facultés que nous a départies la Providence ?

Comment en outre le crétinisme pourrait-il s'expliquer ; comment le faire concorder avec la justice et la bonté de Dieu, sans admettre la pluralité des existences ? Si l'âme n'a pas déjà vécu, c'est qu'elle est créée en même temps que le corps ; dans cette hypothèse, comment justifier la création d'âmes aussi déshéritées que celles des crétins de la part d'un Dieu juste et bon ? car ici, il ne s'agit point d'un de ces accidents, comme la folie, par exemple, que l'on peut ou prévenir ou guérir ; ces êtres naissent et meurent dans le même état ; n'ayant aucune notion du bien et du mal, quel est leur sort dans l'éternité ? Seront-ils heureux à l'égal des hommes intelligents et travailleurs ? Mais pourquoi cette faveur, puisqu'ils n'ont rien fait de bien ? Seront-ils dans ce qu'on appelle les limbes, c'est-à-dire dans un état mixte qui n'est ni le bonheur ni le malheur? Mais pourquoi cette infériorité éternelle? Est-ce leur faute si Dieu les a créés crétins? Nous défions tous ceux qui repoussent la doctrine de la réincarnation de sortir de cette impasse. Avec la réincarnation, au contraire, ce qui paraît une injustice devient une admirable justice; ce qui est inexplicable s'explique de la manière la plus rationnelle.

Au reste, nous ne sachons pas que ceux qui repoussent cette doctrine l'aient jamais combattue avec d'autres arguments que celui de leur répugnance personnelle à revenir sur la terre. A cela on leur répond : Pour vous y renvoyer, Dieu ne demande pas votre permission, pas plus que le juge ne consulte le goût du condamné pour l'envoyer en prison. Chacun a la possibilité de n'y pas revenir en s'améliorant assez pour mériter de passer dans une sphère plus élevée. Mais, dans ces sphères heureuses, l'égoïsme et l'orgueil ne sont pas admis; c'est donc à se dépouiller de ces infirmités morales qu'il faut travailler si l'on veut monter en grade.

On sait que, dans certaines contrées, les crétins, loin d'être un objet de mépris, sont entourés de soins bienveillants. Ce sentiment ne tiendrait-il pas à une intuition du véritable état de ces infortunés, d'autant plus dignes d'égards que leur Esprit, qui comprend sa position, doit souffrir de se voir le rebut de la société?

On y considère même comme une faveur et une bénédiction d'avoir un de ces êtres dans une famille. Est-ce superstition. C'est possible, parce que chez les ignorants, la superstition se mêle aux idées les plus saintes dont ils ne se rendent pas compte; dans tous les cas, c'est, pour les parents, une occasion d'exercer une charité d'autant plus méritoire, qu'étant généralement pauvres, c'est pour eux une charge sans compensation matérielle. Il y a plus de mérite à entourer de soins affectueux un enfant disgracié, que celui dont les qualités offrent un dédommagement. Or, la charité du cœur étant une des vertus les plus agréables à Dieu, attire toujours sa bénédiction sur ceux qui la pratiquent. Ce sentiment inné, chez ces gens-là, équivaut à cette prière : « Merci, mon Dieu, de nous avoir donné pour épreuve un être faible à soutenir, et un affligé à consoler. »

CHAPITRE VIII

ADÉLAIDE-MARGUERITE GOSSE.

C'était une humble et pauvre servante de la Normandie, près d'Harfleur. A onze ans, elle entra au service de riches herbagers de son pays. Peu d'années après, un débordement de la Seine emporte et noie tous les bestiaux! d'autres malheurs surviennent, ses maîtres tombent dans la détresse! Adélaïde enchaîne son sort au leur, étouffe la voix de l'égoïsme, et, n'écoutant que son généreux cœur, elle leur fait accepter cinq cents francs épargnés par elle, et continue sans gages à les servir; puis, à leur mort, elle s'attache à leur fille, demeurée veuve et sans ressources. Elle travaille dans les champs et rapporte son gain à la maison. Elle se marie, et, la journée de son mari s'ajoutant à la sienne, les voilà maintenant à deux à soutenir la pauvre femme, qu'elle appelle toujours « sa maîtresse! » Ce sublime sacrifice a duré près d'un demi-siècle.

La Société d'émulation de Rouen ne laissa pas dans l'oubli cette femme digne de tant de respect et d'admiration; elle lui décerna une médaille d'honneur et une récompense en argent; les loges maçonniques du Havre s'associèrent à ce témoignage d'estime et lui offrirent une petite somme pour ajouter à son bien-être. Enfin, l'administration locale s'occupa de son sort avec délicatesse, en ménageant sa susceptibilité.

Une attaque de paralysie a enlevé en un instant et sans souffrance cet être bienfaisant. Les derniers devoirs lui ont été rendus d'une manière simple, mais décente; le secrétaire de la mairie s'était mis à la tête du deuil.

(Société de Paris, 27 décembre 1861.)

Évocation. — Nous prions Dieu tout-puissant de permettre à l'Esprit de Marguerite Gosse de se communiquer à nous. — R. Oui, Dieu veut bien me faire cette grâce.

D. Nous sommes heureux de vous témoigner notre admiration pour la conduite que vous avez tenue pendant votre existence terrestre, et nous espérons que votre abnégation a reçu sa récompense. — R. Oui, Dieu a été pour sa servante plein d'amour et de miséricorde. Ce que j'ai fait, ce que vous trouvez bien, était tout naturel.

D. Pour notre instruction, pourriez-vous nous dire quelle a été la cause de l'humble condition que vous avez occupée sur la terre? — R. J'avais occupé, dans deux existences successives, une position assez élevée; le bien m'était facile; je l'accomplissais sans sacrifice, parce que j'étais riche; je trouvais que j'avançais lentement, c'est pourquoi j'ai demandé à revenir dans une condition plus infime où j'aurais à lutter moi-même contre les privations, et je m'y étais préparée pendant longtemps. Dieu a soutenu mon courage, et j'ai pu arriver au but que je m'étais proposé, grâce aux secours spirituels que Dieu m'a donnés.

D. Avez-vous revu vos anciens maîtres? Dites-nous, je vous prie, quelle est votre position vis-à-vis d'eux, et si vous vous considérez toujours comme leur subordonnée. — R. Oui, je les ai revus; ils étaient, à mon arrivée, dans ce monde. Je vous dirai, en toute humilité, qu'ils me considèrent comme leur étant bien supérieure.

D. Avez-vous un motif particulier pour vous attacher

à eux plutôt qu'à d'autres ? — R. Aucun motif obligatoire ; j'aurais atteint mon but partout ailleurs ; je les ai choisis pour acquitter envers eux une dette de reconnaissance. Jadis ils avaient été bons pour moi, et m'avaient rendu service.

D. Quel avenir pressentez-vous pour vous ?—R. J'espère être réincarnée dans un monde où la douleur est inconnue. Peut-être me trouverez-vous bien présomptueuse, mais je vous réponds avec toute la vivacité de mon caractère. Du reste, je m'en remets à la volonté de Dieu.

D. Nous vous remercions d'être venue à notre appel, et ne doutons pas que Dieu vous comble de ses bontés. — R. Merci. Puisse Dieu vous bénir et vous faire à tous, en mourant, éprouver les joies si pures qui m'ont été départies !

CLARA RIVIER

Clara Rivier était une jeune fille de dix ans, appartenant à une famille de laboureurs dans un village du midi de la France ; elle était complétement infirme depuis quatre ans. Pendant sa vie, elle n'a jamais fait entendre une seule plainte, ni donné un seul signe d'impatience ; quoique dépourvue d'instruction, elle consolait sa famille affligée en l'entretenant de la vie future et du bonheur qu'elle devait y trouver. Elle est morte en septembre 1862, après quatre jours de tortures et de convulsions, pendant lesquelles elle n'a pas cessé de prier Dieu. « Je ne crains pas la mort, disait-elle, puisqu'une vie de bonheur m'est réservée après. » Elle disait à son père, qui pleurait : « Console-toi, je reviendrai te visiter ; mon heure est proche, je le sens ; mais, quand elle arrivera, je le saurai et te préviendrai d'avance.» En effet, lorsque le moment fatal fut sur le point de s'accomplir, elle appela tous les siens en disant: « Je n'ai plus que cinq minutes à vivre ; donnez-moi vos mains. » Et elle expira comme elle l'avait annoncé.

Depuis lors, un Esprit frappeur est venu visiter la maison des époux Rivier, où il bouleverse tout ; il frappe la table, comme s'il avait une massue ; il agite les draperies et les rideaux, remue la vaisselle. Cet esprit apparaît sous la forme de Clara à la jeune sœur de celle-ci qui n'a que cinq ans. D'après cette enfant, sa sœur lui a souvent parlé, et ces apparitions lui font souvent pousser des cris de joie, et dire : « Mais voyez donc comme Clara est jolie! »

1. *Évocation de Clara Rivier*. — R. Je suis près de vous, disposée à répondre.

2. D'où vous venaient, quoique si jeune et sans instruction, les idées élevées que vous exprimiez sur la vie future avant votre mort? — R. Du peu de temps que j'avais à passer sur votre globe et de ma précédente incarnation. J'étais médium lorsque je quittai la terre, et j'étais médium en revenant parmi vous. C'était une prédestination ; je sentais et je voyais ce que je disais.

3. Comment se fait-il qu'une enfant de votre âge n'ait poussé aucune plainte pendant quatre années de souffrances? — R. Parce que la souffrance physique était maîtrisée par une puissance plus grande, celle de mon ange gardien, que je voyais continuellement près de moi ; il savait alléger tout ce que je ressentais ; il rendait ma volonté plus forte que la douleur.

4. Comment avez-vous été prévenue de l'instant de votre mort? — R. Mon ange gardien me le disait ; jamais il ne m'a trompée.

5. Vous aviez dit à votre père : « Console-toi, je viendrai te visiter. » Comment se fait-il qu'animée d'aussi bons sentiments pour vos parents, vous veniez les tourmenter après votre mort, en faisant du tapage chez eux? — R. J'ai sans doute une épreuve, ou plutôt une mission à remplir. Si je viens revoir mes parents, croyez-vous que ce soit pour rien? Ces bruits, ce trouble, ces luttes amenées par ma présence sont un avertissement. Je suis aidée par d'autres Esprits dont la turbulence a une portée, comme j'ai la mienne en apparaissant à ma sœur. Grâce à nous, bien des convictions vont naître. Mes parents avaient une épreuve à subir; elle cessera bientôt, mais seulement après avoir porté la conviction dans une foule d'esprits.

6. Ainsi, ce n'est pas vous personnellement qui causez ce trouble? — R. Je suis aidée par d'autres Esprits qui servent à l'épreuve réservée à mes chers parents.

7. Comment se fait-il que votre sœur vous ai reconnue, si ce n'est pas vous qui produisiez ces manifestations? — R. Ma sœur n'a vu que moi. Elle possède maintenant une seconde vue, et ce n'est pas la dernière fois que ma présence viendra la consoler et l'encourager.

8. Pourquoi, si jeune, avez-vous été affligée de tant d'infirmités? — R. J'avais des fautes antérieures à expier; j'avais mésusé de la santé et de la position brillante dont je jouissais dans ma précédente incarnation; alors Dieu m'a dit : « Tu as joui grandement, démesurément, tu souffriras de même; tu étais orgueilleuse, tu seras humble; tu étais fière de ta beauté et tu seras brisée; au lieu de la vanité, tu t'efforceras d'acquérir la charité et la bonté. » J'ai fait selon la volonté de Dieu, et mon ange gardien m'a aidée.

9. *Voudriez-vous faire dire quelque chose à vos parents ?* — R. A la demande d'un médium, mes parents ont fait beaucoup de charité; ils ont eu raison de ne pas toujours prier des lèvres : il faut le faire de la main et du cœur. Donner à ceux qui souffrent, c'est prier, c'est être spirite.

Dieu a donné à toutes les âmes le libre arbitre, c'est-à-dire la faculté de progresser; à toutes il a donné la même aspiration, et c'est pour cela que *la robe de bure touche de plus près la robe brochée d'or qu'on ne le pense généralement*. Aussi, rapprochez les distances par la charité; introduisez le pauvre chez vous, encouragez-le, relevez-le, ne l'humiliez pas. Si l'on savait pratiquer partout cette grande loi de la conscience, on n'aurait pas, à des époques déterminées, ces grandes misères qui déshonorent les peuples civilisés, et que Dieu envoie pour les châtier et pour leur ouvrir les yeux.

Chers parents, priez Dieu, aimez-vous, pratiquez la loi du Christ : ne pas faire aux autres ce que vous ne voudriez pas qui vous fût fait : implorez Dieu qui vous éprouve, en vous montrant que sa volonté est sainte et grande comme lui. Sachez, en prévision de l'avenir, vous armer de courage et de persévérance, car vous êtes appelés encore à souffrir : il faut savoir mériter une bonne position dans un monde meilleur, où la compréhension de la justice divine devient la punition des mauvais Esprits.

Je serai toujours près de vous, chers parents. Adieu, ou plutôt au revoir. Ayez la résignation, la charité, l'amour de vos semblables, et vous serez heureux un jour.

Clara.

CHAPITRE VIII

C'est une belle pensée que celle-ci : « La robe de bure touche de plus près qu'on ne croit à la robe brochée d'or. » C'est une allusion aux Esprits qui, d'une existence à l'autre, passent d'une position brillante à une position humble ou misérable, car souvent ils expient dans un milieu infime l'abus qu'ils ont fait des dons que Dieu leur avait accordés. C'est une justice que tout le monde comprend.

Une autre pensée, non moins profonde, est celle qui attribue les calamités des peuples à l'infraction à la loi de Dieu, car Dieu châtie les peuples comme il châtie les individus. Il est certain que s'ils pratiquaient la loi de charité, il n'y aurait ni guerres, ni grandes misères. C'est à la pratique de cette loi que conduit le Spiritisme; serait-ce donc pour cela qu'il rencontre des ennemis si acharnés? Les paroles de cette jeune fille à ses parents sont-elles celles d'un démon?

FRANÇOISE VERNHES

Aveugle de naissance, fille d'un métayer des environs de Toulouse, morte en 1855, à l'âge de quarante-cinq ans. Elle s'occupait constamment à enseigner le catéchisme aux enfants pour les préparer à leur première communion. Le catéchisme ayant été changé, elle n'eut aucune difficulté à leur apprendre le nouveau, car elle les savait tous les deux par cœur. Un soir d'hiver, revenant d'une excursion à plusieurs lieues en compagnie de sa tante, il fallait traverser une forêt par des chemins affreux et pleins de boue, les deux femmes devaient marcher avec précaution sur le bord des fossés. Sa tante voulait la conduire par la main, mais elle lui répondit : Ne vous mettez point en peine de moi, je ne cours aucun danger de tomber, je vois sur mon épaule une lumière qui me guide, suivez-moi, c'est moi qui vais vous conduire. Elles arrivèrent ainsi chez elles sans accident, l'aveugle conduisant celle qui avait l'usage de ses yeux.

Évocation à Paris en mai 1863.

D. Auriez-vous la bonté de nous donner l'explication de la lumière qui vous guidait dans cette nuit obscure, et qui n'était visible que pour vous?—R. Comment! des personnes qui, comme vous, sont en rapport continuel avec les Esprits ont besoin d'une explication pour un fait semblable! C'était mon ange gardien qui me guidait.

D. C'était bien notre opinion, mais nous désirions en avoir la confirmation. Aviez-vous à ce moment conscience que c'était votre ange gardien qui vous servait de guide? — R. Non, j'en conviens; cependant je croyais à une protection céleste. J'avais si longtemps prié notre Dieu bon et clément d'avoir pitié de moi!... et c'est si cruel d'être aveugle!... Oui, c'est bien cruel; mais je reconnais aussi que c'est justice. Ceux qui pèchent par les yeux doivent être punis par les yeux, et ainsi de toutes les facultés dont les hommes sont doués et dont ils abusent. Ne cherchez donc pas, aux nombreuses infortunes qui affligent l'humanité, d'autre cause que celle qui lui est naturelle : l'expiation ; expiation qui n'est méritoire que lorsqu'elle est subie avec soumission, et qui peut être adoucie, si, par la prière, on attire les influences spirituelles qui protégent les coupables du *pénitencier humain*, et versent l'espérance et la consolation dans les cœurs affligés et souffrants.

D. Vous vous étiez vouée à l'instruction religieuse des enfants pauvres; avez-vous eu de la peine à acquérir les connaissances nécessaires à l'enseignement du catéchisme que vous saviez par cœur, malgré votre cécité, et quoiqu'il eût été changé? — R. Les aveugles ont, en général, les autres sens doubles, si je peux m'exprimer ainsi. L'observation n'est pas une des moindres facultés de leur nature. Leur mémoire est comme un casier où sont placés avec ordre, et pour n'en disparaître jamais, les enseignements dont ils ont les tendances et les aptitudes; rien d'extérieur n'étant capable de troubler cette faculté, il en résulte qu'elle peut être développée d'une manière remarquable par l'éducation. Ce n'était pas le cas où je me trouvais, car je n'avais point reçu d'éducation. Je n'en remercie que plus Dieu d'avoir permis qu'elle le fût assez pour me permettre de remplir ma mission de dévoûment auprès de ces jeunes enfants. C'était en même temps une réparation pour le mauvais exemple que je leur avais donné dans ma précédente existence. Tout est sujet sérieux pour les spirites; ils n'ont pour cela qu'à regarder autour d'eux, et cela leur serait plus utile que de se laisser égarer par les subtilités philosophiques de certains Esprits qui se moquent d'eux, en flattant leur orgueil par des phrases à grand effet, mais vides de sens.

D. A votre langage, nous vous jugeons avancée intellectuellement, de même que votre conduite sur la terre est une preuve de votre avancement moral. — R. J'ai grandement à acquérir encore; mais il en est beaucoup sur la terre qui passent pour ignorants parce que leur intelligence est voilée par l'expiation; mais à la mort ces voiles tombent, et ces pauvres ignorants sont souvent plus instruits que ceux dont ils excitaient les dédains. Croyez-moi, l'orgueil est la pierre de touche à laquelle on reconnaît les hommes. Tous ceux dont le cœur est accessible à la flatterie, ou qui ont trop de confiance dans leur science, sont dans la mauvaise voie; en général, ils ne sont pas sincères; méfiez-vous-en Soyez humbles comme le Christ, et portez comme lui votre croix avec amour, afin d'avoir accès dans le royaume des cieux.

FRANÇOISE VERNHES.

ANNA BITTER

Être frappé par la perte d'un enfant adoré est un chagrin cuisant; mais voir un enfant unique donnant les plus belles espérances, sur lequel on a concentré ses *seules* affections, dépérir sous ses yeux, s'éteindre sans souffrances, par une cause inconnue, une de ces bizarreries de la nature qui déroutent la sagacité de la science; avoir épuisé inutilement toutes les ressources de l'art et acquis la certitude qu'il n'y a aucun espoir, et endurer cette angoisse de chaque jour pendant de longues années sans en prévoir le terme, est un supplice cruel que la fortune augmente, loin de l'adoucir, parce qu'on a l'espoir d'en voir jouir un être chéri.

Telle était la situation du père d'Anna Bitter; aussi un sombre désespoir s'était emparé de son âme, et son caractère s'aigrissait de plus en plus à la vue de ce spectacle navrant dont l'issue ne pouvait être que fatale quoique indéterminée. Un ami de la famille, initié au Spiritisme, crut devoir interroger son Esprit protecteur à ce sujet, et en reçut la réponse suivante :

« Je veux bien te donner l'explication de l'étrange phénomène que tu as sous les yeux, parce que je sais qu'en me la demandant tu n'es point mû par une indiscrète curiosité, mais par l'intérêt que tu portes à cette pauvre enfant, et parce qu'il en sortira pour toi, croyant à la justice de Dieu, un enseignement profitable. Ceux que le Seigneur veut frapper doivent courber leur front et non le maudire et se révolter, car il ne frappe jamais sans cause. La pauvre jeune fille, dont le Tout-Puissant avait suspendu l'arrêt de mort, doit bientôt revenir parmi nous, car Dieu a eu pitié d'elle, et son père, ce malheureux parmi les hommes, doit être frappé dans la seule affection de sa vie, pour s'être joué du cœur et de la confiance de ceux qui l'entourent. Un moment son repentir a touché le Très-Haut, et la mort a suspendu son glaive sur cette tête si chère; mais la révolte est revenue, et le châtiment suit toujours la révolte. Heureux lorsque c'est sur cette terre que vous êtes châtiés! Priez, mes amis, pour cette pauvre enfant, dont la jeunesse rendra les derniers moments difficiles; la séve est si abondante dans ce pauvre être, malgré son état de dépérissement, que l'âme s'en détachera avec peine. Oh! priez; plus tard elle vous aidera, et elle-même vous consolera, car son Esprit est plus élevé que ceux des personnes qui l'entourent.

« C'est par une permission spéciale du Seigneur que j'ai pu répondre à ce que tu m'as demandé, parce qu'il faut que cet Esprit soit aidé pour que le dégagement soit plus facile pour lui. »

Le père est mort après avoir subi le vide de l'isolement de la perte de son enfant. Voici les premières communications que l'un et l'autre ont données après leur morts.

La fille. Merci, mon ami, de vous être intéressé à la pauvre enfant, et d'avoir suivi les conseils de votre bon guide. Oui, grâce à vos prières, j'ai pu quitter plus facilement mon enveloppe terrestre, car mon père, hélas! lui ne priait pas: il maudissait. Je ne lui en veux pas cependant: c'était par suite de sa grande tendresse pour moi. Je prie Dieu de lui faire la grâce d'être éclairé avant de mourir ; je l'excite, je l'encourage ; ma mission est d'adoucir ses derniers instants. Parfois un rayon de lumière divine semble pénétrer jusqu'à lui ; mais ce n'est qu'un éclair passager, et il retombe bientôt dans ses premières idées. Il n'y a en lui qu'un germe de foi étouffé par les intérêts du monde, et que de nouvelles épreuves plus terribles pourront seules développer ; je le crains bien du moins. Quant à moi, je n'avais qu'un reste d'expiation à subir, c'est pourquoi elle n'a pas été bien douloureuse, ni bien difficile. Dans mon étrange maladie, je ne souffrais pas ; j'étais plutôt un instrument d'épreuve pour mon père, car il souffrait plus de me voir en cet état que je ne souffrais moi-même ; j'étais résignée, et il ne l'était pas. Aujourd'hui j'en suis récompensée, Dieu m'a fait la grâce d'abréger mon séjour sur la terre, et je l'en remercie. Je suis heureuse au milieu des bons Esprits qui m'entourent ; tous nous vaquons à nos occupations avec joie, car l'inactivité serait un cruel supplice.

(*Le père, un mois environ après sa mort.*) D. Notre but, en vous appelant, est de nous enquérir de votre situation dans le monde des Esprits, pour vous être utiles si c'est en notre pouvoir. — R. Le monde des Esprits ! je n'en vois point. Je ne vois que les hommes que j'ai connus et dont aucun ne pense à moi et ne me regrette ; au contraire, ils semblent être contents d'être débarrassés de moi.

D. Vous rendez-vous bien compte de votre situation ? — R. Parfaitement. Pendant quelque temps j'ai cru être encore de votre monde, mais maintenant je sais très bien que je n'en suis plus.

D. Comment se fait-il alors que vous ne voyiez pas

d'autres Esprits autour de vous? — R. Je l'ignore; tout est pourtant clair autour de moi.

D. Est-ce que vous n'avez pas revu votre fille? — R. Non; elle est morte; je la cherche, je l'appelle inutilement. Quel vide affreux sa mort m'a laissé sur la terre! En mourant, je me disais que je la retrouverais sans doute; mais rien; toujours l'isolement autour de moi; personne qui m'adresse une parole de consolation et d'espérance. Adieu; je vais chercher mon enfant.

Le guide du médium. Cet homme n'était ni athée, ni matérialiste; mais il était de ceux qui croient vaguement, sans se préoccuper de Dieu ni de l'avenir, absorbés qu'ils sont par les intérêts de la terre. Profondément égoïste, il eût sans doute tout sacrifié pour sauver sa fille, mais il eût aussi sacrifié sans scrupule tous les intérêts d'autrui à son profit personnel. Hors sa fille, il n'avait d'attachement pour personne. Dieu l'en a puni, comme vous le savez; il lui a enlevé sa seule consolation sur la terre, et comme il ne s'est pas repenti, elle lui est également enlevée dans le monde des Esprits. Il ne s'intéressait à personne sur la terre, personne ne s'intéresse à lui ici; il est seul, abandonné: c'est là sa punition. Sa fille est près de lui cependant, mais il ne la voit pas; s'il la voyait, il ne serait pas puni. Que fait-il? s'adresse-t-il à Dieu? se repent-il? Non; il murmure toujours; il blasphème même; il fait, en un mot, comme il faisait sur la terre. Aidez-le, par la prière et les conseils, à sortir de son aveuglement.

—

JOSEPH MAITRE, aveugle

Joseph Maître appartenait à la classe moyenne de la société; il jouissait d'une modeste aisance qui le mettait à l'abri du besoin. Ses parents lui avaient fait donner une bonne éducation et le destinaient à l'industrie, mais à vingt ans il devint aveugle. Il est mort en 1845, vers sa cinquantième année. Une seconde infirmité vint le frapper ; environ dix ans avant sa mort, il était devenu complétement sourd ; de sorte que ses rapports avec les vivants ne pouvaient avoir lieu que par le toucher. Ne plus voir était déjà bien pénible, mais ne plus entendre était un cruel supplice pour celui qui, ayant joui de toutes ses facultés, devait mieux encore ressentir les effets de cette double privation. Qui avait pu lui mériter ce triste sort ? Ce n'était pas sa dernière existence, car sa conduite avait toujours été exemplaire ; il était bon fils, d'un caractère doux et bienveillant, et lorsqu'il se vit, par surcroît, privé de l'ouïe, il accepta cette nouvelle épreuve avec résignation, et jamais on ne l'entendit murmurer une plainte. Ses discours dénotaient une parfaite lucidité d'esprit, et une intelligence peu commune.

Une personne qui l'avait connu, présumant qu'on pourrait retirer d'utiles instructions d'un entretien avec son Esprit en l'appelant, reçut de lui la communication suivante, en réponse aux questions qui lui furent adressées.

(Paris, 1863.)

Mes amis, je vous remercie de vous être souvenus de moi, quoique peut-être vous n'y eussiez pas songé, si vous n'aviez espéré tirer quelque profit de ma communication ; mais je sais qu'un motif plus sérieux vous anime ; c'est pourquoi je me rends avec plaisir à votre appel, puisqu'on veut bien me le permettre, heureux de pouvoir servir à votre instruction. Puisse mon exemple ajouter aux preuves si nombreuses que des Esprits vous donnent de la justice de Dieu.

Vous m'avez connu aveugle et sourd, et vous vous êtes demandé ce que j'avais fait pour mériter un sort pareil ; je vais vous le dire. Sachez d'abord que c'est la seconde fois que j'ai été privé de la vue. Dans ma précédente existence, qui eut lieu au commencement du siècle dernier, je devins aveugle à l'âge de trente ans par suite d'excès de tous genres qui avaient ruiné ma santé et affaibli mes organes ; c'était déjà une punition pour avoir abusé des dons que j'avais reçus de la Providence, car j'étais largement doué ; mais, au lieu de reconnaître que j'étais la première cause de mon infirmité, j'en accusais cette même Providence, à laquelle, du reste, je croyais peu. J'ai blasphémé contre Dieu, je l'ai renié, je l'ai accusé, en disant que, s'il existait, il devait être injuste et méchant, puisqu'il faisait ainsi souffrir ses créatures. J'aurais dû m'estimer heureux au contraire de n'être pas, comme tant d'autres misérables aveugles, obligé de mendier mon pain. Mais, non ; je ne songeais qu'à moi et à la privation des jouissances qui m'était imposée. Sous l'empire de ces idées et de mon manque de foi, j'étais devenu acariâtre, exigeant, insupportable en un mot pour ceux qui m'entouraient. La vie était désormais sans but pour moi ; je ne songeais pas à l'avenir que je regardais comme une chimère. Après avoir inutilement épuisé toutes les ressources de la science, voyant ma guérison impossible, je résolus d'en finir plus tôt, et je me suicidai.

A mon réveil, hélas ! j'étais plongé dans les mêmes ténèbres que pendant ma vie. Je ne tardai pas cependant à reconnaître que je n'appartenais plus au monde corporel, mais j'étais un Esprit aveugle. La vie d'outre-tombe était donc une réalité! en vain j'essayai de me l'ôter pour me plonger dans le néant : je me heurtais dans le vide. Si cette vie devait être éternelle, comme je l'avais entendu dire, je serais donc pendant l'éternité dans cette situation? Cette pensée était affreuse. Je ne souffrais point, mais vous dire les tourments et les angoisses de mon esprit est chose impossible. Combien de temps cela dura-t-il? je l'ignore; mais que ce temps me parut long!

Épuisé, harassé, j'eus enfin un retour sur moi-même; je compris qu'une puissance supérieure s'appesantissait sur moi; je me dis que si cette puissance pouvait m'accabler, elle pouvait aussi me soulager, et j'implorai sa pitié. A mesure que je priais et que ma ferveur s'augmentait, quelque chose me disait que cette cruelle position aurait un terme. La lumière se fit enfin; mon ravissement fut extrême lorsque j'entrevis les célestes clartés, et que je distinguai les Esprits qui m'entouraient en souriant avec bienveillance, et ceux qui flottaient, radieux, dans l'espace. Je voulus suivre leurs traces, mais une force invisible me retint. Alors l'un d'eux me dit : « Dieu, que tu as méconnu, t'a tenu compte de ton retour à lui, et il nous a permis de te rendre la lumière, mais tu n'as cédé qu'à la contrainte et à la lassitude. Si tu veux désormais participer au bonheur dont on jouit ici, il faut prouver la sincérité de ton repentir et de tes bons sentiments en recommençant ton épreuve terrestre, *dans des conditions où tu seras exposé à retomber dans les mêmes fautes*, car cette nouvelle épreuve sera plus rude encore que la première.» J'acceptai avec empressement, me promettant bien de ne plus faillir.

CHAPITRE VIII

Je suis donc revenu sur la terre dans l'existence que vous connaissez. Je n'eus pas de peine à être bon, car je n'étais pas méchant par nature; je m'étais révolté contre Dieu, et Dieu m'avait puni. J'y revins *avec la foi innée*, c'est pourquoi je ne murmurai plus contre lui, et j'acceptai ma double infirmité avec résignation et comme une expiation qui devait avoir sa source dans la souveraine justice. L'isolement où je me suis trouvé dans les dernières années n'avait rien de désespérant, parce que j'avais foi en l'avenir et en la miséricorde de Dieu; il m'a été très profitable, car pendant cette longue nuit, où tout était silence, mon âme, plus libre, s'élançait vers l'Éternel, et entrevoyait l'infini par la pensée. Quand est venue la fin de mon exil, le monde des Esprits n'a eu pour moi que des splendeurs et d'ineffables jouissances.

La comparaison avec le passé me fait trouver ma situation très heureuse relativement, et j'en rends grâces à Dieu; mais, lorsque je regarde en avant, je vois combien je suis encore loin du parfait bonheur. J'ai expié, *il me faut réparer maintenant. Ma dernière existence n'a été profitable qu'à moi seul;* j'espère bientôt en recommencer une nouvelle où je pourrai être utile aux autres; ce sera la réparation de mon inutilité précédente; alors seulement j'avancerai dans la voie bénie, ouverte à tous les Esprits de bonne volonté.

Voilà mon histoire, mes amis, si mon exemple peut éclairer quelques-uns de mes frères incarnés et leur éviter le bourbier où je suis tombé, j'aurai commencé à acquitter ma dette.

JOSEPH.

FIN

TABLE DES MATIÈRES

PREMIÈRE PARTIE. — DOCTRINE

	Pages
Chapitre premier. L'avenir et le néant	4
Chap. II. De l'appréhension de la mort	12
— Causes de l'appréhension de la mort	12
— Pourquoi les spirites n'appréhendent pas la mort	19
Chap. III. Le ciel	21
Chap. IV. L'enfer	36
— Intuition des peines futures	36
— L'enfer chrétien imité de l'enfer païen	37
— Les limbes	41
— Tableau de l'enfer païen	42
— Tableau de l'enfer chrétien	52
Chap. V. Le purgatoire	64
Chap. VI. Doctrine des peines éternelles	71
— Origine de la doctrine des peines éternelles	71
— Arguments à l'appui des peines éternelles	78
— Impossibilité matérielle des peines éternelles	84
— La doctrine des peines éternelles a fait son temps	87
— Ézéchiel contre l'éternité des peines et le péché originel	90
Chap. VII. Les peines futures selon le Spiritisme	92
— La chair est faible	92
— Sources de la doctrine spirite sur les peines futures	95
— Code pénal de la vie future	96
Chap. VIII. Les anges	110
— Les anges selon l'Église	110
— Réfutation	116
— Les anges selon le Spiritisme	123
Chap. IX. Les démons	126
— Origine de la croyance aux démons	126
— Les démons selon l'Église	133
— Les démons selon le Spiritisme	147
Chap. X. Intervention des démons dans les manifestations modernes	150
Chap. XI. De la défense d'évoquer les morts	174

DEUXIÈME PARTIE. — EXEMPLES

	Pages
Chapitre premier. **Le passage**............	189
Chap. II. **Esprits heureux**..................	199
— M. Sanson.......................	199
— M. Jobard.......................	212
— Samuel Philippe.................	219
— M. Van Durst....................	224
— Sixdeniers......................	227
— Le docteur Demeure..............	231
— Madame veuve Foulon, née Wollis.	238
— Un médecin russe................	249
— Bernardin.......................	253
— La comtesse Paula...............	255
— Jean Reynaud....................	260
— Antoine Costeau.................	265
— Mademoiselle Emma...............	269
— Le docteur Vignal...............	271
— Victor Lebufle..................	275
— Madame Anaïs Gourdon............	278
— Maurice Gontran.................	279
Chap. III. **Esprits dans une condition moyenne**...	284
— Joseph Bré. L'honnête homme selon Dieu ou selon les hommes................	284
— Madame Hélène Michel............	286
— Le marquis de Saint-Paul........	288
— M. Cardon, médecin..............	290
— Eric Stanislas..................	296
— Madame Anna Belleville..........	298
Chap. IV. **Esprits souffrants**.............	306
— Le châtiment....................	306
— Novel...........................	308
— Auguste Michel..................	310
— Regrets d'un viveur.............	312
— Lisbeth.........................	314
— Prince Ouran....................	318
— Pascal Lavic....................	322
— Ferdinand Bertin................	324
— François Riquier................	329
— Claire..........................	331
Chap. V. **Suicidés**........................	344
— Le suicidé de la Samaritaine....	344
— Le père et le conscrit..........	347
— Louvet François-Simon (du Havre)	351
— Une mère et son fils............	353
— Double suicide par amour et par devoir..	357
— Louis et la piqueuse de bottines	361
— Un athée........................	365
— M. Félicien.....................	373
— Antoine Bell....................	376

TABLE DES MATIÈRES

		Pages
Chap. VI.	**Criminels repentants**...........................	383
—	Verger..	383
—	Lemaire...	387
—	Benoist...	391
—	L'Esprit de Castelnaudary........................	395
—	Jacques Latour....................................	403
Chap. VII.	**Esprits endurcis**.................................	420
—	Lapommeray. Châtiment par la lumière........	420
—	Angèle, nullité sur la terre.....................	427
—	Un Esprit ennuyé.................................	431
—	La reine d'Oude..................................	434
—	Xumène..	436
Chap. VIII.	**Expiations terrestres**...........................	439
—	Marcel, l'enfant du n° 4........................	439
—	Szymel Slizgol....................................	443
—	Julienne-Marie, la pauvresse...................	450
—	Max, le mendiant.................................	457
—	Histoire d'un domestique........................	460
—	Antonio B., enterré vivant. La peine du talion..	463
—	M. Letil..	468
—	Un savant ambitieux..............................	471
—	Charles de Saint-G..., idiot.....................	474
—	Adélaïde-Marguerite Gosse......................	480
—	Clara Rivier.......................................	482
—	Françoise Vernhes................................	486
—	Anna Bitter..	489
—	Joseph Maître.....................................	493

PARIS. — IMP. LEVÉ, RUE DE RENNES, 71.

LA REVUE SPIRITE

Fondée en 1858
Par ALLAN KARDEC

JOURNAL
D'ÉTUDES PSYCHOLOGIQUES
ET
SPIRITUALISME EXPÉRIMENTAL

Chaque numéro, **Mensuel,** *in-8 jésus (27 × 17), comprend au moins 64 pages de texte, et des pages d'annonces réservées aux ouvrages les plus recommandés. — Les lecteurs y trouveront une suite d'articles philosophiques et moraux, des études et conférences, des extraits choisis d'auteurs en renom, des nouvelles et actualités et des comptes rendus détaillés de tous les phénomènes, expériences et ouvrages nouveaux concernant la doctrine. — Le numéro de décembre contient la couverture imprimée, le sous-titre et la table des matières pour l'année.*

Plusieurs numéros sont illustrés.

Chaque année forme un fort volume d'au moins 768 pages.

Paraît le 15 -:- PRIX DE L'ABONNEMENT -:- LE N° 1 fr.

France et colonies françaises...... 10 fr. par an
Europe .... 12 »   »
Outre-Mer................... 14 »   »

L'Abonnement part de tout mois et se paie à l'avance.

BUREAUX : **42, rue Saint-Jacques.** — PARIS
Tél. : Gobelins 19-53.